近代法律史研究 第 **1** 辑

Modern Chinese Legal History Studies **No.1**

近代中国的法律与政治

Law and Politics in Modern China

中国社会科学院近代史研究所法律史研究群 编

执行主编 李在全

社会科学文献出版社
SOCIAL SCIENCES ACADEMIC PRESS (CHINA)

目　录

· 传统法律及其近代变革·

《南部档案》所见清代民间社会的嫁卖生妻 …………………… 吴佩林 / 1
晚清公羊学与变法维新………………………………………… 陈　煜 / 23
民国法律、诉讼和社会语境下的"习惯"
　　——以"异姓承嗣"为例 ………………………………… 杜正贞 / 54

· 体制变革与司法建设·

制度变革与身份转型
　　——清末新式司法官群体的组合、结构及问题…………… 李在全 / 68
北京大学法学共同体之建构与进展…………………………… 杨　瑞 / 91
实验法院：近代中国司法改革的一次地方试点 ……………… 刘昕杰 / 111

· 人物与法律变革·

汪康年与晚清修律中的法权迷思 ……………………………… 李欣荣 / 136
民国没有反沈派：立宪派司法与辛亥派司法 ………………… 江照信 / 151
假设、立场与功能进路的困境
　　——对瞿同祖研究方式的再思考 ……………… 邓建鹏　刘雄涛 / 170

刑事案件的新闻追踪与文化观察
——以民初北京陈绳被害案为例 …………………… 宋　雪 / 192

· 革命政权的司法与政制 ·

司法"半独立"：陕甘宁边区司法的形态、理念与实践 … 胡永恒 / 223
关于"黄克功逼婚杀人案"的三种叙事 ………………… 刘全娥 / 248
设计民主：延安时期三三制重述 ………………………… 韩　伟 / 264

· 中外法律互动 ·

中国与一战：北京政府划定行军区域的相关国际法问题 … 侯中军 / 282
学术、思想与政治：法政留学生与清末民初的制宪运动
——以章士钊、李剑农、张君劢为例 ………………… 饶传平 / 297
清末北洋时期收回法权与基层司法制度改革 …………… 唐仕春 / 318

编后记 ……………………………………………………………… 347

·传统法律及其近代变革·

《南部档案》所见清代民间
社会的嫁卖生妻

吴佩林

摘 要 嫁卖生妻行为虽然为传统社会主流意识所摈弃，但在民间社会，由于经济的普遍贫困，更因其尚能使其中一部分人达到"上以事宗庙，下以继后世"的婚姻目的，故作为一种民间习俗而普遍存在。在四川南部县，由于没有像招赘婚、同姓相婚、转房婚等变例婚姻那样破坏原有的承嗣和财产继承秩序，嫁卖生妻没有被官方列入"县中恶俗"。至于闹上衙门，多另有原因，尤以嫁后图索为首要。县官的裁决也是根据乡民不同的诉讼动机，参考但不严格按照律例，并权衡各方利益做出弹性处理。衙门的这种处理方式与底层民众的生存逻辑呈现出相互吻合的一面。

关键词 清代 民间社会 嫁卖生妻 《南部档案》

嫁卖生妻，是指在丈夫尚存又没有正式履行离异手续的情况下，买卖妻妾的行为。"生妻"即"活人妻"，[1] 它有别于人口拐卖。[2] 传统社会，嫁卖生妻行为由于与正统伦理道德相悖，不仅为法律所禁止，[3] 也常是衙门告示禁止的对象。[4] 在地方志叙事中也通常以"陋俗"论

---

[1] 四川省南充市档案馆藏《南部档案》（以下省略馆藏地），档案号：18 - 1323 - 3480，光绪三十四年一月二十一日。在《南部档案》里没有见到有关典雇妻妾行为的记载，所以典妻行为不在本文讨论范围之内。本文讨论的对象是社会底层的平民百姓，社会中上层的嫁卖生妻行为也不在本文的讨论之列。

[2] 可见赖惠敏、朱庆薇《妇女、家庭与社会：雍乾时期拐逃案的分析》，《近代中国妇女史研究》（台北）第 8 期，2000 年。

[3] 《大清律例》规定："若用财买休卖休，（因而）和（同）娶人妻者，本夫、本妇及买休人，各杖一百，妇人离异归宗，财礼入官。"见《大清律例·刑律·犯奸·纵容妻妾犯奸》。

[4] 如"倘有无耻下流恬不为怪，再敢蹈蹈前辙，仍然买休卖休者，一经发觉，惟有按律追究"（同治《桂阳县志》卷 18，"禁买休示"）；"新化风俗，严禁条，别流品……有公禁贫嫁生妻碑……凡有关于风俗者，一一申明约束"（同治《新化县志》卷 7）。

1

之。① 族谱的记载也不例外。② 今人的眼光也多将其当作旧社会的"瘤毒",视其为典型的买卖婚姻,是妇女社会地位低下的表征。③ 但是,笔者在阅读新近开放的清代地方档案——《南部档案》④ 后,却有趣地发现:在清代四川南部县,官方将招赘婚、转房婚等变例婚姻列为"县中恶俗",却把"嫁卖生妻"行为排除在外。嫁卖生妻为何没有列入其中?生妻为何被嫁卖?买者又有怎样的企图?民间与官方究竟对此行为持何种态度?如果民间认可嫁卖生妻行为,为何又要闹上衙门?对于闹上衙门的纠纷,县官又做何裁决?这背后又反映了怎样的社会实际?而目前学界对"嫁卖生妻"虽有研究,但所论各有侧重,尚没有确切回答笔者的这些疑问。⑤ 《南部档案》中保存了大量的与嫁卖生妻有关的诉讼档案与契约文书,为我们从一个具体的区域探讨其背后的机理提供了可能。

一　生妻为何被嫁卖

嫁卖生妻的主体通常是丈夫及夫家人。从四川南部县的案例来看,嫁

---

① 如"居茅屋,讨生妻,愁老一世"(民国《昭萍志略》卷12);"有钱不种无粮地,有钱不娶活人妻"(民国《张北县志》卷8);"有钱不买当庄鸡,有钱不娶活人妻"(民国《昌黎县志》卷5);"不知贫至卖妻,违恤颜面不察"(民国《万源县志》卷5);"更有嫁生妻者,乡党深恶痛绝"(民国《分宜县志·风俗志》)。

② 如"至于敢为媒证折嫁生妻,寡廉鲜耻,情尤可愤,察出更宜重罚"(湖南邵阳《苏氏三修族谱·续修家规》)。

③ 参见冯尔康《去古人的庭院散步:古代社会生活图记》,中华书局,2005,第20页;王美英《明清长江中游地区的风俗与社会变迁》,武汉大学出版社,2007,第82页。

④ 《巴县档案》《淡新档案》开放已久,为世人瞩目。《南部档案》乃新近开放,知者不多。此档案是目前发现的历时最长的清代州县档案,数量为18186卷84010件,具有极高的档案学、历史学、文献学、文物学、法学价值,系清代地方档案不可多得之精品。关于《南部档案》的概况参见拙文《州县档案之学术价值漫谈》,《光明日报》2010年4月13日。

⑤ 可参见〔日〕岸本美绪《妻可卖否?——明清时代的卖妻、典妻习俗》,陈秋坤、洪丽完主编《契约文书与社会生活(1600~1900)》,台北:中研院台湾史研究所筹备处,2001,第225~264页;郭松义《伦理与生活——清代的婚姻关系》,商务印书馆,2000,第486~493页;郭松义、定宜庄《清代民间婚书研究》,人民出版社,2005,第225~283页;梁勇《妻可卖否?——以几份卖妻文书为中心的考察》,《寻根》2006年第5期;赵妮妮《清代知县判决婚姻类案件的"从轻"取向》,博士学位论文,四川大学历史文化学院,2008,第37~75页;Matthew Sommer, *Sex, Law, and Society in Late Imperial China*(California: Stanford University Press, 2000), pp.59–61;〔美〕苏成捷《清代县衙的卖妻案件审判:以272件巴县、南部与宝坻县案子为例证》,邱澎生、陈熙远编《明清法律运作中的权力与文化》,台北:中研院、联经出版事业股份有限公司,2009,第345~396页。

卖生妻的原因错综复杂，同一案件里可能有几种因素并存，因此下文所做的归类仅仅是一个类型学处理。

（一） 丈夫方面的问题

第一，丈夫有病导致不能支撑一家的生活。在传统社会，丈夫作为男性，是一家的主心骨，若他有病以致不能正常劳动，一家的生活就难以维持。在此情况下，嫁卖生妻便成了维持生计的一种选择。如咸丰年间，蓬州民漆洪瑞（37岁）①自幼娶蔡氏为妻，育有二女。因"家贫"，起意到南部县随其胞弟漆洪光做生意。但途中身染寒病，不能度日，便托蔡国保为媒将蔡氏嫁卖王老六（36岁）为妻，获钱5000文，以作养病之资。② 光绪年金兴乡民樊文志（25岁）患病，无力养妻，为求生存，便凭族侄樊宗顺为媒将妻改嫁蒲福喜为室，出具婚约，领取财礼7500文。③

值得强调的是，嫁卖生妻一般都要出具婚约，而婚约所记的嫁卖原因与词状所载往往会不一样。如同治八年（1869），东路积上乡王章佐称其儿子王德金发妻吴氏病故，有洪正文言自己患黄肿病，久治不愈，又兼家贫无钱调治，愿与妻朱氏两离。于是王章佐商同洪正发、洪正太等人凭媒祝家清说与其子，出有手印婚约。④ 其文约如下：

> 凭媒书立甘心异（意）愿主婚文约人鸿正文，幼配朱万明之女为婚，情因年岁饥馑，夫妇日食难度，此女东逃西走，氏夫万般无奈，只得邀请家庭与同朱氏娘家人等商议，夫妇甘愿两离。氏夫自行请媒祝家清三面说合，另行改嫁，配夫王德金脚下为婚。凭媒议论，给除（出）财礼钱十二串文整，酒水、化（画）字、脚模手印一并在内。其钱鸿正文亲手领足，不得短少分文。此系二比男从女愿，明婚正娶，不得强逼估抬。日后鸿姓家庭与同娘家人等以（已）到未到不得另生枝节。倘若日后另生枝节，有媒证祝家清一面承担。今恐人心不一，故立甘心异（意）愿主婚文约一纸，付与王姓永远存照。

---

① 所列年龄是指涉案时的年龄，以下均同。
② 《南部档案》，档案号：5-188-370，咸丰七年闰五月。
③ 《南部档案》，档案号：7-424-1080，光绪三年十一月十三日。
④ 《南部档案》，档案号：6-350-1451，同治八年正月廿三日。在档案中，常会见到同一人在不同的文书种类里写法不一的情况。本处即为其中一例。

说合媒证　祝家清

在场人　鸿正魁　鸿正发　鸿正泰　祝学盛　祝家富

依口代书　祝家伦

同治七年十月初十日鸿正文甘愿立出主婚文约是实。（按：此文约有脚模手印）①

而从王章佐的诉词与之前签立的婚约来看，嫁卖生妻的原因是不一样的。王章佐的诉词侧重于洪正文有病，而婚约所言则主要是因为"年岁饥馑，夫妇日食难度，此女东逃西走"。笔者认为，婚约因是双方的一个凭证，其措辞往往会"正式"一些，换句话说，可能会编造事由，以使嫁卖生妻显得更符合情理。

第二，丈夫生理有缺陷也会导致一家贫困，从而选择卖妻之路。发生在同治十三年的一起诉讼案中有这样一个案例，家住县城的谢心德幼娶邓大福胞妹邓氏为妻，数年后，谢心德残疾，不能维持生计，难顾妻室，于是与他胞弟谢茂德商议，亲出请字，求吴应诚、张何氏为媒，将其妻嫁卖萧万禄为妻，谢心德收财礼钱31串，并出有婚约。② 其婚约如下：

立出甘愿请媒作合觅主鹭（媳、妻）文约人□□□同子心德，情余年老家贫，日食难度，兼子心德身带残疾，无力顾持，实出无奈，父子商议，只德（得）将（媳、妻）邓氏改释生路，愿请张何氏、吴永成（按：堂审写为吴应诚。这种同一人名在不同的地方写法不同的情况常见于档案之中）为媒，觅主作合改嫁，别永远不得异言生非，恐口无凭，特出请媒文约一纸为据。

同治十二年冬月初四日立约是十（实）③

而在十月写的请字所写原因却是"夫妻不合"：

立写请字人谢心德，今请到张何氏作合，情因夫妻不合，日无□用，万班（般）无赖（奈），将邓除姓张王李照（赵）。谢姓并无异言

---

① 《南部档案》，档案号：6-350-1454，同治七年十月初十日。

② 《南部档案》，档案号：6-404-558，同治十三年四月十一日。

③ 《南部档案》，档案号：6-404-563，同治十二年冬月初四日。

称说,恐口无凭,立出请字一纸幉。

  见明人 吴应成 谢懋德

  谢心德 笔

           同治十二年十月初二日立出请字是实①

  上列两份契约,所述嫁卖妻子原因表面上各不相同,其实有因果关系。

  第三,丈夫品行不端,不顾家业,致使一家无法正常生活,最后走到了卖妻的地步。道光年间,家住金兴乡的文天伦(28岁)娶妻帅氏,生育一子。据其妻讲,"小妇人丈夫不务正业,日每嫖赌,将田地当卖,不顾小妇人的衣食",在道光二十一年(1841)九月凭文天泮、彭廷显为媒将妻嫁卖与张松为妻,获财礼钱6000文,并立出手印婚约。②又如家住安仁乡的杨大志幼配陈氏为婚,婚后生有一子。但杨大志不务正业,将家业败尽,致使家道赤贫,日食难度。于是在道光二十四年二月自请杨洪信为媒,将妻子嫁卖王正坤为妻,财礼钱6000文,并出有手印婚约。③光绪年间,据安仁乡何氏称,其夫敬长桥(24岁)"丈夫不务正业,罔带不妇人",④导致其私逃。后丈夫及敬均连等在米朝刚家寻获后,不欲承领,卖与米万金(29岁)为妻,议财礼钱20串,立有脚踏手印婚约。⑤

  第四,丈夫外出,妻子在家无靠。道光年间,政教乡李灼璠的儿子李毛狗(20岁)幼配李昌炽之女李氏为妻,接娶后丈夫便出外贸易,数载未归,遗妻李氏寡居无靠。最后翁姑李灼璠凭媒嫁卖赵尔孝为室,财礼钱8000文,并出有婚约。⑥更有甚者,丈夫出去后,不顾妻室,以致妻子在家无望,选择了诸如自杀一类的极端方式,最后落得被家人嫁卖的结局。嘉庆年间王蒂用的妻子李氏就是如此:

    立出包管日后不得牵连拖累合同文约人王仕德同子王蒂元、王蒂林等,情因四子王蒂用四岁小抱李昌崇胞妹梅姑为婚,抚养完配,惟

---

① 《南部档案》,档案号:6-404-562,同治十二年十月初二日。
② 《南部档案》,档案号:4-291-1606,道光二十一年十一月二十一日。
③ 《南部档案》,档案号:4-294-40,道光二十五年四月二十一日。
④ 《南部档案》,档案号:18-227-3064,光绪三十三年三月廿九日。
⑤ 《南部档案》,档案号:18-227-3063,光绪三十三年三月初一日。
⑥ 《南部档案》,档案号:4-295-52,道光廿六年闰五月初九日。

愿夫妇和好,百年偕老。谁料命薄家贫,蒂用在外佣工,赌钱,不顾父母、妻子。李氏在家日食难度,思想无路,自缢数次,显系吊毙。背夫逃走,合族共知。诚恐日后李姓来家蹧扰受害,以致父母日夜防守不安,托教老五哀求李昌崇施一线之恩,择户另嫁。昌崇弟兄硬不依允,死而无悔。蒂用夫妇亲至昌崇家中,磕头苦哀。李昌崇念同胞姊妹之情,恁意听其去留,本族叔侄人等俱各悦服。诚恐日后本族以伙卖生妻大题控告拖累,奈无媒证。父子商议,甘愿出立包管文约一纸,交付汪仁瑚、宋学达、张绍宗、范述尧、曾仕吉等执掌,哀托妹弟范斯文作合,将李氏出嫁与谢虹玉足下为妾。彼即三面议定财礼钱二十千文,仕德父子亲手领明。自今出约之后,日后王姓人等有异言称说,仕德父子一面承耽,不与媒证讨亲之人相染。今恐人心难测,书立包管文约为据。

见盟人　李文朝　范斯文笔

合同二式（按:此四字每字被割成左、右两部分,此档案为每字的右半部分）

嘉庆十四年十一月十一日　立字人王仕德同子王蒂元、王蒂林、王蒂用①

（二）妻子方面的原因

第一,妻子不能生育。传统社会,"不孝有三,无后为大",妻子如果没有生育,便意味着男方家族香火不续,会面临被休或被嫁卖的结局。积下乡吴仕贵（32岁）幼配刘氏为妻,但一直没有生育,加之家贫乏度,同治三年三月,哀求何天碧为媒,将妻嫁与孙大斌（约40岁）为室,获财礼钱13串。② 道光年间宣化乡的蒲国禄（18岁）幼配杨氏为妻,也是一直没有子女,夫妻也不和睦,蒲国禄串通姊母赵氏将其妻改嫁与李昌福为妻,去财礼钱4000文。③ 同为道光年间的金兴乡民张夏氏称:"小妇人发配张国喜为妻,未育子女,因小妇人的丈夫家道赤贫,日食难度,甘愿将小妇人凭

---

① 《南部档案》,档案号:3-76-1110,嘉庆十四年十一月十一日。
② 《南部档案》,档案号:6-311-903,同治三年六月初六日。
③ 《南部档案》,档案号:4-274-1338,道光十二年十二月十七日。

邓应生为媒改嫁与杨老七为妻,当去备财礼钱五千文。"① 并写有手印婚约。

第二,妻子私逃。妻子因无法忍受夫家经济的贫困与夫家对她们身体的虐待等,常常会选择"背夫潜逃"的方式以示反抗,但寻回后多被嫁卖。光绪年间,永丰乡刘正礼(25岁②)妻刘氏逃出,被敬承海霸配。寻回后,被夫托媒嫁卖给刘洪鼎为妻,书有手印婚约,议定财礼钱16串。③ 同居永丰乡的杨杜氏幼配杨大福(28岁)为童婚。而杨大福时常目无尊长,动辄持刀逞凶,曾立有戒约。④ 妻子也时常受到虐待,以致被迫潜逃出外。寻回后,被嫁卖给莫于基。⑤

第三,与人私通。与人私通为人所耻,因此被嫁卖也是情理之中的事。咸丰元年(1851),据临江乡陈文星称,其长子陈玉建(34岁)幼配杨氏为妻,已有十二载,育有一子一女。而堂侄陈玉俸素不安分,刁唆杨氏欺嫌丈夫残疾矮小,暗与杨氏私通,⑥ 最后杨氏被嫁卖给郑应川(25岁)为妻,陈文星获钱8000文。⑦

第四,不听翁姑教育。道光四年,金兴乡蒲洪福(24岁)幼配何崇元女何氏为婚,婚后何氏不守妇道,蒲洪福在广元贸易,三载未归,何氏不听翁姑教育,在家难以约束,蒲洪福请媒蒲茂春将何氏嫁卖蒲能元子蒲花儿为妻,获财礼钱6000文,⑧ 并写有婚约:

> 立书出妻印约人蒲洪福,因娶妻何氏屡不守妇道,不孝公婆,不敬夫主,昔年夫妻不和,替系在外营求生理,已经三载。不料此妇在家更不受育(约)束,东走西去,有乖风化,公婆与娘家商议,放与蒲昌银名下为妻,不意傍(旁)人具控在案。予等归家想此妇素不安分,予心甘意悦出立印约,凭中有昌银复备钱柒千文整。予领明无欠,立约嗣后,覆水难收,永不与蒲昌银额外生端。今恐人心不古,特立印约一纸,永远为据。

---

① 《南部档案》,档案号:4-266-1225,道光九年十二月二十日。
② 刘何氏诉状则写为22岁。《南部档案》,档案号:9-248-212,光绪十一年七月初四日。
③ 《南部档案》,档案号:9-248-225,光绪十一年十二月初八日。
④ 《南部档案》,档案号:4-290-1578,道光二十一年十月初十日。
⑤ 《南部档案》,档案号:4-290-1593,道光廿一年十月廿三日。
⑥ 《南部档案》,档案号:5-154-1437,咸丰元年七月廿五日。
⑦ 《南部档案》,档案号:5-154-1453,咸丰元年八月廿八日。
⑧ 《南部档案》,档案号:4-259-8,道光四年闰七月初七日。

| 在中人 | 蒲孝忠　李廷品　蒲长庚　何天福　蒲廷柱
蒲廷相　蒲德洪　蒲德福　蒲昌遂 | 同押 |

道光四年前七月二十四日　立印约人　蒲洪福（押）

（按：附有手印）①

（三）灾荒、年岁饥馑等自然原因

在宗法制度统领的男权社会，嫁卖生妻几成灾荒年代人们自救的一种常见手段。顾炎武曾言："夫凶年而卖其妻子者，禹、汤之世所不能无也。"② 近代社会学家潘光旦也说过，"二千年来，卖儿鬻女，尤其是鬻女，早就成为过渡荒年的一个公认的方法"。③ 在南部县，也是如此。下面的一则婚约正是因年岁饥馑而写立的卖妻契约：

> 立写永远再不寻事生非文约人洪正文、正发、正太、正武等，情因洪正文娶妻朱氏，近来年丰（岁）饥馑，日食难度，供养不起，弟兄商议，自行请媒祝家清说和，出嫁与王德金足下为妻，财理（礼）身价凭媒证一手交过清楚，并无下欠。刻下离（历）年外债，深重无出，复向媒证称说在王德金名下复起重□，王姓不依，有邻亲劝和，再出钱二千文，凭媒证交楚无欠。自今之后永无异言。倘后有洪姓亲疏人等及内亲外戚在王姓称说或寻事生非，另生枝节，一面有洪正文、祝家清承担。此系洪正文弟兄心甘意愿，再不异言。恐口无凭，特立永杜后非一纸为据。
>
> 见明人　祝家清　胡自朋　何忠仁　李春发　王法明　共知
> 杨大中　笔
>
> 同治七年冬月十一日洪正文弟兄立约是实④

同治四年梅应龙立出的主婚文约也是饥荒引起的。

---

① 《南部档案》，档案号：4-259-1080，道光四年前七月二十四日。
② （清）顾炎武：《亭林文集》卷1《钱粮论上》，《续修四库全书》第1402册，上海古籍出版社，2002，第75页。
③ 潘光旦：《民族特性与民族卫生》，商务印书馆，1937，第244页。
④ 《南部档案》，档案号：6-223-1419，同治七年冬月十一日。

《南部档案》所见清代民间社会的嫁卖生妻

立出主婚文约人梅应龙，因父所生二子乙（一）女，双亲亡故多年，田产房屋尽行出卖。子女之急，一无安身之处。弟媳均已抱出在外，妹子流落他方。应龙所娶易性（姓）之女，多年无义，忽今因下年盛大米良（粮）昂贵，只得帮人荣（佣）工做活，工□不幸帮人又□成并在身并好，一无襄（牵）连（按：此节字迹模糊）。夫妻商议，请凭媒证说合赵大招脚下为妻，凭众媒证财理（礼）钱拾壹串文。其钱梅应龙亲手领明，无欠分文，恁凭脚目（模）手应（印）为据。亲族与娘家老幼人等不得借事生非。倘有令（另）生芝（枝）节，有族证、媒证执约付官，以凭呈词查究。伏乞自卖之后，梅应龙就一不来家炭□。今恐人不古，立出婚书为据。

  媒证人 任廷未
  族 叔 梅林万 共押
  代笔人 常永和
         同治四年又五月二十二日立出婚书人梅应龙（押）
            （按：本婚书有手印、指印）[①]

二 买妻（妾）者的动机

通过档案的记载，我们不仅可以看到卖妻者的行为，也能看到买妻（妾）者的动机。

（一）家贫未娶

清代社会，重男轻女现象突出，溺女行为时有发生，以致男女比例不相协调。清中期男女比例为113～119∶100，[②] 再加上结婚论财之风盛行，这使得贫困家庭的适龄男子正常婚娶变得异常困难。[③] 因此，对于那些年龄较大、家境穷困而又未娶妻生子的男性来说，通过买娶已婚妇女以完成婚姻

[①] 《南部档案》，档案号：6－320－1029，同治四年闰五月廿二日。
[②] 姜涛：《中国近代人口史》，浙江人民出版社，1993，第300页。
[③] 王跃生的研究也认为初婚的总费用要高于再婚的总费用。参见王跃生《十八世纪中国婚姻家庭研究》，法律出版社，2000，第178页。

9

大事成为他们的一种选择。如东路积下乡的王老六（36岁），由于家贫一直未婚配，便以5000文买了漆洪瑞（37岁）的妻子蔡氏。① 同样，金兴乡的张松、李牛儿（30岁）和宣化乡的李昌福等人都是因家境贫寒，未娶妻室，而以4000～6000文不等的价格实施了买妻行为。②

（二）前妻没有生育

"无后为大"，妻子未生育，可能被嫁卖。而对于妻子没有生育的家庭来说，通过买妻（妾）行为达到承嗣之目的也是一部分人的选择。咸丰元年，政教乡郑应川，年已25岁，前妻亡故，没有子女，以钱8000文于七月十四日接娶陈玉建妻杨氏过门。③ 咸丰九年，临江乡的杜应紫（买妻时36岁）称，"蚁三辈单传，配妻乏嗣"，咸丰三年接娶谢宗清妻谢氏为妾，出有手印婚书，生有一女。④

一些买妻者为了达到目的，不惜采取一些非常规手段。同治年间永丰乡邓维才就是如此。邓维才，38岁，前妻亡故，乏嗣，状称："同治十年腊月有王宗俊、王宗贤云伊侄孙王孝娃即王玉川行窃不法，流外亡故，遗妻周氏，贫难度活，凭媒王玉仁等劝民说娶为室，财礼钱十千零四百文，宗俊、宗贤领去，主婚书有文约。过后玉川在外归来，籍嫁不依，又搕民钱二千六百文，另立手印婚约。"⑤ 两则文约如下：

> 立字出嫁主婚文约人王宗俊、王宗贤二人，一拿所主嫁孙媳侄孙王孝娃不幸亡于十年六月内中所死。二人所主出嫁孙媳王周氏，凭媒说合，出嫁与邓维才名下为妻，凭媒说（妁）议定主嫁钱十千零四百文整。其钱乙（一）手现交，并无下欠，一个在（再）无异言。倘若日后有家族异言称说，有至（侄）王宗俊、王宗贤一面承当。今恐人心不亦（一），特立主婚出嫁文约一纸为据。
>
> 见婚书人　王玉仁　王玉芝　王宗诰　冯华祥
>
> 　　　　　同治十年虫月廿五日立出主嫁是实⑥

---

① 《南部档案》，档案号：5-188-370，咸丰七年闰五月。
② 《南部档案》，档案号：4-291-1606，道光二十一年十一月二十一日；5-178-198，咸丰五年六月初四日；4-274-1338，道光十二年十二月十七日。
③ 《南部档案》，档案号：5-154-1444，咸丰元年七月廿七日。
④ 《南部档案》，档案号：5-204-580，咸丰九年六月二十四日。
⑤ 《南部档案》，档案号：6-384-320，同治十一年三月十五日。
⑥ 《南部档案》，档案号：6-384-306，同治十年虫月廿五日。

立出叠次搜求文约人王孝娃，自幼配合周姓之女为婚，以今交家四载。谁知王孝娃数（素）不安分累改，不听家门公辈伯叔叫舆（教育），有戒约几次可执。不久妻生，妻子年幼，日食难度。周氏自托媒证王宗诰，宗诰请凭家族公辈叔侄议定，共说王孝娃出外多年，不知生死存亡，家族托付王玉仁说合邓维才脚下为妻。去岁虫月二十六日才（财）礼钱十串零四百文，有王宗俊、（王宗）贤二人主嫁收钱是实。不料今岁二月初一日王孝娃回家找寻邓姓要人。邓、王二姓凭邻再出钱二千六百文，王孝娃自出之口，俟后一不得称说家族卖人，二不得提说邓姓募买生妻，现有脚手印信钱在外，有约为凭。今恐人心难侧（测），故立二起文约，一纸永远存照。

  知证人　王成和　邓元保　邓元通　邓维伦
  依口代书　邓元秀
    同治十一年二月初一日立出字人王孝娃（押）是实①

从书立的文约以及邓维才的诉词来看，其买妻的行为与一般买妻行为的目的似乎一样，但事情并非如此简单。从后来衙门的甘结记录看，却是王玉川出外未归，其妻周氏在家被族人王宗俊、王宗贤主婚嫁卖给邓维才承嗣。待王玉川回家后，将妻寻获。邓维才担心买到的妻子被王玉川要回，于是"目无法纪"，邀同邓元保将王玉川捆绑，勒写婚书。②

永丰乡的张文玺也有类似行为。张文玺，永丰乡人，前妻亡故，中馈乏人，便时常勾诱同族弟兄张洪裕妻张马氏，恋奸后唆使马氏与张洪裕闹事，欲要改嫁。张洪裕母亲无奈，将马氏改嫁，并立有婚约。③

立书续娶文约人张文玺，情因乏室无后，香烟莫接。有罗马氏同子张登盈其妻马氏在家，日食难度，难已（以）供养。今登盈男不怨女，女不怨男，于是娘母商议，将登盈之妻出约，请媒鲜国友、张流泉二人说明改嫁于张文玺名下为婚。比时言明财礼钱十六千文整，其钱登盈娘母手亦领明清楚，其母亲老衣酒水钱亦并在内。自娶之后，罗姓已至未至人等，亦不得异言称说，倘罗姓有另生枝节，有罗马氏

---

① 《南部档案》，档案号：6-384-309，同治十一年二月初一日。
② 《南部档案》，档案号：6-384-324，同治十一年六月十八日。
③ 《南部档案》，档案号：11-886-8148，光绪十九年五月十三日。

同子张登盈亦（一）面承当，许执约禀官，今恐人心不古，特立续娶文约一纸为据。

  在局人 周极 张子舒 共知

  张子堃 笔

  光绪十七年十月二十二日立 主婚罗马氏同子张登盈是实①

从婚约来看，内容并无离情之处，但背后却是张文玺乱伦霸配所成。

除上述两种之外，前妻病故或有病也会促使丈夫去买妻（妾）。道光年间临江乡的张基前妻病故，便以10千文（当给5000文）的价格将刘狗儿的妻子张氏买为妻。② 同治年东路积上乡29岁的王德金，因发妻吴氏病故，以12串将洪正文（40岁）的妻子朱氏买为妻。③ 道光年间政教乡赵尔孝因其妻陈女子得染摊疾，久治不愈，后以8000文的价格买得李毛狗（20岁）之妻李李氏为室。④

三 普通百姓对嫁卖生妻的态度

嫁卖生妻是为法律所禁止的，而且在中国的不少地区，民间社会的宗族领袖与州县官对此也不予认可。就南部县而言，根据家谱与碑刻的记载，宗族领袖也有持这种态度的。如西路宣化乡贯子垭武生保正梁济川，文生梁凤太、梁凤舞，族长梁芝太、梁凤猷等就言，"同治十一年，合族竖碑，不许嫁卖生妻，以端风化，历久未违"。⑤ 但是，尽管有家法族规、国家法律的禁止，不准嫁卖生妻并没有成为下层社会普通百姓共同遵守的行为准则，这至少在两个方面得以表现：一是大多数嫁卖生妻行为的整个过程与初婚嫁娶近乎一致，凭媒嫁娶、有主婚者、有财礼、写立婚书，几个形式要件一样不缺。"官从政法，民从私契"，写立契约也形成了民间社会约定俗成的地方规范，尽管这种契约在官方看来是不合法的。二是他们中的大多数对嫁卖生妻这一行为并不忌讳，"每嫁生妻，应给合族盒礼，以端风

---

① 《南部档案》，档案号：11-202-548，光绪十七年十月二十二日。
② 《南部档案》，档案号：4-289-1551，道光二十年六月初六日。
③ 《南部档案》，档案号：6-350-1451，同治七年十月十三日至同治八年正月廿三日。
④ 《南部档案》，档案号：4-295-52，道光二十六年闰五月初九日。
⑤ 《南部档案》，档案号：11-473-7830，光绪十八年十一月二十日。

化"的习俗也说明嫁卖生妻在他们看来乃正常之事。①

现在的问题是：既然嫁卖生妻行为是民间社会通行的习俗，法律又明令禁止，百姓为何还要将此等事情控之衙门？是百姓不知道法律的规定？他们是控诉嫁卖生妻行为违法，还是另有动机？

首先，对国家制定的法律而言，中央与地方社会都在以不同的方式进行宣传，民间百姓从中也能略知一二。② 就嫁卖生妻行为，在不少的诉讼词状里都写有类似"买休，大干例禁"的话，③ 虽然这种词可能是诸如官代书、讼师之类的中间人写上去的，但由于这些中间人与百姓接触密切，百姓也不可能完全不知道法律的这些规定。

其次，民间社会也有其自身的一套生活逻辑，尽管国家有法律的规范，但其影响是有限的。社会学家费孝通就认为乡土社会的生活是富于地方性的，在一个没有陌生人的社会里，法律无从发生作用。④ 从南部县的实际案例来看，大多数诉讼者对嫁卖行为并不回避，也无所顾忌。更有甚者，还为此行为到衙门存案，以求"公证"：

> 为禀明存案事。情自幼凭媒说娶张氏为妻，数年未育子女，不意去今岁饥荒，蚁不但恒业俱无，栖身莫所，且而（按：而且）身染疾，父母早亡，并无叔伯弟兄顾伴，欲贸无本，辗转无路，蚁不忍张氏青年，与蚁困毙。蚁思难已，夫妇商议，自行请凭家族及张氏娘族等相商，将张氏放一生路，奈人言生妻，不敢说娶，是以赴案禀明存案，伺获觅得张氏生活之路，不致后患，沾恩不忘，伏乞大老爷台前施行。⑤

由上也可见法律对民间的影响是有限的。既然嫁卖生妻作为一种民间习俗而普遍存在，百姓为何又要将它闹上衙门？通过对档案的分析，笔者

---

① 《南部档案》，档案号：11-473-7830，光绪十八年十月十三日。
② 徐忠明：《明清国家的法律宣传：路径与意图》，《法制与社会发展》2010年第1期；尤陈俊：《明清日常生活中的讼学传播——以讼师秘本与日用类书为中心的考察》，《法学》2007年第3期；龚汝富：《明清讼学研究》，商务印书馆，2008，第41~75、136~169页；〔日〕井上彻：《明清时期法令的传达》，井上彻、杨振江编《中日学者论中国古代城市社会》，三秦出版社，2007，第237~244页。
③ 《南部档案》，档案号：18-227-3070，光绪三十三年三月十六日。
④ 费孝通：《乡土中国 生育制度》，北京大学出版社，1998，第6~10页。
⑤ 《南部档案》，档案号：4-289-1547，道光二十年五月廿八日。

发现，闹上衙门多另有原因（见表1）。

表1　嫁卖生妻行为被告上衙门原因统计

原因\数据	嫁后图索	没有"三面说合"	没有得到嫁卖钱（财礼分配不当）	其他	合计
案例数	63	17	3	8	91
占比	69.2	18.7	3.3	8.8	100

从表1可以看出，他们告状有多种原因。

1. 嫁后图索

嫁后图索是指将妻嫁卖后，原夫、原夫家族、娘家人等又企图从买妻方获得更多的钱财，一旦对方不允，便编造理由控告买方。这种告状方式在所统计的91例中竟占了63例，比例高达69.2%。前面列举的王章佐卖妻案系洪正文家族洪正发、洪正太等觉得王德金本朴可欺，复搪钱文，"没给，于去腊月十一日唆支正文出名诬控"。① 谢心德卖妻案中，据其本人讲，其妻系其本人嫁卖，获钱31串用尽后，复向其妻胞兄图索，"不允，小的来案把他们告了的"。② 更有甚者，有事发后6年、10年控告图索的。如张应瑞卖妻10多年后，趁主婚人已死，再次控案复索。③

嫁后图索不断发生，原因之一是图索者有得逞之可能，有文约可凭：

> 书立嫁后滋痞、捏词妄控、凭案了息文约人梅应龙，情因幼配妻易氏为婚，结褵后数载，因家道贫寒，夫妇不和，兼之日食无度，难以顾持。自愿与家族商议，托媒说合将易氏改嫁与赵大昭脚下为妻，财礼亲手领明无欠。书有脚印手迹文约可凭。不料梅应龙卖妻之后，无计可施，听受习唆，执词将赵大昭具控。厅主案下差唤投审，幸遇近邻亲朋等邀集二比坐场理论。梅应龙有买休卖休之责，自愿凭众家族了息。再劝赵大昭出备钱四千四百文，以作应龙另寻生理度活之赀。自今以后，再不向讨亲之家无辜（故）生非，别生异端，倘再仍蹈覆辙，有梅姓家族人等一面承担。今恐人心不一，立出凭案了息，付与赵大昭日后存据。

---

① 《南部档案》，档案号：6-350-1451，同治七年十月十三日至同治八年正月廿三日。
② 《南部档案》，档案号：6-404-558，同治十三年四月十一日。
③ 《南部档案》，档案号：5-163-1556，咸丰三年四月初七日。

```
             李长香  赵大洪
             房书  何占魁
在证人   原差  邓才              共知
         家族  梅林新  梅林万  梅林  任廷位
         房书  余文顺  笔
```
同治四年六月十六日立出凭案了息永无异言文约是实（画押）①

上列虽是一个凭案了息文约，但梅应龙复搕得逞，再次获钱 4400 文却是事实。容再以一个具体的实例说明卖者图索得逞，再次需索未遂而将对方告之衙门的情形。咸丰三年，临江乡袁宗清自己将妻卖给杜应紫获财，6 年之后又将杜应紫控之衙门。控词如下：

情蚁因贫外贸，遗妻谢氏在家独处。附近恶棍杜应紫欺蚁本朴，乘机敢串杜廷学、杜林保为媒，否于何时霸娶蚁妻作妾。今年六月，蚁始归家，闻知大骇，投鸣邻人袁宗贵、高举访问，蚁族莫人主婚，蚁妻族莫人知晓。相邀理说，伊等不理，亦不将蚁妻交还，且肆凶横，实属大乖风化。为此叩唤严究，以全天和。如审稍虚，愿甘倍处。伏乞大老爷台前施行。②

从袁宗清的控词来看，他在外做生意，对其妻被嫁一概不知。直到 6 年之后归家才知被"恶棍"杜应紫"霸娶"，而且族内没有人主婚，妻族也无人知晓此事。杜应紫的诉词如下：

情蚁三辈单传，配妻乏嗣。咸丰三年有袁朝盛云伊长子宗清娶妻谢氏，夫妇不和，两愿离异。央请袁宗银、杜奇义劝蚁说娶为妾，议财礼钱十串，系宗清领去，出有手印婚书。复索，去酒水钱一千六百文，凭伊甲长袁朝均出有杜恴文约，均审呈。迄今蚁妾产生一女，伊族棍徒袁宗贵并异姓高伸同宗清搕去蚁钱六百文，有袁朝体过证。过后伊等因嫌钱少，复支宗清架捏诳词，于六月十五日将蚁控案。批候唤讯查究。查伊诬蚁莫人主婚，非眼同书立婚书之袁朝均等质究，皂

---

① 《南部档案》，档案号：6-320-1031，同治四年六月十六日。
② 《南部档案》，档案号：5-204-583，咸丰九年六月十四日。

白难分，为此，诉恳添唤。伏乞大老爷台前施行。①

根据衙门堂讯记录，杜应紫的诉词基本属实，而袁宗清的控词则多有编造。大致情形是：袁宗清是说娶谢氏为妾之事的当事人之一，且将财礼钱收去，并出有婚书；后袁宗清复索得逞，又给酒水钱1600文，凭甲长袁朝均出有杜患文约；现在谢氏生一女，袁宗清等人又搕去钱600文，但嫌钱少，将其控案。从整个过程来看，袁宗清控案的目的不是将其妻索回，而是搕索更多的钱财，这也是众多嫁后图索者的根本目的。

2. 没有"三面说合"

所谓"三面说合"是指在通常情况下，嫁卖行为须有丈夫、夫家人、母家人三方的同意，否则有可能被诉之衙门。临江乡杜大和、文天伦、蒲天心等人的卖妻行为均是因未通娘家知晓，娘家不依，将其告上衙门。② 也有因未通夫家族人知晓而被告上衙门的。如光绪三年（1877），金兴乡樊文贵称，因同曾祖堂弟樊文志衣食不济，将妻嫁卖。但此行为未与文贵商议，不服，遂将文志胞叔樊均仁等控案。③ 咸丰元年发生在临江乡的一起案件则是由丈夫的父亲引发。陈玉建父亲陈文星在外行医期间，陈玉建自书手印婚约，由陈玉俸、郑国俸为媒，将其妻杨氏嫁卖郑应川为妻。父亲回来后，不依，言家族侄子陈玉俸素行不法，惯于嫁卖族间妇女，串同郑国俸为媒，偷放其名主婚。言外之意，其子卖妻是被人左右的，于是将陈玉俸、郑国俸、郑应川等人一并控案。④

上述两种情况占了近87.9%的比例，除此之外，也有因嫁卖钱处置不当或因嫁卖行为非本人所愿等闹上衙门的。积下乡何魏氏子何昌荣病故，遗媳郭氏不愿孀守。何魏氏便与弟何兴德等主婚，凭张闰元为媒将郭氏改嫁张志元为妻，议财礼钱20千文。但财礼被何兴德、何继德私分，何魏氏得知后不服，控案。⑤ 又如前述的王玉川就是被人捆绑勒写婚约的。⑥

---

① 《南部档案》，档案号：5-204-580，咸丰九年六月廿四日。
② 《南部档案》，档案号：3-85-1215，嘉庆二十五年四月廿三日；4-291-1606，道光二十一年十一月二十一日；5-178-198，咸丰五年六月初四日。
③ 《南部档案》，档案号：7-424-1081，光绪三年十一月十三日。
④ 《南部档案》，档案号：5-154-1438，咸丰元年七月廿五日。
⑤ 《南部档案》，档案号：11-199-528，光绪十七年十月初五日。
⑥ 《南部档案》，档案号：6-384-324，同治十一年二月廿八日至六月十八日。

四 县官对嫁卖生妻的态度

在南部县，衙门将招赘婚、同姓相婚、转房婚等变例婚姻斥为"县中恶俗"，但嫁卖生妻行为未列其中。对招赘婚，衙门至少在同治十三年就把它定为县中恶习，并发布告示严加禁止。① 光绪九年四月二十六日，南部县衙针对同姓相婚、转房婚出示《为剀切晓谕严禁恶习，以重伦常而端风化事》：

> 查律载，凡同姓为婚者，主婚与男女各杖六十，离异。又律载，凡娶同宗无服之亲及无服亲之妻者，男女各杖一百。若娶同宗缌麻亲之妻，杖六十，徒一年。小功以上妻，各以奸论。若兄亡收嫂，弟亡收弟妇者，各绞。知情不阻之，亲族、地保，照不应重律，杖八十各等语。定例何等森严，岂容故违误犯。近来愚民不谙例禁，纷纷籍口同姓不宗，公然同姓为婚，已属不合。甚有谬妄之徒，兄亡收嫂，弟亡收弟妇，名曰"转房"，公然行之，恬不知耻，不知其已蹈重罪。合亟申明律例，出示严禁。为此示仰县属军民人等知悉，自示之后，尔等男女婚姻，务须各遵礼法，勿得同姓为婚，尊卑为婚，至于转房恶习，尤当严禁。倘敢不遵，仍蹈前辙，许该亲族保甲人等指名具禀，以凭唤讯严究。一经查讯明确，本县惟有按律定拟，从严惩办，决不稍从宽贷。各宜凛遵毋违，特示。②

光绪十三年，四川提刑按察使也札文饬省内各属，称"不意民间竟有兄故则收嫂为妻，弟亡以弟妇为室者，名曰'转房'。其父母、族长既懵然为之主婚，戚党乡邻亦贸然予之媒说，甚有父母俱故，族长不知，媒说无人而自行转易，以渎伦伤化之行视为名正言顺之事。相习成风，不以为耻"。③ 光绪十八年，南部县联姓知县在一件状纸里就招赘一案批道："赘户原属县中恶习"。④ 直到宣统元年（1909），这种认识也不曾改变，侯昌镇任

---

① 档案记载，"赘户恶习，早经出示禁革"，见《南部档案》，档案号：6-413-683，同治十三年十二月初十日。
② 《南部档案》，档案号：8-832-730，光绪九年四月廿六日。
③ 《巴县档案》，档案号：6-6-223-8388，光绪十三年十月。
④ 《南部档案》，档案号：11-477-7867，光绪十八年十二月初十日。

17

知县时在一则告示《南部县正堂侯为遵札示谕诸色人种男女结婚购用官制婚书事》里还道：

> 又有一种灭伦纪的人，兄亡收嫂，弟亡收婶，名曰转房，最是灭伦纪的事，都应办死罪的。又有一种，将女抱儿的事，男子贪图家产，贪图女色，甘心改名换姓，把自己的祖宗父母也抛弃了，祭祀也断绝了，都是县中恶俗。①

为什么县官未将嫁卖生妻行为列为县中恶俗呢？首先，可能是由于这种婚姻形式实质性地解决了因贫无法娶妻、因妻子无生育能力无法"继后世"的社会现实问题。更重要的是，官方之所以将转房婚、招赘婚等变例婚姻列为"县中恶俗"，是因为他们破坏了原有的承嗣和财产继承秩序，激化了宗族矛盾。沈家本就曾言："古人最重宗法，嗣异姓则宗法紊，是以必严其辨。"② 而档案也多有他们为"乱宗"之事打官司的记载。以招赘婚为例，光绪元年，东路积下乡董廷扬因乏嗣，于腊月承抱女婿曾志道，更名董元清成配。但此举引起族侄董元明不满，以"乱宗霸配、叩正风化"提起诉讼，称"有乱伦常，大干例禁，异子乱宗"。经衙门审讯，"廷扬无子，应在家族择爱胞子承嗣，不应抱婿作子，异乱宗族"。鉴于曾志道与董氏已完配过门，立继承嗣，饬令董廷扬将房屋田产与董元明、董元清两股均分。饬董元明日后再不得向董廷扬称说家产，抱婿承嗣。③ 光绪二十年，据西路金兴乡李成先称，四支亲房中李万海病故，遗妻任氏，留有子女。本意孀守，但本族李万长、李万岱、李万富等人乘死欺孤，谋产逐嫁，未成。后李万长主谋，不通本族知晓，暗招李万岱女婿陈文芳与任氏赘户，于八月十一夜过门霸配。在李成先等人认为，"文芳谊属侄婿，霸配叔岳之妻，背理颠伦，玷节欺族，且异姓入赘，紊乱宗支，情均难吞"，于是将李万长等告上衙门。衙门也认为这是大伤风化之事。④ 而嫁卖生妻行为基本不会触及这一点。

---

① 《南部档案》，档案号：20-1007-2658，宣统元年十月初八日。
② （清）沈家本：《寄簃文存·变通异姓为嗣说》卷3，载《历代刑法考》（四），中华书局，2006，第2118页。
③ 《南部档案》，档案号：7-223-90，光绪二年四月十八日至同年五月廿八日。
④ 《南部档案》，档案号：12-296-8797，光绪二十年八月十八日。

至于闹上衙门的事涉嫁卖生妻案件，如前所析，相当大的一部分并不是直接针对嫁卖行为本身的，而是另有他因。就县官的裁决而言，大致有如下几种处理方式：

1. 严惩借嫁图索等恶劣行为

传统社会，官府对民间纠纷多是睁一只眼，闭一只眼，采取所谓"民不举，官不究"的态度。而借嫁图索者，使嫁卖事实浮出水面，不仅给官府增加了负担，而且无益于社会秩序的稳定，为执政者所深恶痛绝。"事后诈索，此等恶习可恶已极！"即是他们对此事的反应。① 从衙门处理的结果来看，这类人无一例外地受到了责惩，通常以"掌责"方式执行。对于自知图索妄控理亏，出有永不借嫁寻索文约的，衙门也能"姑从宽免"，② 不过，笔者看到的此类档案也仅有一例。

若因丈夫品行不端而进行的嫁卖行为，丈夫会受到惩罚。如前述金兴乡的文天伦不务正业，每日嫖赌，将妻嫁卖得钱。闹上衙门后，县官认为文天伦不应买休卖休，予以"责惩"。③ 对于私逃的妇女，也会给予惩罚。如"刘氏不应背夫私逃，掌责"。④

2. 成全"传宗接代"行为

如前所述，有一些嫁卖行为，最终目的是完成"传宗接代"的任务。衙门在裁决此类案件时通常也能采取宽容的态度。临江乡杜应紫三辈单传，买袁宗清妻谢氏。此事被呈控衙门后，"谢氏仍令杜应紫领回团聚"。⑤ 同理，对于妻子没有生育而被嫁卖的，衙门也通常不会将妻子判归前夫。积下乡吴仕贵因妻没有生育，遂将其卖与孙大斌为室，衙门判决"刘氏仍归孙大斌领回团聚"。⑥

对于因贫无法正常娶妻而买妻的，衙门通常也会成全买妻人。积下乡王老六（36岁），因家贫未娶妻室，买妻蔡氏，衙门的处理是"蔡氏仍令王老六领回团聚"。⑦

---

① 《南部档案》，档案号：6-350-1451，同治八年正月廿三日。
② 《南部档案》，档案号：6-311-908，同治三年八月初六日。
③ 《南部档案》，档案号：4-291-1606，道光二十一年十一月二十一日。
④ 《南部档案》，档案号：9-248-225，光绪十一年十二月初八日。
⑤ 《南部档案》，档案号：5-204-591，咸丰九年七月十六日。
⑥ 《南部档案》，档案号：6-311-908，同治三年八月初六日。
⑦ 《南部档案》，档案号：5-188-370，咸丰七年闰五月。

3. 对于贫穷不能度日或夫妻恩义已绝的，衙门一般不会将嫁卖之妻判归前夫

宣化乡蒲国禄平日到处浪荡，不顾其妻杨氏衣食，串通婶母赵氏将其改嫁与李昌福为妻。而李昌福"家道赤贫，未娶妻室"。衙门的裁决是"杨氏令李昌福领回团聚"。① 崇教乡李昭银与刘福元女儿刘氏为婚，婚后夫妇不睦。后托媒将刘氏嫁卖郑清润为妻。控上衙门后，经县官审讯，"刘氏饬令刘福元领回择户另嫁。父子所得财礼钱十八千并饬原差押令父子如数缴出充公"。② 对于夫妻因贫不能度日所产生的嫁卖行为，又特别是所卖之妻又在后夫家生有子女的，衙门更是不可能将妻判归前夫。安仁乡杨大志幼配陈氏为婚，因家道赤贫，将妻子嫁卖王正坤为妻。陈氏再婚后，生一子。后因杨大志图索闹上衙门。衙门审讯，"杨大志同王正坤不应买休卖休，均各掌责，例应将财礼充公。姑念贫民，免充。其陈氏已在王正坤家下产生一子，免离，仍令王正坤领回团聚"。③

4. 对于不通知家人或族人的嫁卖行为，衙门一般不予支持

临江乡陈玉建（34岁）幼配杨氏为妻，已有十二载，育有一子一女。因陈玉建家贫，残疾矮小，"朴懦无能"，妻子杨氏"不能固守"，咸丰元年七月十四日，陈玉建自书手印婚约，由陈玉俸、郑国俸为媒，将妻嫁卖郑应川（25岁）为妻，获钱8000文。但此事未通知陈玉建父亲，告上衙门后，衙门裁判："陈玉建不应书立婚约，例应责惩，姑念乡愚，从宽免责。断令陈玉建将所得8000文缴出充公。郑国俸不应作媒，郑应川不应娶有夫之妇，均各掌责。杨氏由陈玉建领回管束。"④ 嘉庆年间，同为临江乡的杜大和卖妻梅氏，因未通知梅氏娘家，经审讯后，杜大和被掌责，梅氏娘家出钱2500文，将梅氏领回另嫁。⑤

5. 对妇女因违背伦理纲常，如犯"七出"而被嫁卖的，嫁卖行为通常会得到衙门的支持

如金兴乡蒲洪福娶妻何氏，婚后何氏不听翁姑教育，后被嫁卖。县官在何氏父亲的存状中批道："此案买休卖休，业经本县究结，尔女何氏律应

---

① 《南部档案》，档案号：4-274-1338，道光十二年十二月十七日。
② 《南部档案》，档案号：6-291-643，同治元年七月十四日。
③ 《南部档案》，档案号：4-294-41，道光二十五年四月二十一日。
④ 《南部档案》，档案号：5-154-1453，咸丰元年八月廿八日。
⑤ 《南部档案》，档案号：3-85-1215，嘉庆二十五年四月廿三日。

归宗,所以给尔领回,听尔择户改嫁,旁人不得干预。"①

依照法律规定,对于嫁卖生妻行为,就当事人而言,"本夫、本妇及买休人,各杖一百",对于妇女的归属处理是"离异归宗",对于嫁卖时所产生财礼的处理是"入官"。若是买休人与妇人用计逼勒本夫休弃,买休人与本妇"各杖六十,徒一年"。②笔者尚没有看到县官对某一具体案件完全按法律规定如数执行的记载。就上述案例而言,县官也并未严格按照法律的规定执行,而是根据乡民不同的诉讼动机做出弹性处理。

五 结论

通过对社会底层的嫁卖生妻行为的讨论,可得出以下几点结论。

第一,南部县的嫁卖生妻行为之所以普遍存在,主要是由于经济的贫困,当穷得只有通过卖妻才能维持生存的时候,人的尊严常常让位于基本的生存需要。在这一点上,本文与苏成捷所研究的一夫多妻行为得出的结论有相同之处。③

第二,此变例婚姻形式是正常婚姻的一种补充,有其存在的生态环境。传统社会婚姻的目的,在于"上以事宗庙,下以继后世"。以往的研究者多注意对正统婚姻的理解,而这些变例婚姻与婚姻目的的关系少有人关注。本文的研究表明,变例婚姻过程中也常常体现出传统社会婚姻的一贯主张。那些不能"传宗接代"的妇女常是被嫁卖的对象,同时,对于那些家贫无法通过正常途径娶妻,或者娶妻没有生育的人来说,买妻(妾)也是达到婚姻目的的一条途径。

第三,民间习俗虽有其自身的一套存在逻辑,但它对国家法律也不是无动于衷,而是表现出对国家法律的诸多暗合与认可。就嫁卖生妻而言,有些明明是无赖之徒的逼嫁行为,但所写立的婚约常常是诸如不守妇道、不孝公婆、不敬夫主、日食难度、双方情愿等"正式"表达。不仅如此,婚约里还常常会写明当事人的责任主次,以便日后发生闹上衙门等"另生

---

① 《南部档案》,档案号:4-259-8,道光四年闰七月初七日。
② 《大清律例·刑律·犯奸·纵容妻妾犯奸》。
③ 苏成捷认为一夫多妻乃是下层民众的一种生存策略。参见〔美〕苏成捷《性工作:作为生存策略的清代一妻多夫现象》,黄宗智、尤陈俊主编《从档案出发:中国的法律、社会与文化》,法律出版社,2009,第111~139页。

枝节"的事情时分清责任。书面的"正式"表达与事实不尽相符甚至完全相反,体现出他们对正统伦理道德的认可和对国家法律的暗合。

第四,大多数事关嫁卖生妻行为的纠纷闹上衙门,所针对的并不是"嫁卖生妻"是否合法的问题,而是另有原因,嫁后图索就占了相当大的比例。而对于闹上衙门的案件,并没有出现如黄宗智所言的"一旦诉讼案件无法在庭外和解而进入正式的法庭审理,他们总是毫不犹豫地按照《大清律例》来审断",且87%的案件皆由县官依律判决的情况。[①] 对于诸如嫁卖生妻之类的民间纠纷而言,《大清律例》的相关规定在笔者看来,所起的作用更多的是行为导向,体现出法律坚守伦理道德的特征。衙门的判决,与其说是对嫁卖行为的惩治,不如说是对借嫁图索等无赖之徒的切齿痛恨与对弱者的同情。而对弱者的同情中,更多的是表现出对"糊口经济"的无奈与民间"传宗接代"需求的容忍。上述所列衙门的五种处理方式与底层民众的生存逻辑呈现出相互吻合的一面。如何认识县官的这一处事规则呢?民俗学家容肇祖(1897~1994)的一段话有助于我们理解。1924年,他在《妙峰山进香者的心理》一文中写道:"我以为风俗习惯的改变,是要从环境上改变,从教育上收效。各村落进香的人们,受环境的限制,没受过良好的教育,妇女缠足(非缠足,没人娶),信仰多神。信仰是随社会与人民程度的进化变迁,如果没有方法改变他们的环境,利便他们的交通,开发矿产,发展农林,从教育上训练好他们农工职业的技能……要是他们一切的环境情形没有改变,教育又没有发展,我们还是保留妙峰山的古庙,听他们年年修一次路,烧一次香,得到些快乐与安慰吧。"[②] 于此,我想说的是,衣食足而廉耻生,如果百姓经济贫困到生计难以维持,以至于走到不能娶妻生子、传宗接代的地步,而执政者也无力去提高他们的经济状况的话,我们还是理解南部县县令的做法,不将嫁卖生妻行为列为县中恶俗并在裁决中适度考虑民间的生存状态吧!

(作者单位:西华师范大学)

[①] 〔美〕黄宗智:《清代的法律、社会与文化:民法的表达与实践》,上海书店出版社,2007,第11、66页。
[②] 容肇祖:《妙峰山进香者的心理》,《迷信与传说》,国立中山大学民俗学会,1929,第136~137页。

晚清公羊学与变法维新*

陈 煜

摘 要 清代公羊学在乾隆后期逐渐崛起,后经过常州学派、龚自珍、魏源等承袭和传播,逐渐蔚为大观,由学术影响到政治,最后转化为激进的变法工具,乃至与维新变法同归歇绝。考察清代公羊学,我们不仅要从学术发展本身的规律上去看,更要将之与时代和政治形势相联系。公羊学开始时是作为"汉学"的竞争者而出现,但是当后世学者逐渐将之用作改变现实的学术工具之后,公羊的"本义"渐渐被"引申义"取代,于社会而言,公羊变法的影响却也变得更为有力。所以考察清代公羊学与晚清变法的关系,可视为传统学术和政治关系最为经典的注脚。甚至极端而言,近代的一切变革思潮,都是以公羊学为"里子"和以舶来的西学为"面子"的结合。

关键词 公羊学 晚清 变法维新

清代公羊学作为清学的后起之秀,一度可以与作为清学代表的朴学(汉学)相颉颃,且因康有为借公羊之学行变法之志故而风靡一时。康有为为了给其变法主张寻求理论基础而著的公羊学作品,实际上已经完全脱离传统经学的范畴,更是引发了当时政治界和学术思想界极大的震动。[①] 于是后来研究晚清变法改制者,都会有意无意地联系到公羊学。但是现有的研究多集中在两端:一是从学术史的角度来专门探讨公羊学在清代的发展,间或提及其与晚清变法之关系;另一个是从思想史的角度,来讨论晚清法制思想的几次变革,而将公羊学作为舞台的一幕布景。至于清代公羊学究

---

* 本文系教育部人文社会科学重点研究基地重大项目"中国法系与中华文化——以明清法律学术为中心"(项目编号:12JJD820018)的阶段性成果。

① 梁启超在其《清代学术概论》中对此有很生动的叙述:"有为第二部著述,曰《孔子改制考》,其第三部著述,曰《大同书》,若以《新学伪经考》比飓风,则此二者,其火山大喷火也,其大地震也。"见氏著《清代学术概论·儒家哲学》,天津古籍出版社,2003,第71页。

竟为晚清变法提供了何种资源，其内在的线索是怎样的，虽然也有学者做出过卓越的研究，但仍有进一步探讨的空间。① 本文将围绕着清代公羊学在各个时期与变法的关系展开论述，以明学术是如何受到时势的影响又是如何对时势做出回应，并继而对变法发生重大的影响的。当然本文所说的"变法维新"，不限于康梁维新变法，而是包括改革在内的一切求变思潮。

一 公羊学的要义及其在清代的复兴

"公羊学"源自《春秋公羊传》，《公羊传》的作者和成书时间一度也是聚讼纷纭，但通常认为其是战国时齐人公羊高所撰。相传公羊高为孔子高徒子夏的弟子，为了解释孔子所著《春秋》，并揭示孔子作《春秋》的真实意图，从而作《公羊传》。《公羊传》起初只是口耳相传，西汉景帝时，公羊高的玄孙与胡毋生（子都）一起将《春秋公羊传》著于竹帛。武帝之后，《公羊传》作为传《春秋》经典之作而得列入官学，并成为今文经学最重要的经典。本文谈论公羊学，实际上相当于在谈今文经学。②

西汉尊今文经学，《公羊传》因此也成为解释《春秋》之义的不二权威。加上武帝时大儒董仲舒对《公羊传》的推衍发挥，着力阐发孔子的微言大义，于是围绕着《春秋公羊传》，逐渐形成一门学问。东汉虽尊古文，但围绕着《公羊传》依旧传下了有力学说，最为著名者为何休的《春秋公羊传解诂》，此书除了回应公羊子之"辞"之"义"，更是归纳了孔子作《春秋》时确立的若干"例"。这个"例"可看作孔子在写作《春秋》过程

---

① 如陈其泰的《清代公羊学》一书，是近年来关于清代公羊学最为详备的研究作品，其对清代若干公羊学家的成就，做了相当精到的剖析，属于本文所述第一种情形的力作，其中第六章"维新运动的思想武器"就较好地交代了公羊学对维新变法的意义。见氏著《清代公羊学》（增订本），上海人民出版社，2011，第212~253页。而台湾学者陆宝千的鸿文《清代公羊学之演变》，则侧重于时势与学术双重背景对公羊学发展的影响，以及公羊学反过来对制度变革的影响，都切中肯綮。见氏著《清代思想史》，华东师范大学出版社，2009，第197~220页。但这两部作品均是从公羊学本身的发展展开的，而不是以其与变法的关系为中心，所以仍可以将议题进一步集中，当然，这两部著述仍是笔者写作此文最为重要的参考作品。

② 西汉尊今文经学，《诗》则韩、鲁、齐三家，《书》则欧阳氏、大小夏侯氏三家，《易》则施、孟、梁丘、京房四家，《礼》则大小戴，《春秋》则《公羊传》。而《公羊传》因是对与孔子直接相关的《春秋》之解释，也成为最有影响力的今文经典。

中，通过所选择的用词和写作的语气所透露出来的为人处世乃至治国理政的准则。清代公羊学家如孔广森、刘逢禄辈高度评价何休的设例之说，当然在此基础上又有新解。总之，到了何休那里，公羊学才真正成为一种有条理有系统的经学学说。但在当时的两汉今古文之争中，何休发展出的公羊学实不占优势。

而随着东汉的覆灭，原先的今古文之争也告一段落。诚如梁启超所云："南北朝以降，经说学派，只争郑（玄）王（肃），今古文之争遂熄。"① 后来的正统经学回避这一问题，而是由政府统一确定各门经典，到唐时《五经正义》出，杂糅今古文说，而宋更是废汉唐故训，这种情况延续至清初。公羊学在这1000多年的时间内，一直处于式微的境地，中间虽有宋代的孙复、胡安国，明代赵汸、郝敬攻击古文经学，试图振衰起弊，重塑公羊学的地位，但由于种种原因，终未有成。但是不管公羊学在这么多年中的遭际如何，学者间评判公羊传中所谈《春秋》之"旨"和"例"的讨论从未停止过。② 亦可见清代公羊学之所以中兴，实际上是建立在一个已经有相当积淀的前人研究基础之上的。当然，公羊学本身的开放性以及丰富的内涵，也保证了这门学问可以常研常新。

因为公羊学内涵实在太过丰富，笔者不可能在此详细论述，且公羊学中各命题各家解释差别甚大，故笔者也无力归纳公羊大义之全部。只能采用一个粗糙的办法，合并同类项，将公羊学通盘要义简单胪列，这些应该属于通识，治公羊者基本上都是在同意这些观念的前提下而各成其说的。

第一，孔子为受天命之素王，代行天子之事，作《春秋》为后世立法。③

第二，六经为孔子手定，用以推行其政教，而其中最为关键者，在于

---

① 梁启超：《清代学术概论》，《清代学术概论·儒家哲学》，第67页。
② 关于春秋学（包括公羊学）在这1000余年的发展以及其间的话题探讨的简要论述，见〔美〕艾尔曼《经学、政治和宗族——中华帝国晚期常州今文经学派研究》，赵刚译，江苏人民出版社，2005，第104~131页。
③ 王者之迹熄，孔子忧时伤世，图思改革，但有能无位，故与其托诸空言，不如见之于行事之深切著明，遂作《春秋》，为后世立法。如同司马迁在《史记·太史公自序》中所引壶遂之言"孔子之时，上无明君，下不得任用，故作《春秋》，垂空文以断礼义，当一王之法"。在这一点上，公羊家都无异议。各家的区别不过在讨论孔子是为汉代立法还是为万世立法而已。

《春秋》一书。《春秋》为礼义之大宗。①

第三，《春秋》本质上并不是一部历史著作，而是一部改制之作，孔子通过贯穿于书中的"微言大义"（"旨"）以及写作的"笔削褒贬"（"例"），来表达其对社会的看法、对人事的评价和对理想制度的追求。

后来各公羊家的差异，集中在对"旨"和"例"的探究上。《公羊传》本身已经揭示出了《春秋》的某些要旨，诸如"大一统""别夷狄""异内外""讥世卿""三世异辞""九世复仇""拨乱反正"等等，后来董仲舒又加以发挥，形成"张三世""通三统""新周、故宋、王鲁"等命题。至何休，则更为系统，形成所谓的"公羊家法"，即"春秋大一统"之义和"三科九旨"之说。② 后来的公羊家都是对此大一统之义和三科九旨之说"接着说"（冯

---

① 《史记》作者司马迁身上同时具备其父司马谈的道家气质和他本人的公羊家气质，在《太史公自序》里，对《春秋》一书推崇备至，如"拨乱世，反之正，莫近于《春秋》。《春秋》文成数万，其旨数千，万物之散聚皆在《春秋》……故有国者不可以不知《春秋》，前有谗而弗见，后有贼而不知。为人臣者不可以不知《春秋》，守经事而不知其宜，遭变事而不知其权。为人君父而不通于《春秋》之义者，必蒙首恶之名。为人臣子而不通于《春秋》之义者，必陷篡弑之诛，死罪之名。其实皆以为善，为之不知其义，被之空言而不敢辞。夫不通礼义之旨，至于君不君，臣不臣，父不父，子不子。君不君则犯，臣不臣则诛，父不父则无道，子不子则不孝。此四行者，天下之大过也。以天下之大过予之，则受而弗敢辞。故《春秋》者，礼义之大宗也。"

② 孔子在《春秋》中包含"尊王"之念，清代庄存与就认为"通三统""备四时""正日月""审天命废兴""察五行详异"，这些都是"奉天辞"，所以尊王也。见庄存与《春秋正辞》卷1，庄存与、孔广森纂《春秋正辞·春秋公羊经传通义》，郭晓东、陆建松、邹辉杰点校，上海古籍出版社，2014，第7~16页。其目的在于王者定天下于一，所以《春秋》揭示的首要观念就是"王者大一统"。董仲舒对于公羊学最大的贡献就在于发扬了"春秋大一统"之说。而何休则最终完成了公羊"三科九旨"体系的构造。所谓"三科九旨"，简言之就是《春秋》将事物的品评，置于三个科段之内，而每个科段，又可析为三层，合而言之，就是三科九旨。第一科三旨，是"新周，故宋，以《春秋》当新王"，这是对公羊子和董仲舒"通三统"说的具体发挥，董认为一代新王受命，就必须封此前二代之后为王，正周取代殷商之后，封殷商和此前的夏之后为诸侯王，而每一代新王，均要"改正朔、易服色、制礼乐，一统于天下"，那么继周之后又该如何呢？按照"通三统"的规律，就要封此前二代之后为诸侯，所以要"新周"（"亲"周）、故宋（殷商之后），而更早的"夏"则不在分封之列，所谓"绌夏"。而以《春秋》当新王，即"王鲁"，假托鲁受命做新王。第二科三旨，是"所见异辞，所闻异辞，所传闻异辞"，这是对"张三世"的发挥，将孔子写春秋之时代划分成所传闻世、所闻世、所见世，对于所传闻世，记载粗略，而对于所见世，记载精微，所谓"始于粗粝，终于精微"，表明孔子由衰乱之世达到王化大行的理想。春秋以获麟止，乃是太平之世将要来临之兆，以此表示拨乱反正之后，天下大同。第三科三旨，是"内其国而外诸夏，内诸夏而外夷狄"乃至最后四海一家。这就是"异内外"。写作上首先写周鲁之事，然后推之诸夏之事，然后推之夷狄之事，区分诸夏夷狄，不按种族，而以文明和道德水准来分，最终夷狄进于中国，天下从此一家，王者由此一统。这就是何休"三科九旨"所揭示的春秋笔法。

友兰语)。

至于清代中后期公羊学为何会复兴，成为一融政治与学术于一体的大流派，乃至在清末大放异彩，历来研究者往往会从经济、政治、文化和民族矛盾、中外关系等角度进行诠释，陆宝千先生在《清代思想史》中的一段话，堪为其典型：

> 其有不愿返诸宋学者，复由东汉而上溯西汉，遂及公羊之学，是学也，亦为汉学，而无训诂之琐碎，亦言义理，而无理学之空疏。适中清儒厌钻故纸而不忍遽弃故纸，菲薄宋儒而又思求义理之心情。偶有一二嗜奇者嗜之，公羊之学遂茁春萌。芽蘖既透，清运亦衰，匪乱夷患，纷至沓来。由是而平章朝政，由是而试议改革，皆据圣经贤传以立论，而又莫便于公羊。于是公羊之学披靡一时也。①

清代中后期公羊学的复兴，首先是学术本身的发展使然。乾嘉之时，正是"汉学"如日中天之际。"汉学"本是为纠正宋明理学之弊端发展而来，汉学家认为，汉代去六经纂成不远，汉诸经师所作传注较之于后来宋明诸子所作章句，当更能得圣人本意，所以希望通过辑佚汉人传注，并加以文字音义训诂，先"识字"后"通经"，最终真正理解经典。于是吴、皖两派相继兴起，诸子对于经典的整理和考异，成果斐然。但物极必反，吴派最后陷入"凡古必真，凡汉皆好"的泥古一途，而皖派陷入"凡经必考，凡古必疑"的琐碎境地，而皖派的影响尤为深刻。既然东汉诸训诂都不能定黑白是非于一尊，那么再往上追溯到西汉，就是非常自然的学术逻辑了。而西汉最为强劲的学术思潮中，公羊学赫然在列。于是公羊学的新起，乃是汉学发展的必然。因此，汉学（皖派）强调识字为通经，通经在致用，表面上是考证，而里子则隐含了对现存秩序的不满，实际拉开了类似"重估一切价值"思潮的序幕，而公羊学正好可资重估价值之用。

当然，这不是汉学家希冀看到的结果，事实上，后来今古文两派长期缠斗也于此重启，汉学引发公羊学复兴，颇有点"我不杀伯仁，伯仁因我而死"（《晋书·列传三十九》）的味道，只不过是从反面而言的。就主观上说，公羊学的复兴，乃是一部分饱学之士，厌恶汉学之琐碎，见木不见林，

---

① 陆宝千：《清代思想史》，华东师范大学出版社，2009，第226页。

力图冲出汉学壁垒而做的思想上的反动。由乾隆时期的礼部官员、侍读学士武进人庄存与启其端，最后形成常州学派，公羊学遂蔚为大观。

而公羊学的真正兴盛，还在于其对国家形势和社会生活的回应，所以虽然乾隆中后期庄存与已经开始公羊学的研究，但是真正形成气候，还要等到40多年之后其外孙辈的刘逢禄那里。如同上引陆宝千先生所述那样，乾隆中后期，因天下承平日久，百弊渐生；文法益密，治法益疏；贿赂公行，歌舞升平。在表面的繁荣背后，已经隐藏着很大的危机。原本完备的体制，至此已经出现某种"老化"现象。诚如许倬云先生所论：

> 可知时间的进展可以使事物与制度的正面功能老化而成为负性功能，也可使社会关系由特定的畏威与功利的形态转变为稳定的名分关系。各种事物与制度的老化速度不属同步，各种不同的社会关系也未必同时转变。变化步调的参差遂可以造成大体系中原本已经适调的各个部分之间，发生抗拒或推移，以求获得新的均衡与适应。①

这不是说是乾隆皇帝或者嘉庆皇帝某个人的问题，而是一个历史的铁律。如果制度不因时而变，则此前再好的制度也会走向其本身的负面。② 乾隆时期，虽然尚在"盛世"，但是已经出现了某种由盛转衰的迹象，并不明显，其后至嘉庆、道光年间，则国势衰颓，政治上出现巨大的危机，③ 所谓"匪乱夷患，纷至沓来"。在这种情形下，有识之士更难以稳坐书斋，而思以所学"经世"。"经世致用"的命题再次在时代危机中被重新揭橥，此时西学思潮尚未汹涌东来，故思想家治国之道只能从原来的知识结构中去寻

---

① 许倬云：《传统中国社会经济史的若干特征》，《求古编》，新星出版社，2006，第4页。
② 历史上很多衰败，恰恰发生在秉国时间很长的皇帝任内，比如汉武帝（秉国54年），南朝梁武帝（秉国46年），唐玄宗（秉国44年），明神宗（秉国48年），以及没有皇帝之名而行秉国之实的清慈禧太后（秉国47年），这其中不乏开创汉唐盛世并且建立完备制度的英主，或许也正因为其统治时期长，或享受长时间太平之故，亦少有自我改制的动力，故更容易造成制度的老化。这里面的原因很复杂，或者奥地利个体心理学家阿德勒所揭橥的"自卑－超越"模型差可解释这个现象，阿氏认为适当的自卑感有助于实现个体的超越，从而克服自卑，成为一种改革的正能量。相关理论见其《自卑与超越》（曹晓红、魏雪萍译，中国友谊出版公司，2013）。而这些秉国时间很长的君主，不是自恃神武就是坐享其成，绝无自卑感，也很难有动力去超越自身。如果将这一理论放大到国家，情形亦然，一个还能维持表面强大的国家，也很少会超越自己实行改革。
③ 具体的论述，见张国骥《清嘉庆道光时期政治危机研究》，岳麓书社，2012。

找。《春秋》本衰世求太平之理想之书，又是孔门不刊之经典，而《公羊传》作为儒家十三经之一，本身即具有传《春秋》的正统性，又蕴涵改革求治之道，最关键者，《春秋公羊传》本身具有"无达诂"的理论开放性，便利于解释者假托经典发挥己义，于是公羊学在这种境遇之下就开始了复兴之路。事实上，我们回头再看，晚清公羊学，正是沿着"我注六经"到"六经注我"的轨迹一步步发展过来。

二 公羊经世：温和的变革观

晚清的公羊学，一开始是作为一种经学而被探讨，但后来因"经世"之需逐渐衍化为一种政治思潮，遂与传统经学渐行渐远。这个情形是如何发展的呢？下文仅以各个时期最有代表性的公羊学说为线索，[①] 来讨论公羊学与晚清变法的关系，当然我们所述的这段时期的公羊学说，相对来说是较为温和的。

（一）庄存与的开创性贡献

一般的学术论著，往往将晚清的今文经学（公羊学）的源头追溯到常州学派的创始人庄存与。持此说者最早可以追溯到龚自珍："以学术自任，开天下知古今之故，百年一人而已矣。"[②] 而正式将常州学派和晚清公羊学联系在一起的，则是梁启超，梁在《清代学术概论》中提到："今文学启蒙大师，则武进庄存与也。"[③] 现代学人，也多持此论。但蔡长林教授则认为这种说法不妥，认为这是一种"线性历史叙事"，是以终结替代开端，从而"模糊了常州学派与晚清今文学在不同的时空背景下，因关注课题之异所产生的各具特色的论述话语"。[④] 所以蔡主张"除了要以开端替代终结外，也

[①] 如上所述，清代公羊学家人数众多，议论也不一致，在社会上和学术上的影响力也参差不齐，且著述繁多，若要一一细剖，非笔者能力所及，亦无此必要。我们在此仅举于学术上或政治上对变法最有影响的其人其作进行分析，其余如戴望、陈立、皮锡瑞、廖平、王闿运、梁启超等，亦是重要公羊派思想家，但其思想可归于我们即将论述到的庄、刘、龚、魏、康的思想体系之中。

[②] 龚自珍：《资政大夫礼部侍郎武进庄公神道碑铭》，《龚自珍全集》，王佩诤校，上海古籍出版社，2007，第141页。

[③] 梁启超：《清代学术概论》，《清代学术概论·儒家哲学》，第67页。

[④] 蔡长林：《常州学派略论》，彭林主编《清代学术讲论》，广西师范大学出版社，2005，第46页。

要有充分的去今文学化意识"。① 此话诚然不假，常州学派实际上是一个很芜杂的学派，并不专指今文经学，还涉及汉学考据学、阳湖文派等，但是不可否认，常州学派最有价值和最有影响力的学说，还是以春秋公羊学为代表的今文经学。② 即便庄存与本人并没有后来龚魏的"经世"和康梁的"变法"之志，且其所述经义也主要是给宫中皇子讲学所用的讲义，但这也不能否认其对后世公羊家的启蒙之力。诚如论者所示："此后，清代今文经学派的重要人物，或者和他有师承关系，或者受到他的影响，开创之功，不可埋没。"③ 庄乃常州学派的开创者，此后自第二代庄述祖、庄有可，④ 到第三代刘逢禄、宋翔凤，再到第四代龚自珍、魏源，其间的师承关系至为明显。至于其影响所及，如此后湖南的今文经学家王闿运、皮锡瑞，四川的廖平，广东的康有为、梁启超，都可以说是受益于庄的开创性著述。

庄存与，常州武进人，曾在上书房行走多年，为乾隆皇帝的近臣，并教授诸皇子经书，一生著述颇丰，其公羊学代表作品为《春秋正辞》。庄存与本是正统理学进士出身，又官居高位，思想本偏于保守，其学术作品如前所述，最初皆为教授诸皇子所编讲义，故而庄存与本人并无意识去复兴公羊学乃至开创常州学派。但是由于其置身于其时如日中天的"汉学"氛围之中，不可能不受到汉学的影响。作为一名帝国官僚和学术精英，庄必须要为现存意识形态辩护。但是汉学的发展已经威胁到理学正统地位，自皖派出，疑古之风盛行，其以训诂的力量，甚至断定某些帝国长期奉行的教条为前人之伪（如理学"危微精一"之旨为《大禹谟》名句，而考据显示此为晋人作伪，非复圣人之言），继而以此为突破口，怀疑既存的一切，

---

① 蔡长林：《常州学派略论》，彭林主编《清代学术讲论》，第46页。
② 即便蔡本人也承认到第二代庄述祖那里，今文经学已经成为常州学派最为显著的学术特质，他说："至于今文学之成立，则是要掌握庄氏家学所标榜的西汉理想在概念上的转变。因为随着庄氏家族的远离政治圈，'西汉'的含义在家族成员中也见其递层转变之迹。大体上是政治含义渐淡，而学术含义渐显，而愈趋近于一般印象中的今文学。其变化之源头亦体现在庄述祖身上；而其关键，则在刘逢禄袭用庄述祖的研究心得，并转化在对《春秋》的讨论当中，而使今文学的概念进一步明朗化。可以说，今文学这一概念得以借由庄氏学术而得以复活，应归结于刘逢禄熟练地运用今古文家法为判准，将家族'西汉'学术的概念作充分的转化，再加上以先人为主的考据态度——对刘歆的批判——运用于《春秋》学的研究而来。"见蔡长林《常州学派略论》，彭林主编《清代学术讲论》，第59页。
③ 吴雁南主编《清代经学史通论》，云南大学出版社，2001，第143页。
④ 庄述祖（1750～1816）为庄培因子，庄存与侄，培因早卒，述祖自幼学经于存与，而庄有可（1744～1822）是庄存与族孙，尽管述祖与有可辈分有别，述祖较有可长一辈，但有可却较述祖还长六岁，同样学经于存与。所以两人同为常州学派第二代健将。

汉学因之越来越激进。于是庄在教授中和著述中，有意无意地要维护圣人之道，公羊学春秋大一统之道，对他而言，是最好的反击武器，诚如学者所言："庄存与的学术主张旨在抵消他所认为的汉学的激进政治影响，这种影响似乎从18世纪40年代即威胁帝国官方意识形态的巩固。"①

庄本意如此，但是一旦他走向公羊学研究之后，情况就发生了变化。"当他借《公羊传》这样一部非正统经典发挥己意时，② 就不仅有异于汉学，甚至走到理学的对立面。'真汉学'切断了与汉宋两家的联系。重建今文经学的理想鼓舞着庄存与的弟子们向汉以降的一切基于古文经学的政治话语宣战。"③

庄存与揭示的公羊要旨很丰富，我们仅举与晚清变法有密切关系者来叙述。首先，庄存与重新强调了世人尊崇春秋，并非因为春秋是一部记"事"之书，而是一部记"道"之书，记"事"之"辞"，只不过是"弘道"的手段，正所谓"寄言出意"。比如对《春秋》"僖公五年，冬，晋人执虞公"这一段辞，庄解释道："此灭虞也，曷为书执而已？忌也。虞，畿内之国，灭而不忌，是无天子也。虞曰公，王官也；晋国人，晋侯也。目人以执王官，罪既盈于诛矣。举可诛而人杀之，以不失罪；不书灭以隐之，而不伤义。故曰：史，事也；《春秋》者，道也。"④ 所以，读《春秋》，明事更要明道。

那么《春秋》所揭示的最大的道究竟是什么呢？换言之，孔子作《春秋》究竟想要实现什么样的目的呢？庄存与认为："所谓《春秋》之道，举往以明来也。"⑤ 这就表明，《春秋》之目的乃是"述往事，思来者"，通过对《春秋》人事的评价，来为后世立法。

那《春秋》为什么在遣词造句上如此谨慎而简练，有时整个句子仅仅只记某时、日、月呢？庄氏认为，"君子作《春秋》，起教于微渺"。⑥《春秋》本意在记治乱，治乱中渗透着变革之道，庄含蓄地表达了孔子改制的

---

① 〔美〕艾尔曼：《经学、政治和宗族——中华帝国晚期常州今文经学派研究》，第129页。
② 艾尔曼此语，不在于表示《公羊传》是区别于"正统经典"的异端，恰恰相反，《公羊传》一直列于儒家正统经典之内，只不过因为自东汉古文经学兴盛后，到唐代人们尊崇《左传》，《公羊》地位式微，所以相比于《左传》显得冷清而已。《公羊传》本身从未遭到过统治阶级的废黜，始终为"正典"。
③ 〔美〕艾尔曼：《经学、政治和宗族——中华帝国晚期常州今文经学派研究》，第129页。
④ 庄存与：《春秋正辞》卷2，庄存与、孔广森纂《春秋正辞·春秋公羊经传通义》，第54页。
⑤ 庄存与：《春秋正辞》卷1，庄存与、孔广森纂《春秋正辞·春秋公羊经传通义》，第20页。
⑥ 庄存与：《春秋正辞》卷4，庄存与、孔广森纂《春秋正辞·春秋公羊经传通义》，第100页。

用意。所以庄总结:"《春秋》约文而旨博,不以人事多寡为繁省,识天下之故而已矣。"①

当然,庄氏如此解读《春秋》,除了学术立场外,也有政治上的忧患缘故。乾隆后期,和珅势力崛起,并在他的周边逐步形成了一个巨大的贪腐集团,而皇帝对此不以为意,信任有加,这种情形又加速了乾隆后期政治的腐败。作为和珅对立面的庄存与对此既痛心又无奈,于是将一腔愁思化作文字,寄于公羊学中。后来魏源(与常州学派关系密切)对此揭示得很明白:"君在乾隆末,与大学士和珅同朝,郁郁不合,故于诗易君子小人进退消长之际,往往发愤慷慨,流连太息,读其书可以悲其志云。"②

后来庄存与家族的举业受到了和珅集团的打击,庄氏后人的仕宦业绩大不如前。但是庄在著述以明志的过程中,虽然含有变法的意图,却也并不明显。而且,庄存与治公羊,只是其学术兴趣的一途,他同样兼治古文经学,且用的方法并不排除汉学,故要说庄氏是一纯粹的公羊学家,自然并不确切。实际上,庄的公羊学著作,当时也未发表,其影响力在他身后才开始上升。但是他的这一学术转向,却意义深远,诚如论者所示:"庄存与没有预见到,他的大胆开端将会导致一种对经典政治学说激进式的重新发挥,同时还将影响他曾维护过的儒教国家的合法性。"③

和庄存与同时治公羊学,并被后世同尊为清代复兴公羊学的第一代功臣曲阜孔广森,则是公羊学研究专家,其所著的《春秋公羊经传通义》也是严格意义上的清代第一部完整的公羊学解释之作。但是孔广森治公羊用的还是汉学方法,从训诂入手,试图解决"微言大义"的问题,而没有按照西汉"家法"的方式来研究。比如他在解释(隐公)"十年,春,王二月,公会齐侯、郑伯于中丘"这段经文时说:"是会《左传》以为正月,盖鲁之旧史如是,《春秋》将假隐无正月以见义,故特辟之也。《左氏》得其事而不知其义,《公羊》得其义而不详其事,每以《左氏》之事证《公羊》

---

① 庄存与:《春秋正辞》卷7,庄存与、孔广森纂《春秋正辞·春秋公羊经传通义》,第135页。
② 魏源:《〈味经斋遗书〉序》,转引自〔美〕艾尔曼《经学、政治和宗族——中华帝国晚期常州今文经学派研究》,第76页。
③ 〔美〕艾尔曼:《经学、政治和宗族——中华帝国晚期常州今文经学派研究》,第129页。

之义，乃益决《公羊》之可信云。"① 所以梁启超评其学为："戴震弟子孔广森始著《公羊通义》，然不明家法，治今文者不宗之。"② 但是孔广森和第二代公羊学作者庄述祖一样，是在一个学术的范畴上发展了公羊学，虽然在揭示"微言大义"，即思想性方面要逊于庄存与，然而就解释的完整性和规范性而言，却是公羊学发展历程上重要一环。于是到常州学派第三代刘逢禄那里，公羊学作为"学"就正式复兴于学术舞台。

（二）刘逢禄集清代公羊学学术之大成

刘逢禄出身簪缨之家，其祖父刘纶、外祖父庄存与皆做过乾隆时代的大学士，刘逢禄早年从其外祖父庄存与、其舅庄述祖学习今文经学，可谓家学渊源深厚。正是在他手里，原本作为常州家学的今文经学传至北京，逐渐成为全国性的学问。也正是在他手里，所谓"公羊家法"得以重建，公羊学作为一门学问正式确立。刘长于用《公羊传》解释经典，其著作体例精严，思想深邃。梁启超为此盛誉："其书亦用科学的归纳研究法，有条贯，有断制，在清人著述中，实为最有价值之著作。"③ 而且，正是因为他的研究，其外祖父庄存与的公羊思想才真正得以传播。

刘逢禄对清代公羊学的最大贡献在于其将董仲舒、何休的观点进一步发挥，并总结出了春秋的30个"例"，每一例均有充分的证据，且不拘泥于《春秋》一书，和《论语》相互发明，迭出新意。诚如论者所示，刘对清代学术的最重要贡献在于"他响亮地提出只有公羊学说才得孔子真传，并重理了《公羊传》——胡毋生、董仲舒——何休前后相承的今文学派系统，堂堂正正地拿来与古文学派相抗衡，强调这是被埋没的儒家正统，晦暗千余年的公羊学说，至此才得显扬"。④

本文无意全面分析刘的公羊学说及其学术贡献，笔者着重讨论的是刘的公羊学说对晚清变法的影响。当然刘本人无意也无力做改革家，但是其代表作《春秋公羊经何氏释例》一书，却因为《公羊传》本身内蕴的变

---

① 孔广森：《春秋公羊传通义·隐公第一》，庄存与、孔广森纂《春秋正辞·春秋公羊经传通义》，第284页。
② 梁启超：《清代学术概论》，《清代学术概论·儒家哲学》，第67页。
③ 梁启超：《清代学术概论》，《清代学术概论·儒家哲学》，第67页。
④ 陈其泰：《清代公羊学》（增订本），第80页。

革思想以及作者对公羊精义深刻的发掘，深深地启发了后来的思想者。从这个角度上说，刘既可谓清代公羊学集大成者，又可谓改革思潮的引路之人。①

首先就《春秋》一书的性质，刘站在传统公羊学的基础上，认定其是圣人欲有所作为之书，既可用于学术研究，亦可用于持身治世："《春秋》文成数万，其指数千，天道浃，人事备，以之贯群经，无往不得其原；以之断史，可以决天下之疑；以之持身治世，则先王之道可复也。"② 所以要体察圣人之道，必须首先要读通《春秋》一书，正所谓"圣人之道备乎五经，而《春秋》者，五经之筦钥也"。③

然后，就《春秋》所记242年的顺序、详略，以及孔子为何如此安排，刘解释说："有见三世，有闻四世，有传闻五世，于所见微其词，于所闻痛其祸，于所传闻杀其恩。由是辨内外之治，明王化之渐，施详略之文。鲁愈微，而《春秋》之化益广，内诸夏、不言鄙疆是也。"④ 这是对"公羊三世说"的进一步发挥，鲁国正在不可避免地走向衰微，正是在这种存亡绝续的历史关头，更要用《春秋》来施行王化，这就是公羊学"王鲁"一义的延伸。《春秋》当新王，在于构建一个理想的秩序，未必就是复兴鲁国，且鲁本不过周的一个诸侯国，孔子是绝对不会有将鲁凌驾于周的想法的，且事实上也无此可能。在鲁国的衰败中，孔子想到的是保存祖先伟大的传统，这个传统就是"文质彬彬"的礼乐文明，所以与其说王鲁是政治理想，不如说是一种文化秩序的阐发。故而"《春秋》起衰乱以近升平，由升平以

---

① 笔者在后文还将指出，后来引领改革风气的龚自珍、魏源，就受学于刘逢禄。尤其是龚自珍，受刘的影响更大。龚自珍年少时沉浸于当时风靡的"汉学"氛围中，其外祖父为著名的汉学家、"皖派"嫡传段玉裁，龚一开始的学术路径也是由训诂通文字，由文字通传注，由传注通经义，观《龚自珍全集》中其对于金文、碑刻材料的考释，就可以看出其有很强的汉学功底。但是到28岁的时候，龚在京师碰到刘逢禄后，其学术路径就发生了巨大的转折，并且龚还作诗明志："昨日相逢刘礼部，高言大句快无加；从君烧尽鱼虫学，甘作东京卖饼家。"（就刘申受问公羊家言）"鱼虫学"是今文经学对古文经学的讽刺语，意味着古文（清代表现为汉学考证学）只关注"鱼虫之名"这些细碎之事，而"卖饼家"则是古文对今文的讽刺，认为今文游谈无根，今文家言无异于卖饼家语。从这首诗中可以看出龚28岁以后就以公羊学者自居，由此可见刘对他的影响力。龚诗见《龚自珍全集》，第441页。
② 《清史稿·儒林传》。
③ 刘逢禄：《春秋公羊何氏释例·序》，《春秋公羊何氏释例·春秋公羊释例后录》，曾亦点校，上海古籍出版社，2013，第4页。
④ 刘逢禄：《春秋公羊何氏释例·张三世例第一》，《春秋公羊何氏释例·春秋公羊释例后录》，第8页。

极太平"。① "极太平"一说后来被康有为演化为"大同"世界,康并且用很大篇幅的《大同书》来描绘自己心目中的乌托邦。

刘同时就"春秋大一统"也发挥新义:"慎言行,辨邪正,著诚去伪,皆所以自治也。由是以善世,则合内外之道也。至于德博而化,而君道成,《春秋》所谓'大一统'也。"② 认为王者一统并非纯用武力可致,更在于"德化","德博"才能"王化","君道"成,"大一统"方可致。我们要体察刘的用心,他并没有谈一家一姓之天下,而更注重"一统"的道德正当性。作为一个公羊学家,他自然深通"君亲无将,将而必诛"的道理,所以不可能有类似"暴君放伐"的激烈言论,他所说的一切,都还是在学术研究的范围之内。但是字里行间,却隐含着变法的主张。比如他在论述《春秋》的变革之义时,提到"《春秋》通三代之典礼,而示人以权"。③ 这里面的"示人以权",就是要求人们因时损益,通权达变,在通三代的基础上,发掘最好的治理之道,而不是拘泥于周代制度。

再如对于为什么《春秋》会有选择性地书写某年、某月、某日、某时这个问题上,刘逢禄在归纳了朝例、聘例、伐例、侵例等50余种"例"后,指出"《春秋》不待褒讥贬绝,以日月相示,而学之者湛思省悟。如美泓战书朔,贬内去时日之类是也。故曰:经世,先王之志。圣人议而勿辨,其言弥微,其旨弥显,使人属辞比事,而辨惑崇德,斯善学也"。④ 故在刘看来,《春秋》不用把话说得很明白,只要看其时月日例的用法,就可以知道圣人的态度。我们需要特别关注的是,刘在文中已经明确地提到圣人志向在于"经世",这为此后龚自珍、魏源更明确提出"经世致用"的主张,提供了一个学术上的基础。

我们知道,孔子《春秋》致用,所用的方法首先是"正名",正名的要求,就是要摆正各自的位置,刘逢禄认为《春秋》在所记内容的详略上,贯彻了"正名"的主张:"然则详于王而略于侯国,正王以率侯也;详大国

---

① 刘逢禄:《春秋公羊何氏释例·张三世例第一》,《春秋公羊何氏释例·春秋公羊释例后录》,第9页。
② 刘逢禄:《春秋公羊何氏释例·内外例第三》,《春秋公羊何氏释例·春秋公羊释例后录》,第18页。
③ 刘逢禄:《春秋公羊何氏释例·通三统例第二》,《春秋公羊何氏释例·春秋公羊释例后录》,第14页。
④ 刘逢禄:《春秋公羊何氏释例·时月日例第四》,《春秋公羊何氏释例·春秋公羊释例后录》,第63页。

而略小国，正大以率小也；详诸夏而不及夷狄，正内以率外也。"① "是以论王政，则曰'谨权量，审法度，修废官'……改制质文，审法度也……"② 这里明确地提到"改制质文"，也就是圣人因时而变法。孔子曾经说过："质胜文则野，文胜质则史。文质彬彬，然后君子。"③ 而《逸周书》中也曾提到："夏数得天，百王所同，其在商汤，用师于夏，除民之灾，顺天革命，改正朔，变服殊号，一文一质，示不相沿，"④ 也就是夏朝属于"文"，商朝属于"质"，商代夏，正所谓"文质相救"，明确地提到了革命或变革的动力。⑤ 孔子态度相对平和一点，他说："周监于二代，郁郁乎文哉！吾从周。"⑥ 这里的"文"，与上面谈"文质"的"文"不尽相同，它更多表文明之意，但是其中已经蕴含了与时损益的观念，在孔子看来，周朝鉴于夏、商二代之得失，制礼作乐，已经达到了一个"文质彬彬"的君子世界，所以才让孔子向往。故就现实生活而言，孔子其实是不保守的，而是有着变革的理念，这一点孟子一语道破，孔子乃"圣之'时'者"。刘逢禄所说的"改制质文"，也就是孔子"以《春秋》当新王"的公羊学义理。后来这个义理被康有为进一步发挥，直到把孔子塑造成改制的大教主，而主张激进的变法，"汉臣董仲舒所谓：'为政不调，甚者更张，乃可谓理。'故不变则已，一变则当全变之，急变之"。⑦ 这一点或许是刘逢禄难以预料的。总体看来，刘逢禄所持的还是一种渐进式的变革观，本质上并没有脱离出学术考证的范畴。

综上，在借助于对春秋之"例"的阐发上，刘构建了一套阐发变革进化的历史哲学，为后来改革者"穷变通久"的改革理论提供了最好的学术

---

① 刘逢禄：《春秋公羊何氏释例·名例第五》，《春秋公羊何氏释例·春秋公羊释例后录》，第77页。
② 刘逢禄：《春秋公羊何氏释例·褒例第六》，《春秋公羊何氏释例·春秋公羊释例后录》，第86~87页。
③ 《论语·雍也》。
④ 《逸周书·周月解》。
⑤ 刘逢禄后期的作品《公羊申墨守》中，在解释《公羊传》"何言乎'王正月'？大一统也。"这段话时，笺注曰："大一统者，通三统为一统。周监夏商而建天统，教以文，制尚文。《春秋》监周而建人统，教以忠，制尚质也。"见氏著《春秋公羊何氏释例·春秋公羊释例后录》，第294页。这同样是一种"文质相救"的变革论调，但比《春秋公羊何氏释例》中的内容更为明确。而和孔子的"吾从周"论已经有所区别，详见后文。
⑥ 《论语·八佾》。
⑦ 康有为：《恭谢天恩并陈编纂群书以助变法，请及时发愤速筹全局折》，孔祥吉编著《康有为变法奏章辑考》，北京图书馆出版社，2008，第354页。

支持。《春秋》在这些改革者看来,实在是一部"为万世开太平"的指导之作,刘氏一语实可谓代表:"尧、舜、禹、汤、文、武之没,而以《春秋》治之,虽百世可知也。"①

(三) 龚自珍、魏源的"公羊经世"的改革主张

龚自珍、魏源是清代法律思想史上绕不过去的人物,围绕着龚、魏的思想,学界研究硕果累累。② 本文不打算梳理龚、魏思想研究的学术史,而是要找出清代公羊学对他们的变法主张有何意义。

龚、魏两人同时受业于刘逢禄,年龄相仿(龚出生于1792年,魏出生于1794年)且为密友,两人思想主张有许多相似之处,是以可以同论。龚自珍并没有专门的公羊学著作问世,只有一些单篇的论文,贯彻着公羊之义。魏源著有《诗古微》《书古微》两部公羊学专著,但是这两部专著并没有将公羊学理进一步深化,只是将公羊之义套在《诗经》和《尚书》这两部经典当中。作者试图证明的是,《诗》和《书》同样贯彻着大一统、通三统等公羊义理,并且试图总结《诗》《书》中的公羊之"例",作为对《诗》《书》本身的研究,的确富有新意,但是对于公羊学而言,并没有知识上的"增量"。③

但是我们不能够因此而认定龚、魏的公羊学研究没有意义,因为他们本来志向就不在纯学术上。对他们而言,"通经"只不过是手段,真正的目的在于"致用"。其学术说到底是为他们的改革设想服务的,很多时候他们甚至不惜曲解经典。所以其作品表面上是考证发微之作,而骨子里则是为改革制造依据。诚如梁启超所云:"考证之学,本非其所好也……故虽言经学,而其精神与正统派之为经学而治经学者则既有以异。自珍、源皆好作经济谈……"④ 所谓作"经济谈",乃是"经邦济世"之论。

由这个逻辑出发,我们再来看公羊学与龚、魏经世思想的关系。龚自珍,出身于浙江仁和一仕宦之家,外祖父为著名的汉学家段玉裁,龚早慧,

---

① 刘逢禄:《春秋公羊何氏释例·王鲁例第十一》,《春秋公羊何氏释例·春秋公羊释例后录》,第152页。
② 笔者在"中国知网"以"龚自珍政治法律思想"和"魏源政治法律思想"为关键词搜索,显示的结果分别为1100多条和5200多条,虽然并非每一条都是专门研究两人政治法律思想的,但是从中也可见两人在政治法律思想史中的热度。
③ 关于对魏源这两部书的评价,另参见陈其泰《春秋公羊学》,第169~185页。
④ 梁启超:《清代学术概论》,《清代学术概论·儒家哲学》,第69页。

早岁能文，并能关注时弊，有经世之志。其早年的作品《明良论》四篇，就是针对社会情势，而思补救之道。段玉裁读后，批曰："四论皆古方也，而中今病，岂必别制一新方哉？耄矣，犹见此才而死，吾不恨矣，甲戌秋日。"① 联系到段玉裁、龚自珍活动年代，可推定此甲戌年为1814年，时龚自珍22岁。于此可见段玉裁对龚自珍的嘉许，以及龚思想的早熟。

比如龚提到当时官场的风气为"官益久，则气愈偷；望愈崇，则诏愈固；地益近，则媚亦益工"。② 而这种风气的造成，不仅仅是由于个人道德问题，还和制度相关："律令者，吏胥之所守也；政道者，天子与百官之所图也。守律令而不敢变，吏胥之所以侍立而体卑也；行政道而惟吾意所欲为，天子百官之所以难免而权尊也。"③ 在年轻的龚自珍看来，清代以律令（例）治国，束缚了官员的手脚，所谓"府州县官，左顾则罚俸至，右顾则降级至，左右顾则革职至……其不罚不议者，例之所以得行者，虽亦自有体要，然行之无大损大益，盛世所以期诸臣之意，果尽于是乎？"④

正因为例禁森严，为官者不求有功，但求无过。士大夫不复以天下为己任，为了保住功名利禄，不惜如妾妇般自处。对此，他对比古今，有一段很深刻的议论：

> 天下无巨细，一束于不可破之例，则虽以总督之尊，而实不能以行一谋，专一事。夫乾纲贵裁断，不贵端拱无为，亦论之似者也。然圣天子亦总其大端而已矣。至于内外大臣之权，殆亦不可以不重。权不重则气不振，气不振则偷，偷则弊。权不重则民不畏，不畏则狎，狎则变。待其弊且变，而急思所以救之，恐异日之破坏条例，将有甚焉者矣！

> 古之时，守令皆得以专戮，不告大官，大官得以自除辟吏，此其流弊，虽不可胜言，然而圣智在上，近日虽略仿古法而行之，未至擅威福也。仿古法以行之，正救今日束缚之病。矫之而不过，且无病，奈之何不思更法，琐琐焉，屑屑焉，惟此是行而不虞其咈也？⑤

---

① 《龚自珍全集》，第36页。
② 《龚自珍全集·明良论二》，第31页。
③ 《龚自珍全集·明良论四》，第34页。
④ 《龚自珍全集·明良论四》，第35页。
⑤ 《龚自珍全集·明良论四》，第35页。

仿古改制要留心哪些方面呢？龚提出要删弃文法，捐除科条，裁损吏议，天子加强监督，而对地方放权，地方则要改变畏首缩尾的习气，大胆改革弊政，为黎民造福。

整体看来，青年时期的龚自珍的改革思想，实际上没有脱离传统士大夫"经世"的作风，不去探讨理论，而只是就实际情形阐发感性的认识，所以整个思想呈现的是一种"碎片化"的面貌。这种情形，随着他后来从学于公羊学大师刘逢禄，而发生了根本的改变。这个改变就是在阐发春秋公羊学的基础上，自觉以公羊学为批判现实、改革制度的武器，"渊渊夜思，思所以掸简经术，通古今……"[1] 正是龚自珍的夫子自道。

龚自珍认为要振衰起弊，必得破除人们的保守习气和陈旧观念。而此习气和观念乃人们长期迷信经典所致。因此，龚首先从为"经""正名"开始，龚认为"经"的定名，其实带有很大的偶然性和随意性，如"后世称为经，是为述刘歆，非述孔氏"，[2]"《周官》之称经，王莽所加"。[3] 这些观点在习惯了传统经传的人看来，无疑是很大胆的，而龚的意思就是要人们破除盲从盲信，不要拘泥于经典。

然后，他又强调，圣人制作六经，目的是应用，龚自珍用《春秋》之例来证明此点："谨求之《春秋》，必称元年。年者，禾也。无禾则不年，一年之事视乎禾。"[4] 而"禾"恰恰是百姓日用所必需，所以，"经"是切合人伦日用的。正所谓："圣人之道，本天人之际，胪幽明之序，始乎饮食，中乎制作，终乎闻性与天道。民事终，天事始，鬼神假，福祉应，圣迹备。"[5] 而不是简单地应人们"进德修业"之需。

那么圣人制作经典，如何能够满足人伦日用之需呢？最终的结果只有一条，就是"应时制宜"。龚自珍同样用春秋公羊学来解释礼的制定也是时代的要求，就祭礼而言，"夫《礼》据乱而作，故有据乱之祭，有升平之祭，有太平之祭"。[6] 不同的时世，用不同的祭法。而刑罚同样如此，在一篇文章中，龚同样用春秋三世说来解释"刑罚世轻世重的"的内在原理：

---

[1] 《龚自珍全集·农宗》，第49页。
[2] 《龚自珍全集·六经正名》，第37页。
[3] 《龚自珍全集·六经正名答问一》，第39页。
[4] 《龚自珍全集·六经正名答问一》，第39页。
[5] 《龚自珍全集·五经大义始终论》，第41页。
[6] 《龚自珍全集·五经大义始终论》，第41页。

愿闻司寇之三世。答"周法，刑新邦用轻典，据乱故，春秋于所见世，法为太平矣。世子有进药于君，君死者，书曰：弑其君。盖施教也久，用心也精，责忠孝也密。假如在所传闻世，人伦未明，刑不若是重，在所闻世，人伦甫明，刑亦不若是重"。①

由此可见，公羊学给龚自珍提供了一个很好的解释工具，龚自珍用他来表达对世道的关切以及提出改革的主张，这既源自对社会危机的直感式的忧虑，更有积淀于学术之基上的理论推衍。两者的结合，使得龚自珍后来的思想超越了早期的感慨式议论，而更加系统深刻。

首先是时代的原因，龚自珍弱冠时看到的是一幅颟顸官僚充斥官场、无所事事的画面。这幅画面并没有因为时代的发展而加以改善，相反，到龚中岁时，变得更为沉闷，不仅匹夫无天下兴亡与己有责的观念，士大夫也不复以天下为己任。整个社会处于一种万马齐喑的状态。他敏锐地预感到"衰世"的来临："日之将夕，悲风骤至，人思灯烛，惨惨目光，吸饮暮气，与梦为临，未即于床。"② 这个时代，"士气不申"，③ "左无才相，右无才史，阃无才将，痒序无才士"，④ 甚至连才盗、才偷都不可得。更可悲的是，在此日之将夕之际，更多的人还沐浴在"盛世"的余晖中，龚应用"春秋三世"，直陈现在的世道是"衰世"，而衰世开始的表现还类似于"治世"，但是如果履霜还没有做好防备"坚冰至"的话，那么"乱亡"的命运也就不远了。他说：

吾闻深于春秋者，其论史也，曰：书契以降，世有三等，三等之世，皆观其才，才之差，治世为一等，乱世为一等，衰世为一等。衰世者，文类治世，名类治世，声音笑貌类治世……履霜之骄，寒于坚冰，未雨之鸟，戚于飘摇，痹劳之疾，殆于痛疽，将菱之华，惨于槁木，三代神圣，不忍薄谲。士勇夫，而厚蓁驽羸，探世变也，圣之至也。⑤

---

① 《龚自珍全集·五经大义始终问答三》，第47页。
② 《龚自珍全集·尊隐》，第87页。
③ 《龚自珍全集·乙丙之际塾议第二十五》，第12页。
④ 《龚自珍全集·乙丙之际箸议第七》，第6页。
⑤ 《龚自珍全集·乙丙之际箸议第九》，第7页。

这是在建基于公羊学理之上而发出的"盛世危言",那么如何防止呢?龚自珍的答案是改革。他依旧运用公羊学思路,首先表明"圣人"制作法制以垂统,孔子作《春秋》给世人立法。"天生孔子不后周,不先周也,存亡绝续,俾枢纽也。"① 正是因为孔子的制作,所以文明相传不绝。"圣人者,不王不霸,而又异天;天异以制作,以制作自为统。"②

又如前所述,圣人制作,是因时而动的,既然看到了弊端,就得相应改革,于是在公羊学所内蕴的历史进化的思想上,龚自珍发出了堪为当时最强音的改革呼声:"一祖之法无不弊,千夫之议无不靡,与其赠来者以劲改革,孰若自改革?"③ 这就是为人所津津乐道的龚氏"自改革"法律思想。

吊诡的是,龚自珍的改革言论,尽管已经是当时公羊经世的最强音,但是在社会上并未激起多大反响,即便有少数知识分子认同龚氏,至多也不过是死水微澜。1841年,龚氏年仅五十,突然辞世。翌年,1842年9月28日,城下之盟《南京条约》签订。近代史上"赠来者以劲改革"的序幕由此拉开,龚氏此语,颇有点一语成谶的味道。

魏源的学术路径和人生轨迹与龚自珍相似,不同在于他比龚多活了十余年,更可体会夷氛渐炽、匪患渐剧的时代危机。魏源本湖南邵阳人,嘉庆二十五年(1820)全家迁居江苏扬州,道光二年(1822)中举,但此后仕途蹭蹬,最大不过以知州见用,所以其经世之志未能得到充分发挥。晚年更是辞官归隐,著书以明志。其公羊学如上所述,无大发明。但是在"经世"这一途上,却比龚自珍走得更远。

首先,魏也用"改制质文"的公羊变革观,来表达自己"变道"的主张,即所谓:"文质再世而必复,天道三微而成一箸。今日复古之要,由训诂声音以进于东京典章制度,此齐一变至于鲁也;由典章制度以进于西汉微言大义,贯经术、政事、文章于一,此鲁一变至道也。"④

和龚自珍相同,他在许多著述中多次总结时代的弊病,诸如"堂陛玩愒""政令丛琐""物力耗匮""人才萎蕤""谣俗浇酗""边场驰警"等。⑤在魏的笔下,世道较之龚自珍益为"衰世",于是魏的"经世"之志,比龚

---

① 《龚自珍全集·古史钩沉论二》,第24页。
② 《龚自珍全集·壬癸之际胎观第三》,第15页。
③ 《龚自珍全集·乙丙之际箸议第七》,第6页。
④ 《魏源集·刘礼部遗书序》,中华书局,1983,第242页。
⑤ 《魏源集·默觚下·治篇十一》,第65~66页。

更强烈。龚多少还用春秋公羊学作为经世的依据,并屡屡引公羊学章句。而到了魏源这里,直接宣称如果经书不能治国经世,那么就是"无用之王道"。① 言下之意,如果能经邦济世,那么即便不用经书,也是符合"先王之道"的。

魏源经世的实践,实际上已经偏离了阐发公羊学的道路,但不引公羊章句,不等于没受影响。事实上,他的实践,是完全以公羊学的内在理念为指导的。前已述及,他仕途不顺遂,所以经常是以高级幕僚的身份,以经术干诸侯。众所周知,他在封疆大吏林则徐的幕中,就协助林编订《四洲志》,后来他又完成《海国图志》,而在大吏裕谦幕中,又完成《圣武纪》,这些都是经世之作。他最为清晰的经世思想,则贯穿于他协助江苏布政使贺长龄编订《皇朝经世文编》一事上,从文章的选择和编排上,无不可见其"公羊经世"的理想。魏在《皇朝经世文编》"凡例"中指出:

> 书各有旨归……志在措正施行,何取纡途广径?既经世以表全编,则学术乃其纲领。凡高之过深微,卑之溺糟粕者,皆所勿取矣。时务莫切于当代,万事莫备于六官,而朝廷为出治之原,君相乃群职之总,先之治体一门,用以纲维庶政,凡古而不宜,或泛而罕切者,皆所勿取矣。会典之沿明制,犹周官之监夏、殷。然时易势殊,敝极必反。凡于胜国为药石而今日为筌蹄者,亦所勿取矣。星历掌之专官,律吕只成聚讼,务非当急,人难尽通,则天文乐律之属可略焉勿详也。论议之与叙事,本皆要文,而碑传之纪百行,难归各类,今惟蛮海各防,间存公案数则,其他纪述之作,虽工焉勿登也。例画则义岗,宗定则志一。②

从"学术乃其纲领,凡高之过深微,卑之溺糟粕者,皆所勿取矣。时务莫切于当代"一语可以想见,魏源并没有忘记"学术"之效力,但是"学术"仅可以作为纲领,而不应作为经世的主体内容。因此"天文乐律"之属,尽管有许多著作高深精微,却不在编著之列。有些经史之论,虽不乏晓畅透彻,但因不切时务,也不再选编之列。

对比同一时期的曾国藩及其幕僚所编影响也很大的《经史百家杂钞》,

---

① 《魏源集·默觚下·治篇一》,第36页。
② 《魏源集·皇朝经世文编凡例》,第158页。

我们可以看出魏源和曾国藩在编书要旨上很明显的区别。曾的眼光在文化传承上，所编选的有经世文，但更多的是涵养心性、博通眼界之文，而魏则注意切合实用，是以所选文章很多文辞并不雅驯，大多是对具体问题的解决措施，诸如治河、赈灾、漕运、用刑等实务方面的内容，且也谈不上多少理论性。

总之，龚自珍、魏源都是志在公羊经世，并且都利用公羊学为自己的改革主张（经世本身就蕴含了改革的味道）提供"合法性"依据。只是限于个人兴趣和时代际遇的不同，两人公羊经世的具体做法又有所不同。龚自珍长期在京师担任闲职，目睹京师官场暗黯的局面，其首要致力于"破"，因此他利用公羊学作为批判现实的武器，在批判之后，提出改革的主张，但是并不具体；魏源尽管也曾经担任小京官，但更多时间是在疆吏的幕中度过，他目睹民生凋敝的时局，而首要致力于"立"，他著《诗古微》《书古微》是为了表明这些经典均是王者致用之书，但是如何致用呢？就是要服务于具体事物，而他服务的东家，那些大吏，并不要求其做学术上的说明，"是什么""为什么"未必为他们考虑的重点，他们更关心"怎么办"。所以魏源后来研究的问题越来越具体，也越来越难以用春秋公羊章句解释。于是魏源最终将公羊学作为一个指导原则，而在具体处理问题的时候，基本上秉实事求是的态度，他留给后人最为振聋发聩的言论"师夷长技以制夷"是难以用传统公羊学加以解释的。[1] 正如我们后面还要加以阐释的那样，越是瞄准于"致用"，实际上离开公羊学的学术本义就越远，但是公羊学隐含的价值却又于此得以更大的发挥。龚、魏的著作和实践，恰好就证明了这个道理。

三　公羊维新：康有为激进变法观

刘逢禄之后，经过龚、魏等人的传播，公羊学作为一门学问，在知识

---

[1] 当然，如果一定要把这句名言列入公羊学思考之内，也可以，因为《公羊学传》曾经表扬过吴楚，认为吴楚后来懂得相关战争礼节，而中原的诸侯国反而不遵守，因此此时夷狄稍进于中国，而中国则成"新夷狄"。原文为："戊辰，吴败顿、胡、沈、蔡、陈、许之师于鸡父。胡子髠，沈子楹灭，获陈夏啮。此偏战也，曷为以诈战言之？不与夷狄之主中国也。然则曷为不使中国主之？中国亦新夷狄也。"见《公羊传》"昭公二十三年"。这就表明，公羊并不以种族来分华夷，而以文明来划，夷狄如果文明化了，自然可谓中华。从这一点上，夷亦可进于华。但是从公羊传推不出学习夷狄的成分，尤其是学习对方富强之术以便压制其的思想。

界几成为一门显学，后来的知识分子或多或少都受到公羊学的影响，比如治古文经学的章太炎，在康有为变法失败之后的翌年，还曾经评论道："且说经之是非，与其行事，固不必同。"① 章太炎与康有为属于两个阵营的人，但是对于康有为托古改制事业的失败，并不认为纯然是说经的问题，与康之行事做人有关，这从一个侧面说明今文经当为学界所重视。

康是一个有着很大学术野心和政治抱负的人，观其在年轻时（28岁）完成的《康子内外篇》就可以看出，他素有构建系统理论的学术倾向，他试图为"天地人"三才、世界万物寻求其基本原理。② 对于变法，他同样要寻求变法基本义理。此后他受公羊学启发，终于发现了变法的原理，这个原理通过两本专著表达了出来，这就是学界周知的《新学伪经考》和《孔子改制考》。

这两本著作的作用，简言之就是一破一立，前者在于破除人们对此前经典的迷信，根本颠覆传统经学主流观念；后者将孔子塑造成无所不能的改制先师，直接为变法服务。《新学伪经考》开篇就有惊人之语：

> 始作伪乱圣制者自刘歆，布行伪经篡孔统者成于郑玄。阅二千年岁月日时之绵暧，聚百千万亿衿缨之问学，统二十朝王者礼乐制度之崇严，咸奉伪经为圣法，诵读尊信，奉持施行，违者以非圣无法论，亦无一人敢违者，亦无一人敢疑者，于是夺孔子之经以与周公，而抑孔子为传；于是扫孔子改制之圣法，而目为断烂朝报。"六经"颠倒，乱于非种；圣制埋瘗，沦于雾雺；天地反常，日月变色……且后世之大祸……而皆自刘歆开之。是上为圣经之篡贼，下为国家之鸩毒者也。③

这几乎一开始就将刘歆、郑玄定为经学之罪人，而给数千年读书人所奉的经典下定语为"伪经"，骤然读之，怎能不骇然？然后康有为从14个方面来证明当时所传经典为"伪经"，他的主要方法是考辨相关的史传记载

---

① 章太炎：《翼教丛编书后》，汤志钧编《章太炎政论选集》，中华书局，1977，第96页。
② 《康子内外篇》分内外两大部分，内篇言天地人物之理，外篇言政教艺乐之事。包括"阖辟""未济""理学""爱恶"等15篇，全书系统性虽然较之于康晚期的《大同书》似有未逮，但考虑到作者时尚不满30岁，可见康具有何等的思考之力。参见氏著《康子内外篇》（外六种），楼宇烈整理，中华书局，2012。
③ 康有为：《新学伪经考》，中国人民大学出版社，2010，第1~2页。

为伪，并且经学的传授源流有误。但是其考辨往往是将推测之语定为铁证，譬如他要证明"六经"完全，即便经过秦火，也没有缺失。其证据是司马迁去圣不远，本人又是今文学家，且自身师承很明白，康氏据此认为"若少（稍）有缺失，宁能不言邪？此为孔子传经存案，可为铁证"。① 以司马迁不记载，就断定一定无，这实在有点强词夺理，至多只能存疑。又如考辨《汉书》刘歆、王莽传，其证据有一条："班固浮华之士，经术本浅，其修《汉书》，全用歆书，不取者仅二万许言，其陷溺于歆学久矣。此为《歆传》，大率本歆之自言也。"② 为了证明《刘歆传》之不可靠，就认定班固为浮华之士，经术本浅，不知康依据为何？像这类论证全书所在多有。很显然，其结论一开始就已经摆出，康氏所做考证，全是为了服务于这个结论，所以常常倒因为果，不惜诉诸臆断。

《新学伪经考》一出，就在学术界乃至社会上引起轩然大波，所以很快书版就被销毁，后来虽有重版，但很快又遭到保守硕儒抵制而再次被毁。但即便书版被毁，传统经典的不可靠和不可信已经作为一种思潮流行于世，康于是又作《孔子改制考》，堂而皇之地兜售其公羊变法的理论。

《孔子改制考》是在传统公羊学理论框架下写作的，并且接受六经为孔子所作，《春秋》是孔子为后世立法开太平之书，孔子素王改制之义。但是康显然走得比传统公羊学家要远得多。在《孔子改制考》中，康首先论证先秦诸子都有改制创教、托古改制的行为，后来孔子创立了儒教，儒教在和各教的斗争中逐渐占据上风，孔子独立地制定了六经，孔子法尧、舜、文王进行托古改制，逐渐成为凌驾于一般世俗权威之上的改制"教主"。康的整个做法，颇有点类似于一种新的"造神运动"，这一点从该书的序言中就表达得很明确：

> 天哀大地生人之多艰，黑帝乃降精而救民患，为神明，为圣王，为万世作师，为万民作保，为大地教主。生于乱世，乃据乱而立三世之法，而垂精太平……此制乎，不过于一元中立诸天，于一天中立地，于一地中立世，于世中随时立法，务在行仁，忧民忧以除民患而已。③

---

① 康有为：《新学伪经考》，第15页。
② 康有为：《新学伪经考》，第135页。
③ 康有为：《孔子改制考·序》，中华书局，2012，第1页。

康有为如此"打扮"孔子,实际上是有其深刻用意的,因为要变法,得先解决一个问题:由谁来推动变法,方具有合理性?如果要在体制内进行改革,不可避免会触及既得利益集团的利益,那么如何使得这部分人能够做自我牺牲?只有塑造一个超越于世俗王权的改革者,然后以其名义,改革方有合法性。孔子由此被康有为笼罩上了一层强烈的宗教气息,比如他说:

> 儒者创为儒服,时人多有议之者。亦以为行道自行道,无需变服之诡异。岂知易衣服而不从其礼乐丧服,人得攻之,若不易其服,人得遁于礼乐丧服之外,人不得议之。此圣人不得已之苦心。故立改正朔,易服色之制。佛亦必令去发,衣袈裟而后皈依也。①

这简直是把历代改朝换代时的改正朔、易服色比附于宗教行为,实在离其历史本义太远,很难让传统读书人信服。所以许多在政见上同情康有为者,也不以孔子改制为然,最终因学术上的分歧,而与康分道扬镳,如朱一新、汪康年等。但是康始终坚持己见,断定孔子为改制教主。原因诚如汪荣祖教授所论:

> 但康氏正欲转换人心士风以求变,并不计较学术的客观性与正确性,故对朱(朱一新)之答辩,一味坚持孔子大义……所谓微言大义,大都口传,难以证实,康氏不过是要托孔子以改制,间接发挥政见,学以致用,原不在学术的精确。②

但是以上这两本书都是以学术考证的面貌出现的,康本意是想借公羊学的外衣行鼓吹变法之实,却引发了忠诚于公羊学的各家,乃至传统经学之士的强烈不满,就学术考证而言,这两本书都不可靠,纰漏实在太多。这样导致若单纯从变法的角度去看,这两本书并没有提供变法的策略和技术;若单纯从学术的眼光去看,这两本书则已经超出了传统公羊学的范畴,甚至在很大程度上走向了公羊学的反面。比如公羊学独崇孔子,认为只有

---

① 康有为:《孔子改制考》卷9,第228页。
② 汪荣祖:《论戊戌变法失败的思想因素》,《晚清变法思想论丛》,新星出版社,2008,第105页。

孔子所传方为经,也只有孔子,方为改制的素王。而康有为却说诸子都有改制之实,这样一来其效果则是:"说孔子是托古改制,本来是想抬高孔子,结果是孔子与先秦诸子并列,都托古,冲淡了孔子的神圣性,降低了孔子至尊之上的地位,于是诸子学随之兴起,这也是康有为始料所未及的。"① 这两本书的义例不纯,给后来康的变法活动带来很多完全不必要的麻烦。

关于这两本著作,暂且叙述至此。回到我们要解决的本质问题上来,康有为是如何具体用公羊学来支持他的变法改制主张的呢?笔者下面就以康有为在戊戌变法之前以及变法之时向皇上所上的奏章,来看看清代公羊学与维新变法的关系。

光绪二十一年(1895)四月,在《上清帝第二书》中,康有为针对中日《马关条约》中割让台湾的条款,用《公羊传》中所揭橥的大义,非常沉痛地写道:"何以为弃台民即散天下也?天下以为吾戴朝廷,而朝廷可弃台民,即可弃我,一旦有事,次第割弃,终难保为大清国之民矣。民心先离,将有土崩瓦解之患。《春秋》书'梁亡'者,梁未亡也,谓自弃其民,同于亡也。"② 也就是说,《公羊传》中认为梁国自弃其民等于亡国,这一种春秋笔法,寓讥刺在内。康以此公羊经文,强调割弃台湾,预示亡国之患就在眼前,故非变法不可。

在同书中,康提出了很多变法的建议,其中关于教育方面,有一条为:"今宜亟立道学一科,其有讲学大儒,发明孔子之道者,不论资格,并加征礼,量授国子之官,或备学政之选。"③ 为什么要增设道学呢?根本上在于"将来圣教施于蛮貊,用夏变夷,在此一举"。④ 这个道理也是直承《公羊传》别夷夏,异内外之义而来,康不想看到中国在与外国竞争中,重演"中国亦新夷狄也"的悲剧。而在该书的最后,在提到上书的心情时,康又写道:"譬犹父有重病,庶孽知医,虽不得汤药亲尝,亦欲将验方钞进。《公羊》之义,臣子一例。用敢竭尽其愚……"⑤ 这很明显也是直接援用《公羊传》之义,后来这样的语言在康其他的上奏中多次出现,表示其上书

---

① 桑咸之:《晚清政治与文化》,中国社会科学出版社,1996,第123页。
② 康有为:《上清帝第二书》,转引自孔祥吉编著《康有为变法奏章辑考》,北京图书馆出版社,2008,第20页。
③ 康有为:《上清帝第二书》,转引自孔祥吉编著《康有为变法奏章辑考》,第37页。
④ 康有为:《上清帝第二书》,转引自孔祥吉编著《康有为变法奏章辑考》,第37页。
⑤ 康有为:《上清帝第二书》,转引自孔祥吉编著《康有为变法奏章辑考》,第41页。

是想为国家富强，为变法进一言，即便所献之方不够灵验，甚至有误，但是内心的忠诚日月可鉴，春秋许止进药，孔子是之，君子原心，希冀用此打动统治者。

光绪二十一年闰五月初八日，时任工部主事的康有为又奏上《上清帝第四书》，仍旧强调"理难定美恶，是非随时而易义"的道理，鼓吹变法，其中的重要证据就是"公羊"之义："昔孔子既作《春秋》以明三统，又作《易》以言变通，黑白子丑相反而皆可行，进退消息变通而后可久，所以法后王而为圣师也。不穷经义而酌古今，考势变而通中外，是刻舟求剑之愚，非阖辟乾坤之治也。"①

特别需要注意的是，康有为提到的"穷经义而酌古今，考势变而通中外"一句，几乎成为后来变法包括具体的制度变革的指导思想，尽管康自己也并未意识到。但事实上，就是"托古改制"加上一点西洋舶来的政治理念。而所谓"穷经义"，最重要者，仍是通"公羊"之义，而非汉学家孜孜以求的琐碎考据。

为了更明确地表明变法改制的立场，光绪二十四年五月初一日，康有为奏上《清商定教案法律，厘正科举文体，听天下乡邑增设文庙，并呈〈孔子改制考〉》折，其中论道：

中国圣人实为孔子。孔子作《春秋》而乱臣惧，作《六经》而大义明，传之其徒，行之天下，使人知君臣父子之纲，家知仁恕忠爱之道……若大教沦亡，则垂至纲常废坠，君臣道息，皇上谁与此国哉……臣窃谓今日非维持人心，激励忠义，不能立国；而非尊崇孔子，无以维人心而励忠义，此又变法之本也。②

康有为所称的"变法之本"，在于在廓清伪经、尊崇孔子之后，慢慢地培养出一批新人，以这些新人为王前驱，实现变法维新之伟业。此前康在广东创办万木草堂，所本的就是这种精神。与其说康在培养学术传人，毋宁说是在培养政治人才。康在这个奏折中还劝皇帝接续孔子改制精髓，支持变法事业，所用依据同样来源于公羊学：

---

① 康有为：《上清帝第四书》，转引自孔祥吉编著《康有为变法奏章辑考》，第74页。
② 康有为：《清商定教案法律，厘正科举文体，听天下乡邑增设文庙，并呈〈孔子改制考〉折》，转引自孔祥吉编著《康有为变法奏章辑考》，第260页。

> 臣考孔子作六经，集前圣大成，为中国教主，为神明圣王，凡中国制度义理皆出焉。故孟子称孔子《春秋》为天子之事。董仲舒为汉代纯儒，称孔子为改制新王，周汉之世，传说无异，故后世祀孔子皆用天子礼乐……伏惟皇上典学传心，上接孔子之传，以明孔子之道。①

且康在光绪二十四年五月十八日《请酌定各项考试策论文体折》中，又提到科举所用经义，特别提到《春秋公羊传》，未及《左传》和《穀梁传》，也从某种侧面说明了康有为的公羊家底色："经以《诗》为一科，《书》、《易》二科，《仪礼》、《礼记》为一科，《春秋公羊》为一科，凡五经分为五科。"②

光绪二十四年七月十三日，在变法主张终于获得光绪皇帝认可，并得到编书的任务之后，针对《孔子改制考》引发的争论，康又向光绪帝奏上《恭谢天恩并陈编纂群书以助变法，请及时发愤速筹全局》一折，为自己辩诬：他首先认为，自己著书的苦心未获得人们的体谅，"即如《孔子改制考》一书，臣别有苦心，诸臣多有未能达此意者"。③ 随后，康又向皇帝申说公羊义理以及他如此塑造孔子形象的理由：

> 臣考古先圣人，莫大于孔子，而系《易》著穷变通久之义，《论语》有夏时殷辂之文，盖损益三代，变通宜民，道主日新，不闻泥古。孔子之所以为圣，实在是。故汉以前，儒者皆称孔子为改制，纯儒董仲舒尤累言之。改者，变也；制者，法也。盖谓孔子为变法之圣人也。自后世大义不明，视孔子为据守古法之人，视六经委先王陈迹之作。于是守旧之习气，深入人心，至今为梗。既乖先王陈迹之作，尤窒国家维新之机。臣故博征往籍，发明孔子变法大义，使守旧者无所借口，

---

① 康有为：《清商定教案法律，厘正科举文体，听天下乡邑增设文庙，并呈〈孔子改制考〉折》，转引自孔祥吉编著《康有为变法奏章辑考》，第260页。
② 康有为：《请酌定各项考试策论文体折》（代侍读学士徐致靖拟），转引自孔祥吉编著《康有为变法奏章辑考》，第288页。
③ 康有为：《恭谢天恩并陈编纂群书以助变法，请及时发愤速筹全局折》，转引自孔祥吉编著《康有为变法奏章辑考》，第350页。

庶于变法自强,能正其本。区区之意,窃在于是。①

正因为守旧势力太过强大,在"举世皆浊我独清"的氛围中,为了唤醒保守派,赢得更多人支持变法,康不得不下猛药,这剂猛药就是《孔子改制考》。康还解释孔子之所以如此不惮烦琐而岌岌于改制,乃是出于以下原因:

孔子《春秋》明新王之改制,必徙居处,改正朔,易服色,异器械,殊徽号。何为纷纷,不惮烦哉?以为不如是,不能易天下人之心思,移天下人之耳目也……故不变则已,一变则当全变之,急变之。②

这样,康最终要表达的主题就出来了,就是要变,不但要变,还要全变,急变。之所以这么激进,有康个性问题,康性情本来就很急躁,当然更大的原因还是在于国情危急紧迫。还是在这年六月,康向皇帝奏上《日本书目志》等鼓吹变法的书籍,再四强调的,仍是一个"变"字,在《日本书目志》自序中,康写道:

圣人之为治法也,随时而立义,时移而法亦移矣。孔子作六经而归于《易》、《春秋》。易者,随时变易,穷则变,变则通。孔子虑人之守旧方而医变症也,其害将至于死亡也。《春秋》发三世之义,有拨乱之世,有升平之世,有太平之世,道各不同,一世之中,又有天地文质三统焉,条理循详,以待世变之穷而采用之。③

而康认为自己所处的时代,正是存亡绝续之际,国家有被列强瓜分之虞,在呈给皇帝的《波兰分灭记》的序中,康引经据典,提到"《传》谓:

---

① 康有为:《恭谢天恩并陈编纂群书以助变法,请及时发愤速筹全局折》,转引自孔祥吉编著《康有为变法奏章辑考》,第350页。
② 康有为:《恭谢天恩并陈编纂群书以助变法,请及时发愤速筹全局折》,转引自孔祥吉编著《康有为变法奏章辑考》,第353~354页。
③ 康有为:《恭谢天恩并陈编纂群书以助变法,请及时发愤速筹全局折》,转引自孔祥吉编著《康有为变法奏章辑考》,第423页。

国不竞亦陵，何国之为？"① 这是引用《左传》中的一段话，强调在列国纷争时，要敢于面对现实，参与竞争，如果没有竞争，就会灭亡。② 要提高国家的竞争力，则只有变法一途。

从以上奏章中，我们可以看到，康在向皇帝提出变法主张时，所用的劝说工具，脱不开春秋公羊之义。此外，在很多奏章中，即便没有只言片语提到《春秋公羊传》，但整个风格仍旧不脱公羊学底子，比如光绪十四年十月，康在一封上书中，提到"今之时局，前朝所有也，则宜仍之，若知为前朝所无有，则宜易新法以治之。夫治平世，与治敌国并立之世固宜也"。③ 这不过是"文质改制""三世说"的推衍，而光绪二十一年五月，在《上清帝第三书》中，康有为又提到："窃以为今之为治，当以开创之势治天下，不当以守成之势治天下；当以列国并立之势治天下，不当以一统垂裳之势治天下。盖开创则更新百度，守成则率由旧章。列国并立，则争雄角智；一同垂裳，则拱手无为。言率由而外变相迫，必至不守不成；言无为而诸夷交争，必至四分五裂。"④ 随后康又引《易经》中的"穷变通久"之说，以及董仲舒的"为政不调，更张谓理"之说，来佐证其变法的正当性。

所以，康有为变法的主张，将公羊学发挥到了极致，当然除了公羊学外，康有为的改制学理，还有舶来的西学，但是细细研读，发现西学只是他改制理论的外衣，流于"器"的层面，而公羊学才是其学理的底子，是"道"之所在。不过，正所谓"物极必反"，公羊学至此，已经走上了一条不归路。康有为将公羊学改造成了一门激进的变法之学，将传统公羊学中的孔子形象颠覆，使其成为变法圣教主，同时与诸子并列竞争，这让视孔

---

① 康有为：《恭谢天恩并陈编纂群书以助变法，请及时发愤速筹全局折》，转引自孔祥吉编著《康有为变法奏章辑考》，第431页。
② 原文为：甲戌，同盟于平丘，齐服也。令诸侯日中造于除。癸酉，退朝。子产命外仆速张于除，子大叔止之，使待明日。及夕，子产闻其未张也，使速往，乃无所张矣。及盟，子产争承，曰："昔天子班贡，轻重以列，列尊贡重，周之制也。卑而贡重者，甸服也。郑伯，男也，而使从公侯之贡，惧弗给也，敢以为请。诸侯靖兵，好以为事。行理之命，无月不至，贡之无艺，小国有阙，所以得罪也。诸侯修盟，存小国也。贡献无及，亡可待也。存亡之制，将在今矣。"自日中以争，至于昏，晋人许之。既盟，子大叔咎之曰："诸侯若讨，其可渎乎？"子产曰："晋政多门，贰偷之不暇，何暇讨？国不竞亦陵，何国之为？"见《左传·昭公十五年》。子产意在揭示，在此国家陵夷之时，唯有参与"国际"竞争，国才能立。
③ 康有为：《上清帝第一书》，转引自孔祥吉编著《康有为变法奏章辑考》，第8页。
④ 康有为：《上清帝第三书》，转引自孔祥吉编著《康有为变法奏章辑考》，第50页。

子为"至圣先师"和"德配天地、道冠古今"的道德圣人的传统士人惊愕，即便是在其他公羊人士看来，也难以接受。如前所述，甚至在变法过程中，同属于"维新"阵营的人士，也为此争辩不已。康的缘饰经术的行为引起一片哗然，连曾经支持他的帝师翁同龢也批判康"真说经家一野狐也，惊诧不已！"① 不得已，光绪帝亲自下诏，对在学术思想上闹对立的双方进行调和。光绪二十四年六月二十三日光绪帝上谕档载："谕有交议之件，内外诸臣，务当周咨博访，详细讨论，毋缘饰经术，附会古义，毋胶执成见，隐便身图。"② 很明显，这个情形是康在推衍其公羊学经术时所未能预料到的。

康有为的变法很快失败，其公羊学著述自然也成为惑乱黔首之书而遭官方查禁，尽管民间仍有流通，但此后任何人都再难借公羊学掀起波澜。而到庚子事变之后，清廷名正言顺地下诏"新政"，朝廷由此前的排外一变而转为媚外，此后西学如开闸之水，一涌而入中华。到这个时候，不要说《公羊传》，就是其他一切传统经典，在更为直接的自西徂东的改革思想面前，也统统失去了战斗力。改革派人士可以堂堂正正地对西籍旁征博引，而不需要再像数年前那样缘饰儒经了，毕竟所谓"宪政""民主""人权"等词皆是外来语汇，直引西学似乎更为便利。不过这又开启了一股轻薄浮躁的学风。回到公羊学来，康有为立足公羊学进行变法，只是偏离了公羊学正途，最终却与公羊学一同退出变法的舞台，这又是一种"我不杀伯仁，伯仁因我而死"③的情形，历史之吊诡，令人唏嘘。

四　小结：公羊学——由学术到政治

清代公羊学的复兴，一开始的契机在于对汉学的反动（或者说是与汉学的竞争），其学由常州学派创始人庄存与启其端，刘逢禄最终完成。但是随着民族和社会危机的日益加重，公羊学中内蕴的变革思潮和解释多元性被日益纳入"致用"的环节上，从而开始逐渐偏离学术的轨道。正如有些学者所谈的那样：

---

① 翁同龢：《翁文恭公日记》卷34，转引自汪荣祖《晚清变法思想论丛》，第106页。
② 《光绪帝上谕档》，转引自汪荣祖《晚清变法思想论丛》，第320页。
③ 《晋书·列传三十九》。

经学一旦强调"致用",对经典所注重的就不会是陈旧的本义,而必然是溢出经典字句以外能"致用"于当下社会的新义,经典及经学的价值取向就不会拘泥于固守"德性"范围,而必然会指向认知新知识、打造新观念的方向。[1]

故而,晚清公羊学的演变,经历了一个由学术研究到政治应用的过程。继刘逢禄之后,立足于公羊学而持变革主张者,逐渐由对经典的重新诠释深入到追寻经典背后的多重意蕴,到最后,经典只是被他们作为一个幌子,而其真正的目的是"经世"乃至"变革"。这当然是一个渐进的过程,在龚自珍、魏源时代,虽然他们也主张变革,但是危机似乎还未达到十分严重的程度,所以他们所揭橥的公羊学,停留在对旧制度的修补之上,构成一种温和的变法理论。而到了康有为的时代,国势江河日下,变革之势客观上显得极为紧迫之时,康已经不满足于阐发传统的公羊之义了,而要求一种更为激进的变法理论。然而在当时的语境下,传统经史子集仍是士人普遍的知识框架,若一味用西法西籍来号召变法,效果可想而知。且"事实上,晚清变法家若无传统学问之素养,便难以发挥其言论之效力。新思想若无本国语言之词汇,不能表达;若无本国历史文化之例子作譬,新意思亦不能表达"。[2] 且限于康自身的知识框架,他也不可能开出西式的药方。于是剩下的途径,就是改造传统的公羊学,将之改造成适应变法之需的形态,可是这样一来,其离开原本的学术面貌便越来越远。所以公羊学的复兴,端赖一"变"字,而公羊学最后式微,同样在一"变"字。

但是即便如此,我们也无须为公羊学唱挽歌,公羊学在历史上的盛衰,本就应时而变,且没有哪一种学问能够永远显达。何况,晚清的公羊学虽然最后退隐,但它可能是开出现代化道路的最大的一门本土学问,它使得人们的视野摆脱了传统儒家"天下"观,而进入到"世界"的范畴,它所揭橥的"变法"之义鼓舞了一代又一代仁人志士为国家的现代化、富强而努力奋斗,有此因缘,又何憾焉!

(作者单位:中国政法大学法律史学研究院)

---

[1] 汪茂林:《晚清文化史》,人民出版社,2005,第45页。
[2] 汪荣祖:《晚清变法思想之渊源与发展》,《晚清变法思想论丛》,第80页。

民国法律、诉讼和社会语境下的"习惯"
——以"异姓承嗣"为例

杜正贞

摘 要 清末沈家本以"风俗之习惯"为理由,讨论放宽"异姓承嗣"的限制。这成为晚清民初确立"异姓承嗣"的合法性的主要思路。大理院一方面坚持"异姓不得为嗣系强行法规",同时又赋予族谱和宗族惯例相当的权威,表现出鼓励宗族对立嗣问题自行裁决的倾向。因此,诉讼中一再出现民间的族规、惯例与"异姓不得为嗣"的法律之间的矛盾,当事人之间也常常以"习惯"和"国法"为各自的理据,进行较量。地方司法机关在判决中援引不同的法条,产生了完全不同的判决。在1930年新的《民法·继承编》颁布之后,"立嗣"被排除出了法律规定,而成为"当事人之自由"。但是,在社会生活中,立嗣的观念和行为仍然相当普遍,民间并没有停止对立嗣行为规范的创制、调整和确认。人们为应对地方社会的传统和需求、国家法律的变动,而制造新的族规。它们成为新的民间"习惯"。与以往不同的是,这次"习惯"的创制和更新借助了一套新的"民主"的话语。

关键词 习惯 立嗣 异姓承嗣 宗族 法律

一 作为"风俗之习惯"的"异姓承嗣"

在沈家本的著作中有一篇《变通异姓为嗣说》。他认为,宗法制度已经徒具形式,而"异姓亲属之人,情谊素来亲密,虽事由人合,与同宗一族之以天合者,似属有间,而血脉究亦相通……然寻常异姓诚不可乱宗,若异姓而为至亲之亲属,似亦不妨变通矣"。[①] 他又举出了古往今来立嗣异姓

[①] 沈家本:《寄簃文存》卷3《变通异姓为嗣说》,徐世虹主编《沈家本全集》,中国政法大学出版社,2010,第675页。

的故事作为自己的论据:"又魏陈矫本刘氏子,出嗣舅氏。吴朱然本姓施,以姊子为朱后。见于史册,不以为非。本朝大臣中有陆费瑔,近日史馆中有许邓起枢,并以二姓兼称。其他之以异姓亲属为嗣者,更难偻指数。此亦风俗之习惯,不能遽禁者也。"①

当沈家本用"风俗之习惯"来为"异姓为嗣"辩护时,背后是一套"礼法"与"习惯"相对立的观念:"风俗之习惯"处于"礼"之外,而且很多时候它们与法律相违背。"禁立异姓子为嗣"是明清时期的一条法律。《大明律》规定:"其乞养异姓子以乱宗族者,杖六十。若以子与异姓人为嗣者,罪同。其子归宗。其遗弃小儿,年三岁以下,虽异姓仍听收养,即从其姓。"② 这条律令被清律继承,并在顺治三年(1646)添加了收养遗弃三岁以下小儿"不得以无子遂立为嗣"一条。③ 至此,可以说彻底断绝了立异姓为嗣的合法性。因此,清末沈家本为"异姓承嗣"辩护的思路是:将与律条相反的"异姓为嗣"归为一种"风俗之习惯",然后将"风俗之习惯"作为这种行为的合法性的来源,以改革原来"禁立异姓子为嗣"的法律。

在晚清和民初,沈家本的认识和逻辑大概是较为普遍被接受的。事实上,律学家薛允升也曾经说:"取外姓亲属之人承继,似亦可行。古来名人以异姓承继者,不知凡几,亦王道本乎人情之意也。"④ 类似的论点在明清时期也时有所见。明清史料中常见以"异姓乱宗"为名的承继纠纷和诉讼,官员在判牍中对异姓承嗣诉讼的态度也是相当多样的。⑤ 但是,在法律上异姓承嗣始终是一项禁忌,并且越来越严格。

在晚清和民国法律改革的潮流之下,普查各地的"习惯",以此为基础制定民法,成为很多法学家的思路。同样,这也成为晚清民初确立"异姓承嗣"的合法性的主要思路。晚清和民国进行了数次的"习惯调查"。在这些调查报告中,"异姓承嗣"就被认为是很多地方的"地方习惯"。例如

---

① 沈家本:《寄簃文存》卷3《变通异姓为嗣说》,徐世虹主编《沈家本全集》,第675页。
② 《大明律》,怀效锋点校,法律出版社,1999,第47页。
③ 薛允升著,黄静嘉编校《读例存疑重刊本》第2册,台北:成文出版社,1970,第247、248页。
④ 薛允升著,黄静嘉编校《读例存疑重刊本》第2册,第250页。
⑤ 另有专文讨论,参见杜正贞《"禁立异姓为嗣"的法律演变与社会实践——以礼、法、俗关系为中心的研究》,香港中文大学"明清中国的法律与社会变迁"国际学术研讨会,香港,2014年9月。

《浙江民商事习惯调查会第二期报告》指出:"螟蛉为后,富阳嘉兴吴兴海盐金华等县习惯","赘婿入嗣,安吉龙泉等县及旧金华府属习惯";《浙江民商事习惯调查会第五期报告》指出:"义男赘婿得入继为后";等等。一些民事习惯调查报告中还说,在浙江的不少地方,螟蛉子是可以载入宗谱的:"近支远族见该房既有螟子,亦并无争继之异言也","金华县亦有抱养外孙及姊妹之子,或其他遗弃小儿为嗣之习,入嗣者皆属外行,又名'外纪'云"。① 该习惯调查中还有"赘婿入嗣"一条:

  又据称,现行律载异姓不得乱宗,似应指有宗可嗣,而反以异姓之子入嗣者而言。今因本宗绝断,无人可嗣,遂以赘婿为子,改姓承祧,出于一时权变,就女系血统言之,仍不失血统关系,与螟蛉承祧究有间焉。据龙泉县公署王、谢会员报告,该县亦有此项习惯。②

  与沈家本的论述一样,这些调查报告将"异姓承嗣"定义为地方习惯、风俗,这种定义背后的主张是:这些行为虽然与现时的法律相违背,但新时代立法的原则不再仅仅是基于"礼","习惯"也能够成为法律的渊源。因此在新民法修订中应该重新考虑"异姓承嗣"的问题。

  正是在这个思路下,1911年完成的《大清民律草案》将择嗣的对象从"同宗昭穆相当者",扩大至"姐妹之子""婿""妻兄弟姐妹之子"。③ 1925年编定的《民国民律草案》,虽仍在"继承编"下专列"宗祧继承"一章,但也允许"姊妹之子""母舅之孙""妻兄弟之子"承继宗祧,或立"女之子"为嗣孙。但《大清民律草案》和《民国民律草案》都没有正式施行。而在大理院时期,作为民事审判之依据的《大清现行刑律》民事有效部分,仍然遵循《大清律例》中的诸项条文。大理院判决例三年上字第709号对此更是予以确认:

  现行律载,凡乞养异姓义子以乱宗族者处罚云云。此项法规为强行法规,不容当事人以意思或习惯擅为变更寻绎。该条文语义至为显

---

① 《民事习惯调查报告录》下册,胡旭晟、夏新华、李交发点校,中国政法大学出版社,2000,第892页。
② 《民事习惯调查报告录》下册,第893页。
③ 《大清民律草案》,杨立新点校,吉林人民出版社,2002,第177页。

民国法律、诉讼和社会语境下的"习惯"

著（现行律户役门立嫡子违法条律）。①

也就是说，"立异姓子为嗣"仍然不被认可。但是诉讼中各种具体的案例，让大理院需要对这条"强行法规"不断地做出解释。例如，民国六年（1917）三月十四日，大理院复江西高等审判厅统字第五九一号函，回复江西省高等审判厅的疑问："异姓乱宗。惟同宗有承继权之人，始有告争之权，固无疑义。但同宗之人，并不争继，而以乱宗为理由，拒绝登谱或请求削谱，应否认其有告争权？"大理院的回复是：

> 无承继权之族人，不能以乱宗为理由告争承继。惟得于修谱发生争议时，提出拒绝登谱或请求削谱之诉。如不因修谱涉讼，自应认为无确认身份关系之实在利益，予以驳斥。至此种无承继权之族人，所以准其为此种诉讼者，盖正当之谱规（或有明文或依习惯）亦不可不予维护。此种诉讼即以解决谱规上之争执也。②

这条解释例涉及民初常见的一类有关修谱和谱例的诉讼。有关"异姓承嗣"和"异姓乱宗"的纠纷，很多时候并不直接发生在继承和争产的环节上，而是在修谱的过程中，或以修谱、入谱为名提出诉讼。因为名字是否入谱，在一些地方的习惯中就意味着是否拥有嗣子的身份、是否有份族产和其他宗族权益的分配权。所以有关入谱和谱例的争讼，实为争产争继的先声。大理院的解释例似乎并未顾及此意，而是以"谱规"为应予以维护之"习惯"作答。这一立场在此后的解释例中再次被强调。民国七年，浙江新昌县知事就本县一宗有关继承的案例，请求浙江高等审判厅做出解释，浙江高等审判厅函请大理院：

> 又异姓入继，无承继权之族人，得以乱宗为理由，提起拒绝登谱或请求削谱之诉。其所以准为此种诉讼者，盖正当之谱规（或依明文或依惯例）不可不予以维护，大理院已有六年三月统字第五九一号公函明晰解释。但所谓正当谱规者，是否刊行之日即生效力？如从前异姓子孙，族中准其点派总理干首各项执事，并准入祠主祭，旧谱载有姓名。新谱增修，凡例永

---

① 郭卫编《大理院判决例全书》，台北：成文出版社，1972，第264页。
② 郭卫编《大理院解释例全文》，台北：成文出版社，1972，第326~327页。

远不准派充执事及入祠主祭。此项谱规如予以维护,则有违从前习惯;如不予维护,则告争者又有明文为据。究应如何办理,应请解释者二。

对此请求,大理院的回复是:"异姓子孙依该族惯例,既已取得权利,族人非得其同意,自不能率以剥夺。此与本院以前之解释并不抵触。"①

民国八年大理院判决例上字第三二五号函又称:"所谓异姓乱宗系指不得立异姓为嗣子,与养子之能否入谱本属各为一事。"② 这些判决例、解释例,赋予族谱和宗族惯例相当的权威,表现出鼓励宗族对立嗣问题自行裁决的倾向。但是,如果遇到大理院维护的族谱谱规与大理院之前"异姓不得为嗣系强行法规"(该判决例还特别强调了,不能以"习惯"作为挑战这条法律的理由)相异的话,应该做何判决?诉讼中一再出现民间的族规、惯例与"异姓不得为嗣"的法律之间的矛盾,双方无休止的以"习惯"和"国法"为各自的资源,进行较量,而这些法例却不足以指导地方司法机关做出具有信服力的审判。

二 民初诉讼中的"异姓争继"案

龙泉司法档案中有一件"宣统二年至民国八年叶发开与叶必暹、叶刘氏立继案",可以作为民国初年地方诉讼中异姓争嗣案的典型。案中被告叶必暹有两个兄弟必椿、必煜。据判词:

> 必暹元配不育,典质王枝祥之妻刘氏为妾,并将王枝祥之子王发成携养叶家,越四载,必暹亲生一子,名发喜(盛)(即小毛郎)。必椿、必煜均身故乏嗣。……必椿无子,生前曾领养长房枝顺之孙发开,欲立为嗣。后必椿夫妇病故,书未写立。迄今必暹之妻刘氏及养子王发成串出至戚李昌慎,勒逼叶发新、叶发松列名立约,拟将必椿遗产及应轮众业,概归亲子及其带子发成为业。③

---

① 郭卫编《大理院解释例全文》,第468页。
② 郭卫编《大理院判决例全书》,第245页。
③ 《叶刘氏与叶发新承继纠葛案》,浙江省龙泉市档案馆藏《龙泉民国法院民刑档案卷(1912~1949)》,档案号:M003-01-14691,第1~29页。

争继的叶发开攻击叶刘氏和儿子王发成："非我族类,谋我嗣产,非但族议不依,而且法律亦所不许。"① 叶发开曾经得到族长们的支持,宣统二年（1910）叶枝文等呈状支持叶发开承继："耆等公议发新之弟发开承继,以续祖祀。盖因必遏欲将王姓带来枝祥之子,现在景邑粗奢,焉能承管叶姓之产。况发开人甚灵敏,必椿夫妇在日,已欲择立为嗣,奈被必遏阻行。迄今必椿夫妇俱故无后,继延未立。必煜已故,又无亲生,乃例无悬嗣之文,必择昭穆相当之后,此一定之理也。耆等秉公酌议必椿名下之嗣,择定发开承继,昭穆相当,分所应承。无如必遏犹将异姓之子以为争霸,反耸弟媳妇项氏捏情诬告,似此违例违议,势必争控无止。"他们也指责叶必遏和叶刘氏"执迷不悟,不思异姓不准乱宗"。②

但叶刘氏、王发成也争取到另一些族人的支持,他们于民国五年旧历五月廿四日立约,由发盛（即发喜）兼祧必椿,这份契约还在两处强调了发成的地位：

> 现由本族长出而协议,枝信长子必遏既育发成为长子,业经合族公认。又复生有发盛,公同择立,佥以本房发盛昭穆相当,自应兼承必椿名下为嗣,所有必椿财产,凡关于田山屋宇,暨清明神会杂业等件,概归与发盛同兄发成管业,自由处分。并议另由发盛同兄发成将必椿名下田租抽出九石,助与上代时炎公清明,以作各房轮流祭田。从此必椿继嗣已经公同择定,自后各房子孙均应恪守本议,永不得借端争继,滋生事由。至发成族内,亦宜视同一脉,准予入祠,事欲有凭,立议约永远为据。③

不仅如此,也许是因为叶刘氏、王发成多次捐助宗祠的行为,族尊长们的态度也发生了改变。在民国五年七月,署名族长叶时科、房长叶枝滔、房长叶枝文的呈状支持发盛兼祧：

---

① 《叶发开与王法成产业纠纷案》,浙江省龙泉市档案馆藏《龙泉民国法院民刑档案卷（1912~1949）》,档案号：M003-01-11905,第5页。
② 《叶发开与王法成产业纠纷案》,浙江省龙泉市档案馆藏《龙泉民国法院民刑档案卷（1912~1949）》,档案号：M003-01-11905,第36页。
③ 《叶发开与王法成产业纠纷案》,浙江省龙泉市档案馆藏《龙泉民国法院民刑档案卷（1912~1949）》,档案号：M003-01-11905,第4页。

现必暹既有亲生之子发盛,现年九龄,公议兼祧必椿名下为嗣。揆之同父周亲之义,核与大清律例及现在民律草案均属相符。亲房有子,远房人叶发开何得置喙。……至叶发开所称,叶发成系属外姓带来,控以异姓乱宗,此属另一问题,盖本族以外姓抱养子为子孙,向有此例,载在宗谱,不可胜计,若以此为攻讦,彼此兴讼,则本族讼祸无了,殊为叶姓之大不幸也。①

这份署名为族尊长的呈状,特别强调了"本族以外姓抱养子为子孙,向有此例,载在宗谱,不可胜计",也就是说,抱子承嗣是本族的惯例。但龙泉县的判决显然并没有理会这个"惯例",而是坚持了"禁立异姓子为嗣"的法律:

据叶刘氏之意,欲将必暹亲子发喜承续必椿,王发成承续必暹。必暹既有亲子,绝无舍血统而承异姓之理,殊于理法不合。如果以王发成承继必椿,查必椿之同祖周亲又不乏人,亦决无舍亲就异之道。按之法理,必暹既有亲子□□血统,必椿既有亲等最近卑属,亦不应以异姓承继。查叶发开既亲等最近、昭穆相当,应责令本房房长邀众议立,毋乱宗支,讼费各自负担,此判。县知事张绍轩,承审员沈宝。民国五年八月十五日。②

此后叶发开等人迅速订立了《立议承继约》,并报知县,请求附卷,知县照准。③ 叶刘氏不服,控告至浙江省第一高等审判分厅。叶刘氏的上诉状中,没有再提及养子王发成的承继问题,而是专论亲子发盛兼祧,状词引用并分析了律例中关于兼祧的条款,论证发盛兼祧符合律例的所有规定。④ 浙江省高等审判分厅于民国五年十月判决驳回叶刘氏的上诉。高等分厅的

---

① 《叶发开与王法成产业纠纷案》,浙江省龙泉市档案馆藏《龙泉民国法院民刑档案卷(1912~1949)》,档案号:M003-01-11905,第24页。
② 《叶刘氏与叶发新承继纠葛案》,浙江省龙泉市档案馆藏《龙泉民国法院民刑档案卷(1912~1949)》,档案号:M003-01-14691,第1~29页。
③ 《叶必成与叶刘氏烹祭图断案》,浙江省龙泉市档案馆藏《龙泉民国法院民刑档案卷(1912~1949)》,档案号:M003-01-10505,第2~6页。
④ 《叶发开与王法成产业纠纷案》,浙江省龙泉市档案馆藏《龙泉民国法院民刑档案卷(1912~1949)》,档案号:M003-01-11905,第44页。

判决指责叶必暹以及叶刘氏心存立继王发成之心，是绝对不被允许的。"控告人确有以发成入继必椿不法事实，并无以发盛兼祧必椿之真实意思，已可证明。惟自知异姓乱宗，律所不许，故抹去前案必暹再生子为条件……"叶刘氏捐资入祠，并以发成画押、立议约等行为，均被认为是她立意以异姓乱宗的证据。判决还斥责了叶枝文等族尊长前后悖谬的态度，判决由叶发开承继叶必椿。

龙泉档案中同类案例不少，"民国八年洪大支、洪大田与洪大珍互争祭田案"也是一例，但该案的判决却和前案完全不同。洪大支状告洪大珍为"异姓抱子，违法争继"，诉状中说："况律载明异姓收养之子，无论为所后之亲喜悦与否，不得以无子遂立为嗣。此异姓乱宗，故为现行法律严禁。大珍更不得违背现行法规，与民胞弟大田混争继承财产，及民太祖国洋公祭租等业。"① 原告的依据是被大理院作为强行法的禁止乞养异姓义子以乱宗族。被告洪大珍的辩诉理由，则主要基于以下两点：一是自己已经载入宗谱，以往并无族人有异议，"切民年仅四龄，已抱与洪姓父士芬为子，我父爱如亲生。为民娶妻传宗，纪载宗谱，连育三男一女……"；二是在洪姓宗族中，异姓养子入继为嗣的情况非常多，且都记载于宗谱之中：

> 洪姓族上历有抱子承继之先例，并无异姓抱子不得承继之谱规，以故于民上四代之抱子，有应武公，上三代抱子有国铨公，上二代之抱子有廷和公、廷饶、廷枝公，上一代有士铭、士福，同行辈之抱子有大盛、大连等八人。历代以来，继继绳绳，传枝接统，载在宗谱，足为本案之铁证。绝未闻先代之房族有会议立约，不许应盛等抱子传宗之异议。②

洪大珍的这种说法，在洪姓宗族的另一件争夺洪姓元房（长房）祭田轮值权的纠纷案中也有证明。洪姓元房的唯一继承人洪士学没有亲子，同样抱养叶姓小儿为养子。在洪士学去世后，该养子归宗叶姓，导致元房绝嗣，各房争夺洪士学仅有的遗产——祭田。虽然，在该案中叶姓抱子在归

---

① 《洪大支与洪大珍继承纠葛案》，浙江省龙泉市档案馆藏《龙泉民国法院民刑档案卷（1912～1949）》，档案号：M003-01-04080，第7～9页。
② 《洪大支与洪大珍继承纠葛案》，浙江省龙泉市档案馆藏《龙泉民国法院民刑档案卷（1912～1949）》，档案号：M003-01-04080，第18页。

宗后,放弃了承嗣洪姓的资格和权利,但是在洪姓各房的诉词和证词中都一再强调,"洪姓族谱内有抱子入继为嗣"。①

在现有的卷宗中,没有找到洪大支、洪大珍互争祭田案的判决书,但是根据洪大珍"呈请照判执行事"的诉讼状可知,该案初审判决被告抱子洪大珍获得作为洪士芬嗣子的合法身份。②再据洪大田的一份上告状可知,此案后又经二审,洪大田甚至请求申送大理院更判。这两份档案中所见初审和二审判决均依据大理院的解释例,即"异姓子孙依该族惯例,既已取得权利,族人非得其同意,自不能率以剥夺"。③

这两个案例显示,在民国初年有关异姓承嗣的诉讼中,有不少人(包括一些族房长)的呈状和口供,都说异姓入谱、异姓承嗣在本族多有先例,或者已经是俗例,而且这些"例"都已经记载在族谱中。与沈家本等法律专家一样,他们也以习俗、先例作为异姓可得承嗣的理由。而诉讼中相对的另一方,则以现行法律中仍有"异姓乱宗"之禁作为反驳。正如我们在前文中所看到的,这两种诉讼的"策略"即便不是对当时法律的积极利用,也都可以从中找到对应的条文,倒是地方司法机关在判决中援引不同的法条,产生了完全不同的判决。

三 1930年《民法·继承编》颁布之后的社会应对

民国初年法律上有关"异姓承嗣"的模糊状态,在1930年《中华民国民法·继承编》颁布后突然结束了。20世纪20年代末,南京国民政府立法院开始起草继承法,就九点疑问咨询中央执行委员会政治会议。其中第一点即"宗祧继承应否规定?"中央政治会议将这些疑问交法律组审查,法律组最后认定"宗祧继承毋庸规定"。他们出具的《继承法先决各点审查意见书》对何谓"宗祧继承",以及新法否定宗祧继承的理由做出了解释:

宗祧之制详于周礼,为封建时代之遗物,有所谓大宗、小宗之别,

---

① 《洪大声与洪士信嗣产纠葛案》,浙江省龙泉市档案馆藏《龙泉民国法院民刑档案卷(1912~1949)》,档案号:M003-01-08265,第38页。
② 《洪大珍与洪士信抢割纠葛案》,浙江省龙泉市档案馆藏《龙泉民国法院民刑档案卷(1912~1949)》,档案号:M003-01-1330,第29页。
③ 郭卫编《大理院解释例全文》,第468页。

民国法律、诉讼和社会语境下的"习惯"

大宗之庙百世不迁者谓之宗，小宗之庙五世则迁者谓之祧。此宗祧二字之本义也。宗庙之祭，大宗主之，世守其职，不可以无后，故小宗可绝而大宗不可绝，此立后制度之所从来也。自封建废而宗法亡，社会之组织以家为本位，而不以宗为本位，祖先之祭祀，家各主之，不统于一，其有合族而祭者，则族长主之，非必宗子也。宗子主祭之制不废而废，大宗小宗之名已无所附丽，而为大宗立后之说，久成虚语，此就制度上宗祧继承无继续存在之理由一也。旧例不问长房次房均应立后，今之所谓长房，固未必尽属大宗，遑论次房。且同父周亲复有兼祧之例，因之长房之子事实上亦有兼为次房之后者，与古人小宗可绝之义违失已甚，徒袭其名而无其实，此就名义上宗祧继承无继续存在之理由二也。宗祧重在祭祀，故立后者惟限于男子，而女子无立后之权，为人后者，亦限于男子，而女子亦无为后之权。重男轻女，于此可见，显与现代潮流不能相容。此就男女平等上宗祧继承无继续存在之理由三也。基于上述理由，故认为宗祧继承毋庸规定。至于选立嗣子，原属当事人之自由，亦毋庸加以禁止，要当不分男女均得选立及被选立耳。①

废除宗祧继承的理由，主要在于其在实践中已背离本义且有名无实，以及违背"男女平等"的原则。同样基于"男女平等"的原则，这份意见书还建议"遗产继承不以宗祧继承为前提"。根据这一意见，1930年颁布的《中华民国民法·继承编》废止宗祧继承。这在当时就被认为是新继承法中"特色之特色者"。② 这一法律上的变化，除了为"女子有财产继承权"扫清了道路之外，旧法中的"异姓乱宗"之罪也失去了存在的基础。

在民国后期的族谱中，我们已经能够发现，一些宗族中的新精英已经洞悉了继承法上的这一变化将带给宗族、族产的巨大影响，从而在族规谱例的修订中配合新的法律，主动做出调整。我曾经利用浙江龙泉围绕本地大族季氏修谱前后所发生的诉讼档案和族谱，分析有法律教育背景的宗族精英在近代社会、法律演变背景下，如何主动调适和转变，为宗族设立新

---

① 胡长清：《中国民法继承论》，商务印书馆，1936，第261页。
② 胡长清：《中国民法继承论》，第7页。

的规范。① 类似的例子不止一处。

季山头是位于今天龙泉安仁镇高山上的一个小乡村，季山头季氏是另一支季氏，他们在民国三十七年刊刻《季山头季氏族谱》，其中"族规"部分的起草者季氏三兄弟，均受过新式教育，季步元还是民国时期龙泉县很活跃的律师。这份族规所针对的完全是继承问题：

　　一　本族规采取旧时善良习惯配合现行法例订定之。
　　一　宗祧继承，法无明文而情难尽废，经族众公决，除财产继承永遵照法律规定外，拟订宗祧继承标准如下：
　　甲　女子继承　凡由女子继承宗祧者应维持原有户籍，负责扫墓办祭及其他男宗应尽之一切义务，其所生子女须从母姓。
　　乙　养子继承　凡由养父生前自行收养者，应认为宗祧继承人；凡因被继承人死亡后出守志之妇收养为子女者，应得利害关系人之同意亦视为宗祧继承人。
　　丙　过继　一　凡独子不得兼祧过继。二　无子女者可由本人向同胞兄弟中有二子以上者选择一人过继，其本人死亡后，由守志之妇选择之；无守志之妇，由同胞兄弟协议择定之，不能协议者，由各志愿出继之侄以抽签定之。三　非同胞兄弟之子不得称为过继，若被继承人或其配偶对于同胞兄弟中之子不愿择继而其另择其他族人者，作为养子论。
　　一　凡被继承人生前所憎恶或受其虐待之人，不得选为其死后之继承人。
　　一　凡被继承人人死亡后，其妻改嫁脱离本夫户籍者不得由其选择继承人。
　　一　凡未经结婚死亡者不得为其立继。
　　一　凡由女子、养子、抽签过继之子取得宗祧继承资格，编入本谱者，除私产部分照现行法例办理外，关于被继承人应享之祭产，须依法取得利害关系人之同意方得轮值。
　　一　凡异姓养子不得充任房族长。
　　一　本族规经族众大会议决共同遵守之。

---

①　杜正贞：《民国时期的族规与国法——龙泉司法档案中的季氏修谱案研究》，《浙江大学学报》（人文社会科学版）2014年第1期。

民国法律、诉讼和社会语境下的"习惯"

起草人　大培　大中　步元①

  与传统的继承制度不同，新族规允许女性、养子承嗣，尤其是允许女儿和异姓养子奉祀。但新族规将继承宗祧和享有祭产权利做了一定程度的区分，"关于被继承人应享之祭产，须依法取得利害关系人之同意方得轮值"，而且异姓养子仍然不允许充任宗族领袖。

  在这份族规的起始，季氏一族就表达了要遵循新《民法》，并将《民法》和地方传统习惯相结合的宗旨，"本族规采取旧时善良习惯配合现行法例订定之"。"习惯"在论证族规的"合法性"时，仍然是重要的理由。但是通过还原民国后期宗谱重修、族规重订的整个过程，笔者发现他们还常常求助于"评议会"这种形式，力图用"民主评议"等程序和形式，将新的族规谱例变得更具合法性。

  季氏宗族修谱评议会宣称近代民主政治的理念，借助"合族公决""民主"等话语，为新谱规赢得合法性。在评议会的记录中，那些提交评议的事项，都被定义为某"案"。记录的格式也明显地有模仿法院"和解记录""判决书"的痕迹。这些会议程序上的新样式、文件格式上对法律文书的模仿，也许与身为律师的季步元在评议会中的重要作用有关。它们的确形成了一套与传统礼法、礼俗所不同的表述合法性的语言。在以前不论是支持异姓承嗣或者反对异姓承嗣，人们都以"礼法"或"习惯"、"人情"作为理据。但通过强调新的谱例的产生机构"评议会"，以近代民主政治理念为基础，借助"合族公决""民主"等话语，却为谱例赢得新的合法性。即如在上述引文结尾所强调的，族规是"经族众大会议决共同遵守"的。

  在1930年新的《民法·继承编》颁布之后，"立嗣"问题，不论是"异姓承嗣"还是同宗立嗣中的择嗣规则，都被排除出了法律规定，而成为"当事人之自由"。在季氏宗族修谱过程中涉及的系列诉讼中，龙泉地方法院的确不再就立嗣做出裁决。但是，民间、宗族有关的俗例、习惯并没有退出这一领域。族谱，在民国一直被法律专家们作为"习惯"的文字载体，依然对"立嗣"问题设定各种规范，并且用"民主评议"这个新的，也是效仿自立法程序的方式，为"习惯""俗例"树立合法性。

---

① 《季山头季氏族谱》，民国三十七年刊刻，季山头季氏宗族藏。

四 结语：法律与习惯的历史过程

古代"禁立异姓子为嗣"经历了一个从贵族的"礼"到平民的"法"的演变过程。周代宗法制下，"立嗣"的本意是为大宗立后，是针对贵族的"礼"，礼不下庶人。在一个我们现在称之为"援礼入法"的漫长过程中，一些原来针对贵族而设的"礼"开始被用于规范平民的行为。"禁立异姓子为嗣"的法律，开始沿用到平民的继承中，是宋代以后才逐渐普及的。①

这不仅是一个法律上的变化，也是社会的变化。这个法律过程与庶民宗族的发展相配合，才使得平民立嗣的观念和行为在社会上普及开来。抱养异姓子开始与"异姓承嗣"等同起来。与此同时，抱养异姓子和"异姓承嗣"开始成为官员和法律专家们笔下的"恶俗""乡例"或者"地方习惯"。不仅官方的文件和士大夫的文章是这样定位的，族谱和状词也逐渐这样表达。"异姓承嗣，不合礼法"的观念，进入地方社会的途径有很多种，具体的过程在各地、各族中也各不相同。②但无论如何，通过种种途径，平民得以意识到"异姓承嗣"为法典所禁止，即便在自己的村庄和宗族中普遍存在，那也只能是一种"乡例"或"风俗"、"习惯"。在这样一个过程中，"习惯"不是作为法律的后备资源而存在的，恰恰相反，是"礼法"的对立面。

民国初年的法学家们抱有将"习惯"明确化、法典化的思路和努力，哪些"习惯"可以被认可，成为法律，哪些应该被排斥在法律之外，其界限越来越清晰起来。民国三年，大理院强调"异姓不得为嗣系强行法规"，将"以异姓为嗣"的习惯排除在司法考虑之外。如果是这样，"异姓承嗣"这种"乡例""习惯"在诉讼活动中的运用空间将大大缩小。但实际的情况并不如此。一方面，正如我们在诉讼档案中看到的，民初人们的观念，包括当事人对"以异姓子为嗣"的态度、他们对于"习惯"在诉讼中的地位的认识等，依然是传统的。不论是在清代还是民初，尽管有异姓不得立为嗣的律条，但"抱子例得入谱""本族惯例异姓抱子可得承嗣"或者"异姓承嗣多有先例"等

---

① 这个法律变化的过程，参见张小也《法律与社会变迁——以户绝财产继承问题为中心》，《官、民、法：明清国家与基层社会》，中华书局，2007。

② 另有专文讨论，参见拙文《法律、诉讼与地方社会中的族规俗例：浙南的"异姓承嗣"问题》（未刊）。

说法，仍然在诉讼档案的状词中屡屡出现。另一方面，大理院的态度也并非那么一贯和明确。尤其是大理院显然还抱有尊重习惯和地方、宗族惯例的原则，而族谱和族规谱例被认为是地方习惯的文字表达。因此，在实际的诉讼中，"强行法"与"惯例""习惯"之间的竞争和对抗一再地显现。事实上，在民事习惯调查中，也有调查员在记录"异姓承嗣"习惯的同时，质疑其"殊不得谓为良好"。

这些围绕法律解释和诉讼的争论，在1930年《民法·继承编》颁布之后，似乎就失去了理论上的必要。但是，在社会生活中，有关的纷争并不会因为法律的改变而立刻消失。立嗣的观念和行为仍然相当普遍。当立嗣问题不再是法的规定之后，民间并没有停止对立嗣行为规范的创制、调整和确认。

如果我们像民国的法律人那样，将族规谱例作为地方习惯的表达的话，那么那些为应对新法而修订新的族规谱例的行为，可以视为新"习惯"的制造。这些所谓"习惯"，并非是民间普遍的、惯常行为的总结和提炼，而是人们应对各种形势和问题，包括地方社会的传统和需求、国家法律的变动等，而制造出来的规范。这个过程必定在各个历史阶段、大大小小的人群中反复不断地进行着。民国时期这次"习惯"的更新与以往不同的是，它的产生借助了一套新的语言。宗族、地方"习惯"的确立，开始需要经由一个"民主"评议和决策的程序。这种观念的产生和地方实践究竟如何？它们将对法律和习惯之间的关系产生怎样的影响？这些是我们需要进一步研究的问题。

（作者单位：浙江大学历史系）

·体制变革与司法建设·

制度变革与身份转型

——清末新式司法官群体的组合、结构及问题

李在全

摘　要　光绪三十二年清政府设立大理院，中国新式司法官由此产生。宣统年间，司法官选任逐渐步入规范化的考选之途，经宣统二年全国规模的司法官考试，大批法政人员加入司法官队伍。由于清末新政、立宪等制度变革，很多传统人员实现了现代转型，从"旧人"变成"新人"，新式司法官多半由传统的刑官、候选候补等官员转变而来。新旧之别确存于清末司法官群体中，但实际上更多的是"新人不新""旧人不旧"。在民心思变、各方势力分化组合日剧的清末时期，原本以化解社会纠纷、维护现存秩序为职责的司法官，很多未能安心其职，成为革命者。从这一角度讲，清末司法官群体仅具其"形"。通过分析该群体结构及问题，不难发现中国从传统到现代转变过程中人员是如何承续、转化的，变与不变是如何共生的。

关键词　清末新政　立宪运动　司法官群体　法制变革

中国现代司法肇始于清末新政时期。随着清末新法制的颁行和新式司法机构的创设，一批新式司法人员产生了，司法官是其中主体与关键部分。[①] 那么，现代中国首批司法官是如何产生的，其群体之基本结构、特点为何，就成为中国近代法律史上值得考究的问题；进而言之，若将该群体置于中国从传统到现代转变的历史脉络中解答此问题，无疑亦是解答在传

---

① 清末民国时期，在各种法律法规、公文中，对"司法官"与"法官"称谓，多有混用。确实，二者在很多情况下可通用，但有所区别。"法官"是对审判人员的通称，无论审判人员称谓（审判官、裁判官、推事、判事等）为何，均可称为法官，不包括检察人员；"司法官"指称范围较广，包括审判人员（法官）与检察人员。因此，本文用"司法官"称谓，但不包括书记官及司法行政机构中的司法行政官等。可参阅辞海编辑委员会编《辞海》，上海辞书出版社，2000，第1079页。

统与现代之间人员如何承续、转化的问题,至少能得出局部的也是实证性的答案。

一 新式司法机构筹建与群体组合

光绪三十二年(1906)丙午官制改革中,清廷新设法部、大理院,"刑部著改为法部,专任司法;大理寺著改为大理院,专掌审判",沈家本出任大理院正卿。① 以沈氏为首的大理院可谓中国第一个具有现代意义的司法审判机关。由于司法权限不清,大理院与法部矛盾日剧,引发"部院之争",光绪三十三年四月清廷以沈家本与法部右侍郎张仁黼对调的"平衡术"息止此争。② 离任之前,沈家本言及筹组大理院的艰辛,云:"自去年十月以来,仅就素所深知者,于法部及各衙门前后奏调七、八十员,以为开办之基础,绸缪数月,粗有端倪。"③ 在选官没有制度规定的情况下,沈氏只能在"素所深知者"中调用,这项工作主要包括甄留原有的大理寺人员和奏调其他部院的人员。

张仁黼任职大理院时间甚短,是年七月调任吏部右侍郎,以英瑞继任;同年九月清廷任命定成署理大理院正卿,十一月正式补授。定成任职至宣统三年(1911)十一月,即清帝逊位前夕,其后由少卿刘若曾代之。大理院长官虽有变动,但队伍组建未曾中辍,以下这份任命名单可见大理院人员情况之一斑。

> 开缺法部安徽司郎中乐善拟请补刑科第一庭推事;
> 开缺法部陕西司郎中顾绍钧拟请补刑科第一庭推事;
> 开缺法部陕西司郎中联惠拟请补刑科第二庭推事;
> 开缺法部浙江司郎中荣宽拟请补刑科第四庭推事;
> 开缺法部四川司主事许受衡拟请试署刑科第一庭推事;
> 开缺法部云南司主事余和埙拟请试署刑科第一庭推事;

---

① 中国第一历史档案馆编《光绪宣统两朝上谕档》第32册,广西师范大学出版社,1996,第196、198~199页。
② 张从容:《部院之争:晚清司法改革的交叉路口》,北京大学出版社,2007。
③ 《大理院奏谨就司法权限酌加厘订折(并清单)》,上海商务印书馆编译所编纂《大清新法令》第1卷,李秀清、孟祥沛、汪世荣点校,商务印书馆,2010,第371页。

开缺法部安徽司员外郎王仪通拟请试署刑科第二庭推事；

法部候补主事史绪任拟请试署刑科第二庭推事；

法部候补主事汪忠杰拟请试署刑科第二庭推事；

前刑部员外郎降选主事文霈拟请试署刑科第三庭推事；

开缺法部福建司员外郎唐烜拟请试署刑科第三庭推事；

留学英国大学校毕业生候选知府金绍城拟请试署刑科第三庭推事；

开缺法部河南司员外郎王景浚拟请试署刑科第四庭推事；

开缺法部浙江司员外郎梁秉鑫拟请试署刑科第四庭推事；

开缺法部陕西司主事周绍昌拟请试署民科第一庭推事；

开缺法部山西司主事李传冶拟请试署民科第一庭推事；

开缺法部安徽司主事蒋德椿拟请试署民科第一庭推事；

开缺法部广东司主事姚大荣拟请试署民科第二庭推事；

开缺法部浙江司员外郎治良拟请试署民科第二庭推事；

法部候补主事蔡桐昌拟请试署民科第二庭推事。①

由此名单可见，大理院人员来源于三部分：原大理寺、法（刑）部及各衙门、留洋归国者，但绝大部分来自法部。当时法部就奏曰："臣（法）部实缺人员经各衙门奏调者不少，而以大理院奏调为尤多，大理院职司审判，创立伊始不能不取材于法部。"② 关于大理院选官标准，上述奏折也指出，"必须法律精熟，才优听断者，方能胜任"，换言之，即法律学识与审判经验并重（实情不尽然，详见下文）。此后，大理院的制度设置没有大变化，至光绪三十四年，人员也基本完成配置。在清末大理院这一司法机构中，宣统元年之前奏调人员可谓早期人员，他们构成了该机构人员的"基本盘"。③

清末官制改革包括中央与地方两个层面。光绪三十三年五月奕劻等人上奏地方官制改革方案，此案重点有二："分设审判各厅，以为司法独立之基础"，即各省设立高等、地方、初级审判厅，作为独立于行政系统之外的

---

① 《大理院为本院奏请试署推事各缺期满各员补授事致民政部咨文》（光绪三十三年八月二十日），中国第一历史档案馆（下文简称一档馆）藏民政部档案，档案号：1509/6/002、006。

② 《法部改补员缺奏折清单》（光绪三十三年三月十七日），一档馆藏刑（法）部档案，档案号：138。

③ 韩涛：《晚清大理院：中国最早的最高法院》，法律出版社，2012，第65页。

专门司法机关;"增易佐治各员,以为地方自治之基础",即各省府厅州县增改佐治官员,使其组织议事会和董事会,作为地方自治机构。具体落实到地方司法体制改革,要点是:改各省按察使司为提法司,原按察使改称提法使,掌管地方司法行政事务;各省分设高等、地方、初级审判厅,负责地方各级司法审判事务。① 实际上,这是中央司法机构设置改革在地方的延伸。方案旋即获准,并从东三省"先行开办",直隶、江苏两省"择地先为试办",其余各省"统限十五年一律通行"。②

在清末地方官制改革的背景下,推行司法独立、筹设各级审检厅作为(法部会同)各省督抚必须办理的、事关预备立宪的重要内容,开始付诸实施。此项事务,直隶、京师(除大理院外的各级司法机构)、东三省走在全国前列。

庚子事变后,袁世凯继李鸿章出任直隶总督兼北洋大臣,积极推行新政。对司法改革,袁氏曰:"司法独立,万国通例。吾国地方官兼司听断,救过不遑。近今新政繁兴,诸需整顿,亟宜将司法一事,分员而治,各专责成,以渐合立宪各国制度。"袁氏重视网罗包括法政人在内的新式人才,于光绪三十二年就组织相关人员拟定章程,在天津府和天津县筹办新式司法事宜。次年二月十日正式开办,天津府设高等审判分厅,天津县设地方审判厅,天津城乡分设乡谳局四处;将诉讼案件分为民事、刑事两类;等等。关于司法人员,袁氏奏曰:"所有两厅及谳局办事人员,就平日研究谳法暨由日本法政学校毕业回国之成绩最优者,并原有府县发审各员,先令学习研究,试验及格,按照分数高下,分别派充。故人争濯磨,尚无滥竽充数之事。"对新式司法的成效,袁氏也得意地说:"现经试办数月,积牍一空,民间称便"。③ 事实上,袁氏所言存自我粉饰之意。从一份天津各级审检厅司法官简明履历档案来看,63人中,受过新式法政教育者7人,此中包括从日本毕业者3人,所有人员无不拥有传统功名,不过多数是较低级

---

① 《总司核定官制大臣奕劻等奏续订各直省官制情形折(附清单)》,故宫博物院明清档案部编《清末筹备立宪档案史料》上册,中华书局,1979,第503~510页。
② 《各直省官制先由东三省开办俟有成效逐渐推广谕》,《清末筹备立宪档案史料》上册,第510~511页。
③ 《奏报天津地方试办审判情形折》,天津图书馆、天津社会科学院历史研究所编《袁世凯奏议》下册,天津古籍出版社,1987,第1492~1494页;《天津府属试办审判厅章程》,甘厚慈辑《北洋公牍类纂》第4卷,京城益森印刷有限公司,光绪丁未年(1907),第1~7页。

功名者。若仔细分析，其中光绪三十三、三十四年到厅任事者33人，宣统年间到厅任事者30人；受新式教育者7人中，光绪三十三、三十四年到厅者仅2人，其中1人为日本毕业生，宣统年间到厅者5人，其中2人为日本毕业生。① 显然，事实上天津司法机构中新式人员很少。

京师司法改革也在推进中。光绪三十三年八月，法部预保京师高等、地方审检厅长官人选，② 接着，指派"高等裁判员六人，地方裁判员二十人，检察厅员六人"，很快又"续派地方裁判、高等裁判各三人"。③ 十一月，京师各级审判厅"已组织完全，预备定期开办"。④ 法部在奏陈京师各级审判厅成立情形时，对任用司法官一项，奏道："任用法官较之别项人才倍宜审慎，其有熟谙新旧法律及于审判事理确有经验者，自应酌加遴选以备临事之用……此项人员不分京外实缺及候补候选，均经采访确实，并次第传见，详细甄择。"⑤ 京师各级审检厅完备的人员名单，无从详考。从一档馆藏的一份名单看，共87人，调派时间是光绪三十三、三十四年，⑥ 由此可推断这是一份较早期的京师审检厅人员名单。87人中，除3人外，84人均有履历信息，几乎均为候补候选人员，很多人拥有出身功名：无进士者，举人8人，其余多为较低功名者，如监生、生员（廪生、附生）等，很明显，他们多为官僚体制中品级较低者。值得注意的是，87人中无法政毕业生，可见在早期京师各级审检厅（除大理院外）中，新式人员也很少。

东三省为清廷"龙兴"之地，清廷自是格外重视。光绪三十三年三月，清廷改盛京将军为东三省总督，任命徐世昌为总督。筹组审检厅是东三省新政的重头戏，徐氏认为"司法部分，关系至重，法律改良，此为缘起，极其效力，可以平熄乱党，收回法权。奉省初立法庭，外为列邦所注目，内为各省所取资"。⑦ 基于东三省实情，徐氏决定设厅步骤：由奉天始，次为吉林，最后为黑龙江。奉天审检厅之筹设安排，先于省城设立高等审判厅1所，于奉天府设立地方审判厅1所，于承德、兴仁两县地方按巡警区域

---

① 《法官任用（附书记官）》（原表无时间，截止时间约在宣统三年），一档馆藏法部·宪政筹备处档案，档案号：32203。
② 《法部预保裁判人才》，《申报》光绪三十三年八月三日，第9版。
③ 《高等地方裁判官派人》，《申报》光绪三十三年八月二十八日，第11版。
④ 《各级审判厅之成立》，《大公报》光绪三十三年十一月三日，第4版。
⑤ 《法部奏各级审判厅定期开办情形折》，《政治官报》第48号，光绪三十三年十一月八日，第4~6页。
⑥ 《各厅官员履历册》（宣统朝），一档馆藏法部·举叙司档案，档案号：31724。
⑦ 徐世昌：《退耕堂政书》第1册，台北：文海出版社，1968年影印本，第562页。

分设初级审判厅6所，各厅均附设检察厅。关于司法人员，徐氏奏："有熟谙新旧法律及于审判事理确有经验者，不分京外实缺及候补候选，或是奏咨调用，或是留俸当差，人员均经切实考察，详细甄择。"① 至光绪三十四年底，共有35人被派署为奉天各级审检厅司法官。② 吉林审检厅筹设于光绪三十四年，筹设方式与奉天大同小异，各厅人员均经"详细甄择"，呈请札委。③ 从宣统元年三月吉林在职各级审检人员资料来看，共41人。④ 黑龙江情况有些特殊，鉴于该地"人民本稀，词讼尚简"状况，各级审检厅"应请暂缓设立"，解决办法是"于各府厅县各设审判员，帮同地方官审理词讼案件，并于各道设司法股委员，帮同各道核转该管所属地方各案件，以期分理，而归详慎"，⑤ 可见仍是行政兼理司法，黑龙江审检厅的筹设实际上延至宣统年间。

大体而言，宣统元年之前，地方各级审检厅已初设，但数量甚少。据宪政编查馆宣统元年四月报告，筹办审检厅的省份，"其早经开办，则惟直隶、奉天"，新式司法官自然也很少；不过，宪政编查馆对新式审检厅的司法成效，自诩云："以臣等闻兼所及，该两省审判立于州县之外，不独断结迅速，人民称便，即教民外人遇有诉讼亦多照章陈诉，就我范围尚无窒碍。"⑥

在清末各种公文中，法部、大理院等部门往往宣称，司法官选用标准是"熟谙新旧法律、于审判确有经验者"。显而易见，这一标准很笼统，弹性很大。从任用实际过程看，主要由相关机构（如法部、大理院、提法司等）长官通过分派、奏调、札委等方式进行。在这种无章可循、制度准则缺失的状况下，长官个人主观因素凸现；加之，清末新政时期各种职官改

---

① 《东三省总督徐世昌等奏开办各级审判厅情形折》，《政治官报》第97号，光绪三十三年十二月二十七日，第11~13页；徐世昌：《退耕堂政书》第2册，第684~685页。
② 《奉天省各级审判检察厅统计书》（光绪三十四年），宣统元年印行，出版地不详，第11~12、38~39页，中国政法大学图书馆藏书。清末，奉天共设高等审检厅各1所，地方审检厅各7所，初级审检厅各9所，详见张勤《中国近代民事司法变革研究：以奉天省为例》，商务印书馆，2012，第133~134页。
③ 《东三省总督徐世昌吉林巡抚朱家宝奏吉省开办各级审判厅遴员试署折》，《政治官报》第335号，光绪三十四年九月七日，第6~7页。
④ 《吉林提法司第一次报告书》，出版地、时间不详，中国政法大学图书馆藏书。
⑤ 《东三省总督徐世昌署理黑龙江巡抚周树模奏江省续设道府厅县酌拟设治章程折并清单》，《大清新法令》第5卷，商务印书馆，2010，第40页。
⑥ 《宪政编查馆奏考核京外各衙门第一届筹办宪政并胪列第二届筹办情形》，《政治官报》第590号，宣统元年五月三日，第4~7页。

制、裁并等原因，确实带来司法官任用上的诸多弊端。时任大理院推事的唐烜观察到：大理院"新设各庭，除正审官外，大半由夤缘而来。或调自外衙门者，或调自京外官者，即法部旧人亦非平素勤事者流"。① 大理院司法官选任情况尚且如此，京外各地可想而知。

清末司法改革之初期，司法官任用出现这些弊病，其实是清末新政中人员任用紊乱的局部体现。时人观察到，清末新政之前，人员任用基本有章可循、依规分发，但新政后，先前人员任用规则受到很大冲击与破坏，"自总署改外部，商部、警部、学部接踵而兴，用人行政本无轨辙之可循，移文提取动辄数十百万，指名奏调动辄数十百人，奔走小吏夤缘辐辏于公卿之门，投其意向所趋，高者擢丞参，次者补郎员，人不能责其徇私……于是造谋生事，外扰乱郡县，内攘夺六部之权"。② 此时供职于学部与巡警部的许宝蘅也察觉："近来办事外观似较旧时各衙门为振作，而无条理，无法度，任意为之，其弊尤大也。"③ 清廷也承认：新政中所任用者很多为"奔竞之人"。④ 可见，人员任用紊乱是清末新政中的常见现象，这就不难理解前述司法官任用弊病了。

但通过考试规范司法官选任问题，已提上清廷的议事日程了。光绪三十四年八月清廷颁布《钦定宪法大纲》及"九年筹备清单"，⑤ 清单规定：各省省城及商埠审检厅必须于宣统二年设立。宣统元年十二月，宪政编查馆奏准《法院编制法》，明确考试为选任司法官的主要渠道，同时奏准配套的《法官考试任用暂行章程》规定：嗣后考试任用司法官时，务须遵守此章程，不得稍存宽假；京外已经设立的各级审检厅也应于宣统二年举行第一次法官考试后，定期将各厅员按照章程所定科目补考，分别淘汰或留用。针对各地审检厅初设的实际状况，法部也规定了过渡性举措：凡非推检者，未经照章考试，无论何项实缺人员，不得奏请补署司法官各缺；现有候补推检者，由堂官查验，以其是否"通晓法律，长于听断"为依据，奏请任用；现悬各缺，如无

---

① 《唐烜日记》（手稿本），光绪三十三年七月二十二日，中国社会科学院近代史研究所档案馆藏。
② 胡思敬：《国闻备乘》，中华书局，2007，第74页。
③ 许恪儒整理《许宝蘅日记》第1册，光绪三十三年八月十二日，中华书局，2010，第144页。
④ 《吏部奏酌拟考核调用人员切实办法折并清单》，《大清新法令》第5卷，第56页。
⑤ 《宪政编查馆资政会奏宪法大纲暨议院法选举法要领及逐年筹备事宜折（附清单二）》，《清末筹备立宪档案史料》上册，第54~67页。

前项人员，仍须"钦遵定章任用"，即经过考试才能任司法官。①

经多方筹备，清政府于宣统二年六月至九月举行中国历史上第一次全国规模的司法官考试，主考场设在京师，较偏远的四川、云南、广西、新疆、贵州、甘肃等地设立分考场。② 考取情况如下：京师，录取561名，最优等是诚允等83名，优等是沈桂华等193名，中等是庄枢元等285名；③ 四川，录取130名，最优等是王秉璠等5名，优等是张仲孝等40名，中等是王开棣等85名；④ 云南，录取26名，最优等是郑溓等8名，优等是吴起銮等12名，中等是周葆忠等6名；⑤ 广西，录取32名，最优等是刘庚先等9名，优等是杨家瑄等6名，中等是陈用光等17名；⑥ 新疆，录取8名，优等是廖振鸿等2名，中等是方常善等6名，无最优等人员；⑦ 贵州，录取42名，最优等1名（杨焜），优等是梁韵清等3名，中等是韦可经等38名；⑧ 甘肃，录取42名，最优等是王国柱等11名，优等是金星拱等8名，中等是胡镜清等23名。⑨ 总计录取841名。这些考取人员，除少数人外，⑩ 绝大部分被派往各地审检厅实习，⑪ 成为清末新式司法官群体的主体部分。可惜实习期未满，清廷即被推翻，此次司法官考试的绩效未能得到充分呈现，但其开启了中国司法官考选的先河，标明了现代中国司法官选任的规范化、制度化方向。

---

① 《宪政编查馆奏核订法院编制法并另拟各项章程折（并单）》《法官考试任用暂行章程》，《政治官报》第826号，宣统二年一月九日，第3~24页。
② 过程详见李启成《晚清各级审判厅研究》，北京大学出版社，2004，第97~119页。
③ 《审判检察各厅等缺职员衔各清单及考生统计册等（考试法官题名录）》，一档馆藏法部·举叙司档案，档案号：31677/3。
④ 《四川考试法官录取各员拟请照章授职任用缮具清单》，一档馆藏法部·宪政筹备处档案，档案号：32175。
⑤ 《云南第一次考试法官闱文》，宣统二年九月排印，出版地不详，中国国家图书馆藏书。
⑥ 《法官官册》，一档馆藏法部·举叙司档案，档案号：31704。
⑦ 《新疆审判厅筹办处报告书》（共4册，无页码与册次），宣统三年一月印，出版地不详，中国国家图书馆藏书。
⑧ 《法部奏贵州考试法官录取各员拟请授职任用折（并单）》，《政治官报》第1186号，宣统三年一月二十二日，第5~7页。
⑨ 《法部奏甘新滇三省考试法官授职任用折（并单）》，《政治官报》第1208号，宣统三年二月十四日，第6~9页。
⑩ 《法部奏李鹏龄等愿就原官应准注销法官片》，《政治官报》第1341号，宣统三年六月三十日，第17页。
⑪ 据清政府统计，截至宣统二年，各省审检厅各155所，加上京师审检厅，共160余所，但实际上应少于此数。欧阳湘：《近代中国法院普设研究：以广东为个案的历史考察》，知识产权出版社，2007，第54~56页。

二　群体结构分析

从光绪三十二年至宣统元年，新式司法官多为零星选任，人数不多；及至宣统二年司法官考试及其后分发各地实习，人数迅速增加，群体颇具规模。无疑，宣统二年司法官考试对该群体组合作用甚大，可以说是一个标界。故可以此事为标界点，把清末司法官群体分为前后两个时期进行分析。

第一时期，即宣统二年以前的司法官群体，主要集中在大理院、京师各级审检厅、直隶（天津）、奉天、吉林等地的审检厅。① 根据笔者查阅到的资料，有名可考者 405 人，分别如下：大理院，132 人；② 京师（除大理院外），134 人；③ 天津，63 人；④ 奉天，35 人；⑤ 吉林，41 人。⑥ 出身情况详见表 1。

表 1　清末新式司法官群体出身情况统计（宣统二年之前）

出身		进士	举人	贡生	荫生	监生	生员	新式学生	其他	合计
大理院 （实任）	人数	25	7	5	3	8	5	4	1	58
	百分比	43.1	12.1	8.6	5.2	13.8	8.6	6.9	1.7	100
大理院 （额外司员）	人数	0	24	16	2	17	1	11	3	74
	百分比	0	32.4	21.7	2.7	23.0	1.4	14.9	4.1	100

---

① 其中也有部分人员（主要是大理院额外司员、京师各级审检厅人员）是在宣统二、三年任命的，但数量较少，为便于分析计，列入第一时期。
② 参见《最新职官全录》，大理院部分，宣统元年冬季、二年冬季、三年夏季刻本，清宪政编查馆编，北京图书馆出版社影印室辑《清末民初宪政史料辑刊》第 4~7 册，北京图书馆出版社，2006；《宪政最新摺绅全书》第 1 册（下），大理院部分，京都荣宝斋，宣统辛亥秋季，中国社会科学院近代史研究所图书馆藏书；敷文社《最近官绅履历汇编》第 1 集，台北：文海出版社，1970；程燎原《清末法政人的世界》，法律出版社，2003；黄源盛《民初大理院与裁判》，台北：元照出版有限公司，2011，第 23~30 页；韩涛《晚清大理院：中国最早的最高法院》，第 373~410 页；等等。
③ 参见《宪政最新摺绅全书》第 1 册（下），京师高等、内外城地方、初级审检厅部分，中国社会科学院近代史研究所图书馆藏书；敷文社《最近官绅履历汇编》第 1 集，台北：文海出版社，1970；程燎原《清末法政人的世界》，法律出版社，2003；《最新职官全录》，京师高等、内外城地方、初级审检厅部分，《清末民初宪政史料辑刊》第 4~7 册；《各厅官员履历册》（宣统朝），一档馆藏法部·举叙司档案，档案号：31724；等等。
④ 参见《法官任用（附书记官）》，一档馆藏法部·宪政筹备处档案，档案号：32203。
⑤ 参见《奉天省各级审判检察厅统计书》，第 11~12、38~39 页，中国政法大学图书馆藏书。
⑥ 参见《吉林提法司第一次报告书》，中国政法大学图书馆藏书。

续表

出身		进士	举人	贡生	荫生	监生	生员	新式学生	其他	合计
京师	人数	19	23	19	1	18	10	6	38	134
	百分比	14.2	17.2	14.2	0.7	13.4	7.5	4.5	28.4	100
天津	人数	2	20	12	4	17	1	7	0	63
	百分比	3.2	31.8	19.0	6.3	27.0	1.6	11.1	0	63
奉天	人数	3	5	6	0	12	2	5	2	35
	百分比	8.6	14.3	17.1	0	34.3	5.7	14.3	5.7	100
吉林	人数	0	8	7	0	18	2	5	1	41
	百分比	0	19.5	17.1	0	43.9	4.9	12.2	2.4	100
合计	人数	49	87	65	10	90	21	38	45	405
	百分比	12.1	21.5	16.0	2.5	22.2	5.2	9.4	11.1	100

说明：若出身及履历信息中有毕业生（国内或海外）者，均以新式学生计，其实这部分人员中很多也同时拥有传统功名。

清制规定，凡官之出身有八：一曰进士，二曰举人，三曰贡生，四曰荫生，五曰监生，六曰生员，七曰官学生，八曰吏。无出身者，满洲、蒙古、汉军曰闲散，汉曰俊秀。各辨其正杂以分职。[1] 一般来说，出身有正途与异途之分。正途，即通过科举考试取得进士、举人、贡生（恩、拔、副、岁、优）等高级学衔，或由世袭特权获得荫生的功名而入仕的途径；异途，即通过捐纳获得监生的功名，或因军功而入仕的途径。但正途与异途并非绝对不可逾越，"异途经保举，亦同正途"，满人可不循任官之常规。[2] 依此考究宣统二年前的新式司法官群体，进士、举人、贡生分别占12.1%、21.5%、16.0%，合计拥有高级学衔者为49.6%，若加上荫生（占2.5%），正途出身者过半。监生、生员所占比例分别是22.2%、5.2%，较低级学衔者合计占比27.4%，不及1/3。新式学生占9.4%，比重较小，而且其中很多人员同时还拥有传统功名。故总体而言，这一时期司法官群体多为拥有传统功名者，且高级功名者比重很大，最显著者，大理院的进士达25人，占实缺推检人员58人的近一半。

这种人员结构状况在宣统二年司法官考试以后改变较大。此次考试录

---

[1] 崑冈等编《钦定大清会典》第7卷，上海商务印书馆，宣统元年，第2页。
[2] 赵尔巽等：《清史稿》第12册，中华书局，1977，第3205页。

取841名，这些人员依其履历大体可分为两类：一为以新式法政毕业生资格参加考试并被录取者，共383人，占录取总数45.5%。二为传统功名拥有者，如举人（110人）、拔贡（99人）、优贡（30人）、副贡（12人）；官僚体制内中下级人员，如州判（39人）、知县（54人，多半是候补候选）、刑幕（89人）等，占总数54.5%。① 若从是否接受新式法政教育角度来看，可以说第一类是"新式"人员，第二类为"旧式"人员。与此前相比，这次考取人员中新式学生比重大幅度提升，但传统功名者（多半也是中下级官僚）依然占据多数。

宣统二年司法官考试后，考取人员大部分发各地审检厅实习，与此同时，筹设审检厅工作在各省省会、商埠等城市大规模铺开。至今笔者尚未觅见此时期司法官的完整资料，但根据一档馆藏较为系统的《法官名册》（包括广西、云南、贵州、河南、陕西、甘肃、奉天、吉林、山东、山西、江苏、江西、福建、湖南14省，共436人）来分析，② 颇能窥其大致状况，兹整理统计如表2。

表2　清末14省司法官情况统计（宣统二年法官考试之后）

省别	人数	是否法官考试选派		传统功名							新式学生		先前任职情况		
		是	否	进士	举人	贡生	荫生	监生	生员	其他	国内	海外	中央	地方	刑幕
奉天	46	28	18	0	3	23	0	0	0	0	37	2	2	4	1
山东	15	0	15	0	2	7	0	6	0	0	1	0	0	15	0
山西	27	25	2	0	3	13	0	1	5	0	11	4	0	7	0
吉林	9	8	1	0	0	0	0	1	0	0	8	0	1	0	0
陕西	22	22	0	0	7	9	0	0	2	0	5	1	0	6	0
甘肃	40	40	0	0	9	7	0	0	10	0	1	2	0	19	20

---

① 若档案上记载生源履历有多重身份，统计原则是一人只能统计一次，统计次序依次是：新式法政毕业生、旧式审判人员、传统功名拥有者和候补候选佐杂人员。这种分类只是为了便于分析。实际上，这三类人员的边界是模糊的，因为档案上大部分录用人员只注明一重身份（履历），少部分人注明了两重身份，估计还有些人还可能具有三重甚至多重身份，只是档案上没有记载而已。

② 《法官名册》（无朝年），一档馆藏法部·举叙司档案，档案号：31704（广西、云南、贵州）；31705（河南、陕西、甘肃）；31706（奉天、吉林、山东、山西）；31707（江苏、江西、福建、湖南）。这些档案的成档时间应在宣统三年（少量在民国元年）。很明显，这份档案资料不完整，未能包括全国各个省份，但这是目前所能查阅到的关于清末司法官状况信息最系统的档案史料。

续表

省别	人数	是否法官考试选派 是	是否法官考试选派 否	传统功名 进士	传统功名 举人	传统功名 贡生	传统功名 荫生	传统功名 监生	传统功名 生员	传统功名 其他	新式学生 国内	新式学生 海外	先前任职情况 中央	先前任职情况 地方	先前任职情况 刑幕
河南	28	26	2	0	5	10	0	1	0	0	11	1	0	8	1
云南	47	41	6	1	9	10	0	2	5	0	12	2	0	15	11
贵州	33	33	0	0	4	4	0	0	1	1	9	1	1	8	18
广西	49	43	6	0	13	7	0	0	18	0	24	11	4	17	2
江苏	48	45	3	0	3	23	0	0	5	0	21	4	2	8	0
江西	27	26	1	0	2	16	0	0	2	0	4	2	3	7	0
福建	39	39	0	0	3	0	0	0	0	0	31	1	0	1	1
湖南	6	6	0	0	1	2	0	0	0	0	0	0	0	0	0
总计	436	382	54	1	69	131	0	12	51	1	176	32	13	116	54
百分比	100	87.6	12.4	0.2	15.9	30.0	0	2.8	11.7	0.2	40.4	7.3	3.0	26.6	12.4

说明：(1) 既是传统功名也是新式学生者，分别计算；拥有多种传统功名者，以高位者计一种；既是国内新式学堂也在海外学校就读的新式学生，以海外学校计一种。(2) 曾在中央各部院任职者，先前履历记为中央；曾在地方府厅州县任职者，先前履历记为地方，从此履历信息看，这些人员此前多为各府厅州县的候补候选人员及佐贰官、属官等。

对比表1与表2，不难发现前后两个时期（亦可部分理解为中央与地方）司法官结构存在很大不同：从任用方式方面看，第一时期主要以指派、试署等方式选任；第二时期，通过考试选派者占总数的87.6%，占绝大部分。可见，至少从形式上看，在清末最后一两年里司法官选任逐渐步入规范化的轨道。从教育背景考察，第一时期，高级学衔者中，进士、举人、贡生分别是12.1%、21.5%、16.0%，共计49.6%；第二时期，进士、举人、贡生分别是0.2%、15.9%、30.0%，共计占46.1%，就是说第二时期的高级学衔者比例有所下降，但降幅不大，问题是比重大小的排序发生变化，第一期高级学衔人数位次：举人、贡生、进士，第二时期变为：贡生、举人、进士。很明显，新式司法机构在各地方筹设过程中，功名越高者在地方越少，拥有进士功名者多聚集在大理院和京师高等审检厅。低级学衔者（监生与生员），第一阶段，监生为22.2%、生员为5.2%，合计27.4%；第二时期，两者分别为2.8%、11.7%，合计14.5%，降幅明显。

与传统功名者在总数中比例下降趋势相反，受新式教育者的比例，前期为9.4%，后期急剧提升到47.7%（国内40.4%、海外7.3%）。① 这反映了清末法政教育的迅速发展，大量法政人员加入司法官队伍中，促进了司法官朝专业化方向推进。不过，需要注意两点：其一，包括法政教育在内的新式教育——一种现代性因素——在清末展开的不平衡性，法政教育与该地区社会、经济、文化教育等因素相关。与其他省份相比，甘肃、陕西等省份的司法官群体中受新式教育者很少，这反映该地区法政教育、人才培养相对滞后，特别是甘肃，受新式教育者仅3人，而府厅州县候补候选人员及刑幕等"旧人"则高达39人。② 其二，从出身统计数据上看，清末地方司法官中"新式"人员虽占总人数近一半，似乎清末司法官群体已经很"新"了，至少是新旧参半了，但这些"新人"很多同时也是"旧人"，他们多半拥有传统功名，且在清朝官僚系统中担任地方候补、候选官员或佐贰官、属官等。由于清末新政、立宪等制度变革，他们实现了现代转型，身份由"旧人"变成"新人"，相应的，职业也由传统的刑官、候选候补官员及佐贰官、属官等转变为现代的新式司法官——推事、检察官。

三 传统身份的现代转型及其问题

清中期以后，捐纳职官日渐增多，到清末，各种候补候选人员非常拥冗，清廷对此也深感忧虑。光绪二十七年七月，上谕："捐纳职官，本一时权宜之政。近来捐输益滥，流弊滋多，人品混淆，仕路冗杂，实为吏治民生之害。"③ 光绪三十三年九月，上谕："捐纳保举，流品冗滥，以候补人员为尤甚"，解决办法是由宪政编查馆会同吏部"详订切实考验外官章程，请旨饬下各省督抚，将所属地方候补选缺到省各人员认真考验，严定去留"。④ 时值新政，御史赵炳麟提出对候补候选官员进行培训，以期改造成为新政人才，他建议：捐纳保举等各员一律入学堂学习，学堂分长期、速成两班，"长期三年卒业，速成一年半卒业，由督抚认真考核，合格者分别赴任差

---

① 前述宣统二年司法官考试，以新式教育毕业生资格参考并被录取的人员占总考取人数的45.5%，两数值甚为接近。
② 山东情况可能是特例，15人全部未受新式教育，且无一人通过考选渠道选派，在此存疑。
③ 《七月二十九日上谕》（二），《大清新法令》第1卷，第8页。
④ 《九月二十七日上谕》，《大清新法令》第1卷，第47~48页。

委，不合格者再留堂学习一年，考验仍不合格即行停止差缺"。① 为自身统治计，清政府必须为这些人员寻找出路。

为满足新政人才需求，尤其是预备立宪所需的新式法政人才，新式法政学堂应运而生。② 这些学堂主要生源就是候补候选人员。光绪三十二年京师法律学堂成立，属法部（修订法律馆）管辖，学堂分设正科与速成科，学堂宗旨是"以造就已仕人员研精中外法律，各具政治智识，足资应用"，即把已仕人员培养成为专门的法政人才。沈家本为此致电各省督抚说："除在京招考外，请贵省酌送已有实官之员来京肄业。"因名额有限，各省"望由提学使详加考验，不论官绅，以年轻质敏中文素优者为合格"。③ 随着新政对法政人才需求的迅速扩大，光绪三十三年初学部筹设京师法政学堂，"以造就完全法政通才为宗旨"，分预科、正科、别科，附设讲习科。预科学制两年，毕业后升入正科；正科分为政治、法律两门，均为三年毕业；别科"专为各部院候补候选人员及举贡生监年岁较长者，在堂肄习，不必由预科升入，俾可速成以应急需"；讲习科是"以备吏部新分及裁缺人员入学肄业"，一年半毕业。④

在京外各省，法政学堂如雨后春笋般涌现，学员多为"候补道府以至杂佐"人员。早在光绪三十一年，修律大臣伍廷芳就奏请各省专设仕学速成科，"拟请在各省已办之课吏馆内，添造讲堂，专设仕学馆速成科，自候补道府以至杂佐，凡年在四十以内者均令入馆肄业"。⑤ 此后，各省纷纷兴办法政学堂。直隶法政学堂招收直隶候补人员"年在四十五岁以下"的"文理明通"者，⑥ 直隶新政人才很多就是从这些候补人员转化而来的。在东三省，总督徐世昌为解决筹设审检厅中人才缺乏问题，到任之初即饬令

---

① 《宪政编查馆吏部会奏议复御史赵炳麟奏捐纳流品太杂请变通办法折》，《东方杂志》第5卷第1期，光绪三十四年一月二十五日，第24~25页。
② 详见叶龙彦《清末民初之法政学堂（1905~1919）》，博士学位论文，（台北）中国文化大学历史研究所，1974；王健《中国近代的法律教育》，中国政法大学出版社，2001；徐保安《清末地方官员学堂教育述论——以课吏馆和法政学堂为中心》，《近代史研究》2008年第1期；等等。
③ 《电咨各省酌送法律学生》，《申报》光绪三十三年八月二十五日，第11版。
④ 《学部奏筹设京师法政学堂酌拟章程折（附章程）》，《东方杂志》第4卷第11期，光绪三十三年十一月二十五日，第241~256页。
⑤ 伍廷芳：《奏请各省专设仕学馆速成科片》，丁贤俊、喻作凤编《伍廷芳集》上册，中华书局，1993，第274页。
⑥ 《拟订法政学堂章程条规折》，《袁世凯奏议》下册，第1355~1356页。

筹办法律讲习所，"专收本省候补及来奉投效人员，自同通州县以下"，所授课程为大清律例、法学通论、宪法、民法、刑法等，学习时间为一年，考试毕业后，经徐世昌等人查验传见，认为"毕业各员均尚谙晓法理，堪备使用，先后择尤派赴各审判检察厅实地练习"。光绪三十四年，徐氏在奉天省城法政学堂添设法律专科，培养司法人才，饬令提法司使会同法政学堂监督妥商办理，原先的法律讲习所停办。① 清末东三省，尤其是奉天司法官很多就是通过这种渠道产生的。

宣统元年初，湖广总督陈夔龙奏称：推检人员由其"于候补厅州县内择其通晓法律、长于听断及曾任出洋游学之员分别委用"；为将来培养司法官员计，现拟设立养成审判所，"招考本省候补府州县佐贰人员入所肄习"。② 这也在亲历湖北审检厅筹设的谢健之回忆录中得到证实，谢忆述：因人才困难，先在法政学堂内设审判员养成所，"考取鄂省候补州县佐杂（佐即县丞、州同等，杂即巡检、典吏等）入所肄业"，"毕业学员的州县班，派推事检察官。佐杂班，派典簿主簿录事"。③ 可见，清末新式司法官的产生，各省大同小异，多半是原有候补候选、佐杂人员经过"学习"改造而来。

这一时期国内各种官办法律、法政学堂，几乎均招收候补候选、杂佐人员。④ 实际上，这种"学习"改造、身份更新现象不仅发生在国内，即便是留学海外，也存在这种现象。光绪三十年日本法政大学法政速成科正式开办，⑤ 招收对象就是"一、清国在官者及候补官员；二、清国地方之士绅，年龄已二十岁之有志者"。⑥ 有学者对该校速成科有信息可考的185名毕业生进行分析，发现185人留日前的身份情况如下：进士115人，占62.2%；举人21人，

---

① 《东三省总督徐世昌奏法律讲习所期满毕业折》，《政治官报》第449号，宣统元年一月九日，第8~9页。
② 《湖广总督陈夔龙奏筹备各级审判厅议办情形折》，《政治官报》第527号，宣统元年闰二月二十八日，第17~20页。
③ 谢健：《谢铸陈回忆录》，台北：文海出版社，1973，第32页。
④ 《京内外（官立）各法律、法政学堂基本情况举例》，肖宗志：《候补文官群体与晚清政治》，巴蜀书社，2007，第349~352页。
⑤ 关于日本法政大学法政速成科，学界已有较多研究，如贺跃夫《清末士大夫留学日本热透视——论法政大学中国留学生速成科》，《近代史研究》1993年第1期；翟海涛《法政人与清末法制变革研究——以日本法政速成科为中心》，博士学位论文，华东师范大学历史系，2012；朱腾《清末日本法政大学法政速成科研究》，《华东政法大学学报》2012年第6期；等等。
⑥ 《日本法政速成科规则》，《东方杂志》第1卷第5期，光绪三十年五月二十五日，第116~120页。

占 11.4%；贡生 9 人，占 4.9%；生员 9 人，占 4.9%；学堂出身 28 人，占 15.1%；不明身份 28 人，占 15.1%。因此，不难推断该速成科之学生大多数是具有"中学"根底的有传统功名或官位的士大夫。① 日本学者也观察到，赴日就读速成科的中国学生很多"是在本国有学问基础的人，具有进士出身的人也很多，其中甚至有状元出身的"。② 与在国内"学习"相比，通过海外"游学"，能更"完美"地实现身份更新。清末司法官群体中很多法政毕业人员，同时也是传统功名者或候补候选、佐杂人员。其实，这现象在清末具有相当的普遍性。质言之，在新政、立宪过程中，清政府新设许多官职（如推事、检察官、警察等），通过一定的程序设计（如新式职官选任等），使原先已经内存于体制内或游离于体制的人员（如候补候选、佐杂人员等）成为新制度中的新式人员，传统身份借此实现了现代转型。

当然，候补候选、杂佐人员众多，不可能都能转化为新政"人才"。现代国家中很多职业人员需要有相当的专业技能，国家对这些职业工作者往往设定一定的准入标准与机制。如清末新式司法官，清政府就设置了相当"高"的制度准入标准和"严格"的考试选任机制，因此，可供人员虽众，仍存"合格"者不足之问题。

在清末司法改革中，中央及地方政府普遍遇到财政窘迫和合格人员缺乏问题。财政问题，暂且不论，就人员问题而言，时任奉天高审厅厅丞的许世英晚年忆述："真正遭遇到困难的，还是在遴选厅丞的人选问题。"③ 其实，一般推检人员选取也不易，尤其是宣统二年各省省城及商埠审检厅筹设后，普遍"人才不敷"。浙江巡抚上奏："各级审判厅既应设三百，推事、检察等职，约计需二千余人，明年仅省城及商埠各级审判厅成立，亦须推事、检察等百余人，是养成审判人才，即为筹办审判厅之第一要义。"④ 两广总督在所上奏折中也担心司法人员短缺问题，法部对此复称："所称法官不敷分布，自是实在情形。"⑤ 浙江、广东是社会经济较为发达地区，尚且

---

① 贺跃夫：《清末士大夫留学日本热透视——论法政大学中国留学生速成科》，《近代史研究》1993 年第 1 期，第 45 页。
② 实藤惠秀：《中国人留学日本史》（修订译本），谭汝谦、林启彦译，北京大学出版社，2012，第 49 页。
③ 许世英：《许世英回忆录》，台北：人间世月刊社，1966，第 101 页。
④ 《浙江巡抚增韫奏浙江筹办各级审判厅情形折》，《清末筹备立宪档案史料》下册，第 877 页。
⑤ 《法部各员升迁调补等项事宜文（两广督臣张鸣岐附奏广东三水新会两县商埠审检各厅开办在即因法官不敷分布咨部迅速分发法官来粤一片）》，一档馆藏法部·举叙司档案，档案号：31671/32。

如此，内陆地区情况更严重，如新疆，符合司法官考试资格的人员就很少，遑论"合格"者了。据陕甘督抚奏报，宣统二年新疆司法官考试，正式报名者仅35人，即使在新疆审判研究所毕业人员中，符合报名条件的也只有14人，考试结果揭晓后，笔试及格9人，经口试后总核分数，录取8人，加上符合免考者4人，共计12人。① 对此，新疆方面奏称，"本年应行成立各厅需用推检至少亦在三十员以上。若仅恃此十数员，断不敷用"，② 故新疆各地审检厅无法开办。

在可提供的"合格"人员不足，而各地审检各厅又必须如期开办的情况下，作为司法行政中枢的法部所能做的就是采取各种变通手段来解决此矛盾，主要手段有二：降低标准与免考。

第一种，降低标准。早在司法官考试以前商讨与考资格时，法部就已经降低了标准，③ 但不止于此。考试后，许多地方人员不敷需求，地方纷纷奏请法部派员或变通标准就地取材。法部也只能应允。如前所述，因人员太少，新疆审检厅无法开办。新疆巡抚为此多次致电法部，提出暂行变通办法："于本省候补人员中，选取品秩相当，或专门法政毕业并曾任正印或历充刑幕各员，酌量派用，并令先在省城各厅试验数月再行发往各该处开办。"显而易见，这是考试之前的"老办法"。考虑到新疆实情，法部只能应允，但要求：按照此方法选任的人员，在审检厅开办一年后，再由新疆巡抚按在职司法官补考办法进行补考；同时，法部声明：这是对新疆一省特殊的变通之策，"此外，无论何省均不得援以为例"。④ 声明归声明，事实上，各省还是有各自的变通办法。宣统三年五月，云贵总督李经羲关于推检人员问题奏曰："再四愁思，不得不酌量变通"，除照章委署外，"再于行政官中遴选通晓现行律例、熟悉听讼之寇宗俊等五员暂行代理"。⑤ 显然，还是很多未经考选的人员成为司法官。对此，法部也无可奈何，称"嗣后各省推检人员，除照章任用外，如实在不敷分布及人地不甚相宜，准其参

---

① 《新疆审判厅筹办处报告书》（法官考试相关部分），中国国家图书馆藏书。
② 《详院遵限先行成立省城各级审判厅情形请咨立案由》，《新疆审判厅筹办处报告书》，中国国家图书馆藏书。
③ 《法部奏本届举行法官考试暂拟推广与考资格折》，《政治官报》第1016号，宣统二年七月二十三日，第7~9页。
④ 《（法部）又奏新疆开办各厅请暂行变通任用法官片》，《政治官报》第1219号，宣统三年二月二十五日，第9~10页。
⑤ 《云贵总督李经羲奏省城各级审判检察厅成立推检各员酌量变通委署折（并单）》，《政治官报》第1298号，宣统三年五月十七日，第9~10页。

照法部前年奏准各省审判厅筹办事宜单内用人一条,由督抚督同提法使认真遴选,确系通晓法律,长于听断之员,咨部暂行委用",但法部也声称,这些司法官将来学习渐有经验后,还是要照章办理。对此,法部给自己一个下台阶的理由:"似此一转移间,虽揆之现行法制,略有未符,然当司法困难之际,实不能不谋此权宜办法,以冀沟通新旧,逐渐进行。"① 无疑,法部事实上默认了各省的变通之法。

第二种,免考。考试目的在于规范司法官选任,以保证入选者的法律素养与专业标准,但实际上,免考之门不时开启。宣统二年八月,法部奏请《京师法律学堂毕业学员改用法官办法折》,根据《法院编制法》将该学堂学员免两次考试;同时,法部又奏请该学堂乙班毕业学员免第一次考试,改用法官。② 对此,法部在呈文中称:"此次法官考试,事属创办,而京外各厅佐理需才,未便过予限制……拟请暂将臣部律学馆毕业最优等、优等各员,仍由臣部随时酌量派往京外各级审判检察各厅委用之处实习。"③ 宣统二、三年,法部对在职司法官进行补考,很多人最终也是"免考",例如,经"详加考核"后,法部决定:大理院及各级审检厅的"胡蓉第等五十五员均与免考之例相符",予以免考。④

在求新、求速的立宪运动中,法部(被迫)通过各种变通措施,将许多"不合格"人员贴上"合格"标签推往各级审检岗位。如此一来,暂时解决了人员不足问题,但造成人员素质下降及司法质量下降问题。如四川发生司法官集体犯案事件,⑤ 贵州发生"法官奸职官之妾"案件。⑥ 法部也承认"各省甫告开庭,纷纷被人指摘",原因是司法官"或以爱书未晓,滕之报章,或以私德多靠,形诸公牍,席未煖而上官特请罢免,案未结而外间播为笑谈",感叹"司法前途危也"。⑦ 可见,即使在司法中枢看来,司法

---

① 《法部会奏遵议御使陈善同奏各省审判检察等厅遇事冲突受诉推诿请饬严切考核妥拟章程折》,《政治官报》第1342号,宣统三年闰六月一日,第4~8页。
② 《法部奏酌拟京师法律学堂毕业学员改用法官办法折(并单)》《(法部)又奏京师法律学堂乙班毕业考试办法片》,《大清新法令》第9卷,商务印书馆,2011,第260~264页。
③ 《奏为考取法官不敷分布仍恳暂将臣部律学馆毕业学员随时派往法庭以资练习而备任用恭折具陈仰祈》(宣统二年十一月一日),一档馆藏法部·律学馆档案,档案号:32089。
④ 《法部各员升迁调补等项事宜文》,一档馆藏法部·举叙司档案,档案号:31671/32。
⑤ 《法部奏四川法官植璧等荡检不职请旨分别罢免退职折》,《政治官报》第1338号,宣统三年六月二十七日,第14~15页。
⑥ 汪庆祺编《各省审判厅判牍》,李启成点校,北京大学出版社,2007,第214~216页。
⑦ 《法部通行告诫法官文》,《政治官报》第1299号,宣统三年五月十七日,第15~16页。

官队伍也确实是问题丛生。御史陈善同奏称：新设审检厅中，"审判与检察遇事动生冲突，上级与下级受诉相推诿，其中人员往往耽于饮博声伎，自诩文明。所有讯词，似嘲似谑，似痴似呓，满堂哗噪，传为笑柄。其陋劣者，乃不知民刑为何名，律例为何物，并有敲赃枉法任性滥刑等情事"，该御史认为这与司法官未能严格选任有关，以前"刑部司员必在署读律办案十余年，方能确有见地，然尚有终其身而不得门径者"，而"法部所限考试法官资格再三变通，务从宽大；今又以开办各府厅州县审判乏才之故，奏设年半毕业之法官养成所，虽系一时权宜办法，但将来能否见诸实用，恐该部亦毫无把握。上之视也轻，则下之应也亦率，存苟且之心，种种弊端从兹而起"。①

　　清末司法官群体素质不能令人满意，这也成为人们诟病清末司法改革的重要理据。在很多人看来，原因在于所任用者多为"旧人"。亲历者江庸在十余年后就指出，当时"法官则多用旧人"；② 另一亲历者许世英晚年也回忆说："在草创审判厅之时，所须要的显然不是这一类的法官（即旧人），可是所能'供应'的，却只是这一类的人。"③ 实际上，"旧人"仅是问题的一面，另一面，"新人"也存有问题。据时任湖北武昌地检厅检察长谢健回忆：湖北第一期审检厅开办后，计划上马第二期，"因需用法官书记官等人材甚多，法政专校，毕业年限甚长，缓不其急，当局计划开办法官养成所，短期速成，一年毕业"，以满足第二期人员分派需要。当时湖北提法使兼高审厅厅丞梅光羲对此主张甚力；但谢健认为，"期限太短，未免粗制滥造，建议毕业期限至少以两年为准"，可惜梅氏不许，"即日开办四所"，每所学员200人。谢健晚年对此仍不能释怀，感叹道："把法政专门学校三年的功课，缩成一年，无论怎样赶工，也难造成一个法政人材，还不是从前日本替中国人办的法政速成科一样的，毕业学生，略知一二法政门径而已。"④ 可见，清末司法官群体素质不高，原因不仅在"旧人"，"新人"也有问题。

　　若将该群体置于清末整体历史脉络中，后人也许会有"同情之理解"。

---

① 《御使陈善同奏各省审判检察等厅遇事冲突受诉推诿请饬严切考核等片》，《政治官报》第1342号，宣统三年闰六月一日，第8~9页。
② 江庸：《五十年来中国之法制》，申报馆编《最近之五十年》，申报馆，1923，第5页（该书页码不连续）。
③ 许世英：《许世英回忆录》，第101~102页。
④ 谢健：《谢铸陈回忆录》，第40~41页。

首先，清末新政、立宪是体制内改革，不可能在政权内部"闹革命"——将内存于体制内人员（如候补候选、佐杂等）都排除出去，而应通过一定的程序设计和机制，把各种可资利用的因素整合纳入体制内。综观世界上其他国家的近代司法变革，也不乏成例，如明治维新时期的日本，司法改革也注意对旧"官绅"的改造与利用，伍廷芳就观察到："日本变法之初，设速成司法学校，令官绅每日入校数时，专习欧美司法行政之学。昔年在校学员，现居显秩者，颇不乏人。"[①] 所以，清末新式司法官群体中包含很多"旧人"实属正常，不必苛责之。其次，从现代司法专业化理论上讲，法政毕业生是最有"资格"担任司法官者，但"法律的生命在于经验，而非逻辑"，司法是一种实践性很强的职业，受过新式法政教育的"新人"在执业中未必优胜于"旧人"，与法政毕业生相比，刑幕等"旧人"拥有更丰富的处理纠纷经验。最后，清末新式司法制度的引进促使"新式"司法官产生，其实这只是职业身份的变化，可以在短时间内完成，而实质上的转变则是渐进的、缓慢的。历史变迁往往如此，即使在过渡时代或激变时代，也常常如此：制度的移植能在短期内完成，但操作此项制度的人员依然是旧式的、传统的，或新旧参半的。

毋庸讳言，"新人"与"旧人"，由于知识背景与训练方式均存较大差别，司法执业过程中不免有"代沟"。这明显体现在司法过程所制作的判牍中，综观此时期的司法判牍，既有大量的"权利""义务""所有权""契约"等现代法政新名词，也有不少诸如"义""利""忠孝""不忠不孝"等包含传统道德说教与训诫的旧词汇。[②] 不难推知，前者多半为"新人"所拟，后者很可能是"旧人"所为。这种状况确实不利于生成现代国家司法官群体本该具有的"同质性"（基于专业知识、执业规范、职业操守等方面的相同或相近），以及在此基础上才可能实现的司法统一。应该承认，这确是清末司法官群体的一大问题。

但是，这也许还不是该群体的"致命伤"，更严重的问题可能在于该群体的"貌合神离"。一般说来，司法官的职责本是化解民众纠纷，维护社会秩序，但清末司法官群体中的很多人，真实意图不在此职。他们不过是在新政中先谋个缺位，图个品秩，有机会就图他就，可以说，司法官职位只是个跳板。缘此，这些人往往"身在曹营心在汉"，心猿意马，不安所职。

[①] 伍廷芳：《奏请专设法律学堂折》，丁贤俊、喻作凤编《伍廷芳集》上册，第272页。
[②] 参见汪庆祺编《各省审判厅判牍》，2007。

前述御史赵炳麟指陈"品学卑下之人借裁判官以谋登进",于是奏请定司法官为终身官,"以便久于职事",同时可"杜钻营奔竞之风";① 御史徐定超奏曰:包括审检厅在内的新衙门"一二年即可补缺,徒开奔竞之门,留品杂进"。② 由此不难推知,任司法官者不少确是"奔竞""缘贪"之徒,他们并非安心于司法职业。时任大理院刑科三庭推事的唐烜,就观察到本庭同僚中无人安心任事,即使唐氏最欣赏的刘君,也听闻"先已报指知府,年内外即想分发出京"。③ 唐氏之观察颇能证实上述赵、徐两位御使所言。作为全国最高审判机关的大理院,人员尚且如此,遑论其他审检厅了。其实,这只是该群体"貌合神离"的表征之一,表征之二(也更为致命的)是该群体中不少人成为现政权的革命者。

宣统二年司法官考试录取者、分发江苏镇江商埠地审厅试署推事的邵骥,④ 系浙江高等学堂毕业、宣统己酉拔贡出身,到职后认为"是不足以酬吾志也",⑤ 很快挂冠而去,参加革命。此人就是以后的民国政治名人邵元冲。何止邵骥如此,山西乡绅刘大鹏认为学堂学生"入革命党者十居八九",⑥ 刘氏所言不免情绪化,夸大其词,但清末新知识群体(主要包括留学生、国内学堂学生、接受西学的开明士绅)多"革命化"则属实情。⑦ 新式法政人员不少人倾向革命,他们成为司法官后,自然也将"革命"带进司法执业中。谢健在留日习法政时,反满倾向明显,归国后担任司法官,在湖北从事司法工作就多有"革命"倾向。⑧ 如果说,邵骥、谢健是清末司法官群体中下层代表人物的话,那么,高层司法官中也不乏革命者。清末担任京师高检厅检察长的徐谦和奉天高审厅厅丞的许世英,均可谓高级司法官,且是高级功名拥有者(徐为进士,许为拔贡),二人本应该为清政府

---

① 《御史赵炳麟奏司法人员按次升转片》,《政治官报》第20号,光绪三十三年十月九日,第8页。
② 《徐御史奏请划一部院规制》,《申报》光绪三十四年四月十三日,第1张第3版。
③ 《唐烜日记》(手稿本),光绪三十三年四月二十二日,中国社会科学院近代史研究所档案馆藏。
④ 档案记载:邵骥,22岁,浙江山阴人,己酉拔贡,法官考试成绩优等,试署镇江商埠地审厅刑科推事。《法官名册》(无朝年),一档馆藏法部·举叙司档案,档案号:31707。
⑤ 中国国民党中央委员会党史委员会编《邵元冲先生文集》上册,台北:中国国民党中央委员会党史委员会,1983,(《邵翼如先生传略》)第1页。
⑥ 刘大鹏:《退想斋日记》,光绪三十三年一月二十日,乔志强标注,山西人民出版社,1990,第158页。
⑦ 桑兵:《清末新知识界的社团与活动》,三联书店,1995。
⑧ 谢健:《谢铸陈回忆录》,第22~23、33~41页。

统治的拥护者，但他们在宣统二年"燃起了革命的意念"，秘密组织"共进会"，作为革命的响应。① 从这一角度讲，清末司法官群仅具其"形"，而未形成基于司法官职责（如化解社会纠纷、维护现存秩序等）的真正法律职业群体。

四　结语

随着清末新政朝立宪方向推进，三权分立、司法独立成为新政改革的理想图景和实践指向之一，组建现代的、独立的、专业化的司法官队伍成为清末宪政改革的目标之一。新式司法官群体缘此产生。

光绪三十二年丙午官制改革中诞生的大理院，可谓中国第一所具有现代意义的司法机构。其中司法官多数来自原先刑部，也有调自其他衙门者，很多拥有较高学衔与功名，不乏进士、举人，新式法政人员则很少。此后至宣统元年，各地审检厅有所设立，但数量很少，全国新式司法官群体规模为数百人，他们多是原本就内存于体制的候补候选、佐杂人员经速成"学习"改造而来的"熟谙新旧法律及于审判事理确有经验者"。无疑，由于清末新政、立宪等制度变革，这些人员实现了现代转型，身份由"旧人"变成"新人"，相应的，职业也由传统的刑官，候选、候补官员及佐贰官、属官等转变为现代的司法官——推事、检察官。这些人员毕竟经过短期、速成的"学习"，粗识新式法政知识，不完全是"旧人"了，可谓"旧人不旧"。

宣统年间，司法官选任逐渐走上规范化的考选之途。新政后期，法政教育迅速发展，培养了大批法政人才。经宣统二年全国规模的司法官考试，大量法政毕业生加入司法官队伍中，内在改造且外在形塑着清末司法官群体结构。到宣统二、三年时，在全国范围内形成1000多人规模的司法官群体，其中"新人"已占据半壁江山。这些"新人"往往同时也是传统功名拥有者（学习法政之前即拥有，或通过法政毕业生考试授予出身等），可谓"新人不新"。在清末新式司法官群体的组合过程中，体现了中国从传统帝国到现代国家转变过程中人员是如何承续、转化的，变与不变是如何共生的。

清末时期，中国新式司法官群体已初步组合成形，但问题是，原本以

---

① 许世英：《许世英回忆录》，第126~127页。

化解社会纠纷、维护现存秩序为职责的司法官,很多未能安心其职。对很多人员来说,司法官职位只是个跳板。易言之,即在官制改革、预备立宪中先谋个缺位,图个品秩,有机会就图他就;更甚者,清政府培养、组建起来的司法官群体中,不少人走向革命之路,成为现政权的革命者、既存秩序的改造者。从这个角度讲,清末新式司法官群体仅具其"形"。

  清末司法变革是政治变革的组成部分,因此,考察司法变革离不开对清末整体政治变动,尤其是新政、立宪运动的考察。清政府在内外交困下启动的新政、立宪改革,本为挽救清王朝、防范革命而启动,但最后促发革命。革命不易,改革也未必轻松。若从作为改革者的清政府立场来看,变革时代给予清政府诸多机会的同时,也给予很多难以解决(甚至是无法解决)的问题。改革者的道路是艰难的,他们"所面临的问题比革命者更为困难",他们要进行一场多条战线的战争,"一条战线上的敌人可能是另一条战线上的盟友"。[①] 同理,今天的"自家人",明天可能就变为"敌人"。清末司法改革也面临这样的问题。清政府及司法中枢也试图解决诸如法制移植、人员转化及分流组合等问题,并取得了一定成效,但是,清政府培养、组建的司法官群体,不少人变成清政府的敌人。司法改革走向了司法"革命"。当然,这不是仅仅在司法领域内部就可以解答的问题。

(作者单位:中国社会科学院近代史研究所)

[①] 亨廷顿:《变化社会中的政治秩序》,王冠华等译,上海人民出版社,2008,第287~288页。

北京大学法学共同体之建构与进展

杨 瑞

摘 要 北京大学法科系中国现代法学教育和研究的重要发源地，但从清季创办以来长期以国家现代文官体系创成机构面目出现，亦被世人看作科举的替代品与进身之阶。蔡元培长校以来，北大办学旨趣与导向为之一变，法科在全校整体推进学术化改造氛围中，开始步武欧美成例，创办研究所、法学社团及学术刊物，把教员、学生以及校外志于学者联络组织起来，规划题目，集众研究，交互切磋，发表成果，旨在构建富有共同研究兴趣、遵行现代学术规范、具有现代学术自觉的法学共同体，标志着中国学院法学研究日益走向组织化、制度化和专业化。其间，英美法派与大陆法派基于相同或相异学术兴趣的和谐与冲突关系亦随之展现。

关键词 北大法科 法学共同体 法学期刊 法学社团

清季以来北京大学与中国政治在在相关，[①] 初掌校政的蔡元培本想将其法科分出，组成独立的法科大学，以扭转大学学术混合、仕学一体局面，终因反对声音强烈而未果，[②] 转而谋求大学学术化改造，法科为其要项之一。研究所、学会作为现代通行学术建制样式，亦为开展学术研究的重要场域，自西徂东风行于世界各国。1917 年以来，北大法科在全校整体推进学术化改造氛围中，步武欧美成例，创办研究所、法学社团以及学术刊物，以便联络同人，规划题目，展开集众研究，从而努力构建富有共同学术旨趣、遵行现代学术规范、具有现代学术自觉的法学共同体（community），标志着中国学院法学研究日益走向组织化、制度化和专业化。

[①] 顾孟馀：《本校二十七周年纪念》，《北大学生会周刊》创刊号，1925 年 12 月 17 日。
[②] 详见杨瑞《蔡元培与北京大学法科存废之争》，《近代史研究》2014 年第 1 期。

一 法科研究所

1910年冬，沈家本联合法学界同人在北京创立法学会，设立短期政法研究所，约请日本法学家讲学，出版发行《法学会杂志》。这应是近代中国法学学术建制或制度化的最早发端。民元以还，学界对建立现代研究机构已有普遍自觉。① 蔡元培服膺欧美研究所，② 执掌教育部时手定《大学令》，将清季大学毕业生之研究机关——通儒院，复改为大学院，仿照德国洪堡大学分设各种研究所，规定大学高级生必须入所研究，俟研究问题解决后，方能毕业，但未能付诸实行。③

1917年，蔡氏出掌北大，寻得将欧洲研究机构样式移植中国的最佳学术平台，他以之为平生最得意事业之一，如谓："我初回国，尚未到京，但觉得有应当办理者，大学重点，不在讲堂，而在研究所。重要功课，就在研究所研究。学生出校，总先在研究所下一番功夫，毕业研究的基础，就在此时定局，后来到社会上继续研究，总不离此时所定。"④ 1935年，他在总结创办研究所的经验时指出，大学不办研究所后果是：教员易"陷于抄发讲义、不求进步之陋习"；"大学毕业生除留学外国外，无更求深造之机会"；未毕业之高级生，也无自由研究机会。⑤ 翌年2月16日，蔡元培在南京一次演讲中把设立研究所与开放女禁、提倡变更文体兼用白话等五四新

---

① 1914年，远在美国受学的任鸿隽、秉志、章元善、胡适等人发起科学社时，便提出"设立各科研究所，施行科学上之实验"，社长任鸿隽强调"研究所"是"制造科学家的时势"之"终南捷径"。任鸿隽：《中国科学社第六次年会开会词》，《科学》第6卷第10期，1921年。
② 1908~1911年，蔡元培留学于德国莱比锡大学，参加孔好古（August Conraty）主持的中国文化研究所练习班；至兰普来西（Karl Lamprechs）创办的文明史与世界史研究所，听过文明史课程。1912~1913年，他辞去教育部长，入莱比锡大学兰普来西的研究所从事研究（蔡元培：《自传》，高平叔主编《蔡元培文集》第1卷，台北：锦绣出版公司，1995，第47~49页）。此外，他还亲进实验心理学研究所试验各官能感觉反应。夏敬观：《蔡元培传》，载卞孝萱、唐文权编《辛亥人物碑传集》，团结出版社，1991，第30页。
③ 蔡元培：《我在教育界的经验》，高平叔编《蔡元培全集》第7卷，中华书局，1989，第198页。
④ 宪章：《蔡孑民先生在沪之讲演》，《京报副刊》第429号，1926年3月5日。
⑤ 蔡元培：《论大学应设各科研究所之理由》，高平叔编《蔡元培全集》第6卷，中华书局，1988，第475~476页。

文化运动成果相提并论，并将其列为首位。①

　　研究所作为现代学术研究的重要机构，是现代欧洲知识革命的体制性产物，北大将其引入充当法科学术化的组织或制裁手段（instruments of organization and control），借以推行现代法学研究体制，以便形成一种现代学术研究新风尚。1917年，北大评议会议决先行开办9个研究所：文科之国文学、英文学、哲学，理科之数学、物理学、化学，法科之法律学、政治学、经济学。为此，1917年至1918年7月，北大评议会先后制定《研究所通则》《研究所办法草案》《研究所总章》，基本确立研究所制度框架雏形。它规定研究所的任务是：研究学术、研究教授法（编写本校及中小学校定教案、教科书）、特别问题研究、中国旧学钩沉、审定译名、译述名著、介绍新书、征集通讯研究员、发行杂志、悬赏征文；印行《北京大学月刊》，并由9个研究所分任。② 订定研究办法：一是研究科，研究所教员就各门需要设之，指定研究员搜集材料、轮次报告；二是特别研究，研究员自择特别研究论题请教员审定，或由教员拟定题目由研究员选择，由其自行研究，教员指示参考书，商榷研究方法，一年之内作论文，由所内教员审阅决定是否通过；三是教员共同研究：本门教员皆得提出特别问题，邀集同志教员共同研究，本校毕业生经主任特别许可亦可加入，研究结果可随时由月刊发表，或另刊专书。③

　　时任法科学长的王建祖依照以上规章，着手筹建法科研究所。1917年底，法科研究所筹备工作就绪，正式创建。王建祖在给蔡元培的报告中称："法科各研究所着手组织已经累月，见已就绪，可告成立。"法科研究所共分三门：法律门研究所、政治门研究所、经济门研究所，商科学生附入经济门研究，不另设专所。④ 1917年至1918年是研究所的草创阶段，规划研究科目、制定规章制度为其工作重点。1917年，北大评议会制定并通过《研究所通则》，规定法科研究的方法及范围，法律门为：各国法律比较学说异同评、名著研究、译名审定等；政治学、经济学门为：名著研究、译名审定等。⑤ 王建祖认为："法科三门所有学科不下百十种，一一聘请教员

---

① 蔡元培：《整顿北京大学的经过——在南京北大同学聚餐会上的演说词》，高平叔编《蔡元培全集》第7卷，第21页。
② 《研究所通则》，《北京大学日刊》第1号，1917年11月16日。
③ 《研究所总章》，《北京大学日刊》第182号，1918年7月16日。
④ 《法科学长报告书》，《北京大学日刊》第31号，1917年12月22日。
⑤ 《研究所通则》，《北京大学日刊》第1号，1917年11月16日。

分别担任，一如分科大学之办法，势所不能，且研究员志趣各殊，各择其所嗜者研究之。所有科目未经选择者，即无设置之必要"，尽管"研究所为研究学术而设，凡属学术之事皆可研究，本不宜加以限制"，但"为应世需用起见，学术中之事项亦有缓急先后之别，故不得不略定范围"。①

同年，法科研究所基于"学术"和"应世"两方面考虑，确定研究科目为比较法律、政治学、经济学、财政学、银行货币学，研究教员为：王宠惠（比较法律）、张耀曾（政治学）、张君劢（国际法）、胡钧（财政学）、陈兆焜（经济学）、马寅初（银行货币学）。② 同时，还拟定须办理事项：一是研究学术，分为特别问题、中国旧学钩沉以及其他；二是审定译名；三是译述名著；四是介绍新书；五是悬赏征文。③ 1918年5月27日下午，研究所主任会议决议研究所所开科目的方法及内容，尤其对所设学科做出严格规定，即"研究科当限于范围甚狭之专门学科"：（甲）本科所无；（乙）本科所有而未能详尽。照此原则改定后，法科研究所科目去掉政治学，增加刑法和国际法两门专门学科，如此，法学科目地位异常凸显，单论数量已居其半，具体有比较法律、刑法、国际法、银行货币学、财政学、经济学，再加上译名、译书两项。④

研究所在人事及研究员资格方面规定：法律、政治、经济三门研究所每门设主任1人；研究员为本校毕业生及与本校毕业生有相当程度者。⑤ 由此可见，研究员以学生，特别是毕业生为主体。⑥ 研究制度如下：一是四年级研究手续：每学年之始各生须与担任教员商定研究题目，由教员指示研究方法及参考书籍；每门研究员（如法律门）每月开研讨会，由其中一位研究教员主席，由主席教员所指导之研究员报告，其会期中研究成绩由主席教员评定，其他研究员可讨论质问。二是特别研究手续，研究员自择论题，经研究所教员认可；或由研究所教员拟定若干题，任研究员选择，然后由其自行研究，请教员指示参考书及商榷研究方法，须作论文1篇，付印

---

① 《法科学长报告书》，《北京大学日刊》第31号，1917年12月22日。
② 《法科学长报告书》，《北京大学日刊》第31号，1917年12月22日。
③ 《法科研究所现拟办理之事项》，《北京大学日刊》第30号，1917年12月21日。
④ 适：《研究所主任会议纪事》，《北京大学日刊》第149号，1918年5月29日。
⑤ 《法科研究所办法细则》，《北京大学日刊》第31号，1917年12月22日。此则于1919年4月30日由研究所主任会议重新修订，《北京大学日刊》第372号，1919年5月8日。
⑥ 1918年5月，研究所主任会议定，如二年级以上本科生欲研究科，必须本班教员认可。适：《研究所主任会议纪事》，《北京大学日刊》第149号，1918年5月29日。

后由研究所教员共同阅看,以定是否通过,通过者之论文交图书馆保存,或采登月刊,未通过者由教员指导,研究员修订。三是主科与副科,① 凡研究员特别研究论题所在之科为其主科,此外选择1~2门副科,其范围或为本门之一种或与主科有关他科,副科研究范围与四年级略同,其区别是不用作论文。②

通讯研究是法科研究所创立初期一种特殊研究方式,即凡有人研究所之资格,而以特别事故不能直接为通常研究员者,如得校长、学长或本门主任特许可为之。其前提条件是:须提出所研究论题,自行研究,研究结果为一篇论文;须将所选择论题寄交主任,并请本门教员审定认可后,随时与本门教员直接通信讨论;所提交论文经由本门教员公阅,已收受者交图书馆保存或摘要登载月刊,未收受者由教员指出疵病,发还著者修正。③ 1918年初,黄瑞华、赵协骞、彭德修等被接收为通讯研究员。④ 到3月底,共有吴大业、凌昌炎、季手文、黄瑞华、罗廷钦、周保大、赵协骞、周毓喧、徐汝梅、刘震、杨櫂、林维亚、杨群亚、彭德修14位通讯研究员。⑤ 1919年5月5日、8月6日,由于教育部要求大学应"注重学理之研究",加之译名译书工作为急需,研究所会议两次议决停办通讯研究,改为译名译书。⑥

研究所还刊行《法学研究录》。1919年8月6日上午10时,法科研究所在校长会议室专门讨论此事,蒋梦麟主持会议,法科研究王宠惠、罗文干、黄右昌、左德敏、龚湘出席。会议议定刊行《法学研究录》,主要登载本所教员著述、本所四年级学生译书成绩优美且经公决可以付印者、本所教员及四年级学生共同审定之法律译名、四年级学生所做报告经教员认可可以付印者以及其他杂撰,而且必须以校教授会议决的"应世界大势及时势需要之教科方针"为主旨。另外规定,法科教员愿以讲义交付印刷者,

---

① 是年12月12日下午3时,法律门主任黄右昌提议将"副科"之"副"字,改为"助"字,"盖对于主科之主字而言,若曰副科则必易主科为正科",法科学长王建祖则以为,"章程字句此时未便修改,以俟异日可也"。《法科研究所职员会议事录》(临时书记李芳记),《北京大学日刊》第32号,1917年12月25日。
② 《法科四年级及研究所之研究手续》,《北京大学日刊》第30号,1917年12月21日。
③ 《文法科通信研究手续》,《北京大学日刊》第30号,1917年12月21日。
④ 《法科研究所公函》,《北京大学日刊》第95、102号,1918年3月19日、3月27日。
⑤ 《法科研究所通讯研究员一览表》,《北京大学日刊》第98号,1918年3月22日。
⑥ 《法科呈教育部函》,《教育公报》第11期,1919年11月。

须经本所主任认可。①

另外，译名译书取代此前的特别研究和通讯研究，在法科研究所开办前期占有重要地位。其实，早在1917年评议会制定并通过的《研究所通则》就规定，法律门应研究"译名审定"一项。12月，黄右昌在法科研究所职员会上提议，在法科研究所所办事项中加入此项，且谓可得法典编查会之协助，得以通过。② 翌年5月，马寅初在校内公开发文呼吁法科废止毕业论文，改由审定译名代替，其根本原因在于毕业论文滋生流弊甚大。法科生写毕业论文，"原欲予将毕业学生以研究之机会与著书之经验"，但历年毕业学生论文"佳者固多，而劣者亦不少"。志在深造以增进学识者论文，虽有学术价值，因篇幅过长，印费甚巨，抑或太过专门，读者寥寥，只好束之高阁；而懒惰者以抄袭敷衍了事，"亦可得教员之许可而毕业"。毕业论文流弊既多，急需改良以为补救，是时"教育部以审定译名，责成本校研究所之令，遂以为改良之机会至矣。夫科学名词至为繁多，即就经济一门而论，已达数万，断非三五研究员所能胜任，实有非将论文废止，令第四年级学生一律入研究所帮同办理不可者"。③

5月27日下午4时，研究所主任会议议定暂停法科四年级的特别研究，代以研究所之译名译书。④ 特别研究既停，毕业论文亦自行停废。法科研究所自行议定的增加译名一项与此次会议议定的事项颇有不同：前者只增研究项目未增研究人员，后者则两项均有增加，而且四年级生全部进入研究所从事译名审定工作。根据研究所主任会议决议，法科研究所法律门拟定译书简章。⑤ 次年5月5日，法律门研究所开会议决"法律门译名译书及作报告简章"修正案，蔡元培主持会议，王宠惠、罗文干、黄右昌、左德敏、龚湘出席。"译名"规定为中拉、中英、中法、中德四种法律名词；教员在四年级英、法、德各班学生中指定研究员，被指定学生不得以改就他项为拒绝之理由；译名的方法由教员定。"译书及作报告"规定：以英、法、德、日四国为主，学生在第三学年春假后选定原本，送教员审定；教员当面指定页数，令学生朗读原文，讲解翻译，决定其能否胜任，凡不能朗读、

---

① 《法科研究所记事》，《北京大学日刊》第429号，1919年8月23日。
② 《法科研究所职员会议事录》（临时书记李芳记），《北京大学日刊》第32号，1917年12月25日。
③ 《马寅初教授论法科应废止毕业论文》，《北京大学日刊》第139号，1918年5月17日。
④ 适：《研究所主任会议纪事》，《北京大学日刊》第149号，1918年5月29日。
⑤ 《法科研究所法律门译书简章》，《北京大学日刊》第243号，1918年11月2日。

讲解者，不论何国文字之书，不准翻译，改做报告，报告一月一次，由教员命题，指导学生方法；译书或做报告一旦确定，无论何种理由，不准更改；所内担任审定译名译书及指导学生做报告之导师，每周到所讲演 1~2 次，由学生记录，载于研究录；译稿经教员审定，成绩优良者，载于研究录。四年级译书评定标准及处理办法：外国文、汉文均优者为甲等，分数公认后由所付印；直译原文不失真意、汉文稍逊者为乙等，分数由担任教员定，不付公决；外国文实未了解，汉文又词不达意者为丙等（不及格），经公决后由教员寻浅易之书指导翻译，再定其能否合格。① 1918 年至 1919 年，法律门四年级学生主要选译的是日文、英文著述，分别是 15 人、10 人，代表性论著有冈田庄作《刑法原论》，胜木勘三郎《刑法要论》，富田山寿《刑事诉讼法讲义》，长满钦司《破产法》，大场茂马《刑法纲要》《刑法总论》，山冈万之助《刑事政策学》，三猪信三《法学通论》《物权法提要》，川名兼四郎《民法总则》等。此外，分别有两人译法文、德文法律著述。②

研究所导师事关北大法科教科、研究取向以及师生共同体之结成。因此，研究所延聘国内一流法学专门家，亲临指导授课。研究所设主任教员一人，由黄右昌担任。③ 此前由于蔡元培推重比较法学，法律门故将聘用比较法学师资放到首位。1917 年新学年伊始，王宠惠即被延聘至所教授并研究比较法律，每星期由所内研究员分班前往就学。④ 民初张君劢作为研究系骨干成员，鼓吹"政治救国"，在学术上尤以国际法见长，"王宠惠先生曾劝编中德宣战时国际法，先生谓怀此志已久，特尚未动笔"，⑤ 当其政坛失意、退隐学界后，接受北大法科研究所聘书，来所教授国际法。⑥ 此后，法科研究所又增聘若干专任研究教员：左德敏（保险法，未开讲），徐崇钦

---

① 《法律门研究所开会纪事》，《北京大学日刊》第 372 号，1919 年 5 月 8 日。
② 《法科四年级译书目录》，《北京大学日刊》第 302 号，1919 年 2 月 6 日。
③ 《法科现任职员录》，《国立北京大学廿周年纪念册》，1917。
④ 《法科学长报告书》，《北京大学日刊》第 31 号，1917 年 12 月 22 日。
⑤ 孙亚夫、杨毓滋编《张君劢先生年谱初稿》，《张君劢先生九秩诞辰纪念册》下册，沈云龙主编《近代中国史料丛刊续编》（527），台北：文海出版社，1978，第 14~15 页。
⑥ 时张君劢规划的"治己"方针：一是学书写圣教序；二是读《汉书》，每日 20 页；三是习法文；四是编大学国际法讲义。他早年译有《国际立法条约集》，上海神州大学 1912 年初版，1913 年再版，其中辑录《伦敦海战法规宣言》（1909 年 2 月 26 日，德、美、奥、西班牙、法、英、意、日、荷、俄签署）、《第二次保和会条约》（美国总统提议，俄国 1907 年 6 月 15 日于海牙召集）等，书前有梁启超序。

(最近发明之科学的商业及工厂管理法,未开讲)、康宝忠(中国法制史,未开讲)、王景岐(中国国际关系及各种条约,未开讲)、周家彦(行政法)、陈长乐(美国宪法,未开讲)、① 罗文干(刑法)、② 张国药(贫民生计问题及欧战后世界经济之变迁,未开讲)。③ 法科研究所逐渐形成一套相对独立的教科和学术研究体系。1918年,经济门开设译书译名、财政学、经济学、银行货币;法律门开设译书译名、比较法律、国际法;政治门开设译书译名。④ 此外,研究所还邀请知名学者进行每周一次的常态化学术讲演,如法律门邀请王宠惠讲比较法律、罗文干讲刑法、张君劢讲国际法;经济门邀请马寅初讲银行货币、胡钧讲财政学、陈兆焜讲经济学。⑤

法科研究所研究员除少数为通讯研究员外,大部分为通常研究员。通常研究员的主体系法科四年级学生,以及毕业后申请入所专门从事某一题目研究而被允准人员。截至1918年3月20日,法科研究所法律门共有研究员53人,按照各自研究兴趣分别形成不同研究组合,研究比较法律的有姜景暄、宣杲、罗子兰、姜景煦、张幼良、肖毅、谭澄、周蔚绶、甘均道、马宗芎、江钟鳞、梁煸、赵源逢、朱宝铭、冯翰澄、杨肇烦、龙沐棠、田泽澍、赵鸿煮、严彭龄、陈鹏程、朱卓、程荣祥、杜灵俊、曹鎏、刘士杰、许灼芳、陆俊、余锡恩、陈士熊、章瑗、杨奎明、陈佩璋、崔允恭、伍宗衍,共35人;研究宪法的有陈鹏程、盛世煜、江钟鳞、甘均道,共4人;研究刑法的有余锡恩、陈士熊、章瑗、朱卓、崔允恭、伍宗衍,共6人;研究商法的有杜渐龛、陈佩璋,共2人;研究国际法的有陆俊、罗怀、施肇虁、杨宗炯、李振寰、毛以享(旁听生),共6人。⑥ 由此可见,通过研究所这种建制将学生与教员紧密联系起来,形成师生共同学习、研究的共同体。

二 《北京大学月刊》与《国立北京大学社会科学季刊》

学术刊物是现代学术建制的重要组成部分,也是学术共同体得以形成

---

① 《法科研究所启事》,《北京大学日刊》第34号,1917年12月28日;《法科研究所教员所任科目一览表》,《北京大学日刊》第95号,1918年3月19日。
② 《法科研究所告白》,《北京大学日刊》第42号,1918年1月10日。
③ 《法科研究所通告》,《北京大学日刊》第46号,1918年1月15日。
④ 《法科研究所十二月份课程表》,《北京大学日刊》第264号,1918年12月5日。
⑤ 详见1917~1918年《北京大学日刊》所载"集会"一览。
⑥ 《法科研究所研究员一览表》,《北京大学日刊》第96号,1918年3月20日。

之必要纽带。随着北大法科研究所等现代学术机构的创立，现代社会科学研究的综合性期刊亦出现。1918年7月，研究所主任开会讨论《研究所总章》时，决定各研究所合出一种月刊，作为"发表及讨论各门研究之结果之机关"。① 9月30日，蔡元培召集各学长及各研究所主任，议定编辑出版《北京大学月刊》，定于每年1~6月、10~12月每月出1册，规定全校职员及学生均有供给稿件义务。② 可见，此刊主要是作为北大职员和学生"共同研究学术，发挥思想，披露心得之机关"而出现的，校外发表者须为"特别佳著"，远非一般杂志将学生排除在外的做法。③ 11月，蔡元培亲自撰就"发刊词"，特别强调"破学生专己守残之陋习"，破除中国读书人脑中科举之积习以及学问畛域：

> 吾国学子，承举子、文人之旧习，虽有少数高才生知以科学为单纯之目的，而大多数或以学校为科举，但能教室听讲，年考及格，有取得毕业证书之资格，则他无所求；或以学校为书院，嫒嫒姝姝，守一先生之言，而排斥其他。于是治文学者，恒蔑视科学，而不知近世文学全以科学为基础；治一国文学者，恒不肯兼涉他国，不知文学之进步亦有资于比较；治自然科学者，局守一门，而不肯稍涉哲学，而不知哲学即科学之归宿，其中如自然哲学一部，尤为科学家所需要；治哲学者，以能读古书为足用，不耐烦于科学之实验，而不知哲学之基础不外科学，即最超然之玄学，亦不能与科学全无关系。有月刊以网络各方面之学说，庶学者读之，而于专精之余，旁涉种种有关系之学理，庶有以祛其褊狭之意见，而且对于同校之教员及学生，皆有交换知识之机会，而不至于隔阂矣。④

《北京大学月刊》是北大历史上第一份以学术研究为旨趣的刊物。此刊对所刊内容范围及水准要求尤为严格，以"学术思想之论文纪载为本体，兼录确有文学价值之著作"，"至无谓之诗歌小说及酬应文字"则一概不收；注重撰述，间登译文，亦以介绍东西洋最新最精之学术思想为主，"不以无

---

① 《研究所总章》，《北京大学日刊》第182号，1918年7月16日。
② 《编辑北京大学月刊缘起》，《北京大学月刊》第1卷第1号，1919年1月。
③ 《编辑略例》，《北京大学月刊》第1卷第1号，1919年1月。
④ 《发刊词》，《北京大学月刊》第1卷第1号，1919年1月。

谓之译稿填充篇幅"。① 内容编排上，将文、理、法、商融为一体，以期学科间切磋琢磨。此刊从1919年1月至1920年10月，共出版1卷7号，刊发文、理、法以及通讯研究员文章79篇，来自法科教员及学生的文章共27篇，占全部稿件1/3，其中陈启修、马寅初发稿最多；从著者身份看，既有法科专职教员亦有学生，还有通讯研究员。譬如，法科学生陈达材自撰论著、徐恭典翻译毕善功论著等，以及通讯研究员俞逢清与马寅初诸人关于"格里森氏法则"等往来论学之文章，均体现了此刊向着建立学术共同体方向发展。法科论著刊发情况见表1。

表1 《北京大学月刊》1~7号法科论著情况

著者	身份	题目	出处
陈启修	日本东京帝国大学法学士，法本科教授兼政治门研究所主任	国家改制与世界改制	1919年第1卷第1期
		庶民主义之研究	
		护法及弄法之法理学的意义	1919年第1卷第2期
		从"北洋政策"到"西南政策" 从"军国主义"到文化主义	1919年第1卷第3期
		国家之本质及其存在之理由	1920年第1卷第6期
		何谓法	
		现代之经济思潮与经济学派	
		国民经济之意义	
陶履恭	英国伦敦大学经济学博士，法科教授	军国主义	1919年第1卷第1期
陈达材	法科学生	国家之性质	1919年第1卷第3期
毕善功	英国圜桥及澳洲美而蓬大学法学士，法本科教授	法律格言	1919年第1卷第2期
左德敏	留学德国柏林大学及日本大学，法学士，法本科教授兼经济门研究所教员	诉讼法上诸主义	1919年第1卷第3期
龚湘	法本科讲师	我国收回领事裁判权问题与暹罗管理外人诉讼	1919年第1卷第4期
张庭英	未知	国际联盟与中国今后之外交后援	1919年第1卷第5期

---

① 《编辑略例》，《北京大学月刊》第1卷第1号，1919年1月。

续表

著者	身份	题目	出处
屠孝寔	日本早稻田大学哲学科毕业，法科讲师	宗教及神话之起源	1919年第1卷第2期
		三光为汉族最古之崇拜对象说	1919年第1卷第3期
马寅初	美国哥伦比亚大学经济学博士，法本科教授兼经济门研究所主任	银行之真诠	1919年第1卷第1期 1919年第1卷第3期
		法科研究所研究录	1919年第1卷第2期
		中国之希望在于劳动者	1919年第1卷第3期
		大战前欧美各国之不换纸币与我国之京钞	1919年第1卷第4期
		战时之物价与纸币	1919年第1卷第4期
		不动产银行	1919年第1卷第5期
		有奖储蓄存款之害及其推算之方法	1920年第1卷第6期
		格来森法则（Gresham's Law）之研究	1920年第1卷第7期
李芳	法本科讲师	原币	1919年第1卷第3期
王建祖	美国加利福利大学学士，法科学长	圣西蒙及经济集中主义	1919年第1卷第5期

此外，研究所拟议自然科学、社会科学、国学和文艺四种季刊。1922年2月18日，蔡元培在北大研究所国学门第一次会议上提议，在社会科学研究所未成立前，由各相关学系分组编辑《国立北京大学社会科学季刊》。① 1922年8月1日，该季刊编辑员讨论会议决并经评议会通过，确定社会科学组主任为王世杰，编辑员有陶孟和、胡适、蒋梦麟、朱经农、张竞生、朱希祖、黄右昌、何海秋、周鲠生、燕树棠、陈启修、高一涵、张慰慈、李大钊、顾孟馀、马寅初、陈大齐、陈源、杨栋林、皮宗石，大部分成员来自原法科。② 同年11月，作为"中国社会科学的定期刊物的鼻祖"（毛子水语）的《国立北京大学社会科学季刊》创刊，第1卷第1号正式刊行。此刊主要刊发政治、经济、法律、教育、伦理、史地以及其他社会科学，但"俱以含有学理上兴味者为限"，并向校外开放，以期成为"研究社会科

---

① 《研究所国学门委员会第一次会议纪事》，《北京大学日刊》第968号，1922年2月27日。
② 《八月一日季刊编辑员讨论会议议决之条件及各组编辑员名单》（1922年8月1日），北京大学档案馆藏，档案号：BD1923001；《八月一日季刊编辑员讨论会议决之条件》，《北京大学日刊》第1069号，1922年8月19日。此篇是1922年8月1日，蔡元培向北大评议会第九次会议提出的议案。

学者讨论学理、发挥心得之公共机关"，在内容上以刊发论著为主体，还注重学术新书介绍与批评。① 此刊于1930年停刊，1935年复刊，卷、期续前，1936年复停刊，共出6卷23期。1942年复刊，卷、期另起。是年秋，此刊由北京大学法学院出版第1卷第1期。以前3卷（1922.11～1925.10）为例，各类稿件刊发情况见表2。

表2 《国立北京大学社会科学季刊》1～3卷发文分类统计

单位：篇

类别	总数	法律与政治类	经济学类	其他社会科学类
第1卷	32	15	7	10
第2卷	30	17	3	10
第3卷	29	13	7	9
总计	91	45	17	29

从表2可见，3卷（共12期）共刊发论著91篇，其中以法律与政治类稿件为最多，超过其他社会科学类稿件总和，几乎占到全部稿件1/2，经济学类稿件为最少，尚不足全部稿件的1/5。由此可见，此刊实际成为联结法科同人共同探讨学术，发表成果的中间纽带和共同园地。分析其作者群可见，此刊将学生著者排除在外，几乎成为法科知名学者的专属园地（见表3），同时也使其总体学术格调和水平高于《北京大学月刊》，达到是时中国社会科学研究的顶峰。

表3 《国立北京大学社会科学季刊》1～3卷法律与政治类论著作者分布情况

卷号	篇数	周鲠生	王世杰	燕树棠	高一涵	张慰慈	夏勤	陶孟和	钱端升	陈启修	陈瑾昆	黄右昌	张志让	白鹏飞
1:1	4	√	√	√		√								
1:2	4	√	√	√	√									
1:3	4	√	√	√						√				
1:4	3	√	√	√										
2:1	3	√	√	√										

---

① 《北京大学社会科学季刊编辑略例》，《国立北京大学社会科学季刊》第1卷第1号，1922年11月。

续表

卷号	篇数	周鲠生	王世杰	燕树棠	高一涵	张慰慈	夏勤	陶孟和	钱端升	陈启修	陈瑾昆	黄右昌	张志让	白鹏飞
2:2	5	√	√	√							√	√		
2:3	6		√	√			√	√					√	√
2:4	3	√	√	√										
3:1	4	√	√	√	√									
3:2	3	√				√	√							
3:3	4	√	√	√						√				
3:4	2	√			√									
总计	45	11	10	10	3	2	2	1	1	1	1	1	1	1

表3所列13位著者，按照留学国籍与所属法学派别可分为两个阵营：一是英美法派，有王世杰、周鲠生、钱端升、燕树棠、张慰慈、陶孟和、张志让等7人；二是大陆法派或留日一派，为高一涵、夏勤、陈启修、陈瑾昆、黄右昌、白鹏飞等6人。两派著者人数相当，但双方发稿量却相差甚远，呈现明显的不平衡，英美派学者发文达36篇，留日派学者只有9篇，分别占80%与20%。由此可见，随着蔡元培推进北大学术化进程，英美法派逐渐取代留日派之优势。王世杰出任法律学系主任后，其势更如日中天，《国立北京大学社会科学季刊》实际已为英美派学人控制，留日派成为点缀。

三 法学社团之创建

学会是现代学术的重要建制形式，也是学人互为联络，共同切磋学术的有效载体，它成为整个学术共同体中建基于共同学术兴趣及冲突与和谐关系的有机组织。民国法学社团长足发展，王宠惠、江庸等人先后发起国际法学会、法学会、中华法学会、中华法学协会、中华民国法学会等全国及专门性法学社团。学校社团日渐勃兴，如李大钊在北洋法政专门学校发起北洋政法学会。1917年以来，北大法科师生学术结社之风日起，先后发起法律研究会、北大法律学会、法学研究会等法学研究社团，表明以法科学生为主体的新生的法律知识人谋求建立法学共同体，以"作自动研究"的现代学术诉求。

103

1921年10月，法科学生指出北大"为吾国最高学府，研究法律固必以此为极地。然徒以有限时间之受课，只悉大体，若欲进而求诸精深学理则不可得"。鉴于此，郝立新等10名学生发起社团组织，筹备期间暂名为"法律研究会"，以"补课外之不及，穷法理之奥旨。除敦请本校积学有素，富于法学之教员为导师外，海内外法律大家亦得随时延聘，牖诲一切"。① 此研究会规定以"研究法律的高深学理"为宗旨。② 10月23日上午10时，法律研究会成立大会在第二院举行，气氛热烈。法科研究所导师中，除顾孟馀、何基鸿因事未到现场外，黄右昌、周泽春、王世杰、燕树棠等均莅临。黄右昌为临时主席，他说："诸君以授课之余暇，作自动之研究，此种举动，余极端欣赏。惟研究须有充分书籍始可。查本校图书馆对于法律书籍甚少，非多购关于法律书籍，则无以供研究之资料。"周泽春对法律系同学组织研究会，研究高深的法理，极表赞同：近10年来，在军阀摧残下的中国法律效力几等于零，各省审判厅虽有司法之名，而无司法之力。学生组织应注意两点：一是不受外界利用，抱定一定宗旨，以全副精神研究法律问题；二是须分公私去研究一种问题，各人存个人的见解，讨论时不妨激烈争论，对于各人感情则无伤害。燕树棠希望学生对法律须有一种"信仰心"，在社会上以身作则；希望法律系同学以班次为基础，全体加入团体，新陈代谢，一直延续下去，求其长远发展。他还提示三种研究方法：一是共同研究；二是辩论（分正副两组）；三是单独研究。研究如有成绩，可以刊布。王世杰首先强调"研究须有充分材料"，至于方法应先由导师指定题目，限定日期，令各人分任研究。到期将所得材料开会发表，并由导师评判。③

修订后的章程正式定其名为"国立北京大学法律研究会"，并将宗旨表述修改为"研究法律学理，促进法律发达"。入会程序为：凡本校同学赞成本会宗旨者，经本会会员二人以上介绍，得为会员。本会职员由会员公举，任期一年，得连任一次。规定本会敦请富于法律学识的教员及其他法律名家为导师。④ 立会伊始，该会共有会员13人，总干事：杨应吉、朱燧；文牍：何选骥、周长宪；庶务：叶增荣；交际：陈桓永、杨庆霖、章剑、倪

---

① 《北京大学法律研究会筹备处启事》，《北京大学日刊》第863号，1921年10月12日。
② 《北京大学法律研究会草案》，《北京大学日刊》第872号，1921年10月22日。
③ 《法律研究会开成立大会记略》，《北京大学日刊》第874号，1921年10月25日。
④ 《国立北京大学法律研究会章程》，《北京大学日刊》874号，1921年10月25日。

振华；会计：杨懋昌；速记：陈庆粹、寿振夏、顾谨迨。① 12月，法律研究会正式制定并公布研究方法和研究题目情况。研究方法分为三种：个人研究，由导师指定题目，令个人研究，或会员自出题目研究；公共研究，由导师指定题目，令全体会员研究，会员所出题目得多数会员同意者亦可；公开研究，由研究会敦请导师或法律名家公开讲演。此外，法科研究所导师何基鸿、周泽春、燕树棠分别拟定研究题目为"民商法有无合并之必要"、"统一与联省自治以何者最适宜于现在中国"、"用何方法收回领事裁判权"。② 由于学生的天然流动性，北大法学社团的组织名称和人事变动十分频繁。

1925年1月7日，法律研究会重新订立《北京大学法律学会简章》，组织正式易名为"北京大学法律学会"，意味着法律研究会被法律学会所取代。根据《北京大学法律学会简章》规定，其宗旨为"研究法学，敦笃友谊"；会员资格为本校同学肄业或毕业于法律学系者，或其他学系同学有研究法学兴趣者；会务包括专门研究、刊行出版物、辩论实习、敦请名人讲演、本系改良事宜建议；此会会议分为大会、研究会和临时会三种，由文书召集，大会每年两次，于学期开始后一月内举行，研究会于每月第一周星期一下午举行，遇特别事故，经会员1/4以上之提议可召集临时会。职员方面，计有文书1人、编辑4人、交际2人、会计1人、庶务1人，均由大会选举，任期为半年。③ 此后，由于北京政局与校政动荡，北京大学法律学会活动随之中挫。校内类似法学团体只有法律研究社，但其活动有限，仅见其于1929年6月6日午后集会探讨"贫民诉讼详细办法"等问题。④

是年12月25日，北大法学研究会创立。该社团与以上团体是否具有继承关系，现在尚无资料直接印证。但两团体同为法律学系学生发起，预设之会员也以法律学系学生为主体（法律研究会规定会员是面向全校开放，而法学研究会简章关于会员资格只规定了北大法律系的学生，范围有所收缩，似意在突出专门研究），盖前者已被后者取而代之抑或其他。对比前后二者，其主会之人风格不同，其学术取向也有分别。前者既谓法律研究，其探讨重心在法律自身的发展演变，特别是实际法律条文之进展和趋向，

---

① 《国立北京大学法律研究会职员名单》，《北京大学日刊》874号，1921年10月25日。
② 《法律研究会通告》（第四号），《北京大学日刊》第906号，1921年12月1日。
③ 《北大法律学会启事》，《北京大学日刊》第1610号，1925年1月9日。
④ 《北大法律研究社通告》，《北京大学日刊》第2183号，1929年6月5日。

凸显法律实务和较强的现实参与性（这从导师规划的研究题目可以得见），旨在促进中国法律之发达和法制化进程，简言之，是为"应用"而研究；后者探讨重心在于法理一面，研究取向指向学理自身的发展逻辑，简言之，是为"求真"而研究。故此，社团名称为"北京大学法学研究会"，其宗旨相应调整为"专以研究法学"，而且声言："窃维学问因观摩而益进，知识借交换而益广，所以凡百科学，欲期深造而收良果，非集群力共同研究不为功也。况法律一科至为繁琐，欲求精进，尤赖观摩，立会之举宁可稍缓。本会同人感知识之饥荒，恐机之不再，爰本纯正求学之宗旨，发起读律之机关，延聘导师，广搜律书，择相当之地点，按规定之时间，聚首一堂，共同讨论，发挥心得，探求真理。"①

1929年，法律学系学生崔洵、纵精琦、张守正等27人重新发起"法律学会"。外系刺激是其发起的要因。如言："本校各系均有学会之组织，惟本系法律学会尚付阙如。举凡感情之联络，学识之观摩，皆无从进行。加之现教育学会、政治学会所发起，北大月刊本系竟无代表全体之团体参加。又美国诸大学法律系多有平民诉讼团之组织，以供学生之实地练习，本系欲仿效，则法律学会之组织尤为刻不容缓。"②法律研究社随即宣告解散，将仅存的60元充为法律学会经费。11月26日，国立北京大学法律学会举行成立会，通过《法律学会简章》，规定以"研究法律学理及其应用并促进本系之发展"为宗旨，以会员大会为最高权力机关，于每学期开课三周内举行，平时设执行委员会，分为文书、事务、出版、交际等股；会务有分组讨论、请会外学者讲演、襄助学校发展本系、诉讼实习、出版刊物、参观等；会员方面，凡本校法律系学生，均为本会当然会员。③1931年3月27日，此会全体大会修改简章，将其正式定名为"国立北京大学法律学会"，其主要变动在于会员范围从单纯学生扩充为本系同学及教员，本校他系同学及教员经本会2人以上介绍亦可加入。④

此社团得到法律系教师的大力支持。如黄右昌在南京参加司法会议期间，专门寄来信函予以鼓励，并赠阅《立法专刊》（第1～4辑）、《政府公

---

① 《北大法学研究会启事》，《北京大学日刊》第1838号，1925年12月29日。
② 《法律系同学公鉴》，《北京大学日刊》第2281号，1929年11月15日。
③ 《北京大学法律学会通告》，《北京大学日刊》第2292号，1929年11月28日。
④ 《国立北京大学法律学会一九三一年第一次全体大会》，《北京大学日刊》第2597号，1931年4月2日。

报》等；①何鸿基、燕树棠、林彬应邀前来演讲并指导，刘志敩担任民法债编、物权编研究组导师。②1931年4月，会务得以进一步充实：起草各股办事细则，由各股分别办理；确立分组研究，各请专门教授指导，按期举行演讲和讨论，分为民法、刑法、民事诉讼法、刑事诉讼法、法理学、劳动法、土地法、宪法、行政法、国际公法、国际私法、公司法、票据法、海商法、破产法、中国法制史、法医学、罗马法、德国法、法国法、英美法等，共21个研究组；出版会刊——《法学论丛》，每学期一次，聘请本系教授为顾问；聘请外校教授来校演讲，每两星期一次；赴法院旁听，由本系教授李怀亮指导；不定期参观北京市第一、第二监狱。此外，此会请求学校补发会务津贴、划定活动场所以及欢送应届毕业生等。③1932年底，该会在《世界日报》开设"法律周刊"专栏，组织稿件，探讨法理。总体看，该社团无论其规模还是活动都超过了以往社团，不仅激发了学生探讨法学的兴味，也一定程度推进了师生的共同研究。

除以上法学专门社团外，北大法科还出现了社会科学综合社团以及以社会实际问题为研究旨趣的团体。1924年10月23日，北大"社会科学研究会"正式成立，以"研究社会科学及社会问题"为宗旨，凡有此研究兴趣者均可经此会会员2人介绍加入，研究方法为个人自动研究、团体特定研究。④1925年，北大社会改良研究会成立，由中华教育文化基金董事会社会调查部设立"社会研究奖金"，凡法律学系、政治学系、经济学系本科毕业生及四年级成绩优良者，可以向三系主任报名，然后各就指定问题从事研究，研究一年并提交论文，择优出版并奖励。⑤未久，《晨报》就此专门报道相关情况，三系教授会与中华教育文化基金董事会社会调查部共同议定研究题目：（1）中国女子在法律上之地位（过去与现在）；（2）中国刑事统计之分析；（3）中国行会制度；（4）中国劳动界之组织与工作状况；（5）中国新闻业之历史及现状；（6）工会法之比较研究；（7）现代协作

---

① 《黄右昌先生致法律学会函》，《北京大学日刊》第2604号，1931年4月14日。
② 《北大法律学会第二次执行委员会会议记录》，《北京大学日刊》第2747号，1931年12月1日。
③ 《法律学会第一次执行委员会会议记录》，《北京大学日刊》第2604号，1931年4月14日。
④ 《社会科学研究会通告》，《北京大学日刊》第1568号，1924年11月13日。
⑤ 《中华教育文化基金董事会社会调查部设立社会研究奖金办法》，《北京大学日刊》第1987号，1926年11月23日。

运动。①

四 余论

北大法科与现实政治及社会有着千丝万缕的瓜葛，故而学术化过程充满无尽曲折。尽管如此，随着法科研究机构和法学社团创立，学术共同体的生成，其学术化努力亦有一定成效。时人论道："北大原是一个官僚养成所……自蔡孑民先生做校长之后，这种精神渐渐的去除，到现在居然有些学校的气象了"，学术"亦有很大的进步"，学问精专的教员增多；学科的程度提高；学科的内容尚纯理科学，轻范围褊狭之致用科学。所以，北大的改革"总算很是可观，从官僚式的学生，到研究学术的大学，这种路程有多少距离？而他的进行，又非常之快。三数年的经营，前后相比，已几不能相识"。②

蔡尚思认为，自蔡元培整顿法科后，中国大学的法律学系才名副其实；而其注重"比较法"与以"中国法"为基础，以"外国法"为参考，也为后来各大学法律系之根据。1919 年毕业于北大法科的王孝通说，蔡元培长校期间是法律学系办得最好的时期，他早已知道应以中国法为主要，以各国法供参考。③ 但从学术自身盘点北大的学术化业绩，不仅外界多有异议，恐怕连北大同人也自认乏善可陈。1920 年，傅斯年指出："北大此刻之讲学风气，从严格上说去，仍是议论的风气而非讲学的风气。就是说，大学供给舆论者颇多，而供给学术者颇少。……大学之精神虽振作，而科学之成就颇不厚。"④ 1922 年，在全校庆祝北大 25 周年华诞之时，胡适直陈北大"开风气则有余，创造学术则不足"，"二十四个足年的存在，而至今还不曾脱离'稗贩'的阶级！自然科学方面姑且不论，甚至于社会科学方面也还在稗贩的时期"，怀有世界学术抱负的胡不能不以此为"大耻辱"。⑤ 李大钊感叹其学术贡献"实在太贫乏了"，以至于在纪念日上找不到有价值的纪念

---

① 《北大试办社会研究》，《北京大学日刊》第 1989 号，1926 年 11 月 24 日。
② 谭熙鸿：《序言》，《北大生活》1928 年 12 月 10 日。
③ 蔡尚思：《蔡元培学术思想传记》，棠棣出版社，1950，第 389~391 页。
④ 傅斯年：《致蔡元培》，欧阳哲生编《傅斯年全集》第 7 卷，湖南教育出版社，2003，第 16 页。
⑤ 胡适：《回顾与反省》，《北京大学日刊》第 1136 号，1922 年 12 月 17 日。

作品。① 法界学人对北大乃至中国现代法学的状况颇多激烈的批评。②

一言以蔽之，蔡元培学术化改造的中心工作，盖在于处理大学与政治、社会的关系，理想解决之道是通过学术共同体推进中国现代学术社会以及新文化建构。根据 R. M. 麦基弗（Maciver）的论断，蔡及英美派学人显然认为，社群的力量远远大于局部总和（greater than sum of its parts）。北大法科从京师大学堂时期开始，对域外法学的移植首先基于对法律和法学致用政治功能的肯定，即与实现"自强"和建设"文明国家"的民族主义的内在诉求关联。正如1896年梁启超所认为"天下万世之治法学者，不外是矣。其条教部勒，析之愈分明，守之愈坚定者，则其族愈强，而种之权愈远。人之所以战胜禽兽，文明之国所以战胜野番，胥视此也"，故其呼吁"发明西人法律之学，以文明我中国，又愿发明吾圣人法律之学，以文明我地球"。③ 国家主义派认为教育即"政治事业"，其骨干成员陈启天断定："教育不过一种政治事业，而属于国家行政范围，以内容易言之，教育乃一种国家职能或国家事业，而国家所用以训练国民，发扬国性与创造国运之工具也。"④ 首先，中国早期法学在学理上从属于政治学，蔡元培长校后法学确立独立建制形态，但并不能因此从根本上剥离二者的联系。其次，在国家制度设计中，法科成为培养现代官僚体系的必由之路。最后，在学术化过程中，法科学人面临如何处理治学与参政的关系。马克斯·韦伯力主学术教育工作者的职责："他只能要求自己做到知识上的诚实，认识到，确定事实、确定逻辑和数学关系或文化价值的内在结构是一回事，而对于文化价值的问题、对于在文化共同体和政治社团中应当如何行动这些文化价值的个别内容问题做出回答，则是另一回事。他必须明白，这是两个完全异质的问题。"⑤

蔡元培本着一种类似于"为学问而学问"的信条展开大学学术化改造，笃信超越于党派和政治之外的学术自由原则，尤要划出大学与政治的界限。

---

① 李大钊：《本校成立第二十五年纪念感言》，《北京大学日刊》第1136号，1922年12月17日。
② 详见杨瑞《北京大学法科的缘起与流变》，《近代史研究》2015年第3期。
③ 梁启超：《论中国宜讲求法律之学》，《饮冰室合集·文集之一》，中华书局，1989，第93～94页。
④ 陈启天：《政治与教育》，《中华教育界》第15卷第7期，1926年1月。
⑤ 〔德〕马克斯·韦伯：《学术与政治：韦伯的两篇演说》，冯克利译，三联书店，1998，第37页。

如言:"在学校里面,应以求学为最大目的,不应有何等政治的组织。其有年在二十以上,对于政治有特殊兴趣者,可以个人资格,参加政治团体,不必牵涉学校。"[1] 五四风潮发生后,蔡在南下途中疾呼学生应"以研究学问为第一责任",不能因为大多数国民政治运动之故,绝对牺牲之。[2] 风潮过后,北大法科学术社团兴起意味着学风转变,他们在欢迎蔡元培返校时表示:"大学有阐发新学、昌明旧术之巨任,为最高尚最纯洁之学府。……自经此番之阅历,顿生绝大之觉悟。现代人材破产,学术衰败,诚引为至可凄恻之事。愿破除一切顽固思想,浮嚣习气,以创造国家新文化,吾身新生命,大学新纪元。"[3] 燕树棠认为,"五四"以后北大学生口号为"为学术而学术",只注意学问,不求做官。[4] 据报道,五四运动后,北大声名昭著于海内,"学生社会之气象愈觉发皇,立己求学两方淬厉",学生颇能"以求学为爱国"自勉,因之"勤求学识之热情勃然兴起"。[5] 1921年底,北大生活社重申:"吾们要认定大学是研究学理的地方,决不是职业教育的养成所,也不是要到大学来求资格。大学教育是要更进一步去研究学理,不是要那学问去换吃,吾们希望北大的同学们,全部能够打破'学以致用'的旧格言。大家在研究室内做些精深的和确实的研究,因为我们实在惭愧,在世界学术史和发明史上,实在没有什么贡献。"[6]

(作者单位:河北师范大学历史文化学院)

---

[1] 蔡元培:《我在北京大学的经历》,《东方杂志》第31卷第1号,1934年1月。
[2] 《蔡校长告本校学生暨全国学生书》,《北京大学日刊》第421号,1919年7月23日。
[3] 《学生欢迎蔡校长回校之词》,《北京大学日刊》第442号,1919年9月20日。
[4] 赵捷民:《北大教授剪影》,全国政协文史资料研究委员会编《文史资料选辑》第108辑,中国文史资料出版社,1986,第158页。
[5] 《最近之都门学界》,《申报》1919年10月20日,第2张第6版。
[6] 《对于北大的希望》,《北大生活》1921年12月17日。1928年,谭熙鸿在为"北大生活"所作"序言"中提到,大学是"人类智识最高级和最完备的教育机关",其理想标准应包括:有最高深的智识;有最完备的学科。科目要完全,且组合经济并有系统。

实验法院：近代中国司法改革的一次地方试点*

刘昕杰

摘 要 设立实验法院是近代中国以地方试点方式进行的一次司法改革。这次司法改革以提高诉讼效率为目标，先后选择了璧山和重庆两地法院试行《实验办法》。实验法院在法院内部制度方面，通过整顿法警队伍和设立职员值日、审检联席会议等制度，革新行政风纪；在诉讼程序方面，通过适用《实验办法》，增强法院职权、便利当事人诉讼，提高诉讼效率。实验成果大多被采纳，《实验办法》中的许多制度成为修订诉讼法的依据。由于地方司法改革涉及中央立法、司法和行政权问题，实验法院匆匆终止。厘清和分析实验法院这段历史，可以展现许多近代诉讼制度演进的历史细节，实验法院所体现的从地方试点到中央立法这一司法改革思路也对当下有所裨益。

关键词 实验法院 司法改革 民国法制

翻阅近代中国司法制度史，司法改革（时称改良）无疑是重复率最高的关键词。司法改革的动力源于内外两方面，一方面是在国际激烈竞争的环境中，政府为取得西方国家的支持，需要在制度上摆脱传统诉讼模式，建立起西方式的司法制度，从而对外彰显中国的司法文明，以期收回治外法权、获取对华援助；另一方面则是在国内政治制度变动的背景下，司法制度需要相应地做出调适，以完善其合法性、合理性，从而确保包括司法权在内的国内政治构架良好运行。由于这两方面因素在中国近代史上一直

---

* 本文为国家社科基金青年项目"民国时期四川基层民事审判中的法律、习惯与司法思维研究"（项目编号：12CFX014）的阶段性成果。原载《中国法学》2015年第5期。感谢四川大学西南文献中心陈廷湘教授给予的文献支持，感谢四川大学法学院汤敏、刘楷悦、赵崧等参与前期资料收集。

存在，因此，在一定程度上讲，清末以来的中国司法制度史就是一部司法改革史。

民国政府自成立以来，延续着清末以来的司法改革浪潮，在颁行诉讼法典、普设新式法院、规范律师制度、改善监狱设施等方面持续推动中国司法制度的革新。20世纪三四十年代，日军侵华，国都内迁，但南京国民政府在司法领域的改革并未止步，在抗战的大后方四川等地，一系列的司法改革措施相继展开，[①] 其中就包括了以提高诉讼效率为主要目标的设立实验法院。[②]

一 布局：璧山实验地方法院的成立

民国初年，在清季起草完竣的《民事诉讼律》和《刑事诉讼律》基础上，北京政府分别制定了《民事诉讼条例》和《刑事诉讼条例》。南京政府在两条例的基础上相继颁行了《刑事诉讼法》（以下简称《刑诉法》）和《民事诉讼法》（以下简称《民诉法》）。经过数次修订，较为成熟的民、刑诉讼法于1935年7月1日同时施行。但由于近代以来的诉讼立法都主要是参考西方制度，传统中国诉讼活动中，父母官的平民式话语让位于法官的专业术语，灵活裁断方式让位于程序法定，诉讼制度、模式和价值都发生了根本性的变革，而"当时普通民众，识字者为数甚少，法律规定的诉讼程序多从外国学来，种种名词、术语及形式，只具备普通常识，尚且不能理解，更莫说普通常识都不具备的广大民众"，[③] 所以在基层诉讼活动中，普通民众诉讼不便的问题仍未得到解决。在这两部诉讼法施行数年之后，司法行政部认为两法规定的诉讼程序冗繁，从方便百姓诉讼角度考虑，应当予以简化，"惟事属改制，关系重大，非经试办结果，著有成效，未便贸然更张影响全局"，[④] 所以从1941年底开始，司法行政部开始筹备设立实验

[①] 民国政府在抗战后方的一系列司法改革措施，可参见司法行政部编印《战时司法纪要》，1948；司法行政部编《全国司法行政检讨会议汇编》，1947；汪楫宝《民国司法志》，商务印书馆，2013；张知本等《抗战与司法》，独立出版社，1939；等等。

[②] 关于实验法院这段史事，曾代伟、侯欣一、蒋秋明、罗金寿、张伟、孙加锋、宋宏飞等人的相关论著中都有所提及，但囿于档案文献的缺乏，对于这段司法改革的具体情况，迄今学界尚无完整的梳理和研究。

[③] 张仁善：《司法腐败与社会失控（1928~1949）》，社会科学文献出版社，2005，第148页。

[④] 汪楫宝：《民国司法志》，第69页。

实验法院：近代中国司法改革的一次地方试点

法院，计划在实验法院试行简化的诉讼程序，一旦有效则修改诉讼法，向全国推广。

司法行政部最早是"拟在陪都附近之北碚区域，建筑北碚实验地方法院"。①北碚当时并没有成立地方法院，而是由北碚管理局司法处执掌司法，②要设立实验法院就得先成立地方法院，这将涉及征购地基、建筑院舍等预算事项，不仅需要专门的经费投入，而且需要一定的时间，这对于还在抗战中的国民政府而言，改革成本过高，加之实验计划亟待实行，于是司法行政部放弃在北碚新建实验法院的方案，而选择同样距离重庆不远的璧山地方法院进行诉讼改革的实验。

璧山县位于重庆以西，从成都到重庆的要道上。抗战时期，璧山被选定为陪都迁建区。国民政府军事委员会军训部、国立艺专、经济部商标局等一批重要机关、学校、部队迁驻璧山，社会教育学院、国立音乐学院、青年远征军基地、青年军201师等于此建立，内迁70余个单位6万余人。1940年，民国新县制推行，璧山升格为二等县，逐渐成为诸多行政及社会改革的实验区。国民政府卫生署定璧山卫生院为实验卫生院，农林部和社会部定璧山为农会示范区，③晏阳初在以璧山为中心的渝西地区进行的"华西实验区"建设更是民国乡村建设的典型。

也许正是看中了璧山诸多的先行实验，1942年初，司法行政部通过司法院转呈国防最高委员会第七十五次常务会议决议实行璧山实验地方法院事宜。为了赋予实验法院简化程序的法源，司法行政部制定并报国民政府国防委员会第八十四次常务会议决议通过了《实验地方法院办理民刑诉讼补充办法》（以下简称《实验办法》），以此作为实验法院进行简化诉讼程序的具体方案。《实验办法》共计54条，涉及民事和刑事诉讼的一些特别规定，是以加快诉讼进程为目的而对原诉讼法一些程序的变通。由于当时的大部分地方还没有设立或是刚刚设立新式法院，实验法院的基础条件不宜过高，否则不利于全国推广，所以司法行政部并未赋予实验法院在法院组织法和其他实体法规上的变通权限，璧山实验地方法院仍基本依照地方法院的一般规则运行。在人员组织方面，该法院增设了首席检察官一名及主

---

① 《战时司法纪要》，第1页。
② 陆大钺主编《重庆市档案馆简明指南》，科学技术文献出版社重庆分社，1989，第52页。
③ 中国人民政治协商会议四川省璧山县委员会文史资料委员会编《璧山县文史资料选辑》第8辑，1994，第156页。

任书记官一名，在经费使用方面，"一仍如旧，惟司法收入超过定额时，如有必要开支得酌予动用而已"。① 1942 年 5 月 1 日，四川璧山地方法院正式改组为璧山实验地方法院，由司法行政部直接监督指挥，开始简化诉讼程序的地方实验。

二 革新：璧山法院两任院长的改革

（一）孙希衍院长的改革措施

1942 年 5 月 1 日，孙希衍作为第一任院长开始了对璧山实验地方法院的建设。孙希衍原是最高法院的检察官，② 1922 年以总分第五名的成绩通过司法官考试，③ 与他共同赴任、担任首席检察官的还有被称为"能员"的贾良。在上任之初，孙希衍将主要工作转移到整顿人员风纪上，针对当时的基层司法机构"员警积弊深重，为社会诟病"，采取了相应的改革举措。

为防止法院员警向当事人任意需索，实验法院以"诉讼须知"和"问事证"保障当事人的知情权，"凡诉讼当事人到院，概由本院给以简明之诉讼须知，使其明了收受送达及报到领物等极简单之手续，并说明本院应征之费用，均给正式收据，其无收据者概不必支付。如有需索可指明申报本院长官究办"，"凡民刑诉讼当事人第一次向本院申诉时，即由本院给以问事证，其上载明当事人之姓名及收案年月日，俾其不问何时得持此证来院询问诉讼进行情形及一切诉讼手续，以免与法院隔断而受外人之欺骗"。④

在诉讼传票及判决书的送达环节，实验法院规定"本院民刑传票及判决书等概由执达员与法警亲自送达，不许雇人代替"，以杜绝"旧日白役之弊"。"执达员及法警出外送达民事传票及文件或裁判，均由本院酌量现实生活程度之高低及路途之远近定明旅费数目，预填收据交由员警，照数征收，不得多取分文，以免任意需索致兹（滋）弊端。"⑤

员警陋规被杜绝，原法院的所有执达员和法警都"不安于位，相率辞

---

① 《璧山实验地方法院第一次报告》，四川璧山民国档案，档案号：12-1-1121。
② 孙希衍后任安东、云南、甘肃三省高等法院院长。参见刘国铭《中国国民党百年人物全书》，团结出版社，2005，第 692 页。
③ 《政府公报》第 2380 号，1922 年 10 月，第 327 页。
④ 《璧山实验地方法院第一次报告》，四川璧山民国档案，档案号：12-1-1121。
⑤ 《璧山实验地方法院第一次报告》，四川璧山民国档案，档案号：12-1-1121。

去"，孙希衍重新招考十余名员警，进行业务和廉勤训练，以期达到彻底澄清衙蠹之患。① 此外，实验法院还有多项制度创新：

一是颁行"职员值日办法"。为方便当事人诉讼，实验法院设置值日推事、值日检察官和值日书记官。除办理日常应办之事外，值日推事还需办理"以言词起诉或声明调解事件"、"检察官即时起诉之案件"、"应急速处分之勘验案件"及"其他院长认为应即时办理之事件"，值日检察官应办"以言词告诉或自首事件"、"经法院移送应即时侦查之事件"、"应即时处分之勘验案件"、"裁判确定应即时执行之案件"及"其他经首席检察官认为应即时办理之事件"，值日书记官负责"配置值日推事、检察官办理记录及其他应由书记官办理之事务"。值日人员之办公时间由"第一日上午七时起至第二日上午七时止"，"星期日及例假休息日亦同"。②

二是完善"申告铃"制度。"申告铃装设于本院大门旁，由轮流值岗之门卫警察管理，并指导人民使用，不得有抑勒情事"，"凡欲以言词告诉告发或自首者，均可按用申告铃以为申告"，"按铃告者应受前条岗警之指挥，在按铃处净候检察官侦讯，不得擅自离去"。"值日检察官一闻铃声，应立即率同书记官讯问告铃人，并依法制作笔录"，"值日司法警察一闻铃声亦应报请值日检察官核办"。③

三是设置"密告箱"制度，"密告箱设置于本院门前由首席检察官随时启封"，"凡设密告者应提出密告状投入密告箱"，"密告状应记载左列事项：一、密告人之姓名、性别、年龄、职业、住址；二、被告人之姓名、性别、年龄、职业、住址或其他足资辨别之特征；三、犯罪事实及证据"，"密告之人姓名由本处严守秘密，除有必要情形外，对外不予发表"，"关于密告事项，本处认为有必要时得讯问密告人，前项讯明方式以秘（密）告方式行之"，但同时强调"以诬告为诬陷他人之手段者依诬告罪同定处断"。④

司法行政部对实验法院的制度创新皆予肯定，报请司法院核定了《实验法院看守所简章》《实验法院看守所协进委员会简章》《执达员考

---

① 《璧山实验地方法院第一次报告》，四川璧山民国档案，档案号：12-1-1121。
② 《实验地方法院职员值日办法》，四川璧山民国档案，档案号：12-1-832。
③ 《四川璧山实验地方法院检察处申告铃使用规则》，四川璧山民国档案，档案号：12-1-513。
④ 《四川璧山实验地方法院检察处密告箱使用办法》，四川璧山民国档案，档案号：12-1-513。

试规则》《执达员任用规则》《改订司法人员服制方案》等多项规章。①尽管如此,在革除积弊方面卓有成效的孙希衍上任半年即被调任他职。

孙希衍似尤擅长法院的内部建设,他被调任云南高等法院院长时,曾在就职演说中言及法院"施政方案",提出八项指标:增设各级法院及司法处;调整本院各庭科室;调派各级司法人员;考训各级司法人员;整顿监所;修建本院及昆明地方法院;拟建昆明地方法院看守所;改进各县司法事务。② 各项方案似均有其任职实验法院时所采举措的样貌。然而,就司法行政部设置实验法院的主要意图来看,实验的核心内容应当是试点探索简化诉讼程序的利弊,因此从一开始便未在法院组织法上有相应的修改,而是推出了有关程序简化的《实验办法》。时任司法行政部部长的谢冠生显然对实验法院寄予厚望,求好心切,希望尽快展现司法改革的实质成效,孙希衍上任后将主要精力放在法院的内部建设上,在诉讼程序的简化实验方面的成效并不彰显。据裘孟涵回忆,孙希衍"搞了半年,没有搞出什么名堂",③ 这大概是其被很快调走的原因。

(二) 李祖庆院长的改革措施

接任孙希衍的李祖庆曾担任天津地方法院院长,④ 后任重庆地方法院院长,1943年9月转任最高法院检察署,⑤ 不久就被授予实验法院院长之责,赴璧山接替孙希衍。李祖庆对实验法院充满热情和兴趣,他事后曾与裘孟涵谈起,"办实验法院,一半是为了好奇心驱使,一半是想有所建树,借以提高自己的名位,因此,三年之中颇为卖力"。⑥ 李祖庆把实验法院的任务概括为四项:"以科学的方法推行简单化的诉讼程序法以测验其功用""就实验结果供修订法典之资料""就经过事实视察推行方法之成就以供人

---

① 《训(参)字第二六二二号(司法行政部训令)》,四川璧山民国档案,档案号:12-1-657。
② 云南省地方志编纂委员会总纂,云南省高级人民法院编《云南省志·审判志》,云南人民出版社,1999,第98页。
③ 裘孟涵:《CC渗透的国民党司法界》,中国人民政治协商会议全国委员会文史资料研究委员会编《文史资料选辑》第27册,中国文史出版社,1986,第94~95页。
④ 天津市地方志编修委员会编著《天津通志·审判志》,天津社会科学院出版社,1999,第109页。
⑤ 刘国铭:《中华民国国民政府军政职官人物志》,春秋出版社,1989,第148页。
⑥ 裘孟涵:《CC渗透的国民党司法界》,《文史资料选辑》第27册,第94~95页。

事上调整之参考""不以集中人力财力为实验方法以期将来普遍实行"。① 他一再重申实验法院的实验计划"侧重缩短诉讼程序"。② 除了继续执行孙希衍建立的诉讼须知、问事证、值日办法、申告铃等机制外，就任之始，李祖庆就采取了多项措施提高诉讼效率：

一是建立"审检联席会议"。民国基层法院分审检两部，"各有首长，形成对立，多生摩擦"，在李祖庆看来，这种分立"虽属制度问题，尚非无可避免"。由于实验法院的组织机构没有变更的法源，为了提升审检合作效率，"以实验为主旨，双方人员自应力求合作，以期得觉全功"，在首席检察官贾艮的支持下，"为求步调一致起见，双方并决定所有行政会议、工作检讨会议、学术研究会议，均按周联会举行，籍此沟通意见，以扫其他法院不可避免之现象"。③

二是强调办案时限。李祖庆将刑事案件的审限作为考核推事、检察官的标准之一，"每一刑事案件终结后，均将经过期间，依照审限规则×款填载于卷面背面审限表内，送呈长官核阅"，此效果良好，"一年以来，并无逾越期间者"。④

三是推行公证和不动产登记。"公证事件乃为保护私权、澄清讼源而设"，"我国人民法律知识尚未普及，关于证书之记载，其文义多欠明晰，签名画押亦多各纵其便，以致诈伪纷乘，滋生讼累"，"法院遇此情形，采证至成困难"。实验法院"极力推行公证制度，当事人得执法律行为，声请作成公证书"，"实行迄今，收效颇宏"。⑤ 不动产登记有利于当事人保障物权，减少诉讼，实验法院也"尽力推行"，"人民受益匪浅"。⑥

四是试办邮政送达。实验法院经与璧山邮局多次沟通，达成试办邮政送达诉讼文件的业务，并在璧山的来凤、丁家两场率先开办，当事人在诉讼时如自愿采取邮政送达，则预缴邮票15元，"如需委托他人代收，则须"填写委托代收人声请书，由实验法院通过璧山邮局发送诉讼文书。⑦

---

① 《关于本院业务上或有整个司法上之改进意见》，四川璧山民国档案，档案号：12-1-1321。
② 《一年来实验法院之工作概况》，四川璧山民国档案，档案号：12-1-11。
③ 《一年来实验法院之工作概况》，四川璧山民国档案，档案号：12-1-11。
④ 《一年来实验法院之工作概况》，四川璧山民国档案，档案号：12-1-11。
⑤ 《一年来实验法院之工作概况》，四川璧山民国档案，档案号：12-1-11。
⑥ 《一年来实验法院之工作概况》，四川璧山民国档案，档案号：12-1-11。
⑦ 《四川璧山实验地方法院公函（文字二五号）》《四川璧山实验地方法院布告（民国三十二年发文字第八四号）》《试办邮务送达注意事项（民国三十二年一月公布试办）》，四川璧山民国档案，档案号：12-1-1011。

在李祖庆的主导下，璧山实验地方法院从第二年，即 1943 年 4 月开始，每两周举行一次"院务会议及业务检讨会议"，每次会议均需先检视上次会议所布置工作的完成情况，并由院长结合法院各方面情况做出双周部署。该会议一直坚持到实验法院结束，较好地提升了法院的工作效率。

员警陋习的革除方面，李祖庆继续进行人事体制的变革。在孙希衍辞去原有员警并新招人员的基础上，实验法院依司法行政部《实验法院设置司法助理员办法》，以司法助理员替代原有的法警和执达员，并制定《司法助理员考试训练规则》，由"高级中学毕业后具有同等学历（力）者"考试及格，入本院训练所受训，学习《精神训要（国父遗教总裁言论）》6 小时、《党义（三民主义）》6 小时、《民法概要》12 小时、《刑法概要》8 小时、《民事诉讼法概要（注意送达程序）》16 小时、《刑事诉讼法概要（注重搜索扣押及拘提规定）》16 小时、《强制执行》8 小时之后，方可取得任职资格。① 另外，李祖庆对违规的司法助理员严格处罚。如司法助理员李炳荣送达高一分院和解笔录，"当事人自应征旅费数与本院布告定额不符（改定额数布告乡公所未张贴），拒不付款"，"当在茶馆谈判，经乡长证明无异，始照付"，"并依当地习惯，由理曲人担负茶资事"，"当事人向本院密告"，虽然法院认定"事缘误会起衅"，但"该助理员以公务员身份与诉讼人在茶馆谈判，饬令当事人负担茶资，究有未合，仍将该员记大过一次"。由此可见"诉讼人深知法院收费手续，不愿再付陋规，司法助理员已无需索可能"。② 还有一候补书记官周柏清在登记环节向声请人需索报酬，院长"以其形迹可疑告知推事撤查，并请首席检察官侦查起诉"，事后书记官被判处徒刑 10 年。③

在璧山实验地方法院成立的同时，1942 年 5 月 5 日，律师张竣等发起筹备组织璧山律师公会，1943 年 1 月 10 日召开璧山全体律师会员会议，通过了《璧山律师公会规则》，选举成立璧山律师公会。李祖庆指派实验法院检察官到会监选。此次会议选举张竣等 5 人为理事，沈钧儒、吴麟为候补理

---

① 《四川璧山实验地方法院助理员考试训练规则》，四川璧山民国档案，档案号：12 - 1 - 11。
② 《璧山实验地方法院另行考察事项》，四川璧山民国档案，档案号：12 - 1 - 1321。
③ 《璧山实验地方法院另行考察事项》，四川璧山民国档案，档案号：12 - 1 - 1321。

事。① 李祖庆深知律师在简化诉讼程序中的重要性，"推行新制，如不得律师界相助为理，则所得结果必不正确"，于是实验法院在1943年6月邀请璧山律师公会人员，在法院礼堂召开了一次征求意见大会。在会议上，李祖庆提出了多项希望律师减少故意拖延、加快诉讼进度的建议，如"律师代诉讼人具状，应为诉讼人求合法之利益，不宜戴（代）一造对他造当事人肆行批评，或对于法官滥施攻击，致生反响"，"民事执行事件律师代债务人或第三人声明异议及提起诉讼时，应注意是否故事拖延，妨害执行"等，并表示"本院办事手续，应改进之点，欢迎建议，并随时接受"。② 出席律师针对自诉等诉讼程序问题提出了多项建议，也针对自己办案遇到的情况进行了反馈，李祖庆当场调查解决了几例律师与法院工作人员的细小纠纷。为得到律师的支持，李祖庆诚恳表示，"有法治固必须有治人，但有治人仍须有治法，否则因人成事，则只能收效于一时，而不能永久普遍"，实验法院所承担的简化诉讼程序"兹事体大，非本人与首席二人所能单独担负"，"希望各位各本固有义务，就容观所得，平情论断，共策进行"，并呼吁"法官律师均各注意风纪，以挽颓风"。③

与前任孙希衍不同，李祖庆明了实验法院的主要目的，因此非常重视《实验办法》的实施以及实施效果的总结。他认为"实验法院办事效率力求增进，不能墨守成规"，④"实验法院负推行实验方案之重任，当然不能墨守成规、一成不变"。⑤ 他多次在院会中与法院同仁商议《实验办法》的推行，并拟定了《实验地方法院办理民刑诉讼应行注意事项》，事项中就《实验办法》与"民刑诉讼法及非常时期民刑诉讼补充条例有关并须特别法益之处"，"为有系统之说明，以促推检办理案时至注意"，"俾本院同人置诸案头，随时批阅"。⑥ 他强调，"实验法规包涵并不甚广，且属简而易行，然检查已往事实，法规所定，尚有未经逐一实验者是否有疏漏之处"，"除无相

---

① 张宝书：《民国璧山律师公会的筹建》，政协璧山县委员会学习文史委员会编《璧山文史资料》第21辑，2008，第230~231页。
② 《四川璧山实验地方法院征求对于实验法规适用上之意见》，四川璧山民国档案，档案号：12-1-946。
③ 《四川璧山实验地方法院征求对于实验法规适用上之意见》，四川璧山民国档案，档案号：12-1-946。
④ 《院务会议记录》（1943.4.12），四川璧山民国档案，档案号：12-1-951。
⑤ 《院务会议记录》（1943.4.3），四川璧山民国档案，档案号：12-1-951。
⑥ 《实验地方法院办理民刑诉讼应行注意事项》，四川璧山民国档案，档案号：12-1-1321。

当事实际发生外,应尽量适用实验法规并注意适用结果"。① 在他的督促下,实验法院对《实验办法》的适用案件数大幅增加。根据实验法院的统计,1942年5月至1943年4月一年间,刑事案件适用《实验办法》条项为192件次,② 而到了1943年,仅6月一个月内,刑事案件适用《实验办法》条项就达90件次。③

三 实效:《实验办法》及诉讼效率的提升

实验法院简化诉讼程序的主要法源是《实验地方法院办理民刑诉讼补充办法》,其以诉讼效率为考量,改变了原诉讼法规定。实验法院的核心工作,就是对这些变通规定进行实验,看其是否能够简化诉讼程序,提高司法效率。

在民事诉讼环节,《实验办法》从三个方面加快诉讼效率:一是加强法院职权,一些由当事人声请的程序改为由法院依职权进行。如在缺席判决问题上,《民诉法》第三百八十五条规定,"言词辩论日期当事人之一造未到场者得依到场当事人之声请由其一造辩论而为判决"。《实验办法》第十一条规定,"民事诉讼法第三百八十五条第一项所规定由一造辩论而为判决,法院得依职权为之",即对于缺席判决的情况,《民诉法》采取当事人主义,此处改为职权主义。类似的还有公示送达、无管辖权移送等程序,均赋予法院职权,加快了诉讼程序的进行。

二是减少程序环节,将一些前置性程序免除。如《民诉法》第二百零二条规定,"证人受合法传唤,无正当理由不到者,法院得以裁定科五十元以下之罚锾,证人已受前项裁定仍不遵传到场者,得再科一百元以下之罚锾并得拘提之",《实验办法》第九条规定,"证人有《民事诉讼法》第三百零三条第一项情形,法院得拘提之"。由于证人传唤不到,会极大地影响诉讼进行,《民诉法》规定了拘提的前提是当事人受罚后仍不到,而《实验办法》则不待罚锾直接可以拘提。再如《民诉法》第四百零九条规定,"第

---

① 《院务会议记录》(1943.7.31),四川璧山民国档案,档案号:12-1-951。
② 《四川璧山实验地方法院检察处一年来适用实验地方法院办理民刑诉讼补充办法条项一览表》,四川璧山民国档案,档案号:12-1-911。
③ 《四川璧山实验地方法院适用实验法规结案月报表》(民国三十二年六月),四川璧山民国档案,档案号:12-1-946。

四百零二条第一项及第二项所定之诉讼于起诉前应经法院调解,有法院或其他调解机关调解不成立时起已经过一年者于起诉前应再经调解",《实验办法》第十四条直接规定实验法院不适用民事诉讼法关于强制调解之规定,也即调解不再是此类案件的必经前置程序。

三是更改适用条件,适应社会的变化。如《民诉法》第三百八十九条规定"依职权宣告假执行的情形之一:所命给付之金额或价额未满一百元之判决",《实验办法》将"一百元"的数额提升到"一千元"。《民诉法》第四百零二条规定,"关于财产权之诉讼其标的之金额或价额在八百元以下者适用本章所用之简易程序",《实验办法》将八百元提升到"三千元"。这些条件的更改,使原本不适用假执行和简易程序的一些民事案件得以符合适用标准。

《实验办法》关于刑事诉讼部分主要完善了缓起诉制度、自诉制度等。第一,增加缓起诉规定,以减少刑法适用。《实验办法》第二十五条至第三十五条详细规定对于轻微刑事案件,检察官认为以缓起诉为适当者,可以给予"缓起诉处分"。"检察官得斟酌案情向被告为必要之劝谕",得为"命令被告向被害人道歉""命令被告立悔过书""命令被告向被害人支付百元以内之抚慰金"等命令,并应附记于缓起诉处分书内。"缓起诉处分,告诉人声明不服者,准用声请再议之程序,被告声明不服者,检察官应即撤销原处分,依法起诉。""缓起诉处分于期间届满得为不起诉处分,但犯罪业已证明,不受处分会兹(滋)长被告人的犯罪心理,被害人不得其平,也一定会声请再议,反而可能导致增加诉讼。缓起诉处分既可予被告以自诉之路以观后效,而被害人受被告之道歉或支付抚慰金与立悔过书,精神上有所安慰,诚悉事宁人之道。"

第二,扩张自诉范围,以缩短诉讼程序。《实验办法》第三十七到四十四条均为有关自诉问题的规定。第三十八条规定,"犯罪事实之一部提起自诉者,他部虽不得提起自诉,亦以得提起自诉论"。《刑诉法》规定自诉需以书面形式,但《实验办法》规定"提起自诉得以言词为之"。《刑诉法》对自诉之审期应通知检察官,《实验办法》规定可不通知检察官。《实验办法》第四十三条规定,"得自诉之案件经告诉者,检验官应即移送法院,按自诉程序办理,但告诉人有明白之反对表示,或侦查已经终结者,不在此限"。《刑诉法》对侦查案件必告诉人已提起自诉者,才会移送法院。而本条则规定凡得自诉之案件除告诉人有反对表示或侦查终结者外,均应移送法院按自诉程序办理,此条也是扩大了自诉范围。

实验法院采取《实验办法》简化诉讼程序后,结案速度明显加快。孙希衍在第一次报告中指出:"其第四十一条第十五条适用结果,诉讼进行且因之加速不少,而第八条,第四十三条,第四十九条尤足以法院启示之力补助民刑当事人诉讼智识之不足,第二十五条以下缓起诉处分之规定对于促轻微刑事被告之自新收效更宏。"① 按照李祖庆在任时的统计,民事的缺席判决、刑事的缓刑与自诉均得到最多次的适用,节省了诉讼时间。

司法行政部在《战时司法纪要》中记录了实验法院的实验效果。"1942年,司法行政部在陪都重庆附近的璧山县设实验地方法院,以司法行政部订《实验办法》为依据,进行审判改革试验,实验成效颇为显著,结案进度加快,在15日内办结占70%多,在5日内审结占13%,一月内审结占9%,一日内办结者占5%,特殊情形超过一月办结者仅占2%。"② 到1943年6月,案件大多均在15日内办结。若与未设立实验法院的头一年同期结案情况相比,实验法院每月的未结案件都比地方法院减少了1/3到1/2,大大提高了司法效率,实验效果明显(见表1~表3)。

表1 璧山实验地方法院一年来结案速度

单位:件,%

	1942年度								1943年度				共结案数	占全年百分比
	5月	6月	7月	8月	9月	10月	11月	12月	1月	2月	3月	4月		
当日结案	12	11	6	5	6	3	18	14	4	3	7	31	120	5
五日结案	40	39	41	30	33	28	37	32	27	19	26	35	287	13
十五日结案	194	115	135	98	112	116	169	148	88	76	89	179	1529	70
三十日结案	20	15	19	17	16	7	13	10	9	19	29	27	202	9
六十日以上结案	5	1	5	4	0	1	9	7	2	5	3	12	63	3
月收案	221	155	202	192	190	207	190	160	161	103	106	321	2208	—
月结案	271	181	206	154	167	155	246	211	123	121	150	284	2200	100

资料来源:《实验地方法院一年来结案速度表》,四川璧山民国档案,档案号:12-1-911。

---

① 《璧山实验地方法院第一次报告》,四川璧山民国档案,档案号:12-1-1121。
② 《战时司法纪要》,第1页。

表 2　璧山实验法院未结案件与上年同月份对比

单位：件

	1942 年度								1943 年度			
	5月	6月	7月	8月	9月	10月	11月	12月	1月	2月	3月	4月
实验地方法院	100	79	100	120	153	162	128	85	76	65	60	59
璧山地方法院	146	142	219	196	176	259	224	123	172	190	147	171

资料来源：《本院成立一年来每月民事未结案件与上年同月份对比》，四川璧山民国档案，档案号：12-1-911。

表 3　璧山实验法院办案进行期间表

	经过日期	即日	五日内	十五日内	三十日内	四十五日内	六十日内	七十五日内	九十日内	三月以上	合计
民事	件数	9	25	40	1	20	3	—	1	—	99
刑事	经过日期	即日	五日内	十五日内	三十日内	四十五日内	六十日内	七十五日内	九十日内	三月以上	合计
	件数	9	32	43	4	19	—	—	—	—	107
检察	经过日期	即日	五日内	十五日内	三十日内	四十五日内	六十日内	七十五日内	九十日内	三月以上	合计
	件数	52	15	26	3	4	—	1	—	1	102
执行	经过日期	即日	五日内	十五日内	三十日内	四十五日内	六十日内	七十五日内	九十日内	三月以上	合计
	件数	—	4	7	1	15	2	1	—	—	30

资料来源：《办案进行期间表》（民国三十二年六月），四川璧山民国档案，档案号：12-1-946。

四　推广：重庆实验地方法院

在璧山实验地方法院设立的两年后，1944 年 7 月 1 日，司法行政部又将四川重庆地方法院改组为重庆实验地方法院，并先后任命查良鉴、汪廉担任院长。其原意是"惟以璧山地方法院，讼案较简，尚待在通都大邑，再行实验"。[①] 由于重庆实验地方法院成立较晚，又与璧山同时结束实验，实际上仅存在一年半，所以重庆实验地方法院主要是推广适用了璧山实验地方法院的一些先行经验。[②]

[①] 汪楫宝：《民国司法志》，第 69 页。
[②] 《抄送地方法院职员值日办法等俟仰知照并饬令属知照办由》，重庆地方法院档案，档案号：0110-3-59。

改组后的重庆实验地方法院按照《实验办法》审理各类民、刑诉讼案件，并制定职员值日办法、地方法院检察处密告箱设置办法、地方法院诉讼案件进行状况公告牌登记办法，作为工作程序实验主要内容。值日办法规定地方法院设置值日推事，检察官全天值班，随时受理言辞起诉、申请调解等事项。密告箱设置办法则为便利秘密举发犯罪事项，并规定密告人姓名由检察处严守秘密。公告牌登记办法规定办案人员应将所受理案件进行状况记载张挂，由当事人及院内同事进行监督。

由于重庆实验地方法院所处的区位，与璧山实验地方法院相比，重庆实验地方法院有两点内容颇值一提，一是常以多种形式探讨全国性的司法问题，如在1945年9月25日开展题为"司法复员问题"的学术联谊会，张德润、谢怀栻、朱育璜等实习推事围绕"如何普设法院""如何培养司法人才""如何筹措司法经费"等问题展开探讨。① 二是由于涉外案件较多，重庆实验地方法院将民事、刑事涉外案件分由民庭、刑庭庭长专门办理，"力求迅速妥恰"，美军总部军法处军法官魏司特等曾到庭旁听，对办案情形颇感满意。②

1944年11月24日，美国国务院司法考察团法学专家海尔密克（M. J. Helmick）来华考察中国司法行政制度。海尔密克是前驻华法院（U. S. District Court in China）法官，其来华考察正值《中美新约》生效不久，中国治外法权得以收回。时任司法行政部部长的谢冠生为展示中国法制进展，让美方认可中国的司法改革，于是安排海尔密克参观重庆实验地方法院。11月27日海尔密克开始在重庆实验地方法院观察涉外案件的受理情况。③ 海尔密克在考察后提出建议："刑事案件，由检察官与被告律师讯问证人、互相辩论，推事仅负谛听及裁判之责；民事，得凭推事辨别证据之强弱，而为判断，刑事，非有明确而直接之证据，不得判罪处刑；被告在判决前，不得推定其有罪责；检察官需要组织训练；设立中央指纹机构与全国警务机关，建立交换情报之系统；巡回审判，主张推行全国；民诉程序，主张简化；自诉制度，主张废止。"④ 该建议经司法行政部加具意见分送有关机关参考。海尔密克返国后，

---

① 《实验地方法院同年第三次联谊会》，《辅导通讯》1945年第8期，第54页。
② 周焕强总编《重庆市志》第14卷，西南师范大学出版社，2005，第279页。
③ 根据倪征燠的回忆，海尔密克对实验法院"似乎未暇深入了解"。参见倪征燠《淡泊从容莅海牙》，法律出版社，1999年，第66~69页。
④ 汪楫宝：《民国司法志》，第115页。

美代理国务卿格鲁及总检察长毕特尔发函致谢民国政府,并"述及司法行政部对于简化诉讼程序之效力,深信于国家必有重大裨益"。[①]

谢冠生与倪征燠交好,并通过倪征燠事先了解到了海尔密克的情况。重庆实验地方法院的设立是否是谢冠生为凸显民国政府重视司法改革而采取的仓促应对之策,似不能下断言。但存在一年半的重庆实验地方法院对诉讼实验的用心程度明显不及璧山实验地方法院(见表4)。不仅每月一次的业务检讨会议均未对实验情况做出专门的回应,[②] 连1944年和1945年的两次年终会议也未对实验情况做出明确的说明。[③] 但从司法统计来看,重庆实验地方法院适用《实验办法》,也在一定程度上提高了诉讼效率,证明了《实验办法》可以进行推广。

表4 重庆、四川实验地方法院1944年上半年民事、刑事案件结案率对比

案件别	法院	新收件数	终结件数	一月未满	一月以上	二月以上	三月以上	四月以上	未终结件数
民事案件	四川重庆地方法院	963	652	132	216	215	72	17	311
	重庆实验地方法院	837	566	187	228	92	51	8	271
刑事案件	四川重庆地方法院	1393	1039	119	315	276	218	111	354
	重庆实验地方法院	3540	2149	941	678	365	119	46	1391

资料来源:《民刑事案件及看守人犯统计表及司法部公务统计方案》,重庆地方法院档案,档案号:0110-3-99。

五 修法:实验成果与新诉讼法

1945年3月,司法行政部根据行政院的命令,参考璧山实验地方法院、重庆实验地方法院简化诉讼程序的经验总结,制定诉讼法的修正案。1945年11月30日《民事诉讼法修正案》和《刑事诉讼法修正案》(以下又分别称为新《民事诉讼法》和新《刑事诉讼法》)由立法院修正通过,并由国民政府于12月26日公布施行。

在38条修正民事诉讼条文中,有10个条文部分或全部吸收了《实验办

[①] 参见唐润明主编《抗战时期国民政府在渝纪实》,重庆出版社,2012,第410页;汪楫宝《民国司法志》,第69页。
[②] 《业务检讨会议记录》,重庆地方法院档案,档案号:0110-3-52-1/2。
[③] 《卅三年度年终会议、卅四年度年终会议》,重庆地方法院档案,档案号:0110-3-5-1。

法》的10个对应条文，在47条修正刑事诉讼条文中，有14个条文部分或全部吸收了《实验办法》的12个条文（见表5）。

表5　新诉讼法部分或全部吸收的《实验办法》条文

	新诉讼法	《实验办法》
新《民事诉讼法》	第28、37、149、190、249、385、389、402、443、487条	第2、3、4、5、6、8、11、12、13、16条
新《刑事诉讼法》	第108、109、207、221、232、235、238、308、311、312、317、323、400、499条	第20、21、24、27、28、36、38、39、40、41、47、49条

（一）实验效果与《民事诉讼法》修订

根据实验法院的实验效果，新《民事诉讼法》从两个方面进行了修订：第一是"侧重职权推动诉讼之进行"。对于法院针对无管辖权诉讼之移送是"依声请"还是"依职权"，《实验办法》（第三条）采职权移送主义，原《民诉法》（第二十八条）采当事人声请主义，《民诉法》规定"或依声请，或依职权"，实际上即采纳《实验办法》的做法；对于法院针对公示送达是"依声请"还是"依职权"，《实验办法》（第四条）采职权公示送达，原《民诉法》（第一百四十九条）采当事人声请主义，《璧山实验地方法院第二次报告》称"因本院此类案件不多，故《实验办法》适用之机会较少，但适用之时尚未发生何种困难",[①] 最终《民诉法》采当事人声请主义，但规定了职权公示送达的唯一情形即原告或曾受送达之被告变更应为送达之处所，不向受诉法院陈明，"致有应为送达之处所不明者"；对于法院的告知释明义务，《实验办法》（第五条）规定法院应通知当事人诉讼程序休止之规定，原《民诉法》（第一百八十九条、第一百九十条）没有规定法院的通知义务，《民诉法》规定法院应于休止诉讼程序的效力发生前十日通知当事人，实际上即吸收了《实验办法》的规定；对于原告显无理由之诉采何种审理主义，《实验办法》（第六条）规定得不经言辞辩论，径以判决驳回，原《民诉法》（第二百二十一条）采言辞审理主义，《民诉法》规定得不经言辞辩论，径以判决驳回，乃是采纳《实验办法》规定的做法；对于一造辩论而为之判决是"依声请"还是"依职权"，《实验办法》（第十一条）

[①] 《璧山实验地方法院第二次报告》，四川璧山民国档案，档案号：12-1-513。

采职权进行主义,原《民诉法》(第三百八十五条)采当事人声请主义,《璧山实验地方法院第二次报告》称,《实验办法》第十一条适用机会较多,"璧山实验地方法院成立以来每月提用此条列结者约居全数二十分之一",①《民诉法》采取以当事人声请为主,法院依职权补充,实际上即吸收了《实验办法》的规定。

第二是"减少不必要之限制"。对于推事被声请回避是否应停止诉讼,《实验办法》(第二条)规定不得停止诉讼程序,原《民诉法》(第三十七条)规定应停止诉讼,但除外情形有三种:(1)声请违背第三十三条第二项;(2)声请违背第三十四条第一项或第二项之规定;(3)声请显系意图延滞诉讼而为者,并指出"停止诉讼程序中如有急迫情形仍应为必要之处分"。《实验办法》适用后,法院认为该规定足以防止当事人拖延诉讼之流弊,②最终《民诉法修正案》规定应停止诉讼,但除外情形有两种:(1)因有急迫情形应为必要之处分;(2)以第三十三条第一项第二款为理由。《民诉法修正案》将"如有急迫情形应为必要之处分"作为停止诉讼程序的除外情形,是部分吸收了《实验办法》的规定,将推事被声请回避不停止诉讼的情形范围予以扩大。对于各类程序的数额限制,《实验办法》(第十二条、十三条)调整了原《民诉法》(第三百八十九条、第四百零二条)依职权宣告假执行、适用简易程序的金额或价额限额,《民诉法修正案》参考《实验办法》的规定,根据经济水平扩大了宣告假执行、适用简易程序的金额限额。对于是否限制更正原裁定的范围、是否适用添具意见书之规定,《实验办法》(第十六条)扩大了原法院或审判长更正原裁定的范围,规定不适用添具意见书之规定,原《民诉法》(第四百八十七条)对法院或审判长更正原裁定的范围加以限制,以不受该裁定之羁束或该裁定系诉讼进行中而为者为限,并认为添具意见书是为必备之程式。《民诉法修正案》亦扩大了原法院或审判长更正原裁定的范围,删除原民诉法的但书规定,对应否添具意见书赋予原审法院斟酌之权,实际上即吸收了《实验办法》的实验方案。

《实验办法》中的其他一些制度创新,新《民事诉讼法》未予采纳。如对于抗告裁定的范围,原《民诉法》(第四百八十条)规定:"诉讼程序进

---

① 《璧山实验地方法院第二次报告》,四川璧山民国档案,档案号:12-1-513。
② 《对于实验地方法院办理民刑诉讼补充办法各条之意见》,四川璧山民国档案,档案号:12-1-1321。

行中所为之裁定除别有规定外不得抗告。"《实验办法》则缩小了原民诉法中抗告裁定的范围，规定"民事案件于诉讼程序进行中而为之裁定，除对于第三人所为者外，一律不得抗告"。该项规定施行后，实验法院认为"第十五条规定诉讼程序进行中所为之裁定，除对第三人所为者外，一律不得抗告，立法意旨，虽在减少拖累，然此项裁定有时反使诉讼程序停止，如中止诉讼程序裁定是若亦一律不准抗告，殊乏救济之道。是故尚有修正之必要也"。① 最终，《民诉法修正案》并未采纳《实验办法》的该项创新，未对原《民诉法》的该项规定做出修改。又如对诉之变更或追加采取何种方式，《实验办法》（第八条）规定以职权命追加，原《民诉法》（第二百五十五条）采原告声请主义，且应经被告同意或不甚碍被告之防御及诉讼之终结，《民诉法修正案》对此未做修改。对于受合法传唤无正当理由不到之证人如何处理，《实验办法》（第九条）规定直接拘提，原《民诉法》（第三百零三条）规定先罚锾，罚锾后再不到场始得拘提，《民诉法修正案》对此也未做修改。对于调解是否为简易程序之必经程序，《实验办法》（第十四条）规定简易程序不适用强制调解之规定，原《民诉法》（第四百零九条）规定调解为简易程序之前置必经程序，《民诉法修正案》未对原《民诉法》做出修改。对于管辖范围，《实验办法》（第十八条）规定人事诉讼得由被告住所地或居所地之法院管辖，采任意管辖主义，原《民诉法》（第五百六十四条、第五百七十九条）对人事诉讼采专属管辖主义，《民诉法修正案》也未对原民诉法做出修改。

（二）实验效果与《刑事诉讼法》修订

在自诉制度部分，《刑事诉讼法》修订从三个方面吸收了《实验办法》的规定。第一，《实验办法》将提起自诉的主体和对象范围予以扩大，不再将提起自诉的主体限定在有行为能力范围内，也不再禁止对直系等亲属或配偶提起自诉，而准许犯罪之被害人及其他得为告诉之人均得提起自诉。而原《刑诉法》（第三百一十一条、第三百一十三条）规定凡无行为能力人均不得提起自诉，且有行为能力人对直系尊亲属或配偶也不得提起自诉。实验一年后，璧山实验地方法院检察处认为，"自诉范围不宜扩张"理由是扩大自诉范围并不能减少诉讼程序，且"将诉追犯罪之权操诸私人之手是

---

① 《一年来之璧山实验地方法院》，四川璧山民国档案，档案号：12-1-11。

否合于刑事诉讼之目的，也值得推敲"。① 实验法院也认为"扩张自诉范围的重要弊端，在当事人因图省讼费将民事争执强行牵入刑事范围提起自诉，并将毫无关系之人列入被告，以泄其忿。既不能构成诬告罪名，无法警戒，且每于第一审论知被告无罪后滥行上诉。第二审限于法令逐一传唤。纵驳回上诉维持原判，被告方面已受拖累不小"。② 最终《刑诉法修正案》对原《刑诉法》此项规定未做变更，即未采纳《实验办法》的该项规定。

第二，《实验办法》将自诉的客体范围予以扩大，一方面，根据自诉不可分原则，犯罪事实一部起诉者他部虽不得自诉亦以得提起自诉论，以图自诉人之便利（第三十八条）；另一方面，凡得自诉之案件除告诉人有反对表示或侦查终结者外均应移送法院按自诉程序办理（第四十三条）。最终《刑诉法修正案》采纳《实验办法》的自诉不可分原则，将《刑诉法》第三百十一条新增一项"犯罪事实之一部提起自诉者，他部虽不得自诉，亦以得提起自诉论。但不得提起自诉部分系较重之罪，或其第一审属于高等法院管辖，或第三百十三条之情形者，不在此限"。此项新增规定乃是吸收《实验办法》第三十八条内容之做法。而对于移送问题，检察处关于实验效果的报告书称："关于移送自诉，检察处认为对于犯罪嫌疑不足或行为不罚、稍经侦查即可得其真相者，仍依侦查程序办理。如果一概将告诉之自诉案件移送，可能会使告诉人借自诉人之地位得一再上诉之机会，还不如予以不起诉处分后仅得声请再议之程序简便。"③ 所以，《刑诉法修正案》未对原《刑诉法》第三百十五条"对侦查案件必须是告诉人已提起自诉者始得移送法院"做出修改，即未采纳《实验办法》第四十三条之规定。

第三，《实验办法》采取了简化自诉程序的规定，规定提起自诉得以言辞为之（第三十九条），仅告诉或请求乃论之罪于第一审辩论终结前，得撤回之，且非告诉乃论之罪，经检察官同意者亦得撤回（第四十条）。自诉案件之审判期日得不通知检察官（第四十二条）。自诉人经合法传唤，无正当理由不到庭者，以撤回自诉论，但非告诉或请求乃论之罪，不在此限（第

---

① 《四川璧山实验地方法院检察处改善实验方案意见书》，四川璧山民国档案，档案号：12-1-677。
② 《四川璧山实验地方法院征求对于实验法规适用上之意见》，四川璧山民国档案，档案号：12-1-946。
③ 《四川璧山实验地方法院检察处推行实验地方法院办理民刑诉讼补充办法成效报告书》，四川璧山民国档案，档案号：12-1-994。

四十一条）。实验一年后，璧山实验地方法院检察处认为《实验办法》"第四十一条虽对诉讼程序中自诉人拒不到庭按撤诉处理作有规定，但在侦查程序中则无相同之规定，导致自诉人在侦查过程中拒不到案时造成案件无法终结"，"为使此类案件迅速终结"，建议增设"告诉乃论之罪案件，告诉人于侦查中经合法传唤无正当理由不到者，处本刑为七年以上有期徒刑以上之刑者外，应以撤回告诉论"之规定，建议将《实验办法》所规定"得撤回自诉及以撤回自诉论之告诉乃论罪"加以限制，即"本刑为七年以上有期徒刑以上之刑者除外"。① 最终，《刑诉法修正案》规定"自诉人不能提出自诉状者，得以言词提起自诉"。"告诉或请求乃论之罪，自诉人于第一审辩论终结前，得撤回其自诉。""对自诉人经合法传唤，无正当理由不到庭者，以撤回自诉论，但非告诉或请求乃论之罪，得不待其陈述而为判决。"而未对《刑诉法》第三百二十二条做修改。可见，《刑诉法修正案》对《实验办法》第三十九条、第四十条、第四十一条的内容予以采纳，而未采纳《实验办法》第四十二条之规定。

关于缓起诉制度，原《刑诉法》有不起诉的规定，但没有关于缓起诉制度的内容。《实验办法》规定，"对于《刑法》第六十一条所列各罪之案件，参酌《刑法》第五十七条所列事项，检察官认为以缓起诉为适当者，得为缓起诉之处分"，并用大篇幅的条文详细地规定了缓起诉制度的具体内容。这是近代中国《刑事诉讼法》第一次明确规定了缓起诉制度。缓起诉制度实验一段时间后，璧山实验地方法院检察处所作的报告书称："缓起诉制度的适用有利无弊，不仅诉讼程序得因之缩短，而且促进了被告改过自新，但由于璧山案件的告诉人及被告多属乡愚，仅令给付抚慰金之处分，适用机会较多，至于道歉及立悔过书之处分，适用机会较少。"② 在璧山实验地方法院成立后的一年时间里，其适用缓起诉的案件共有24件，申明不服的案子只有3件。③ 于是，检察处提议扩大缓起诉制度的适用范围。④ 因

---

① 《四川璧山实验地方法院检察处改善实验方案意见书》，四川璧山民国档案，档案号：12-1-677。
② 《四川璧山实验地方法院检察处推行实验地方法院办理民刑诉讼补充办法成效报告书》，四川璧山民国档案，档案号：12-1-994。
③ 《四川璧山实验地方法院检察处一年告诉人及被告对缓起诉申明不服结果统计表》，四川璧山民国档案，档案号：12-1-11。
④ 《四川璧山实验地方法院检察处改善实验方案意见书》，四川璧山民国档案，档案号：12-1-677。

为关于缓起诉制度,"惟此能适用者,仅限于《刑法》第六十一条所列之案件,如能酌予扩张,则收效当更宏大"。①

不过,最终《刑诉法》的修订未新设缓起诉制度,而是将缓起诉制度的内容吸收进新《刑诉法》不起诉的制度内。在新《刑诉法》第二百三十二条规定不起诉的制度中,增加规定:"检察官为前项不起诉处分前,并得斟酌情形,经告诉人同意,命被告为左列各款事项:一、向被害人道歉。二、立悔过书。三、向被害人支付相当数额之抚慰金。前项情形,应附记于不起诉处分书内。"

新《刑事诉讼法》还采纳了许多《实验办法》中强化检察官职权的规定。如《实验办法》规定检察官侦察犯罪,应避免先行传讯被告之方式(第二十四条)。这都是原《刑诉法》没有赋予检察官的职权。经实验,检察处认为"该规定厉行以来尚无窒碍,使无辜人民的讼累减少,减少了兵役案件中与行政机关的摩擦,收效更宏"。②《刑诉法修正案》将第二百零七条新增第二项"实施侦查,非有必要不得先行传讯被告"。即采纳了《实验办法》第二十四条之规定。又如《实验办法》(第二十一条)规定"羁押之被告具有《刑事诉讼法》第一百零七条第一百零八条第三项第一百零九条之情形,应行释放者,于必要时得命具保、责付或限制住居,其有《刑事诉讼法》第二百三十八条第一项或第三百零八条之情形者,亦得命限制住居"。而原《刑诉法》(第一百零八条)规定羁押期间已满,视为撤销羁押,并无例外,对该条规定进行文义解释,凡被告之羁押期间已满而未经起诉或裁判者,就应即撤销其押票。但其实常常因为某些原因,被告之住居所须为法院所明了,以方便法院日后传唤讯问者。因此,《刑诉法修正案》将原《刑诉法》第一百零八条新增但书规定"得命具保责付或限制住居"。基于同样的理由,刑诉法修正案亦将第一百零九条新增但书"得命具保责付或限制住居"。第二百三十八条、第三百零八条也将"或限制居住"增入。这乃是参考《实验办法》之规定所做的修改,使法院在法律的应用上更加周密。

此外,《实验办法》中其他一些简化刑事诉讼程序的规定也被新《刑事诉讼法》予以采纳。如原《刑诉法》(第四百条)规定"应于接受抗告书

---

① 《一年来之璧山实验地方法院》,四川璧山民国档案,档案号:12-1-11。
② 《四川璧山实验地方法院检察处推行实验地方法院办理民刑诉讼补充办法成效报告书》,四川璧山民国档案,档案号:12-1-994。

状后三日内添具意见书送交抗告法院",认为添具意见书是为必备之程式。《实验办法》(第四十七条)规定不适用《刑事诉讼法》第四百条第二项关于添具意见书之规定。《刑诉法修正案》吸收《实验办法》的该项规定,将原《刑诉法》第四百条修正为"应于接受抗告书状后三日内送交抗告法院。并得添具意见书"。即对应否添具意见书附予原审法院斟酌之权。又如原《刑诉法》(第四百九十六条)规定提起附带民诉应提出诉状为之。《实验办法》(第四十九条)规定附带民事诉讼得以言辞提起。《刑诉法修正案》将《刑事诉讼法》第四百九十九条中"释明不能提出书状之事由者"及但书规定删除,另行增加第二项"其以言词起诉者。应陈述诉状所应表明之事项。记载于笔录"。第三项"第四十一条第二项至第四项之规定,于前项笔录准用之"。第四项"原告以言词起诉而他造不在场者,应将笔录送达于他造",删除但书的意义在于对被告不在场之附带民事诉讼亦得以言辞提起,这对诉讼当事人而言实为便利,实际上即吸收了《实验办法》第四十九条的规定。

《实验办法》中的其他一些制度创新,新《刑事诉讼法》未予采纳,如《实验办法》(第二十三条)规定法院或检察官因调查证据及犯罪情形,应注意适当时机,迅为必要之勘验及搜索,原《刑诉法》对此未做规定,《刑诉法修正案》也未增加此项规定。又如原《刑诉法》(第二百九十八条)规定缺席判决的案子为应科拘役、罚金或应论知免刑或无罪之案件。《实验办法》(第四十五条)将缺席判决的案件范围予以扩大,规定"刑法第六十一条所列各罪之案件,被告经合法传唤,无正当理由不到庭者,得不待其陈述,径行判决"。而《刑诉法修正案》并未采纳《实验办法》的方案,未对原《刑诉法》的此项规定做修改。再如原《刑诉法》(第四百四十九条、第四百五十五条、第四百五十七条)规定处刑命令须经正式审判程序。《实验办法》(第四十八条)规定处刑命令不适用正式审判,如不服得径行提起上诉。但《实验办法》的该项规定之适用效果并不显著,据检察处的报告书指出,"关于声请处刑命令之规定未被适用。原因在于本处检察官对于得声请处刑命令之案件,恒多当时起诉,送请值日推事审判,而值日推事认为犯罪事实已臻明确者,亦多即时判决,送达节本。这种做法较声请处刑命令之程序更为简便"。[①] 最终,《刑诉法修正案》对原《刑诉法》未做修改,

---

① 《四川璧山实验地方法院检察处推行实验地方法院办理民刑诉讼补充办法成效报告书》,四川璧山民国档案,档案号:12-1-994。

132

即未采纳《实验办法》的此项规定。再如原《刑诉法》（第三百条）规定刑事判决书的事实及理由分别记载。《实验办法》（第四十六条）规定刑事判决书的事实及理由不分栏记载。《刑诉法修正案》未采纳《补充办法》的该项规定，并未对原《刑诉法》做出修改。

总体而言，《实验办法》中关于增加法官和检察官职权范围、便利当事人诉讼、加速诉讼推进的主要措施基本上都对诉讼法修订产生了示范意义，得以体现在新诉讼法中。

六 尾声：实验法院的终结与思考

在诉讼法修订时，司法行政部将璧山实验地方法院院长李祖庆调回了最高法院检察署，同时调派孟泽山担任璧山实验地方法院第三任院长，此时璧山实验地方法院的诸项实验均已完成，孟泽山仅负责实验法院的善后工作。司法行政部直接管理下的璧山实验地方法院在完成自己的试点改革后重新回归四川高等法院指挥监督。重庆实验地方法院也与璧山地方实验法院同时结束。从1946年度开始，璧山和重庆实验地方法院的"实验"二字被正式废除。① 从1942年5月1日到1945年12月31日，实验法院历时三年零七个月，宣告结束。

在这场围绕提升司法效率而进行的地方试点改革过程中，司法行政部是实验法院的主导机构，实验法院的改革内容实际上包括了两个部分：一是通过变革法院内部工作制度来提高诉讼效率；二是通过变革诉讼程序制度来提高诉讼效率。这些改革内容正处于司法行政部职权范围的边际，特别是《实验办法》对原诉讼法进行了改革，实际上触动了国家基本法律制度，这与立法院的职权产生了冲突。司法行政部未经立法院授权的法律变动显然已超出了其职权的范围，立法院在《实验办法》的变更内容和变更程序方面均提出了质疑。1944年11月，立法院向国防最高委员会提出撤销实验法院案，立法院认为，"我国现行民刑法规，类多草创，且多以外国法为渊源，司法行政部特设之实验法院中对于程序法一项，根据十数年所发现之困难，量为变通，有所试验，并拟将其实验之结果提供立法院修正法规时之参议，用意原亦甚善"，但司法行政部以命令更改法律的做法实为不

---

① 《四川璧山实验地方法院训令（文字第一一号）》，四川璧山民国档案，档案号：3-1-163。

妥，如璧山实验地方法院不设执达员而设司法助理员，事实上变更了《法院组织法》第五十二条之规定，所以"实验办法究系临时措置，不宜久行，亦不便在多处举行"。① 1945年3月国防最高委员会决议同意立法院的呈案，并议决"璧山及重庆两实验地方法院，将其实验结果于本年四月一日以前汇转立法院，供修正现行法治参考，并可同时提出民刑诉讼法之修正案于立法院；立法院于本年六月一日以前，依照简化诉讼程序之原则，参酌司法行政部所提之资料，对于现行民刑诉讼法，酌量议决修正，提请国民政府公布。自本年七月一日起，全国普通法院一律施行"，"其他不涉及变更法律之办法，司法行政部自仍有权酌量予以实验"。②

作为战时最高决策机构，国防最高委员会肯定了司法行政部的实验成效，但也明确了司法行政部的改革权限仅在"不涉及变更法律之办法"范围内，将这场地方试点改革匆匆终结。按照司法行政部的原先规划，在璧山和重庆两地实验后，还要选择某地高等法院进行二审程序的简化实验，最终形成较为完整的一、二审实验成果，用于新诉讼法的修订。但在国防最高委员会的指示下，司法行政部宣布废止《实验办法》，指令璧山、重庆两地法院"原有实验两字应即删除，其行政事务并应受四川高等法院之指挥监督，不得径呈本部"。由于实验结束得较为匆忙，实验地方法院的许多人员还未来得及转换身份观念，直至1946年，璧山法院仍在各种行文中偶尔以"实验法院"自称。

实验法院的时间较为短暂，实验地点也存在局限性，它仅是民国政府在抗战炮火下进行的众多司法改革措施之一，其直接意义是提供了立法机关进行诉讼法修改的实践经验，一些当时未被及时采纳的制度后来也逐渐被接受（如缓起诉③）。相较于对立法的影响，实验法院所代表的从地方试点到中央立法的这一改革思路无疑是更值得被肯定的。由于政治环境的影响，以地方法院试点而进行的司法改革在民国时期仅此一次。这场以提高诉讼效率为目标的司法改革过程有许多值得我们思考和借鉴的地方，如选

---

① 《司法行政部呈为拟在北碚实验地方法院未成立前暂以距部较近之地方法院一二处为实验法院并拟变更诉讼法暨支用超过预算法收部分呈请鉴核转请国防最高委员会备案由》（1942年1月），中国第二历史档案馆档案，档案号：32，转引自蒋秋明《南京国民政府审判制度研究》，光明日报出版社，2011，第181页。

② 中华民国史事纪要编辑委员会编《中华民国史事纪要（初稿）》，中华民国三十四年（1945）一至四月，1986，第674页。

③ 参见台湾现行刑事诉讼法第253-1条。

择璧山作为试点改革地方，考虑到了社会环境、改革成本和全国推广性；地方改革的具体操盘者应当具有改革热情和革新能力，改革成效与人的能力紧密相关；司法效率的提升需要从法院内部工作效率的提高和诉讼程序制度的简化两方面着力；改革成效要在第一线工作中进行实证观察；改革成果要及时地转化为制度规范；等等。

尤其应当注意的是，在实验法院存续的这段时间内，主导司法改革的司法行政部初属司法院，后归行政院，[①] 又与立法院产生冲突，无疑显示出司法改革是一项涉及立法、行政、司法等诸方面的事业，厘清司法改革在权力交织中的合法性和主导权归属，关系到改革的长效与否和实效。这或许也是各个时代的改革都将面临的共同难题。

（作者单位：四川大学法学院）

[①] 国民政府1926年11月设立司法部，1928年10月改为司法行政部，隶属司法院，1931年12月改隶属行政院，1934年10月回隶司法院，1943年1月1日又改隶行政院。司法行政部隶属的频繁更迭，可见司法行政工作在司法和行政两权之间的游离。

·人物与法律变革·

汪康年与晚清修律中的法权迷思[*]

李欣荣

摘　要　晚清最后十年勃兴的修律事业意在法外，旨在以西法合理化朝廷的统治，进而通过条约收回治外法权，体现出清廷治国思维的外向性。传媒舆论于此多有认同之意，并着力推动此事。然《刍言报》主人汪康年却从内治的角度出发，认为转换法律意味着礼教的凌替，西法未可照单全收，而治外法权不过是当初设定的中外交往模式，并质疑修律以收回法权的可行性。后在劳乃宣等人的力邀下，其又卷入新旧之间的"礼法之争"，益见其对内治问题的重视。不过，在经历舆情反弹和政党萌芽之后，汪氏选择淡出论争，立场有所转变，于斯可见其流质易转的个性和随时而变的论政风格。

关键词　汪康年　《刍言报》　治外法权　礼法之争

光绪二十八年（1902）四月，清廷任命沈家本、伍廷芳"将一切现行律例，按照交涉情形，参酌各国法律，悉心考订"，"务期中外通行"，正式拉开了晚清修律运动的序幕。[①] 此事从一开始便不是为了解决法律自身的适用性问题，而是颇有"功夫在诗外"的考虑：以西法证明自己统治的合理性，甚至立意改变外人之观听，收回治外法权（领事裁判权），[②] 借此获得与西方列强平等的国际地

---
[*] 本文系国家社科基金一般项目"晚清刑罚制度的转型研究"（项目编号：14BZS035）的阶段性成果。

[①] 《光绪宣统两朝上谕档》第28册，广西师范大学出版社，1996，第95页。

[②] 所谓"治外法权"（extraterritoriality），原意系指到访的国家元首、政府首脑、外交官和经允许进入的外国军队，不受所在国法律管辖的特权或豁免权。初时本是国家间相互给予，慢慢演变成国际公法。然而西方国家在殖民扩张的进程中，单方面将此特权扩展到旅外的本国普通民众，使之仅受本国领事根据本国法律做出的裁判，故又称为"领事裁判权"（consular jurisdiction）。在近代中国，外人在华的实际司法特权，远远超出了"领事裁判权"的范围，且时人多称之为"治外法权"，因此本文一般使用"治外法权"之概念。相关情况可参见 G. W. Keaton, *The Development of Extraterritoriality in China*（New York: Howard Fertig, 1969）；康大寿、潘家德《近代外人在华治外法权研究》，四川人民出版社，2002；李育民《晚清改进、收回领事裁判权的谋划及努力》，《近代史研究》2009年第1期。

位，进入到西方主导的"世界"去。简言之，修律的目标是外向的，而非主要针对内部的问题。

在举国若狂的修律浪潮之中，很少有人能平情思考，摆脱"修律以收回法权"的迷思（myth），并敢于公开提出有力的质疑。著名报人汪康年（1860~1911）便是这极少数人之一。既往研究多关注汪康年在戊戌至丁未时期的办报活动、维新派的内部争论等方面，① 而较少注意到他在宣统年间，即其人生的最后阶段创办《刍言报》的活动，特别是对于他在治外法权问题，以及外交与内治的互动关系的论述，尚少专门、深入的探讨。这位被章太炎等人戏称为"刘姥姥"的报人，② 难道真的因为见识少而不通外情？在遭遇时论激烈反弹之后，汪氏选择退缩与变化，则又可见其流质易转的个性和随时而变的论政风格。

一 治外法权的象征与实际

在近代中西交往的早期，鉴于中西法律的不同，在华西人归领事管理，一直是西方列强政府追求的目标。有学者认为，英国发动鸦片战争的主要目标之一在于取得治外法权。例如美国学者詹森（M. B. Jansen）赞成张馨保的意见，认为"1840年冲突的直接根源在于鸦片贸易和英国坚持在中国取得治外法权"。③ 艾德华（R. Randle Edwards）的研究也表明，英国从18世纪开始便已谋求治外法权，因为"这种法律和诉讼程序过于严酷，缺乏对于个人自由和权利的足够保障"。这种认知在中英18~19世纪初的早期交往中逐渐形成，1721年"博尼塔号"案、1784年"休斯女士号"案、1800年"天佑号"案、1807年"海王星号"案等一系列案件都强化了相关的

---

① 代表性的研究，可参见廖梅《汪康年：从民权论到文化保守主义》，上海古籍出版社，2001；桑兵《论庚子中国议会》，《近代史研究》1997年第2期；李里峰《汪康年与近代报刊舆论》，《学术研究》2001年第7期。许莹的《办报干政的另一种探索——汪康年报刊思想与实践研究》（中国书籍出版社，2012）从新闻史的角度分析汪氏的办报行为，然深入程度尚不及廖著，对本题亦无论述。
② 孙宝瑄：《忘山庐日记》上册，上海古籍出版社，1983，第372页。
③ 〔美〕詹森：《中国的现代化》，"比较现代化"课题组译，江苏人民出版社，2005，第28页。张馨保的意见，见其 Commissioner Lin and the Opium War（Cambridge Mass.：Harvard University Press, 1964），pp. 214-215.

认知。①

中国丧失治外法权，源于鸦片战争的失败。虽然当时西人对中国法制已大为不满，但是并未将获取治外法权作为战争的必需胜利品。英国外交大臣巴麦尊（Palmerston）曾暗示，若清政府同意割让海岛，条约内可不提治外法权的要求。治外法权也不过是为商业服务的。② 钦差大臣耆英既主张华洋分隔，中外交往以通商为主要事务，故而主动给予英国治外法权。1943年10月的《中英五口通商章程》规定此后的中英人民相犯的案件中，各治以本国法律之条，实质赋予了英国领事在华处置英人犯罪的司法权。此举似乎对于以往的法律惯例和条约先例有所借鉴，③ 并非临时起意或者故意出卖国家权益，就如蒋廷黻所言："治外法权在道光时代的人的眼中，不过是让夷人管夷人。他们想那是最方便、最省事的办法。"④

就当时情况而言，《南京条约》体系所确定的租界-治外法权模式似乎可以适应华洋交往较少的情况，为害有限，甚至还不无轻视洋人的意味。⑤ 设立租界是为了华洋分治，让洋人有较为封闭的居住地域，且禁止远赴内地，中国才给予洋人以治外法权。与汪康年关系密切的《中外日报》发表论说指出："租界者，以内地不能任便杂居，乃为是区划地段，而为之界限，租与外人聚居其间，使彼此不致相扰而保护亦易为力耳。"⑥

至1902年修律之时，已有英、美、法、德等十八国获得了治外法权。⑦ 这些拥有在华司法特权的国家，反而以此为由，变本加厉地抨击中国律法

---

① 〔美〕艾德华：《清朝对外国人的司法管辖》，《美国学者论中国法律传统》（增订版），清华大学出版社，2004，第466～504页。另可参见吴义雄《英国在华治外法权之酝酿与尝试》，《条约口岸体制的酝酿——19世纪30年代中英关系研究》，中华书局，2009。

② 严中平辑译《英国鸦片贩子策划鸦片战争的幕后活动》，《近代史资料》1958年第4期，第75页。

③ 清政府在19世纪30年代便给予中亚浩罕国许多经济和审判方面的特权，据约瑟夫·弗莱彻（Joseph Fletcher）的说法，"它为以后西方与北京之间的不平等条约铺平了道路。清帝此时已经给予了全部治外法权，就象他不久将要在沿海给予贸易飞地以治外法权"。参见其《清秩序在蒙古、新疆和西藏的全盛时期》，费正清编《剑桥中国晚清史》上卷，中国社会科学出版社，1985，第421页。

④ 蒋廷黻：《中国近代史》，武汉出版社，2012，第21页。

⑤ 日本学者佐藤慎一已经注意到军机大臣穆彰阿对此事的看法"通商之务，贵于息争"，并分析说，穆彰阿同意给予外国领事裁判权，乃是因为"西方人文明化的程度之低下"，西方并没有理解中国礼法的能力，将纷争"交给他们自身去裁决，这要远远高明"。参见其《近代中国的知识分子与文明》，刘岳兵译，江苏人民出版社，2006，第41～42页。

⑥ 《论内地杂居事》，《中外日报》光绪二十八年三月三十日，第1版。

⑦ 《我国认外国人享有领事裁判权之沿革》，《宪志日刊汇订》宣统二年四月初九日，第3页。

体系，以维持其特权存在的合理性。① 实际上，治外法权保护西人的成效未如理想。就如英国驻华公使阿礼国（Rutherford Alcock）所言："如洋人有犯法之事，仍按各国律例遵断，于中外均有不便。"② 这是因为，中律多较西法为重，平民又疑心领事和官府偏袒西人，中外教案冲突频发；西人亦发现涉外案件的审判程序烦琐混乱，中国官府对于判决的执行往往消极延办，更看不到进入内地居住、经商的希望。因此，反而是西方首先提出改变以治外法权为核心的中西管治二元体制。

同治七年（1868）阿礼国趁着修约之机，提出"设立有管理各国洋人之权之外国官"，统一管辖各国在华侨民犯法滋事案件，以及"定一通商律例"两项主张。在与文祥等中国大员谈判之后，《阿礼国协定》规定"由两国会同商定通商律例"之条。③ 但最终竟被英国商人所破坏，英国政府并未批准此约。中国方面则"恐启内地添设领事之渐"，尽管后续多有呼吁者（如郭嵩焘、陈宝琛、刘坤一等），制订通商律例一事最终未有结果。④

可见，清廷拒绝西方要求内地开放的最大理由，便是西方拥有的治外法权。然而随着西方在华势力的扩充，先是传教士获得赴内地传教的权利，后来《马关条约》更突破了外人于内地设栈房存货的限制，⑤ 再加上庚子义和团战败及其后的商约谈判，中国已然丧失了维持原来租界 - 治外法权模式的能力。1902 年，四川总督岑春煊致军机领袖荣禄的信中直言："此次商约内地杂居一条，吾师与外务部主持力驳之者，原欲保全腹地耳。今腹地到处有洋商开矿，即何异到处通商，虽无内地杂居之名，固有内地杂居之实，其害何可胜道！"面对这一困局，岑氏唯有拖延之策："目今时局国势如此，既无力与之废约，更无力禁其不开；则惟有求一善办交涉者，坚持

---

① 沈家本、伍廷芳观察到："西国首重法权，随一国之疆域为界限，甲国之人侨寓乙国，即受乙国之裁制，乃独于中国不受裁制，转予我以不仁之名。"参见《删除律例内重法折》，《沈家本未刻书集纂》上册，中国社会科学出版社，1996，第 499 页。
② 《英使阿礼国节略》（同治七年十二月），《筹办夷务始末》（同治朝）第 7 册，中华书局，2008，第 2549 页。
③ 英文本为："It is further agreed that England and China shall, in consultation, draw up a commercial Code."见海关总署《中外旧约章大全》编纂委员会编《中外旧约章大全》（一），中国海关出版社，2004，第 834 页。
④ 《总署奏拟纂通商则例以资信守折》（光绪三年九月二十五日），王彦威纂辑《清季外交史料》第 1 册，书目文献出版社，1987，第 214～215 页。
⑤ 《中外旧约章大全》（一），第 1219 页。

婉拒，相机因应，以保此未尽之利权。"①

相比之下，张之洞的办法要比岑氏开放、主动得多。他并不反对西人进入内地杂居和通商，而是试图通过修改本国律法来加以因应："内地杂居通商，此次商约虽然力驳，将来必难终阻。且此时散住内地之教士、游历寄居之洋人，已甚不少。藩篱已溃，不改律例，处处挠吾法矣。"② 因此其在商约谈判时向英国代表马凯提出收回治外法权的问题，获得了英方的同意，并当场敲定了具体条款："中国深欲整顿本国律例，以期与各西国律例改同一律。英国允愿尽力帮助中国，以成此举。一俟查悉中国律例情形，及其审断办法，与一切相关事宜皆臻妥善，英国即允弃其治外法权。"③ 双方一拍即合，因为这正是西方列强长期以来的意见：先行革新内政特别是法律改革，维持西方标准的社会秩序，然后可谈修约的问题。④ 而张之洞等人主动迎合，则反映出其对法律等内政问题信心已失，开始以西方为日后改革的标准。

商约谈判以后的治外法权问题确实引起了朝野越来越多的关注。日人开办的《同文沪报》在1903年观察到，"中国今年乡试，各省所出题目，其策问及此者亦不一而足，其命意大都欲借以销除各国在中国之治外法权，而整齐其内治，且多引我日本已事为比例，因斯以谈改订刑律之举，中国朝野上下固莫不皆以为然，而急欲图之矣"。⑤ 当中透露出很重要的历史信息：1899年日本通过变法，与外人协商，成功收回治外法权，被时人视作跃至"文明"国家之列的标志。这的确增强了国人通过修律以收回法权的决心。

新加坡华侨邱菽园便主张以日本为榜样，"先变刑律，与万国等，即不必船坚炮利，而已进于文明，外之与万国同为平等，内之则兆民之志气可

---

① 《岑春煊札》，杜春和等编《荣禄存札》，齐鲁书社，1986，第322页。
② 张之洞：《致江宁刘制台、保定袁制台》（光绪二十八年二月十三日），苑书义等编《张之洞全集》第11册，河北人民出版社，1998，第8750页。
③ 《1902年7月17日马凯在武昌纱厂与张之洞等会议简记》，《辛丑条约订立以后的商约谈判》，中华书局，1994，第137~138页。
④ 罗志田：《帝国主义在中国：条约体系的文化认知》，《激变时代的文化与政治》，北京大学出版社，2006，第319页。
⑤ 《论改刑律》，国家图书馆分馆选编《（清末）时事采新汇选》（七），北京图书馆出版社，2003，第3493页。由戴鸿慈主试的江南乡试试题便有一道："中外刑律互有异同，通商以来日繁交涉，应如何斟酌损益，妥定章程，今收回治外法权策。"见《许同莘日记》（光绪二十八年八月十一日），中国社会科学院近代史研究所藏档案，档案号：甲622-11。

伸，马首是瞻，东有启明，导吾先路"。① 能够兵不血刃，改革内政就可与西方平等，正是最大的诱惑所在。而在华西人也适时鼓吹日本的成功经验。如传教士林乐知就介绍说：日本变法自新，"几与西国政俗如出一辙。泰西诸国互相推重，允其同入万国公会，列为平等之国，改正昔日条约。凡寓居境内之他国人民，嗣后皆受治于日本之官吏，此日本君民之大快也"。"诚使中国鉴及于此"，"仿效西法，去敝政而定新律，安见将来不与日本同列万国之公会乎？而尚何瓜分之足虑乎？"② 对比、劝诱之意颇为明显。

随着国人国际法知识的增加，时论开始认识到国君和使臣等享有法律豁免权为国际惯例，而中国不能管治外人之现状却是国际法的变例，于是有意识地将前者称为"治外法权"，后者归于"领事裁判权"。《时报》指出："所谓治外法权乃从通称，即以领事裁判权之实而冒治外法权之名者也，以其区别属于别问题，为避复杂，故混言之。"③《大公报》《神州日报》《宪志日刊》都有专文辨析两者的区别。④ 此举揭示出时人其实愿意遵守西方的"万国公法"，接受互相平等的"治外法权"，而不愿受到作为弱国（包括朝鲜、暹罗和土耳其）共相的"领事裁判权"的例外对待。正如《神州日报》所言："治外法权为世界各国之所共同，中国不能独异，若领事裁判权在中国最为痛心疾首之事。"⑤ 虽然最终没能扭转"治外法权"和"领事裁判权"混用的状况，但是收回这种西方称为 extraterritoriality 的权利，也由此被赋予了富国、平等的象征。

二 内治先于外交

汪康年作为戊戌时期崛起的维新代表人物，对于借镜西法以修改中律一事早有考虑。甲午前后他已有译校《法国律例》的计划，好友吴樵认为

---

① 邱炜菱（菽园）：《论中国不得享万国公法之益》，《皇朝经世文四编》，沈云龙主编《近代中国史料丛刊》第761册，台北：文海出版社影印鸿宝书局光绪二十八年石印本，1972，第527页。
② 林乐知：《九九新论叙》，《万国公报》第134册，光绪二十六年二月，第3~4页。
③ 《治外法权之解释》（录《时报》），《（清末）时事采新汇选》（十二），第5988~5989页。
④ 《论领事裁判权与治外法权不同》（来稿），《大公报》光绪三十三年十一月二十八日，第2版；《辨治外法权与领事裁判权》，《神州日报》宣统元年五月二十日，第1页；《治外法权与领事裁判权》，《宪志日刊汇订》宣统二年四月初七日，第11页。
⑤ 《辨治外法权与领事裁判权》，《神州日报》宣统元年五月二十日，第1页。

书成可上政府，请修改法律。① 稍后成立的时务报馆亦已着手翻译《美国政书》《英国律义》《法国律例》等欧美法律书籍，为引入西法做准备。②

1896年汪氏在《时务报》提出颇为系统的《中国自强策》，期望朝廷实施自上而下的改革，讲到法律方面有以下建言：

> 其定律也，依罪为断，必求可行，无虚设之律，无难行之例。其罪人也，访缉密而治之宽。其谳罪也，稽罪而尽其辞。
>
> 律法从平，无有偏颇，重则绞杀，轻则禁罚，则罪易办而情易得矣。刑官治狱，不兼他事。复有会审以察其虚诬，有律师以伸其辨说，无刑求之苦，无拖累之患，则枉滥息矣。③

坦白而言，这类依律断案、轻刑、会审、律师、废刑讯的意见，多是回应西人对中国法制的批评，不见得有很深切的见解。陈炽于1894年完成的《庸书》也提出引入"监禁作工"、"轻犯充役"和"入锾赎罪"等三项西法，并废除笞杖等主张。④ 鉴于当时读书人"以法令为不必学"的传统，⑤ 汪氏确实也缺乏用功读律的经历，自然易于承认西法的优越性。

经历维新派的内部争论和庚子拳变以后，汪康年的变法思路趋于保守。其向清廷和地方督抚提出《整理政法纲要》，宣称"改革宗旨，系本诸经典，并本朝名人论说，并非专以泰西为法"。这份全面改革的方案在法制方面仍是向西学习，但是提倡循序渐进的改革。"应选通晓刑律之人，先将过重及不能施用之律除去，并收各种律例，酌改以后，逐渐改正，务与东西各国合符而后已。"对于西人抨击的断讼、刑求之法仍主张先行保留，数年后方行酌改。⑥ 同期汪氏给某疆臣的说帖也谈道，"刑法一项，应暂仍旧贯，

---

① 《吴樵致汪康年》（二十八），上海图书馆编《汪康年师友书札》第1册，上海古籍出版社，1986，第520页。
② 《时务报馆印售书报价目》，《时务报》第51册，光绪二十四年正月二十一日，第1页（栏页）。
③ 汪康年：《中国自强策》，《时务报》第4册，光绪二十二年八月初一日，第2页（文页）。
④ 陈炽：《庸书》，赵树贵编《陈炽集》，中华书局，1997，第116页。
⑤ 沈家本：《书〈四库全书提要〉政书类后》，《历代刑法考（附寄簃文存）》第4册，中华书局，1985，第2276页。
⑥ 汪康年：《整理政法纲要》，汪林茂编校《汪康年文集》上册，浙江古籍出版社，2011，第74、83页。

俟诸事就绪，再行斟定"。① 其论与世风舆论颇为一致。久在刑部的沈曾植为刘坤一提供变法意见，只是提出改革户、吏、兵部的则例，不涉刑部事。② 后来见诸《江楚会奏三折》的九条"恤刑狱"主张，都是限制在"整顿中法"的范围之内。③

朝廷于稍后签订了《中英商约》，规定了前述收回治外法权的条款，由此引发修改法律（特别是刑律）的新潮流。《中外日报》为此发表论说，表达了乐观其成之意：

> 马君所言无论其为一时搪塞之计，抑实有心允许，但使中国能将刑律修改妥协，执前言以为据，坚定不挠，正不患其不相允许，然则刑律修改之何若，即治外半[法]权能否收回关键之所在，不可忽也。

此报提出四点具体的修律意见："除惨刑"、"去刑讯"、"设律师"和"整牢狱"，也基本上延续了汪氏《整理政法纲要》的主张。对于早前制订通商律例的过渡性意见，论说认为不过是"自为歧异"，"终非长策"。④《字林西报》和《文汇西报》两份英文报纸却对中国根据条约收回法权甚表悲观。⑤ 张元济主办的《外交报》则发表论说反对，"律例为物，由地势、民质、政体、教宗而成，万无可舍己就人之理"，⑥ 相较之下，《中外日报》无疑积极得多。

然而，汪康年对于修律的主张是局部性的，"以为改正旧律而已，以为旧律之不能行者轻之，旧律之未尝行者删之而已"。⑦ 而在修律的程序上汪也认为应循序渐进、深思熟虑，以便在中西法制之间取长补短，集思广益。

---

① 汪康年：《上某疆臣说帖》，汪林茂编校《汪康年文集》下册，第593页。
② 沈曾植：《沈子培拟新政条陈》，清末石印本，不分页。
③ 张之洞：《遵旨筹议变法谨拟整顿中法十二条折》（光绪二十七年六月初四日），苑书义等编《张之洞全集》第2册，第1407页。
④ 《论改刑律》，《中外日报》光绪二十八年六月二十八日，第1版。
⑤ 德贞：《论商约裨益之处》，《中外日报》光绪二十八年八月十九日，第2版，译八月十八日《字林西报》；《英报论中国改法律之无用》，《中外日报》光绪二十九年十二月初九日，第3版，译十二月初七日《文汇西报》。
⑥ 《论中英商约》，《外交报汇编》第1册，第164页。
⑦ 汪康年：《痛论颁行新刑律之宜慎》，《汪穰卿遗著》卷4，钱塘汪氏铅印本，1920，第5~6页。录宣统二年十月初六日《刍言报》。

必宜取吾国历代政法之本原，及其改变迁流之迹，与其礼教风俗之所偏，以察其症结之所在，而因以得其施治之故。又必考求各国经历之情形，及其同异出入之故，以与我国相比较，从其所宜，而舍其所不宜。又必详考今日人民之愿望，与近十年来各省举行新政之情弊得失，以审其成败之故，而思所以处之之方。

必如此周到方能成事，这正是汪氏赞成预备立宪期为15年的重要原因。同时他也抛弃了戊戌时唯西是从的态度，要求检讨近10年新政之"情弊得失"，认为"当由精神以成面目，勿因面目以求精神"。[1]

到后来汪康年甚至对于修律以收回法权的必要性也加以怀疑。汪康年在其生平最后一份报纸《刍言报》中发表《论租界与领事裁判权》一文，直言维持租界－治外法权模式对于中国目前形势更为有利，可以借此抵制西方的内地通商的要求。显然，他对于中国时势的判断是悲观的，"知吾国今日为至危极险，急求安定之时代，非继长增高，力求美善之时代"，而收回治外法权又非特别重要之事，不如暂时搁置。其更敏锐地看到："今日争撤去治外法权者，实以租界故，且大率为上海租界言也。"然而租界之成功，除了因为外人拥有治外法权外，同时也反衬出政府内政不修，这才是国人需要认真探讨的问题。此论在举国重视法权等国家利益的语境下提出，颇为大胆，汪康年已在文末预测，"此文所言，必为时贤所呵"。[2]

汪康年的意见无疑是保守的。他未能看到内地开放通商已经势在必行，仅以治外法权为借口已经难以抗拒西人。而且上海、天津、汉口等沿海、沿江通商口岸（核心则为租界）与广大的内陆地区分属"两个世界"。[3] 前一世界的政治、经济、思想和文化资源具有压倒性的优势，收回法权和租界不仅会彻底改变前一世界的整体格局，而且后一世界亦将受到深远影响，国家未来的走向于是大变。

更为关键的是，庚子义和团之乱源于清季数十年来教案矛盾的积压，而教案多由于中外交涉案件审理不平所引发。夏曾佑任祁门县令时，曾致

---

[1] 汪康年：《读谕旨定十五年立宪喜而书此》，汪林茂编校《汪康年文集》上册，第130页。原载《京报》光绪三十三年五月二十八日。
[2] 汪康年：《论租界与领事裁判权》，《汪穰卿遗著》卷4，第34~36页。录宣统二年十二月初六日《刍言报》。
[3] 张灏：《梁启超与中国思想的过渡（1890~1907）》，江苏人民出版社，1995，第3页。

信汪康年，指出教案的起因"决非由民智不开"，而是因为词讼而起，官府往往"袒教抑民"，引起普通民众的不满。王仁乾的见解也类此，"今宜即议，与各国裁判定律，使民间不至受枉，可免闹教之祸"，"亦可抄日本治外法权之律"，令洋人心服，以解决源源不断之教案。① 但这可能只是治标之策。根本原因正如修律大臣沈家本之分析，"无非因内外国刑律之轻重失宜，有以酿之"。② 只有将中西法律改为一致，才可从根本上解决教案的问题。从中已可概见晚清内政与外交的缠绕性。张一麐所言"庚子以后一切内政，无不牵及外交"，③ 并非毫无所见。

但是汪康年的着眼点始终在于内治，担心按西法改律，不仅不能收回治外法权，反而会效颦不成，"自促其祸乱"。④ 在其看来，"今用新刑律，又采用泰西民法，于事良善，且在势亦不得不如是"，但若行之不善，将引起内乱：

> 将来必有二大现象：一曰所在州县出有大小案件，咸不控官，而自行办理。二曰凡人皆无养育子女思想，亦无成家立业思想。此二现象出，则家不成为家，而国亦不成为国。虽然，此但粗略言之耳，若逐节推求，则弊恐不止此。夫政俗素异，而一旦去故我而师人，固未见其能合也。⑤

可见，西法能否适应中国国情，为其主要担心之处，背后则是对于负责核订新律的汪荣宝、杨度等新进留日学生缺乏信心。⑥ 他的《刍言报》时常可见对于新法的抨击之辞，特别是对晚清朝野实力奉行的监狱改良有诸多的质疑。报中批评："近来有一可怪之事曰：凡持时髦之论者，不注意于奸慝之如何划除，盗贼之如何消灭，而转愁罪犯之不舒适。"于是"人而犯罪，不过罚作苦工，而起居食息，反更优饶，人何乐而不作奸犯科哉？"⑦

---

① 《王仁乾致颂阁、子健书》（六），《汪康年师友书札》第 1 册，第 46 页。
② 《修律大臣沈家本奏刑律草案告成分期缮单呈览并陈修订大旨折》，故宫博物院明清档案部编《清末筹备立宪档案史料》下册，中华书局，1979，第 846 页。
③ 张一麐：《古红梅阁笔记·五十年来国事丛谈》，上海书店，1998，第 59 页。
④ 汪康年：《痛论颁行新刑律之宜慎》，《汪穰卿遗著》卷 4，第 8 页。
⑤ 《敬告》，《刍言报》宣统三年二月十一日，内编第 1 版。
⑥ 汪康年：《汪穰卿笔记》，上海书店出版社，1997，第 77 页。
⑦ 汪康年：《杂说一》，《汪穰卿遗著》卷 7，第 35 页。录宣统三年二月十一日《刍言报》。

传统狱政允许改善犯人的居住环境，视为仁政，但不能优待犯人。过于优待则有违惩恶之旨，汪康年的意见正在于此，御史胡思敬和刑部吉同钧也都有"竭穷民之脂膏，给罪囚之颐养"的类似批评。① 此说在情理上可说得通，却对于即将执行的新法有所误解。负责起草大清新刑律的冈田朝太郎既不赞成欧美各国以"极精美"之衣食住条件予犯人，亦不赞成以贫民标准对待狱囚，而应以"达规律及卫生之要求为度"，以实现改造犯人的刑罚目标，同时保持经济节约的方针。② 汪康年则以为若新法实行，"惟罪犯乃使同于泰西，吾恐吾国之人，将相率而为罪犯矣"。③ 他其实也注意到新建的模范监狱管理远较旧监严格，能够根除狂歌畅饮、吸鸦片、开赌等恶习，因此犯人宁愿留在旧监。④ 只是他更多地看到新法花费巨大，"库款奇绌之时，将何以筹此？"⑤ 而不愿痛快地承认其好处。

三 传媒界的风波

汪康年对于法制改革的意见多登载于《刍言报》，并因此而深陷于当时纷扰一时的"礼法之争"之中。与以往所办各报不同，《刍言报》文字基本由其一手包办，⑥ "以评论及记载旧闻、供人研究为主，不以登载新闻为职志"。⑦ 如此安排或受制于财力和精力，但对汪氏而言，无疑是舍长取短。好友邹代钧在《时务报》时便指出"公笔亦逊卓如"，劝其勿为论说。⑧ 而且宣统年间的报纸多以消息灵通取胜，不类于戊戌时期重论说的启蒙风气，《刍言报》的旨趣似乎有违传媒发展大势。该报所持立场亦与众不同，认为

---

① 刘锦藻：《清朝续文献通考》第3册，浙江古籍出版社，2000，第9928页。该书"刑考"部分的作者为吉同钧，参见李欣荣《〈清朝续文献通考〉作者考》，《澳门理工大学学报》2012年第1期，第203页。胡思敬：《复朱大令书》，《退庐全集·退庐疏稿》，沈云龙主编《近代中国史料丛刊》第45辑，台北：文海出版社影印1924年刻本，1970，第457页。

② 〔日〕冈田朝太郎：《刑法总论》，湖北法政编辑社，1905，第94页。

③ 汪康年：《杂说一》，《汪穰卿遗著》卷7，第35页。录宣统三年二月十一日《刍言报》。

④ 汪康年：《汪穰卿笔记》，第86~87页。

⑤ 汪康年：《汪穰卿笔记》，第48页。

⑥ 据汪诒年所言，"《刍言报》文字皆先兄一人所撰，无他人之作厕入其间"，引自汪林茂编校《汪康年文集·整理说明》，第2页。

⑦ 《〈刍言报〉小引》，《刍言报》宣统二年十月初一日，内编第1版。

⑧ 《邹代钧致汪康年》（三十五），《汪康年师友书札》第3册，第2683页。廖梅已然指出汪氏的论说比较实在，因而很容易冒犯他人，同时缺乏梁启超的激情和气势。见其前引书，第119页。

报界现状"不幸而处于弛漫放纵之地",① 时常有对《帝京新闻》《京津时报》等报言论的批评,试图扮演传媒警察的角色。叶昌炽便注意到该报"专纠各报之横议,亦警世钟也"。②

宣统二年(1910)十一月初六日,《国民公报》发布《英京友人专电报告》,称新刑律草案引起英人愿意放弃治外法权。各报纷纷跟进报道,并发表论说,将该案之通过视作国家大事。传媒中人周震鳞、陈佐清为此发起新律维持会,力促该案无修改通过,并逐一质问提出修正案的议员,"必使反对者词穷理屈始已"。③

四川籍的资政院议员高凌霄主要反对草案的第八条:"第二条、第三条及第五条至第七条之规定,如于国际上有特别成例者,不适用之。"第二、三、五至七诸条将中国法权的范围极度扩张,除了明确国域内的任何人均受中国法律约束外,还规定国人在国外的严重犯罪、发生在国外的针对中国的严重罪行、犯罪的行为或结果涉及中国者,均受到《大清新刑律》的惩处。④ 然而第八条却规定"如于国际上有特别成例者,不适用之",实际将本国刑律置于学说纷歧的国际法之下。当朝廷将此草案发交各省督抚、在京各部院时,邮传部便有反驳:"刑法与国际法自截然两物,各有独立性质,牵彼入此,实为太谬。"法律馆所拟回应称:"草案设本条,即所以预杜将来之疑议,固有利而无害也。日本新刑法无此种规定,可不必过问。中国具中国之见地,何妨自创良法?"⑤ 其意在于通过严格遵守国际法,来达到收回法权的目标,而且信心十足,认为新法将会成为国际的典范。

高凌霄的本意不过是担心此条会妨碍治外法权的收回,故力主从正文中删除,而列诸暂行章程或附则。为此新律维持会与之激烈辩论,并有拳脚冲突。稍后四川同乡开会声讨高氏的罪行,指出并非新刑律通过就必定能收回治外法权,而高氏列入暂行章程或附则的主张,恰恰表明其不懂中外关于例外情形的法理。⑥ 这一现象相当有意思,提出修正的高凌霄担心有

---

① 《忠告》,《刍言报》宣统三年五月初一日,内编第1版。
② 叶昌炽:《缘督庐日记》(宣统三年六月初九日),转引自金梁《近世人物志》,北京图书馆出版社,2007,第339页。
③ 《新律维持会纪事两则》,《申报》宣统二年十一月二十一日,第1张第4版。
④ 《修正刑律案语》,修订法律馆铅印本,宣统二年,第1~6页。
⑤ 《法律馆对部院督抚签注新刑律之案语原稿》,第一历史档案馆藏修订法律馆全宗第6号。除了邮传部外,两广总督签注亦持反对意见:"以国际惯例限制刑律之适用,易生异议,于实际情形为不便"。
⑥ 《特别广告》,《帝国日报》宣统二年十一月二十一日,该报不分版。

此例外规定会妨碍治外法权的收回，而声讨者却宁愿相信由日本法学博士起草的原案，而担心高氏的修正会破坏收回法权的最终目标，其实论辩双方重视收回治外法权的立场颇为一致。

汪康年对于第八条并无特定见解，却深恶痛绝新律维持会干涉议员言行的举动，"则议员人人皆在死亡之区域中，而大局之不可问，更不必言矣"。① 为此，他愿意报道真相，并指斥同业之思出其位。② 传媒所谓"人心皆向新刑律"，不过是"强硬之力为之，非人心之自然也"。③ 对于传媒刻意诋毁、丑化所谓"礼教派"领袖劳乃宣，汪康年也尽量施以援手。《刍言报》不时刊登支持劳氏观点的文字，如《蒋员外、赫教习论刑律问答》《刘廷琛参劾新律折》等，并直接回击不利于劳氏的舆论。例如《帝国日报》称劳君乃宣受外人贿赂，反对新刑律，以阻止中国收回法权。汪康年评论说："恐世界无此痴国。若动以一改新律，外人必撤去裁判权，因即坐反对新刑律者以阻挠撤去领事裁判权之罪，此等报殆可谓之痴报！"④ 汪康年还为劳乃宣、陶葆廉翁婿随报派送《新刑律论说》和《辨明国家主义与家族主义不容两立说》1000多部，⑤ 并将《新刑律修正案汇录》寄予商务印书馆的张元济、陆费逵、《中外日报》的汪诒年和《大公报》的方守六，⑥ 尽量为其争取舆论同情。

汪氏如此帮忙，乃在于其认同劳乃宣维持礼教的理念，基于其内治优先于外交的修律思路。他看到新刑律的实施，并不仅仅是法律的问题，"而为变动三千年来立国基础问题，改变数千年相承习惯问题，废灭国教问题"。十多年前，汪氏主张"论中国之病，不在政而在教"，⑦ 而此时却认为"数千年相沿习之政教必不可改"，否则将引起"政党争于上，无政府党起于下，祸乱大作，有非人力所能扑灭者"。⑧

此论一出，"时贤多不谓然"。汪康年的态度有所软化，解释自己不过

---

① 汪康年：《敬告伦议长》，《汪穰卿遗著》卷4，第31页。录宣统二年十二月初一日《刍言报》。
② 《愤言》，《刍言报》宣统二年十一月二十六日，内编第2版。
③ 《诘问二》，《刍言报》宣统二年十二月初一日，内编第3版。
④ 《针报》，《刍言报》宣统二年十二月初六日，内编第2版。
⑤ 《劳乃宣致汪康年》（四），《汪康年师友书札》第3册，第2175~2176页。
⑥ 《张元济致汪康年》（五十一）、《陶葆廉致汪康年》（二），《汪康年师友书札》第2册，第1750、2104页。
⑦ 《汪大钧致汪康年》（二），《汪康年师友书札》第1册，第594页。
⑧ 汪康年：《痛论颁行新刑律之宜慎》，《汪穰卿遗著》卷4，第7页。

是"求吾国精神之所寄","使吾国人永永自知为伏羲、神农、黄帝、尧舜以来递嬗之国,吾人为太古以来诸圣帝贤主之胄裔"。而且他并不坚持己见,自觉"余之为人,意念至不定者也,思想至杂者也","亦未敢遂执为必然"。① 特别是稍后因"无夫奸"问题引起新旧意气纷争,进而出现不稳固的政党政治萌芽,汪康年的立场更形退缩。他主动表示"天下之事繁矣,万不可凝滞于此一事,致关碍要务","日前《京津时报》有不可以法律之意见分党派之论,实先获我心"。对于大学堂监督刘廷琛参劾新刑律,认为"无法律不过亡国,无礼教必至亡天下",② 汪康年亦思以纠正:"刘君之语气,一若轻视国亡也者,殊不知社会固不可亡,国亦岂可听其亡者。苟国亡,则社会之不亡,亦仅矣。若欲恃社会之不亡以复国,抑亦甚难矣。"而且礼教之存亡其实不用争,"天下未有数千年所行用,而可以一时之力去之者",最后不过"民情如彼,而法律忽如此,互相参错,不免一番捣乱耳"。③ 前后立场几乎完全相反。

陶葆廉写长信给汪康年言明此次礼法之争的经过,指出新旧之间为新刑律的无夫奸问题而大起争议,并观察到"议场之表面和气少,而戾气多,望而知其非佳兆也"。虽然陶氏批评新派"人心势利,其谦也恪信外人之书,其傲也视同胞如仇敌",但是要求汪氏"未可登报,恐更增嫌隙也"。④ 陶氏固然自居旧派,但也不愿被贴上顽固、守旧的标签,更不愿与新派力争到底,近代"新的崇拜"的威力于斯可见。⑤ 汪康年其实也受制于此,被张元济认为"稍偏于旧派一面",⑥ 对于新刑律的见解,连好友王慕陶亦不表同情,⑦ 故而需要适时调整自己的言论立场,使自己显得不太"旧"。

已有论者指出,汪康年晚年已流为政治和文化的保守主义者,成为提不出创见的评论家。⑧ 但是汪氏直率敢言,能够道破治外法权不过是当初设

---

① 汪康年:《续论颁行新刑律之宜慎》,《汪穰卿遗著》卷4,第13~14页。
② 《大学堂监督刘廷琛奏新律关系重要请申明宗旨折》,《刍言报》宣统三年三月十六日,内编第4版。
③ 汪康年:《解释刘廷琛奏折之意义》,《汪穰卿遗著》卷5,第17~18页。录宣统三年三月初一日《刍言报》。
④ 《陶葆廉致汪康年》(五),《汪康年师友书札》第2册,第2106~2108页。
⑤ 参见罗志田《新的崇拜:西潮冲击下近代中国思想权势的转移》,《权势转移:近代中国的思想、社会与学术》,湖北人民出版社,1999。
⑥ 《张元济致汪康年》(四十五),《汪康年师友书札》第2册,第1745页。
⑦ 《王慕陶致汪康年》(四十三),《汪康年师友书札》第1册,第158页。
⑧ 廖梅:《汪康年:从民权论到文化保守主义》,第353页。

定的中外交往模式，并不为群言所惑，质疑修律以收回治外法权的可行性，这点在充满"浮薄暴戾""不明不诚"氛围的晚清舆论界，尤为难得，黄远庸对此激赏不已，"汪君盖非特以其言善，其诚至，故不敢率尔；不敢率尔，故其言深湛，冷然中于吾心，有若是之善也"。① 王慕陶、劳乃宣和严复也都不约而同地以"朝阳鸣凤"称誉汪康年。② 当然，此言也是没有同道、不在主流的别名。在经历与康梁、革命和政府各派的离合后，汪康年还是宁愿选择做独特的孤雁。但是作为传媒中人，他也有被认同的强烈需求，故也在不断地调适，徘徊在中西、新旧之间。如其自言："二十年来，余之议论更变多矣，而今乃一变而如是，而仍多未有所定，且亦未敢遂执为必然也。"③ 看来，对于这位历史人物的复杂性还需要重新论定。

（作者单位：中山大学历史学系）

---

① 远生（黄远庸）：《读〈刍言报〉感言》，《宪志日刊汇订》宣统二年十月十三日，第26页。

② 《王慕陶致汪康年》（三十一），《汪康年师友书札》第1册，第142页；《劳乃宣致汪康年》（一），《汪康年师友书札》第3册，第2174页；《严复致汪康年》（十），《汪康年师友书札》第4册，第3279页。

③ 汪康年：《续论颁行新刑律之宜慎》，《汪穰卿遗著》卷4，第14页。

民国没有反沈派：立宪派司法与辛亥派司法[*]

江照信

摘　要　清末以来的变法与转型，寄于人物，首先表现为民族主义者各派所致力、凝聚、养成的法律民族化运动，由此可以理解法律的现代性问题。我们理解民国司法应当偏重其历史的情境、整体性与连续性。本文之所以提出民国没有反沈派之论，就是希望大家注意人物在法律进程中的角色，并以人物为中心思考民国历史进程中发生在"法律根上的问题"，即主权问题、民族主义司法意识形态以及民国历史的整体性，因此对民国司法的历史有一种更加深刻的同情与理解。

关键词　立宪派司法　辛亥派司法　法律民族化运动

一　概述

基于笔者个人对民国史的点滴研究，本文主要论说的观点在于，民国司法史实质是一部法律民族化运动史，之所以这么立论，就是希望在解读清末修律以来的法律史时，不再固执于以"立法"为中心论证"中外一律"的程度问题，而是要以"司法"为中心论证"古今求同"的进程问题。又进一步，我希望提出一个观点，就是清末十年（1902～1911）修律史与民国近四十年变法史（1912～1949），存在着两种不同的进路，约略言之，即存在着"中外一律"与"古今求同"的基本理念与境界差异。中外一律为表，古今求同为里，一表一里才是20世纪前50年中国法律史的整体特征，

---

[*] 本文最初发表于《法制史研究》（台北）第24期，2013年。非常感谢李在全、孙家红、李启成、侯欣一、李欣荣、刘昕杰诸位老师在会议讨论期间的批评与建议。作者遵此对文稿做出修正补充，不过，因资料与视野所限，增进较少。当然，所有文责，作者本人自负。

而民国变法重在"古今求同"。之所以有这么多的先入之见,依据为何?本文先从人物梳理论起,由人物看传统与当下,理解变迁与转型便会有一个可靠的历史视角。

自清末司法改革以来,中国法律现代转型因为一开始即以取消领事裁判权与废除不平等条约为目标,因此,民国近40年的时间,作为中国现代法律体系的形成时期,不得不成为一部废约运动史。中国在面临废约压力的情境下,逼使司法界成为一个有连续性并有凝聚力的整体,稳定与连续成为整个民国司法历史的特征,这种特征不因政府的变动而发生动摇。其中的原因,即法权问题是一个主权问题,"非法律科学所能解决,所由解决的途径只能是政治上的",[1] 民国司法界不会在司法政策上犯任何的错误,并且他们之间的不同只有急进与缓进的不同,而无性质上判然之区分。

事实上,可以对作为中国现代法律形成时期的民国的28位司法界领袖(1912~1948)进行比较考察,即很容易得出民国时期中央司法一贯的人事模式:法政出身,党人,民族主义者。[2] 本文赞同这样的观点,即民族主义是一种现代运动及意识形态,有助于打碎地方主义,有助于创建中央集权的强大民族国家。[3] 民国时期司法界之所以形成一种民族主义者的群体,是因为他们在意识形态上追求中央集权的强大国家这一点上是一致的。在民国司法界,即存在着由法政出身的人所形成的强大民族主义认同,拥有"一种具有强大吸引力的国家观念……对于民族的清晰认识让人民之间彼此

---

[1] 参见 Hans Kelsen, "Sovereignty and International Law," in Neil Walker, ed., *Relocating Sovereignty* (Ashgate, 2006), pp. 639-640.

[2] 参见谢彬《民国政党史》(中华书局, 2007), 以及孤军社编《孤军杂志社政党专号》, 沈云龙主编《近代中国史料丛刊》第91辑(台北:文海出版社, 1924), 内附由清光绪中期至民国十二年(1923)十月中国政党系统沿革及主要成员表, 司法界人物屡属政党中枢之事实, 清晰可辨。在这一点上, 如伍廷芳为民国元年任临时政府司法总长, 据张玉法(2004)对民初政党的研究, 伍曾挂名于11个政治党派。如王宠惠(国民党等)、梁启超(进步党等)等人, 虽然属不同党派(或虽不属任何党派, 如江庸), 但均主张宪政, "同归于民主立宪之主张"(孤军社, 11), 主张民族主义, 即如梁启超(1902)《现今世界大势论》所论, "今日欲救中国, 无他术焉, 亦先建设一民族主义之国家而已"(夏晓虹, 2005), 司法制度与政党制度至少在这个民族主义目的上是趋同的(罗志田, 1998)。事实上, 不论法治观点激进与否, 亦不论党派观点如何, 民国时期形成了一个以民族主义为目标的司法界核心人物群体。

[3] Anthony D. Smith, *Nationalism and Modernism: A Critical Survey of Recent Theories of Nations and Nationalism* (London and New York: Routledge, 1998), p. 1.

在政治上负起责任,这种文化上的认同为共和国提供了社会上的凝聚力",①或者可以说,民国的司法界整体上可以认为是一个司法民族主义者群体,司法进程的展开,端赖于此。

按照劳伦斯·弗里德曼教授的观点,社会情境促生法律,那些社会"当下的情感"与其他因素一起构成了法律最为重要的成分。法制的社会需求通过包括由职业法律人在内的所有人对法律与法律进程的思想、态度与期待所形成的"法律文化",才能够对法律系统本身产生影响。②笔者个人的观点是,法律史是以人物而不仅仅以制度与文本为中心,其中处于不同历史情境的人物养成一系列的问题意识,并付诸思想与运动,才可以形成法律的进程,看待民国法律史尤其应当以人物为中心。因此,我们理解民国司法应当偏重其历史的情境、整体性与连续性,我们研究民国法律史不可纯以时间为界限划分司法进程的时段,相反,我们应该尝试以人物为中心研究司法的进程,并阐释其中的意义。

戊戌变法、立宪运动、辛亥革命是清末连续发生的历史事件,③在对法律的影响方面而言,就清末后两次运动而言,并非辛亥革命取代立宪运动,而是辛亥革命促使立宪运动进入司法界,从而奠定民国法律发展进程。进入民国,辛亥革命退出司法,而立宪运动在清末修律完成之后,力量保全在司法界并推动民初变法。或者可以说,民初变法乃是清末立宪派修律运动之连续,而非辛亥后制度之新创。大致而言,民初20年,司法史表现为由立宪运动主导的变法历程。辛亥革命,只有到了居正司法时期(1932~1948),才开始影响民国司法进程,其结果就是20世纪三四十年代的法律民族化运动,内容即司法党化与重建中华法系论潮。④辛亥革命意味着由立宪派主持的清末修律运动进入由立宪派主持的民初变法,而司法党化则意味着在立宪派变法之后,辛亥革命派重回司法界,法律民族化运动是辛亥革命进入司法而产生的变法事件。辛亥革命对于民国法律进程能够具有持续的影响,只在30年代进入居正司法时期后才是可能的。因此大致而言,中国近代法律转型中的司法进程有了可以理解的三个阶段:清末修律(沈家

---

① John Dewey, *Reconstruction in Philosophy* (Xi'an: Shanxi People's Publishing House, 2005), pp. 229-230.
② Robert W. Gordon and Morton J. Horwitz, eds., *Law, Society, and History: Themes in the Legal Sociology and Legal History of Lawrence M. Friedman* (Cambridge University Press, 2011), pp. 2-3.
③ 张朋园:《立宪派与辛亥革命》,吉林出版集团,2007,自序。
④ 参见拙著《中国法律"看不见中国"》,清华大学出版社,2010,结论。

本派)、民初变法(梁启超立宪派)、法律民族化运动(居正辛亥派)。

按蔡枢衡所言,清末变法以来,司法界形成所谓"沈(家本)派"与"反沈(家本)派"之别与两派之争。① 本文则认为,无论清末沈家本派司法还是民国形成的梁启超立宪派司法,抑或是居正辛亥派司法,无真正分别与争端,三者均是民族化运动派,一脉相承,脉络清晰。三者同为民族主义,只不过程度不同,问题存在差异而已。一旦人物形成群体,确立主旨,法律变迁与转型便容易通过人物所推动之运动获得进展。清末以来的变法与转型,寄于人物,首先表现为民族主义者各派所致力、凝聚、养成的法律民族化运动,由此可以理解法律的现代性问题。

对于民国司法的研究而言,由于近年来学者不断地努力,我们已经能够拥有比较完整的已出版史料,并在此基础上梳理出民国司法进程的脉络。加之,各地档案馆对学者开放民国司法档案者渐多,查阅相对比较便利,这样,无论在文本史料上,还是在司法档案史料方面,我们能够有机会研究民国司法的整体进程。上述各种观点之所以提出,是基于笔者个人对民国人物的资料整理与研究。通过本文写作,笔者希望能够为读者提供一个以人物为中心的解读线索,以此作为理解的始点,去理解民国司法为何是一个法律民族化运动史。下文分述之。

二 梁启超与立宪派司法

按 1935 年董康所论:"前清团匪事变,国家锐意修订法律……愚尔时为沉浸欧制最力之一人,亦为排斥礼教最烈之一人。改革后忝厕政府者十余年,服役社会者又十余年,觉曩日之主张,无非自抉藩篱,自溃堤防,颇忏悔之无地也。"② 清末修律,促成中国法律近代转型,"把领事裁判权作目的而变法,就是把自强作目的而变法",而从立法上言,"三十年来的中国法和中国现实社会不适合,根本上有益于外国,而有害于中国",③ 虽然这是激愤之言,但这种法律转型对于司法制度而言效果如何,却令人反思,即如董康氏所论,"法律为发展司法之器械,已成各法,是否可以促司法之

---

① 蔡枢衡:《中国法理学自觉的发展》,清华大学出版社,2005,第 28~65 页。
② 何勤华、魏琼编《董康法学文集》,中国政法大学出版社,2005,第 360 页。
③ 蔡枢衡:《中国法理学自觉的发展》,第 40、52 页。

进步？余以为未也"。① 清末修律以来，变法与司法制度进程之间的联系，似乎很少有人去细心地考察。

事实上，按张朋园、张玉法所做研究，② 日本法政速成班之创意人曹汝霖与范源濂，③ "继范源濂静生经管法政大学速成班学务，并充翻译助教"、④ 维持速成班之江庸，与江庸共同创办朝阳大学之汪有龄、黄群、蹇念益，以及民初司法界林长民、刘崇佑、汪荣宝、林志均、余绍宋均属立宪派，并以梁启超为领袖。⑤ 民初司法界组党，如徐谦、罗文干、许世英、王宠惠组国民共进会，汪荣宝、王宠惠、章士钊、许世英、施愚组织法学会。司法界在立宪派之外，似已形成小群体。按张朋园、丁文江、赵丰田，夏晓虹之研究，⑥ 梁氏任职司法界期间（1913.9～1914.2），借用重组法律编查会机会，已经能够融合不同政见人物，

---

① 何勤华、魏琼编《董康法学文集》，第715页。
② 参见张朋园《立宪派与辛亥革命》，吉林出版集团，2007；张玉法《民国初年的政党》，岳麓书社，2004。
③ 参见曹汝霖《一生之回忆》，香港：春秋杂志社，1966，第18、21、25～26页。更加详细的内容参见日本法政大学大学史资料委员编《清国留学生法政速成科纪事》（裴敬伟译，李贵连校订，孙家红参订，广西师范大学出版社，2015）一书。如按法政大学总理梅谦次郎开学致辞，"此次法政速成科得以设立，乃因前与清国留学生中有志者之谈，据云为清国设置此类速成科，已成当务之急，余对此深表同意"（第22页）。按清国留学生总代表曹汝霖答谢辞，"抑此法政速成科之设，固为吾等所深愿。今日夙愿得偿，仰蒙梅博士热心创立，及诸先生鼎力赞成，如此厚意，万分感谢"（第26页）。曹汝霖作为"留学生中有志者"，参与设立法政速成班，其在清末法律人中之地位，大概由是而立。
④ 江庸：《江庸诗选》，中央文献出版社，2001，第219页。
⑤ 按曹汝霖所言："当时中国留学生，文武合计只有五十六人，每逢假日，彼此往来，不分省界，亦不分文武，亲热异常，恍若家人。有一研究团体，名励志社，文武学生都有人会，设立宗旨，只是联络情谊，研究学术……后改定章程，主张君主立宪……其时留日学生，都是纯洁青年，想改革中国政治教育及军事，没有存功名富贵之想。梁任公亡命横滨，发行清议报及新民丛报，立保皇会留学生受其影响，同意主张君主立宪……后一留学生来者日多，思想庞杂，有偏于温和者，有偏于激烈者，温和者多主张君主立宪，激烈者多主张排满革命。励志社会员中，亦有思想不同者，因之励志社外，又有新民会之组织。然思想虽有不同，彼此友谊，依然如故。"（参见曹汝霖《一生之回忆》，第17～18页）梁任公之所以能够领导司法界，端在于此。而激进派与温和派之意识形态对立，并不妨碍彼此之间在司法进程中形成紧密的团体，而非如我们可能设想地势不两立，这也成为梁氏意识形态统治民初司法的基础。
⑥ 参见张朋园《立宪派与辛亥革命》；丁文江、赵丰田编《梁启超年谱长编》，上海人民出版社，2009；梁启超著，夏晓虹辑《〈饮冰室合集〉集外文》，北京大学出版社，2005。

在司法界建立以立宪派为主体的人事群体，江庸、章宗祥、董康①、王宠惠、汪有龄、罗文干、施愚等所有民初曾任司法部长者，尽已进入梁启超人事群体。民初立宪派刘崇佑与国民党张耀曾等组织民宪党，已出现司法界政治意识形态淡化之征象，后梁启超倡不党主义，组宪法研究会，对司法界更增融合力，② 至1927年司法储才馆之设立，③ 中枢司法界已无党域之见，又成为梁氏民初变法人事连续性存在之明证。而梁氏的基本政治主张为"中央集权，立宪政治"，④ 大致为司法界共同的政治主张，而在民初司法界尽管中央人事频繁变动，但因为梁氏意识形态的影响，司法界始终能够表现出思想上的连续性，因而影响司法的进程。此外，须注意者，按时任法权委员会委员长之张耀曾所做司法报告，民国进入第15年后，在司法界，就普通司法官而言，民国已完成人事再造，司法官群体已经几乎完全为进入民国后始入司法界任职之人。⑤ 也就是说，整个民初司法界，实际上一个由立宪派领导的人事群体，意识形态上自然容易以梁启超思想为旨归。民初变法，以人事结构为基础，很容易沿着梁启超立宪派所制定的路线进行。

按1932年《余绍宋日记》所载，民国初年还有清末修律或者沈家本派人物徐谦火烧刑部档案事：

> 犹忆民国初元徐谦任司法次长时，将旧刑部所藏前明至清末档案悉付一炬。当时胡子贤曾亲见之，有劝以弗毁者，徐大怒，认此档案

---

① 按董康自述其与梁启超之间的关系，"到部以后……余颇以办稿知名，且蒙诸尚侍垂以青目。未几丁生慈及嗣慈忧去官，赴沪与梁任公、章太炎经营报馆事业，前后四年。中更戊戌政变，于次年到部起服"。参见董康《二十年奉职西曹之回顾》，《国立华北编译馆馆刊》第2卷第6期，1943年，第4页。
② 参见刘以芬《民国政史拾遗》（上海书店出版社，1998）一书。
③ 司法储才馆之职似是梁启超在北京最后一个官方职务，至此，进入民国后，梁启超出入政界而任职司法界，梁启超人民国后，以司法始，司法界终，作为司法人物算是善始善终。此时，梁与王宠惠、罗文干已成好友，司法储才馆实诚民初变法人物最后一次大聚会。参见丁文江、赵丰田编《梁启超年谱长编》，第700~707、713~718、722页。
④ 张玉法：《民国初年的政党》，第202页。
⑤ 参见张耀曾演讲："The present conditions of the Chinese judiciary and its future, by his excellency Chang Yao-tseng chairman of the commission on extraterritoriality." (Address delivered before the Chinese Social and Political Science Association, December 8th 1925) in The Chinese Social and Political Science Review, pp. 175–176. 原文如下："According to the statistics compiled down to November of this year…among the 995 judicial officials now in service, 15 have served for more than 15 years, 597 for more than 10 years, 271 for more than 5 years, and 112 for less than 5 years."

与国体抵触，岂容存留。因御礼物，自往监视焚毁，凡十数日始焚毕。子贤告余，如此当非诳言。然则可珍之史料被毁者何可胜记也。徐君亦读书人，有此一着，甚不可解。①

上举两例，清末民初法律转型之际，司法界所谓"沉浸欧制最力"以及"排斥礼教最烈"，对于民初司法制度之影响，到底如何，其造成司法人物精神上如何变动，均需学者细细考究，但这种情形，至少在制度上所造成的结果是，"不意光复之初，司法当局，执除旧布新策，遂令亭平事业，失其师承"。②在这样的时刻，司法制度的进程只能依赖于人物，而在民初"人材不经济"的情况下，司法界尤需要强有力的"中坚领导"。③

1913年9月至1914年2月，梁启超任政府司法总长，在此段任职中，周善培认为梁启超：

有极热烈的政治思想、极纵横的政治理论，却没有一点政治办法，尤其没有政治家的魄力。他在司法总长任内，没有做过一件受舆论称颂的事。④

按贾士毅的说法，梁启超自认为：

从民国二年秋间参加熊内阁主持司法部，直到民国六年夏天在段内阁担任财政总长，对于政事都没有一件收到积极的效果，可以说是自己没有做好，所以也就不愿再发表什么政论，免得给人家说闲话。⑤

事实上，梁启超虽在司法总长任内无短期杰出的成绩，但本文认为，梁启超参与民国政事，以司法总长之职始，又以1927年任司法储才馆馆长终，乃十足司法人物，其影响于民国司法至深且巨。至少在民国初年，经

---

① 参见《余绍宋日记》第7册，1932年7月6日，北京图书馆出版社，2003，第95~96页。
② 何勤华、魏琼编《董康法学文集》，第361页。
③ 张朋园：《梁启超与民国政治》，第55页。
④ 吴其昌：《梁启超传》，百花文艺出版社，2004，第128页。
⑤ 吴其昌：《梁启超传》，第154页。

梁启超所进行之人事整理与制度充实，清末制度改革中大理院与法部之权力争端无一遗留，法部与大理院、法典编纂会、修订法律馆之间人事流动虽频繁，①但大致不出梁启超司法时代所造成之人事格局，民初司法稳定发展与人事群体的稳定性关系最为密切。更重要者，司法界与负责编纂与修订法律之人员交流重合，容易采取变通措施使司法进程顺利推进，研究民国司法者有谓"司法兼营立法"②之观点，实则称其"修律与司法合一"更加合理，很大部分立法职能按清末民初制度上的分工本来就归于司法界。按董康1928年所论：

> 法典编纂之事，始归并于法制局……析出由法曹专责其任，遂设法典编纂会，以司法总长兼会长，大理院院长兼副会长，并另聘副会长一人为主任。七年，规复前清旧制，仍设专馆，余及王宠惠均被任为总裁……以旧草案偏重理想，乃凭事实为修正之标准。刑法废徒刑等差，伤害罪详分细目，强盗外并著抢夺之条……其实皆旧律之精神也。③

又按当日任职修订法律馆顾问之余绍宋1923年日记所记：

> 绍宋……曩承函约任修订法律馆顾问，商量宪法亦既有年，与在馆诸公晨夕研求，尚思贯厥始终，观成法典。盖法律之修订，宜有主义，共同趋向，毋使纷歧，惟此主义之成立，固在乎人，而斟酌损益之宜尤需乎时日。昨闻总裁、副总裁同日去职，支持既已易人，条贯岂能一致。昔温公纂史阅十九年，一手成书，共其事者刘原父诸人，与相始终。当时岂乏人才，实以编纂之事条目万端，若杂出后先则观成无日。况法典浩繁倍于史传，使垂成诸法卸接无由，便等废章，是岂法律条理始终贯澈之图？尤非国家修法郑重期成之意。④

---

① 参见东方杂志社编《民国职官表》（1912年1月～1918年6月），台北：文海出版社，1981。
② 参见黄源盛《民初法律变迁与裁判（1912～1928）》，台北：政治大学，2000。
③ 何勤华、魏琼编《董康法学文集》，第714页。
④ 《余绍宋日记》第3册，1923年10月25日，第518～519页。

民国没有反沈派：立宪派司法与辛亥派司法

按此史料，我们又可以明白，民初法典化未完成之前，司法人事对于立法事业进行之重要意义。

按许世英（1966）的观点，清末法界以大理院许世英、京师高等审判厅徐谦为代表，他们初为国民革命"旁观的热心者"，与新派法律人王宠惠、罗文干、伍朝枢订交，并与王宠惠"共同秘密组织共进会，作为革命的响应"，后成为"有政治抱负与政治理想"的司法中枢人物，在意识形态上确立"与其在野谈革命，不如在朝求改革"，① 这与清末"沈家本派"和曹汝霖、章宗祥、江庸、刘崇佑、汪有龄等所形成的立宪派群体"尊法尽国，殊途同归"，② 大致能够促进形成司法进程的有力人物群体。事实上，我们可以看到，至少在清末民初，在司法界，旧式官僚、留学日本、欧美归来之司法人物意识形态上能够趋同，容易建立密切的联系，相应亦容易协助促成梁启超司法模式。

按董康所言："司法改革，萌芽于前清修订法律馆……民国初元，政府基础渐次巩固，法曹尤构新象，馆中编纂，皆膺要职，如章宗祥、江庸、汪有龄、汪曦之、姚震、朱献文、张孝移诸君，尤其彰著者。各级审检两长及推检，亦多本馆附设法律学堂之毕业生，人材一时称盛……观于法律馆之存续，即可考见法曹缔造之历史也"，③ 梁启超任司法总长，实继沈家本后，成为司法界新领袖。或者可以说，清末沈家本有修律之功，而民初梁启超有再造司法之实。此种境况，犹如江庸诗作所言，"当代名流齐俯首……萧曹当日只规随"，④ 时至1927年，一方面，梁启超依凭其"平日交情关系，能网络天下第一等人才"，创办司法储才馆，培养司法人才，另一方面，由王宠惠负责"继续修订法律，赶紧颁布"。⑤ 梁启超与王宠惠密切配合，实又奠定国民政府最初几年司法人事格局以及立法动向，意义又非一般史家所能注意。从这一方面讲，不论沈家本派、梁启超立宪派以及后来居正辛亥派，无论个人政治意识形态如何，均不妨碍司法界成为一持续团结一致的中坚阶层，司法进程因而从未中断或有巨大转折，这成为司法界独有之品格与特征。

---

① 许世英口述，冷枫撰记《许世英回忆录》，台北：人间世月刊社，1966，第125~128页。
② 杨琥编《宪政救国之梦：张耀曾先生文存》，法律出版社，2004，第292页。
③ 何勤华、魏琼编《董康法学文集》，第713~714页。
④ 江靖编注《梁启超致江庸书札》（内题《新会梁启超书札》民国十五年装池，江庸），汤志钧、马德铭校订，天津古籍出版社，2005，第154页。
⑤ 丁文江、赵丰田编《梁启超年谱长编》，第701~702页。

三　居正与辛亥派司法

南京国民政府成立之后，尤以司法院新创，加上政治上纷争不断，财政上遭遇困难。在司法制度方面，除了机构人事革新之外，[①] 司法进程鲜有可称者。按台北"国史馆"所存三份有关司法中枢人事任免档案，[②] 司法院在整个四年之内（1928~1931），中枢几乎全用新人，但事实上又存在无中枢领袖的状况。司法院长王宠惠以"已入医院调治恳准假以资调养"与"为出席国际法庭放洋在即"为理由，大部分时间又因司法院副院长未就职，司法院事务均由司法行政部长魏道明代理。1931年5月王宠惠呈请辞去司法院长职位。王之不能安于司法，真正理由，大约如张耀曾1929年日记所载：

> 6月7日，午设宴云南楼，饯王亮畴、苏子美。亮此次又系赴国际法庭，前此每际政变，屡以此名义出国，今番恐亦不能脱前例也。[③]

王之不能职掌司法院，事实上可能造成这一局面，一方面司法院形同虚设，建设无从谈起，权能亦无从发挥，另一方面，司法行政部长兼司法院长职务，这仍回到民初司法部传统，国民政府五院制改革有名无实。

我们需要注意，四年司法无从展开的时期，又是立法密集的时期，按王宠惠所言，"以今日之法律观念言，盖已辟中国法系之新纪元，而骎骎乎超逸世界各法系之上矣"；[④] 同时，此段时期，又被王宠惠认为是废约运动的一个"积极时期"，[⑤] 表现在司法制度上，最重要的成就是会审公廨制度

[①] 张耀曾日记有两处专讲南京司法人事变动事：一为1929年4月2日，"午后，刘默存来，谈南京司法界之情形甚详，据云，司法院与司法行政部上下级职员中，各有二三十人系郑毓秀女博士推荐，可见其布置势力之甚"；一为1932年1月30日，"董授经、沈季让来……谈司法改革事甚久。沈言郑、魏（毓秀、道明）谋恢复甚急，恶势力不易铲除，如此可慨也"。参见张琥编《宪政救国之梦：张耀曾先生文存》，第265、315页。

[②] 三份档案均关中枢人事刷新，有关国民政府司法中枢人事刷新与重组各种重大人事任免，一目了然：一为"司法院正副院长任免案（1928年11月1日起1948年5月14日止）"卷宗档案，一为"司法行政部官员任免案（部次长、惩委会委员长）（1934年12月13日起1948年1月16日止）"卷宗档案，一为"最高法院院长任免案（1927年11月2日起1945年3月17日止）"卷宗档案。

[③] 杨琥编《宪政救国之梦：张耀曾先生文存》，第271页。

[④] 王宠惠：《二十五年来之中国司法》，《中华法学杂志》第1卷第1号，1930年9月，第186页。相同观点又可参见胡汉民《社会生活之进化与三民主义的立法》一文。

[⑤] 王宠惠：《困学斋文存》，台北：中华图书委员会，1957，第68~70页。

的彻底废除，以及在上海中国四法院的建立。① 然而，在"改良司法，为吾国近时之要政"的情境里，② 司法制度实无任何有力的支持。按《胡汉民未刊往来函电稿》所录王宠惠在20世纪30年代致胡汉民的信函，我们大致能够理解那段时期司法处境。

1933年5月21日，王宠惠写道：

> 与其徒劳无益，毋宁闭门思过，暂留海外，终日与书为伴，借以研究四种民权行使之办法。

1934年3月2日写道：

> 展堂先生道鉴：违教以来，时深怀想，月前由郑博士、魏伯聪兄处接奉手示，借悉起居胜常为慰。弟远居异乡，虽欲无言，恶能已于言。昔之以推翻满清自居者，今则厚颜听其复位矣！革命之谓何？无官做则拼命推翻，有官做则拼命做官，虽亡国亦不惜。革命之元勋之谓何？呜呼！吾中华民国从此多事矣！弟生平所服膺者只有二人，总理在，总理而已。总理不在，先生而已！先生将何以教我也！东望故国，唏嘘再三，专此敬候 道安，夫人坤福。③

在王宠惠陷于司法人事新组困境之时，往日立宪派司法中坚阶层却纷纷隐去。如曹汝霖称，"设立宪政编查馆……我与汪衮父（汪荣宝）、章仲和（章宗祥）、陆闰生（陆宗舆）四人，每逢新政，无役不从，议论最多，时人戏称为四金刚"，④ 而1929年，按张耀曾日记所言，"汪与曹陆章称四

---

① 四法院分别是：1930年4月1日由设于公共租界之上海临时法院改组设立江苏高等法院第二分院及上海特区地方法院各一所，1931年8月1日于法租界成立江苏高等第三分院及上海第二特区地方法院各一所。参见季啸风、沈友益主编《中华民国史史料外编——前日本末次研究所情报资料》第86册，广西师范大学出版社，1996，第1~71页。有关改组上海法院事，参见王宠惠《改组上海法院之感想》（载中国国民党中央委员会党史委员会，1981，第199页）一文所做评论："司法院知外人无放弃上海法权之诚意，非采取强硬态度，不能生效。"相关观点又可以参见《大公报》，1931年7月11日社论，"废约努力之过去与未来"。见季啸风、沈友益主编《中华民国史料外编——前日本末次研究所情报资料》第86册，第68~69页。
② 魏道明：《司法行政过去司法之设施及将来之计划》，《中央周报》1930年新年增刊，第88页。
③ 参见陈红民辑注《胡汉民未刊往来函电稿》，广西师范大学出版社，2005，第68~73页。
④ 曹汝霖：《一生之回忆》，第59页。

大金刚，今彼三人皆受通缉"，至1931年2月，据张氏日记记载，"（晚晤）章仲和、江翊云……近日大赦政治犯，凡被通缉之朋友，均陆续出现，相见苦笑，惟江翊云并无关系，而面容神采，亦依然未老也"。① 又如徐谦，据张氏1930年3月日记记载：

> 访戴君亮，闻其谈徐季龙在武汉当局时，任用家人，私挪公款，政事又极跋扈，现在沪住大洋房，每日打牌写字，生活问题似已解决云云，不胜感慨。今之所谓志士伟人者，无权时慷慨激昂，布衣粗食，以身许国之慨，谁不信之。乃一旦置身显要，除祐权营私外，几无所事，不幸下野，已作富翁矣！人皆狡捷，我独迂拙，此余所以屡当政局，名不高而贫益甚也！②

上举几例均出自司法界人物个人笔述，客观与否，毋庸多论，其能反映出20世纪30年代梁启超立宪派人物中坚阶层离析则一也。

1934年秋冬之交，王宠惠与罗文干失和，又进一步摧毁民初司法人事。按张耀曾日记所记，1934年10月：

> 沈季让来，谈司法部改隶司法院，实为排罗文干，其推动乃在王亮畴（王宠惠），因郑毓秀、易培基两案，不慊于罗，故欲去之，以便推翻两案，且以去罗为五全大会出席条件，故汪不能不许云。

又11月：

> 石友儒来，谈晤王亮畴，大谈罗均任到处作中伤亮畴之词，故亮谓罗对彼不起云。友儒明日赴日本视察，年内可回，渠谓上海各院长不致更动云。③

自1927年职掌南京政府司法后，王宠惠一方面"对于用人一项决采人才主义"，④ 急于招募新人，另一方面，又失意于往时法界同人之零落。其实，我们

---

① 杨琥编《宪政救国之梦：张耀曾先生文存》，第272、293页。
② 杨琥编《宪政救国之梦：张耀曾先生文存》，第282页。
③ 杨琥编《宪政救国之梦：张耀曾先生文存》，第389~390页。
④ 参见《法界消息·要闻：南京司法部组织法草案纲要》，《法律评论》第5卷第6期，1927年，第5页。

或许可以这么认为,司法立宪派力量事实上至 20 世纪 30 年代一直保存于司法行政部,而且以罗文干为核心。这一点,我们可以从该部人事结构上看出来,该部部长为罗文干,次长为郑天锡、石志泉。① 至 1934 年,王宠惠竟与罗文干决裂,为募新人而翻脸不认屈指可数的旧人。我们大致可以推测,30 年代初,司法界由于人事刷新,影响中央阶层甚巨,而对于下层人事似又刻意有所保留,那么如此变动的意义,很可能就只在于中央司法意识形态之重建。但这一人事格局调整,对于司法界而言,又如余绍宋 1935 年 3 月日记所载,"弗庭(郑天锡)特自南京来相见,意殊可感……谈王罗两君事,相与太息而已"。② 其间人事刷新,司法再造,全然成为民初立宪派之余绪,罗文干、王宠惠失和,又奠定居正辛亥派司法人事制度之基础。

按张耀曾 1930 年 3 月日记所记,"殷铸夫来,谈北方情形,知有一派政客,正拟以辛亥革命为正统,循此重立政本云"(按:清末至 20 世纪 30 年代为司法建设连续一阶段,而居正司法为特异之另一阶段也!异在人事与思想重点不同)。③ 20 世纪 30 年代初期政潮变动,辛亥又可以重回正统,因而又成为居正司法正当性的来源。需要注意,司法党化更加直接的意义在于辛亥派对立宪派的取代,其标志有:第一,1936 年居正接收朝阳大学及《法律评论》,④ 辛亥人物张知本担任朝阳校长;第二,人事上,1935 年罗

---

① 参见《法界消息·罗文干谈湘鄂两省司法》,《法律评论》第 11 卷第 35 期,1934 年,第 23~24 页。
② 《余绍宋日记》第 8 册,1935 年 3 月,第 291 页。按余王之交情,有一例可为佐证。如《法律评论》所记,"卢信膺任司法总长之后,以本人于司法方面素甚隔膜,非求一干练之才充任次长不足以资臂助,当时即由王宠惠博士推举余绍宋充任"。参见《法界消息·要闻五则·余绍宋被任法次之经过情形》,《法律评论》第 3 卷第 38 期,1926 年,第 7 页。
③ 杨琥编《宪政救国之梦:张耀曾先生文存》,第 282 页。
④ 朝阳大学由立宪派汪有龄、江庸、黄群、蹇念益等人发起创办。1923 年,发起创办朝阳大学《法律评论》。1934 年,朝阳学院已是招生最多的私立法学院,时任校长为江庸,教职员共 177 名,学生 2284 名。1936 年江庸提议改组校董会,居正与张知本、王宠惠、陈立夫等同为朝阳董事,居正为董事长。居正于中政会提案建议教育当局将文法与理工并重,又极力为朝阳法学院呼吁,终得通过决议,每月津贴朝阳一万元。居正邀张知本出任北平朝阳大学校长,着手整顿,而目标则在组织完整之大学,尽先成立法、商、医三学院。居正接办朝阳后,亲撰"睿哲文明"四字以为校训,并解释曰:"曹交问曰,人皆可以为尧舜,有诸?孟子自然,是真语者,实语者,不诳语者。故本斯旨,取舜典'睿哲文明'四字,以为本校校训,所以期许来学者至大且远。"1947 年 3 月,为朝阳学生公费及学费事,说服蒋介石口头应允。大致言之,居正于朝阳大学之意义,即如王冠吾所论,"今日追溯朝阳校史,创办人汪先生子健(汪有龄)固为开校之主勋,而居先生继续苦撑维持发展之功绩,当更为伟大"。请参见王冠吾《居觉生先生与朝阳大学》,《法律评论》第 41 卷第 11、12 期合刊,1975 年,第 21~23 页。

文干与王宠惠失和,①罗文干离职,居正、覃振、张知本、焦易堂、毛祖权、王用宾形成30年代司法权力中心,司法辛亥派正式形成,②而梁启超民初变法人事中坚最终崩解。司法中枢完成了一次人事重组,这首先表现在1933年毛祖权任首任行政法院院长,1934年使司法行政部回归司法院,③同时支持王用宾任司法行政部长,及一年后提焦易堂任最高法院长,④1937年张知本任职司法院秘书长。此外,覃震之任司法院副院长始于1932年居正正式任职司法院长,⑤二人共事司法中枢有十五年有余,此时在居正周围都是一心改革司法,并且均具有革命经历,先前却几无任何司法经历(唯张知本有短暂辛亥司法经验而已)而又注重现时问题的友人同僚。他们在思想意识形态上主张司法党化,实际上是对司法立宪派的又一次人事清洗。司法党化问题成为革命党进入司法而立宪派逐渐淡出民国变法历程的重要标志。居正与覃振、张知本、焦易堂结成司法"辛亥"中心,至此标志辛亥革命正式进入司法。民国变法历程与辛亥革命接轨,里程碑是全国司法会议及中华民国法学会的成立,对外正式标志是新编《中华法学杂志》第一号,第一项成果便是法律民族化运动,这是辛亥革命者在法律领域内领

---

① 按《邵元冲日记》(王仰清、许映湖,1990:1156)所记,1934年10月,张继谈"最近司法行政部改隶司法院实为驱除罗文干,亦即为郑毓秀舞弊案与易培基故宫监守自盗案谋弥缝,宜属觉生(居正)注意云云"。又可参见《余绍宋日记》《张耀曾日记》。

② 按《民国张怀九先生知本年谱》(张文伯,1980);《覃振传》(张小林,2005);《居正先生文集》(居蜜、陈三井,1998);《上海图书馆庋藏居正先生文献集录》(上海图书馆,2007);《民国初年的政党》(张玉法,2004:235)所载,居正与覃振、张知本之关系正始于武昌首义,居正与覃振、张知本均居政府要职,张知本并任义后第一位司法部长。后三人在政治意识形态上(尤其表现在西山会议派中坚上),及私人友谊上均表现出稳固的联系,以及思想上的连续性。

③ 自1931年12月司法行政部划归行政院,使司法院权力严重受到损害,事实上使司法院变成了纯粹的审判机关。凡司法院有所改良司法的设计,大都因为无司法行政及用人权而于司法进程大为不利。按《邵元冲日记》所记:1933年,覃震等人曾向中全会提出"将司法行政部划归司法院一案,意见甚多,卒不能决"(王仰清、许映湖,1990:939)。有关司法院的状况,请参见居正《司法院在国宪上之地位》一文(陈三井、居蜜,1998:274~276)。

④ 焦易堂、王用宾与居正的私人关系,可以追溯至1930年居正蒙冤受鞫的日子。按《邵元冲日记》记载,焦、王曾积极设法营救居正,曾约邵元冲于酒店午餐,在座有居正妻钟明志氏,"谈援觉生(居正字)事"(王仰清、许映湖,1990:597)。此外,《居正日记书信未刊稿》(谢幼田,2004)第8册录有焦易堂、覃震当时设法营救居正的通信。

⑤ 按《邵元冲日记》(王仰清、许映湖,1990:864~865),1932年5月9日,中央政治会议讨论伍朝枢辞司法院长事,决定推居正为院长,覃震副之。虽然未说明覃配的原因,其中大概有居正的意思在其中。

导的文化运动。①

同样，在司法中枢形成司法辛亥派之时，民初司法界群体，如张耀曾日记1932年10月所记：

> 谓国难至急，内战又纠纷大起，可为中华民族忧……内乱适以资敌，为民族计，必须团结……革命决不能产生良政府，有廿年来历史可证……余主张之民主一权制，即政权应处于有政治能力之民众，而政权之行使须一权直上，于纵向可分数阶级，于横向则独一无二，庶不可趋虚伪民主之蔽，而得强固政府之实。②

又如1938年4月所记：

> 在家开茶会，到章仲和（章宗祥）、江翊云（江庸）、吴昆吾……共十人……吾辈积极主张固不尽同，在未交换前，亦尚不明了。但消极态度则相同者，有两方面：一，胸怀淡泊，久无争政权之心，故讨论时局，绝无个人利害之念掺杂其中；二，各人从前虽各有党派，且对国民党数年来政治极抱不满，尤不赞成一党专政办法，但当此外侮万急之时，均认为非清算党见之日，故国人当以保全国家为出发点，批评时局也。③

30年代随着国难日深，民初立宪派司法界容易与司法辛亥派融合，而辛亥派亦事实上能融合此种力量，为司法进程增强助力，而非30年代初之自毁格局。1935年全国司法会议召开，成立中华民国法学会，并发起重新建立中国本位新法系论潮，标志着"负政治责任"的司法人物与政治家的合流，④ 中国法律民族化运动真正开始。

如张耀曾日记所示，居正辛亥派实自始至终注意继受民初梁启超人事传统，并非因为司法党化而刻意隔断联系。如按张耀曾日记1935年9月所记，

---

① 参见拙著《中国法律"看不见中国"》第4章。
② 杨琥编《宪政救国之梦：张耀曾先生文存》，第343页。
③ 杨琥编《宪政救国之梦：张耀曾先生文存》，第491页。
④ 江庸：《江庸诗选》，第221页。

"覃理鸣请沧州饭店，在座皆上海律师，孔祥熙亦到，盖为组织法学会事"。①

又如1938年6月日记所示：

> 赴吴昆吾茶会，江翊云持示居觉生（居正）信，请其赴参政会，并劝余往。江决今晚乘船赴港，余以病，不克行。②

而民初梁启超司法派所存留者如朱深、董康毕竟是少数，如张耀曾1937年12月日记所论：

> 报载，北京成立中华民国临时政府……分设三部，议政部主席委员为汤尔和，常务委员朱深、董康……各委员虽与余交有深浅，皆有相当认识，今至于此，真可痛心……朱伯渊（朱深）不安闲散，董授经（董康）头脑不清……是非自求生存，实助日本灭亡中国耳，委员中知识通明者，未必不见及此，岂为热中所蔽乎？抑为情境所逼，无法摆脱乎？可哀也矣！③

至此，民初司法中枢形成两次大的人事模式：梁启超立宪派模式与居正辛亥派模式，无论梁氏中坚之"修律与司法合一"的司法进程，还是居正派辛亥系中坚在30年代司法界卸去"修律"使命之后，以"法律民族化"推动司法进程，两者始终不离清末修律以来沈家本派所秉持之司法民族主义意识形态。或者可以说，除30年代初司法界人事变动暂时失去主旨之外，清末沈家本派、民初梁启超派、辛亥居正派，在司法的进程上，始终如一，共同缔造民国司法的整体进程。

四 小结

关于民国司法的研究，除了规范、制度与观念之外，我们应注意于进程。本文的写作，意在希望大家在看待民国司法的变迁与转型时，注意以中央与地方裁判档案（规范/技术）为中心的法史叙事与解释范式之外的其

---

① 杨琥编《宪政救国之梦：张耀曾先生文存》，第406页。
② 杨琥编《宪政救国之梦：张耀曾先生文存》，第502~503页。
③ 杨琥编《宪政救国之梦：张耀曾先生文存》，第473页。

他可能，并相应以司法部/院（制度/政治）为中心去理解制度变迁的进程与意义。另外一层，笔者或许试着以一种以人物为中心的民国法律史叙事，对民国法律史做出整体性的解释。之所以提出这样的想法，其实在于一个简单的问题，就是我们从历史的角度考察司法时，我们需要关注什么是它在"法律根上的问题"。[1]

纵贯整个民国司法制度的变迁进程的问题首先应当是主权。因为"主权"这一概念无论受到怎样的争议，"如权力、共同体、义务、合法性、权威、政治国家、政府、宪法之类的各种术语只有与主权整合在一起才会具有意义"，[2] 因而主权这一概念可以成为一种分析工具；而且本文认为，自20世纪初期列强与中国签订新约，中国以"中外一律"[3] 为目标进行修律变法之后，民国司法的制度变迁正是以主权为核心观念展开的进程。[4]

围绕主权问题，在司法意识形态上，清末修律以来占据人们思想主流的至少应该有一种民族主义。如梁启超所言的"民族意识"之发现与确立，[5] "我国民过去数千年之精力，大半尽费之于'形成国民'之一大事业；其'发

---

[1] 引语请参见 Joel Feinberg, *Problems at the Roots of Law: Essays in Legal and Political Theory* (Oxford University Press, 2003).

[2] W. J. Stankiewicz, ed., *In Defense of Sovereignty* (Oxford University Press, 1969), p. 298. 原文如下："Power is not the only term which is given meaning by sovereignty. As has already been pointed out, a number of terms like community, obligation, legitimacy, authority, state, government, and constitution are integrated and made meaningful by the concept. …… too much effort in the past has been spent on proving or disproving the concept and not enough on studying its potentialities as a tool of analysis."

[3] 在这一点上，请注意，作为中国进行司法改革与取消领事裁判权条约加于中国的义务，"中外一律"只是其中的一部分，或许是最容易的一部分。对于司法进程有深刻影响的是该条约规定的后两部分内容，即"中国法律之适用（1）及其他考虑（2）能够确保各国放弃治外法权"。条约原文，参见中美新约（UNITED STATES AND CHINA Treaty for the Extension of the Commercial Relations between them, October 8, 1903）第十五条关于司法改革与取消领事裁判权的规定："Article XV Reform of judicial system. Extraterritoriality to terminate. The Government of China having expressed a strong desire to reform its judicial system and to bring it into accord with that of Western nations the United States agrees to give every assistance to such reform and will also be prepared to relinquish extra territorial rights when satisfied that the state of the Chinese laws, the arrangements for their administration and other considerations warrant it in so doing", See John Van Antwerp MacMurray, *Treaties and Agreements With and Concerning China, 1894 – 1919* (New York: Oxford University Press, 1921).

[4] 具体观点可以参见拙著《中国法律"看不见中国"》。

[5] 参见梁启超《梁任公近著》（下卷·1923年），台北：文海出版社，1978，第44页；《中国历史上民族之研究》。

展国民'之事业，今后方当着手"。① 在这一点上，又如费正清先生对于中国民族主义性质所做的阐释，"对于'新中国'的追逐总是与'收复主权'废除不平等条约如影随形"。② 按费氏的观点，中国人在19世纪进入现代世界之际，"尤其缺乏这一世界的一个主要特质，即民族主义精神"，③ 然而至19世纪末"民族主义"却已然成为探索新中国出路的基本标志之一。④ 此外，与民族主义形态相联系，我们经常提起"变法"或者"法律转型"，尽管"转型"欠缺"革命"一词所具有的情感色彩，⑤ 事实上因为该词常常在历史的情境中含蕴着民族主义的思想，因而转型又常常具有革命的含义。又可以说，自义和团运动后中国"文化认同的群体性危机"日益加重，⑥ 以民族主义为标志，中国明确存在一个具有政治意识形态的司法界，因而我们需要注意这种意识形态在当时历史情境中所可能发挥的功能。⑦

除主权问题、民族主义意识形态之外，我们在考察民国司法的时候，还需要注意民国历史进程的整体性。举例而言，按张玉法先生的观点，研究民国史需要特别检讨几个主要脉络，即民族主义与帝国主义的对抗、中央政府与地方实力派之间的关系、国家与社会的关系。⑧ 又如早在1948年，钱端升教授曾经指出，民国北京政府留给我们中国人的教训有宪政主义、政党与选举、"总统制"与"内阁制"政府之争、合法性、专制不再、军阀问题、联邦主义以及外国援助等八个方面的问题。⑨ 我们思考民国司法进程

---

① 梁启超：《梁任公近著》（下卷·1923年），第226页。
② John King Fairbank, *The United States & China* (Fourth Edition) (Cambridge, Mass. Harvard University Press, 1979), pp. 214 - 215.
③ John King Fairbank, *The United States & China* (Fourth Edition), p. 99.
④ John King Fairbank, *The Great Chinese Revolution: 1800 - 1985* (New York: Harper & Row, Publishers, 1986), p. 45.
⑤ John King Fairbank, *The Great Chinese Revolution: 1800 - 1985*, p. 39.
⑥ 参见 Richard H. Solomon, "From Comment to Cant: The Evolving Functions of Ideology in the Revolutionary Process," in Chalmers Johnson, ed., *Ideology and Politics in Contemporary China* (Seatle & London: University of Washington Press, 1973), p. 53.
⑦ 参见 Solomon 同文（Chalmers Johnson, 1973: 48, 50），作者列举出意识形态能够形成政治行动的六种功能：合法性（legitimacy）、身份认同（identity）、稳固性（solidarity）、激励（agitation）、交流（communication）以及目标设定（goal specification）。
⑧ 参见张玉法《中国民国史稿》，台北：联经出版事业公司，1998，第2~18页。
⑨ 参见 Ch'ien Tuan-sheng, *The Government and Politics of China* (Cambridge, Mass.: Harvard University Press, 1961), pp. 69 - 80; "Lessons of the Peking Regime", 英文原文为: "Constitutionalism, parties and elections, presidential versus cabinet form of government, legitimacy, farewell to monarchy, warlordism, federalism, the incidence of foreign support."

问题，尤其是在思考法律转型在民国初年如何进展的时候，这些方面无疑可以为我们的认识提供基本的情境。民国法律转型，至少在这种意义上，仅仅通过案件或者规范的解读无法得到妥善的理解，而相应的，本文主张一种整体性的历史叙事与解释。

简言之，本文之所以提出民国没有反沈派之论，就是希望大家注意人物在法律进程中的角色，并以人物为中心思考民国历史进程中发生在"法律根上的问题"，即主权问题、民族主义司法意识形态以及民国历史的整体性，因此对民国司法的历史有一种更加深刻的同情与理解。

（作者单位：山东大学法学院）

假设、立场与功能进路的困境[*]

——对瞿同祖研究方式的再思考

邓建鹏　刘雄涛[**]

摘　要　瞿同祖在旧版《中国法律与中国社会》"导论"中提出，其研究从假设中国由汉至清两千余年社会结构没有重大变化的前提出发，分析传统法制与社会。旧版假设虽不再出现于1981年以后的新版《中国法律与中国社会》，但并不能掩盖这部经典作品依然包含此假设。该假设事实上忽略中国历史及深嵌其中的法制在不同时期的重大变化。这种研究上的欠缺与瞿同祖的社会学立场密切相关。同时，受社会学结构功能主义研究导向影响，《中国法律与中国社会》还忽视了立法动机与目的的探讨。以上思路负面影响了这部经典作品以及瞿同祖其他三部作品的某些内容与结论构成。

关键词　瞿同祖　《中国法律与中国社会》　假设　历史停滞　多样性

已故学术前辈瞿同祖在法律史学界享有很高声誉，其代表作首推《中国法律与中国社会》，该书后被翻译成英文，声誉远播海外。[①] 该书无疑是法律史学术成果中的一颗璀璨明星，其研究结论"家族主义及阶级概念始

---

[*]　本文为中央民族大学"211工程"三期建设项目"民族经济法制史专题研究"的阶段性成果。

[**]　本文先由邓建鹏提出大致思路，刘雄涛据之写出初稿，邓建鹏在此基础上据瞿同祖四部著作及相关英文书评撰写修订稿，由刘雄涛提出修改建议。

[①]　王健：《瞿同祖与法律社会史研究——瞿同祖先生访谈录》，《中外法学》1998年第4期。英语国家大量针对瞿同祖英文著作的书评多发表在20世纪60或70年代初，亦即作品出版不久后。我们看到的最新一篇书评发表于2010年，由Barbara Celarent撰写，参见 *American Journal of Sociology*, Vol. 116, No. 3 (November 2010): 1046 - 1052. 由此足见瞿同祖英文著作在海外的持续影响力。

终是中国古代法律的基本精神和主要特征",① 被采纳为学界的一般通说。②有学者以瞿同祖在本书的基本观点为依归,秉承其思路继续向前推进。③ 不过,金无赤金。国内学界对《中国法律与中国社会》一书思路提出质疑的却寥若晨星,就笔者管见所及,似乎仅有陈景良等有限学者对之提出颇有分量的质疑。④ 综合瞿同祖四部作品(其他三部为《中国封建社会》《汉代社会结构》《清代地方政府》)整体探讨瞿同祖研究思路的分析文字更是罕见。⑤ 诚如金观涛所言,"科学的研究总是从分析一些无可辩驳的事实开始的"。⑥ 瞿同祖在《中国法律与中国社会》(一定程度亦包括其他三部作品)中开创了中国法律史研究新范式,成为本领域经典之作。但人无完人。经典作品也难免存在值得后人反思之处。结合瞿同祖其他三部作品,笔者拟对《中国法律与中国社会》某些研究思路再探讨,以期后来者在巨人肩上更进一步。

一 "导论"的更改

陈景良提及,瞿先生在《中国法律与中国社会》的导论中说:"这种将秦汉以至晚清变法以前两千余年间的事实熔于一炉的态度是基于一个基本信念——认为这一长时间的法律和整个的社会政治经济一样,始终停滞于

---

① 瞿同祖:《瞿同祖法学论著集》,中国政法大学出版社,1998,第360页。
② 当然,学界也存在对瞿同祖的研究结论提出质疑的声音,如金高品、魏敦友《中国古代法的真精神到底是什么?——以瞿同祖—梁治平理论为反例反思晚清以来中国知识界的知识引进运动》,《经济社会体制比较》2006年第3期。
③ 如梁治平称其《寻求自然秩序中的和谐:中国传统法律文化研究》一书是"对瞿著的发展"。参见梁治平《法律史的视界:方法、旨趣与范式》,《中国文化》2002年第19、20期;刘广安《中国法史学基础问题反思》,《政法论坛》2006年第1期。
④ 陈景良:《反思法律史研究中的"类型学"方法——中国法律史研究的另一种进路》,《法商研究》2004年第5期;孙国东:《功能主义"法律史解释"及其限度——评瞿同祖〈中国法律与中国社会〉》,《河北法学》2008年第11期。
⑤ 苏力曾结合瞿同祖自己最满意的两部作品《中国法律与中国社会》及《清代地方政府》评价其学术成就,参见苏力《在学术史中重读瞿同祖先生》,《法学》2008年第12期。Barbara Celarent 的书评亦同时评价了这两部著作,参见 American Journal of Sociology, Vol. 116, No. 3 (November 2010): 1046 - 1052. 这种情况亦比较少见。
⑥ 金观涛:《在历史表象的背后——对中国封建社会超稳定结构的探索》,四川人民出版社,1984,第7页。

同一的基本形态而不变。"① 他注明这段话引自台湾学者林端的《儒家伦理与法律文化》一书。林端则在其著作中注明该段话引自《中国法律与中国社会》"导论"。②

然而,令人不禁拍案惊奇的是,笔者查找中国大陆1981年后出版的各版本《中国法律与中国社会》"导论",发现均不存在诸如"秦汉以至晚清变法以前的事实始终停滞于同一基本形态"的前提假设。细读《中国法律与中国社会》1981年版"序",我们发现作者交代"改写了"导论和结论。③ 不过,对于新版其他三方面做出改动的理由,④ 瞿同祖均简要说明,唯独对为何要改写导论与结论,未做任何解释。后来,90余岁高龄的瞿同祖接受访谈时,被问及该书当时"没有注意在巨大时间跨度内中国社会的变化,而是把中国社会看成是一个静止而不变的社会,强调的是历史的连续性",现在回过头来看,对于如何评价这本书,瞿同祖亦未直接正面回应。但同时,他提及西方学界对他另一著作《汉代社会结构》的评论之一为,历史学家感到这本书缺乏历史年代感,或者说缺乏事件的连续性。⑤ 这些反映了瞿同祖对上述前提假设似乎心存顾虑。

那么,《中国法律与中国社会》是否在1981年之前的版本中存在林端提及的那部分文字?笔者找到民国时期出版的《中国法律与中国社会》影印本⑥,发现此书"导论"确有上述林端引用的那部分文字。⑦

综上可知,瞿同祖在《中国法律与中国社会》确曾对其研究有前提假

---

① 陈景良:《反思法律史研究中的"类型学"方法——中国法律史研究的另一种进路》,《法商研究》2004年第5期。
② 林端:《儒家伦理与法律文化:社会学观点的探索》,中国政法大学出版社,2002,第137页。林端没有注意到的是,与他所采用的民国旧版《中国法律与中国社会》不同,改革开放以后中国大陆出版的修订版中,瞿同祖对诸如"导论"等部分有所修订。
③ 瞿同祖:《瞿同祖法学论著集》,第3页。
④ 为区别起见,本文对民国年间出版的(包括影印的民国版本)《中国法律与中国社会》简称"旧版";20世纪80年代以后中国大陆出版的版本称为"新版"。
⑤ 瞿同祖、赵利栋:《为学贵在勤奋与一丝不苟——瞿同祖先生访谈录》,《近代史研究》2007年第4期。
⑥ 该书据商务印书馆1947年出版的《中国法律与中国社会》影印,收入《民国丛书》第1编第29卷,上海书店,1989年影印版。
⑦ 邱立波翻译瞿同祖《汉代社会结构》一书所写的《瞿同祖先生的著述与学问(代译跋)》中,虽并未细说,但也注意到新旧版"导论"文字上的变化。参见瞿同祖《汉代社会结构》,邱立波译,上海人民出版社,2007,第423页注释⑧。

设，即把中国古代社会看成是一个不变的整体。在新版"导论"部分，[①] 他再未提及此假设，反而指出"这是一部史的研究，无疑将溯及法律的发展过程，并注意法律的变化，本书的第二个目的在于讨论中国古代法律自汉至清有无重大变化"。[②] 显然，新旧版"导论"存在重大差异，其中原因颇值玩味。

二　改写的幕后

旧版"导论"的完整假设如下：

> 为了免除读书的误会，还有一点于本结构及方法上的问题，或有声明的必要。读者略一涉阅便会发现本书不但缺乏朝代的划分，更缺乏历代法律不同之处的描述。这种将秦汉以至晚清变法以前两千余年间的事实熔于一炉的态度是基于一基本信念——认为这一长期间的法律和整个的社会政治经济一样，始终停滞于同一的基本形态而不变（即在异族统治的时代亦鲜例外，以汉法治汉人几为各朝一贯的统治原则）。如此前提是对的，则我们或不妨忽略那些形式上枝节的差异，而寻求其共同之点，以解释我们法律之基本精神及主要特性。如其中并无矛盾冲突之处，则此方法是可采用的，同时也证明了中国法律制度和中国的社会，在此阶段内，果无重大的变化，此点请读者自行裁判。[③]

旧版的假设对整个研究设置如下前提：视中国自汉至清两千余年的法律与社会经济为停滞的单一整体。虽然后来瞿同祖修改新版"导论"和"结论"的部分表述，但新版"结论"部分提出："自儒家化的过程完成以后，如本书各章所显示的，中国古代法律便无重大的、本质上的变化，至少在家族和阶级方面是如此。"[④] 这实质上进一步强化旧版的假设。与此不

[①] 我们参考的是中国政法大学出版社 1998 年 9 月第 1 版《瞿同祖法学论著集》所载的《中国法律与中国社会》。
[②] 瞿同祖：《瞿同祖法学论著集》，第 4~5 页。
[③] 瞿同祖：《中国法律与中国社会》，《民国丛书》第 1 编第 29 种，"导论"第 2 页。
[④] 瞿同祖：《瞿同祖法学论著集》，第 360 页。

同，旧版"结论"部分提及，晚清变法之后的法律与中国古代法律呈现巨大差异，"中国法律的变迁可以说是由特殊而普通"，[①] 这种表述反倒说明作者当时还是比较关注法制变化。也许仅在这点上，他的研究取向与其少时推崇的梅因（Henry Maine）《古代法》展示的思路存在相似之处。但晚清法制变迁并没有被纳入作者的研究重点，且这句提及变迁的表述也在新版"结论"中被删除。

这也就意味着，单纯修改"导论"或"结论"的某些表述而不及作品的其他实质部分，并未改变作品本质。更值得追问的是：瞿同祖为何删改旧版"导论"的假设？毕竟，早在20世纪30年代，中国历史发展"停滞论"就受到了日本的中国古代史学者内藤湖南等的挑战，[②] 差不多同一时间，陈寅恪也提出了唐宋变革学说。[③] 即使瞿同祖在写作《中国法律与中国社会》的当时，对诸如中国历史变革论的学说有所不知，但在日后长达二十余年游学美国、加拿大的经历中，定然对此类学说有所耳闻。瞿同祖赴美国以后，将该作品英译，书名为 Law and Society in Traditional China，于1961年出版。[④] 学者认为，英文版在三个方面做了改进：（1）使用更全面的文献；（2）分析更深刻、区别更清楚；（3）作者阅读、参考了更多西方汉学著作。[⑤] 杨庆堃（C. K. Yang）在书评中亦认为，英文版尤其是文献中的概念阐释方面有明显改进。[⑥] 值得注意的是，Law and Society in Traditional China 的"导论"与该书中文新旧版"导论"均有部分差异。英文版"导论"继承了旧版"导论"的假设，同时又承认没有哪两个朝代的法律是完全一样的，不同时期的法典编撰、司法程序与司法组织、刑罚体系及惩罚力度都有差异，该书目的之一是探讨汉至清朝法律或社会结构是否存在重

[①] 瞿同祖：《中国法律与中国社会》，《民国丛书》第1编第29种，第259页。

[②] 〔日〕内藤湖南：《概括的唐宋时代观》，刘俊文主编《日本学者研究中国史论著选译》卷1，中华书局，1992，第10页。内藤湖南最初发表此文的时间为1922年，在20世纪初期他发展出"上古—中古—近世"的分期史观。参见柳立言《宋代的家庭和法律》，上海古籍出版社，2008，第6页。近年对唐宋变革论的观点及反驳的概括，参见柳立言《宋代的家庭和法律》，第3～42页。

[③] 陈寅恪相应见解的概括，参见牟发松《内藤湖南和陈寅恪的"六朝隋唐论"试析》，《史学理论研究》2002年第3期。

[④] T'ung - tsu Ch'ü, Law and Society in Traditional China (The Hague: Mouton and Co., 1961).

[⑤] 杨联陞为该书英文版所写书评，载 California Law Review, Vol. 49, No. 5 (Dec. 1961): 1018.

[⑥] Harvard Journal of Asiatic Studies, Vol. 24 (1962 - 1963): 287.

大变化，并就其采用较晚的法律资料论述整个传统中国的法制状况做了辩解。① 显然，英文版"导论"为自己的假设增加了一些辩解，已不像旧版提出假设时充满自信，作者对假设持谨慎的保留态度。

瞿同祖在英文版保留的这个假设，随即引发英语世界一些学者的批评。在 1963 年，李克（W. Allyn Rickett）针对 *Law and Society in Traditional China* 的书评指出，瞿同祖认为从汉至清的两千多年里，基本的社会与经济结构、家庭体系和阶级结构保持不变，但是我们越了解中国制度史，就越清楚基本社会与经济模式的巨变与发展。对基本社会与经济结构不变的假设，只不过是强调了法制的延续性，而掩盖其变迁的重要性。例如，人们禁不住想知道宋代经济与社会的变化对法制的影响。② 美国著名的中国史专家贺凯（Charles O. Hucker）在书评中也指出，历史学家对瞿同祖的这一假设或许会质疑。③ 同样的疑问，亦见于英国杰出汉学社会人类学家莫里斯·弗里德曼（Maurice Freedman）的书评。④ 诸多书评的类似指责，对瞿同祖难免要产生影响。

在美国研究期间，瞿同祖也认识到，法制与世风在历史上有着重大变化。早在 1947 年，也即瞿同祖到达美国三年后，他在为奥尔加·朗（Olga Lang）的 *Chinese Family and Society* 写的书评中就提及，宋代以前妇女无论离婚或守寡均享有再婚的自由。⑤ 后来他在 *Han Social Structure* 一书指出，汉代妻子如果对婚姻生活不满，她也可以要求离婚。而唐以后的法律严禁妻子单方面提出离婚。且在汉代，不论女性的社会地位和经济状况如何，再婚风俗非常盛行，这与唐宋以后大相径庭。⑥ 显然，作者这些认识与其在

---

① T'ung-tsu Ch'ü, *Law and Society in Traditional China* (The Hague: Mouton and Co., 1961): 9-13.

② *American Anthropologist*, New Series, Vol. 65, No. 2 (Apr. 1963): 464-465. 李克曾受美国汉学家 D. 布迪（《中华帝国的法律》作者之一）推荐来华学习，于 20 世纪 50 年代初卷入"清华间谍案"。

③ *The American Historical Review*, Vol. 68, No. 2 (Jan. 1963): 462.

④ *Pacific Affairs*, Vol. 35, No. 4 (Winter, 1962-1963): 391. 近年，基于同情理解和历史相对论，Barbara Celarent 认为，近年对瞿同祖假设的质疑，与非常西方式的中国历史观有关。以瞿同祖的生命经历，他知道 1911 年一切都变了，但受他祖父遗教，他又认为 1911 年以前的世界虽不断在变化，但实质是一样的。对读者而言，问题在于，历史本身恒久不变还是看待历史的视角不变。参见 *American Journal of Sociology*, Vol. 116, No. 3 (November 2010): 1051-1052.

⑤ *American Anthropologist*, New Series, Vol. 49, No. 3 (Jul.-Sep. 1947): 477.

⑥ 该书中译本参见瞿同祖《汉代社会结构》，第 49~51 页。

《中国法律与中国社会》旧版"导论"假设有所不一。因此,我们推测也许是这些见解、英文版"导论"中颇显矛盾的表述,连同后来美国诸多同行的批评,使瞿同祖认识到假设的根基不足,故在新版中对"导论"与"结论"略加删改,尤其是毅然去掉旧版的假设,以望更能自圆其说。

三 假设与史实的对立

瞿同祖在旧版"导论"中提出:"如此前提是对的……则此方法是可采用的",《中国法律与中国社会》的研究(包括方法、结构乃至结论)只有这样,才可"忽略那些形式上枝节的差异,而寻求其共同之点,以解释我们法律之基本精神及主要特征"。[1] 问题来了——瞿同祖在新版中删改"导论",却未修订《中国法律与中国社会》主体内容。因此,在书中他依旧忽略法制在形式上枝节的差异以及法制的历时变化。而这,不符合历史事实。

中国历史事实本身及近数十年来史学界的研究否定了瞿同祖的假设,其结果必将使得瞿同祖的某些创见丧失站立的基石,以致我们有重新思考旧说的必要。那么,他的假设会导致何种问题呢?

在史料运用方面,《中国法律与中国社会》论述中国法律儒家化过程中,以"五服"为基准,勾勒传统父系家族的范围,并清楚说明妻子在家族中的法律地位。在他的描绘中,两千年来儒家婚姻伦理法制化,致"夫尊妻卑",妻在父系家族中处于卑弱的法律地位。瞿同祖用的史料大多属宋元以后文献,研究古代史的学者提出疑义,认为汉代应该是一个"前儒家化"的社会。保存完好的中国传统法典,最早也只能推到唐代,所以当时瞿同祖主要就是利用唐律中的规定,来推测唐代之前婚姻伦理法制化的情形。如此一来,汉唐之间的数百年,也就是儒家伦理法制化的关键年代,以及女性法律地位变化的重要时期,都因为资料不足又零散,而显得相当模糊。[2]

传统法律及在社会中影响巨大的"礼"在历史长河中都存在相当变数,展示出礼与法的复杂多样。据苏亦工的研究,先秦礼与唐礼有巨大差异。唐律典"一准乎礼",这里的礼主要是唐礼,是秦汉以来繁衍变异了的礼,它构成帝制王朝的官方正统,以古礼以及帝王自己便利为基础,集中表现

---

[1] 瞿同祖:《中国法律与中国社会》,《民国丛书》第 1 编第 29 种,"导论"第 2 页。
[2] 李贞德:《公主之死:你所不知道的中国法律史》,三联书店,2008,第 103 页。

在君臣官民上下等级之制及家族宗法尊卑之制两方面。经后来统治者朝自己有利的方向修改，形成了下级向上级、卑幼对尊长单向度、绝对的义务制。同理，唐律典中有许多"不敬""不孝"的罪名，但没有制裁君主不仁、父不慈、兄不良、夫不义等的罪名。① 由于视中国社会与法制为静止的单一整体，瞿同祖未能对历史长河中呈现的制度复杂多样性进行细致考察。礼在法制、社会生活中的重要表现之一是服制。据丁凌华的研究，服制自先秦到明清，其服丧年份、类型均有重大变化。② 这些变化未能在瞿同祖的研究中体现出来。③ 美国的宋代法制史学者马伯良认为，既有中国法制史研究往往执迷于过于宽泛的概括，忽略不同历史时期之间重要差异。中国史研究者常泛泛而论地说什么"儒家之法律观"，甚至大而化之地谈论"中国的法律观"，仿佛存在着某种所有儒者甚至所有中国人都共同认可的法律观。这显然是错误的。④ 马伯良的批评虽非专门针对瞿同祖的研究，但对《中国法律与中国社会》恐怕至少部分成立。

瞿同祖在新版"导论"直言，"中国古代法律的主要特征表现在家族主义和阶级概念上"，⑤ "结论"部分重申"家族主义及阶级概念始终是中国古代法律的基本精神和主要特征"。⑥ 笔者此处以家族和阶级为核心，探讨瞿著不合于史实之处。

家族成为中国古代法律的重要内容，以魏晋南北朝期间为著。这一时期世家大族具有举足轻重的影响力，享有极高政治地位，通过九品中正制垄断仕途，甚至连君主也是他们的共有物；不仅对政治、经济格局产生巨大影响，也对法典制定起着积极推动作用。⑦ 魏晋南北朝甚至隋唐时代的大家族影响政治格局，还据有面积庞大的庄园并富可敌国，其下依附的人口庞大，他们甚至还拥有自己的武装力量，以致连唐朝皇帝本人也慨叹，"我

---

① 苏亦工：《唐律"一准乎礼"辩证》，《政法论坛》2006年第3期。对中国历代法制重大变化及其与社会交互影响的描述与分析，参见邓建鹏《中国法制史》，尤其是第四、五章。
② 丁凌华：《中国古代丧服服叙制度源流考辨》，杨一凡主编《中国法制史考证》乙编第3卷，中国社会科学出版社，2003。
③ 瞿同祖：《瞿同祖法学论著集》，第198~212页。
④ 〔美〕马伯良：《宋代的法律与秩序》，杨昂等译，中国政法大学出版社，2010，"前言"第3页。
⑤ 瞿同祖：《瞿同祖法学论著集》，第4页。
⑥ 瞿同祖：《瞿同祖法学论著集》，第360页。
⑦ 〔日〕内藤湖南：《概括的唐宋时代观》，刘俊文主编《日本学者研究中国史论著选译》卷1，第11页。

家二百年天子，顾不及崔卢耶？"① 因此有学者直言六朝时期为"贵族制"。② 宋元明清的家族缺乏垄断的经济与政治地位，远不及魏晋南北朝及隋唐的家族。这意味家族在不同历史时期有显著变化。

中国古代家的范围并不固定，有时为户，至多包含三代人，也有"累世同居的义门，包括数百人的大家"③——此时之家恐应视为族。瞿同祖在《汉代社会结构》对家的说法有一些修正，他认为"家庭的平均规模都很小，只有一对夫妇和他们的未婚子女"，"大家庭在东汉时期开始出现"，④ 并且认为那些载于史书的、类似于蔡邕"三世共财"的大家是"罕见"的。⑤ 而六朝隋唐时期，世家大族（包括豪族）⑥ 的存在有史可稽，并且也有史学名宿对此有深入研究。日本学者认为，宋代以降当为中国古代近世，平民社会为此后中国社会的文化形态，⑦ 如六朝隋唐时期王、谢、崔、卢式的世家大族在此时期日趋衰落，不复往日之风采。这说明以秦汉、六朝至唐、宋及以后为三个转捩点，家族在此期间无疑是走了一个"由低到高，复由高转低"的嬗变过程，此间变迁显而易见，非是不存重大之变化。

家族上述变动在法律上也有表现。管见所及，家族主义由高向低的转变过程在唐、明二律典中有明显表现。⑧ 虽然薛允升的《唐明律合编》旨在褒唐律而抑明清，但是就其具体内容而言，我们可以看到由唐至明清家族的变迁，例如对伦理性犯罪，明律处罚较唐律为轻，薛允升以为此失"古谊"，但我们认为这恰恰是家族对国家法典影响弱化的表现。⑨ 这种弱化归根到底是由于家族衰落，宋元以后家族不复再有魏晋南北朝时期家族的那

---

① 《新唐书·杜中主传》。
② 〔日〕中村圭尔：《六朝贵族制论》，刘俊文主编《日本学者研究中国史论著选译》卷2，第359页。
③ 瞿同祖：《瞿同祖法学论著集》，第4页。
④ 瞿同祖：《汉代社会结构》，第14～15页。
⑤ 瞿的原话是，"乡党对他们的羡慕情绪正好说明这类风俗的罕见"，参见瞿同祖《汉代社会结构》，第15页。
⑥ 日本的学者认为贵族、豪族之间存在区别，详见〔日〕中村圭尔《六朝贵族制论》，刘俊文主编《日本学者研究中国史论著选译》卷2，第359页。
⑦ 〔日〕内藤湖南：《概括的唐宋时代观》，刘俊文主编《日本学者研究中国史论著选译》卷1，第10页。
⑧ 《宋刑统》以唐律为蓝本并无太多变化，但我们认为这并不是因为时代并无变迁，而在于宋初的人王、臣子皆以唐律为正之故，并无太多变通，且该法典是一种"速成"之典，详见薛梅卿《宋刑统研究》，法律出版社，1997，第1章；薛允升《唐明律合编》，怀效锋、李鸣点校，法律出版社，1999，"说明"第2页。
⑨ 邓建鹏：《中国法制史》，北京大学出版社，2011，第198～199页。

假设、立场与功能进路的困境

种政治、经济影响力。

再以"阶级"为例，瞿同祖所言"阶级"并非是政治经济学意义上的阶级（尤其是马克思学说中的那种），而是身份上的区别。这点与梅因对古代社会是一种身份社会的认识类似。从《中国法律与中国社会》的结构看，瞿同祖将身份分为两个层面，其一是贵贱之别，即贵族和平民之间身份的不同及其法律表现。瞿同祖主要从生活方式、婚姻、丧葬、祭祀及官员在法律上的特权五个方面来说明贵族与平民之分。但我们也应看到其间存在的种种变化。据日本学者内藤湖南的研究，就生活方式而言，作为装饰的壁画以及作为贵族生活所专有的乐舞也逐渐变得更加通俗化，并且"变得单纯以低级的平民趣味为依归"。① 在政治上，由于科举制的铺开，官员的选举不为贵族垄断，六朝时代盛行的"上品无寒门，下品无士族"② 格局为之一变。但不要认为隋唐创立科举制则使贵族政治烟消云散，"隋唐的科举依然是贵族的……到了宋代王安石时代……变为容许（选举的）机会均等"。③ 在法律特权层面，通过唐明律典的比较，可知一些载于唐律的、有关官员和贵族特殊优待的律文如八议、官当等制度在明清律典中大受限制。④

唐律"一准乎礼"，为维持礼的权威与伦理道德，唐律典对那些破坏礼教的行为，尤不能宽宥。如其行为与礼教无关，则常从轻处罪。明律奉行"刑乱国用重典"思想，与唐律典相比，其伦理法色彩有所淡化，以父权、夫权为中心的宗法关系及伦理道德规范相对松弛，与唐朝相比科罪轻。明代八议对象的特权下降，只知"尊君而不知礼臣"。明清律典中虽保留着八议律文，但学者指出，雍正帝时甚至曾一度想废除八议，明清八议制度给予权贵的照顾较之唐代大为逊色，清代真正享有"议"这一特权的是"亲""贵"两种人，实际主要是爱新觉罗宗室家族。⑤《唐律》中的"议、请、减、赎、当、免之法"很多在《大明律》中没有反映。《唐律》规定"八

---

① 〔日〕内藤湖南：《概括的唐宋时代观》，刘俊文主编《日本学者研究中国史论著选译》卷1，第17页。
② 《晋书·刘毅传》。
③ 〔日〕内藤湖南：《概括的唐宋时代观》，刘俊文主编《日本学者研究中国史论著选译》卷1，第14~15页。
④ 薛允升：《唐明律合编》，第25页。
⑤ 八议制度变化参见苏亦工《明清律典与条例》，中国政法大学出版社，2000，第260~283页。

议者"若犯流罪以下减一等处罪的特权,在《大明律》中亦没有出现。至此,明清时期贵族与高层官僚的法律特权明显比唐代降低。魏晋南北朝时期的世家大族至宋元明清变为普通家族后,皇权地位高高突起。与《唐律》相比,《大明律》相应的"轻其所轻,重其所重",背礼行为惩处偏轻,重惩威胁君主统治的犯罪。与唐朝相比,明清时期的法律愈加成为维护皇帝专制的统治工具。《大明律》中反对、侵犯皇帝、皇权和中央专制集权的死罪较《唐律》增多。①

我们认为,上述诸多重大变化是瞿同祖理当纳入讨论的范畴。遗憾的是其并未关注这些变革,而是专注于求取传统法律与社会静态的精神。之所以如此,与瞿同祖所接受的学说思想有密切关系。

四 新史学思潮"来袭"

瞿同祖几度提及,少时读梅因的著作,辄叹服其渊博精深,觉得写书就应该写像梅因那样能成一家之言的书。② 细细分析,这表明瞿同祖只是认为应该写诸如《古代法》这样的好书,成一家之言,并不说明研究思路尤其是"导论"的假设受其影响。梅因论述欧洲古代社会向近代社会运动过程中发生"从身份到契约"的制度变迁,③ 这种制度变动视野下的法制历时性研究模式,与《中国法律与中国社会》视中国法制与社会为单一静态的假设思路不同。《古代法》的结论关注法制在不同时期的重大变化,后者则将两千余年的历史压缩成一个平面,探索数千年法制的共相。

基于瞿同祖的假设,他在选取材料时趋向于对那些包含时代变革意义的事项予以剔除,以统一于其所要探求的主旨。那么,瞿同祖前提假设的思潮源自何处?在旧版中他为何要提出这个假设?这一假设对整部研究有何意义?

瞿同祖的假设受民国初期新史观影响。④ 当时,梁启超在《中国历史研究法》提出,"治史者宜将千百年间若断若续之迹,认为筋摇脉注之一全案,不容以枝枝节节求也。……凡此之类,当以数百年或数千年间此部分

---

① 相关论述参见邓建鹏《中国法制史》,第 196~197 页。
② 瞿同祖:《瞿同祖法学论著集》,"序"第 1 页;瞿同祖:《清代地方政府》,范忠信等译,法律出版社,2003,"附录六"第 411 页。
③ 〔英〕梅因:《古代法》,沈景一译,商务印书馆,1959,第 96~97 页。
④ 有学者指出了这一点,受主题所限,未及深入探讨。参见王健《瞿同祖与法律社会史研究——瞿同祖先生访谈录》,《中外法学》1998 年第 4 期。

之总史迹为一个体,而以各时代所发生此部分之分史迹为其细胞,将各细胞个个分离,行见其各为绝无意义之行动;综合观之,则所谓国民意力者乃跃如也"。① 梁启超倡导的新史学注重视千百年历史为一整体,忽略对细节的过分关注。

这种认识在民国时期其他一些学者间也存在,具有时代共性。比如梁漱溟认为,中国文化在其绵长之寿命中,后一大段(后两千余年),殆不复有何改变与进步,似显示其自身内部具有高度之妥当性、调和性。同时,梁漱溟提及冯友兰的《中国哲学史》,上起周秦下至清末,只划分为两大阶段。自孔子到淮南王为"子学时代",历史时间不过四百余年,自董仲舒到康有为是"经学时代",历史时间长及两千余年。即中国只有上古哲学及中古哲学,而没有近古哲学,因为近古时期所产生的哲学,和中古的还没大有分别,尽管两千多年,亦只可作一段算。② 值得注意的是,持此论者大都不是当时职业的历史学家,其研究多倾向于将中国文化与历史当作一个整体类型看待。当时社会学家费孝通论述传统中国乡村社会的名著《乡土中国》亦完全不区分时空,直接论述作为整体的传统中国乡村。③ 这些社会学家、文化学家及社会史学家视中国历史为一个整体,这种思路的进一步延伸,就是潜意识里将之当作异于西方的社会文化类型来研究。

与此近似,瞿同祖在首部著作《中国封建社会》"自序"和"导论"中先后提出:"古代史料,极其零乱驳杂。只加以搜集条列,而不加以联串,最多只是一本流水式的账簿。如果想构成一张生动的图画,则主观的见解与系统必不可少,而偏见和谬误也在所难免","我的研究不纯粹是历史的研究,所以我并不企图将中国封建社会的历史按着年代先后依次地排列着,好像历史家的叙说一样。反之,只将各种事实提出来以为各种社会现象的实证而已"。虽然他提出"不想将封建社会看成一种静的制度,我试图分析他的形成以至崩溃的过程,解剖他的各种社会组织的功能及彼此间的关系",④ 但是他只是在该书的最后一章探讨周朝封建的崩溃(也即制度的变迁),其他几章主要是对土地制度、宗法制度、阶级、政治等社会结构的研究。因此,这确如其交代,不是历史学的研究。严格而言《中国封建社会》为社会学研究作品,

---

① 梁启超:《中国历史研究法》,东方出版社,1996,第120~121页。本书初版于1922年。
② 梁漱溟:《中国文化要义》,上海人民出版社,2005,第8~13页。本书初版于1949年。
③ 费孝通:《乡土中国 生育制度》,北京大学出版社,1998。
④ 瞿同祖:《中国封建社会》,上海人民出版社,2003,第5、7页。

只不过其研究对象是历史上的社会结构而已。这种研究思路，与瞿同祖其他三部作品大致近似，因此，数部作品受到的批评亦较为接近。

《汉代社会结构》译者邱立波将此书与《中国法律与中国社会》看成同一类著作，认为两书篇目和结构极端类似。瞿先生在写作《中国法律与中国社会》的时候，处理的问题一共有 5 个：家族、婚姻、阶级、巫术和宗教。而这 5 个问题，也恰是瞿先生的两汉史研究准备要解决的。① 在《汉代社会结构》中，瞿同祖对社会结构功能的研究有充分展示，比如他详细探讨了家族在法律、经济、教育、宗教、军事等方面的功能（职能）。② 《汉代社会结构》的研究主题虽然是社会结构，作者在分析问题时却多以法律为依据进行分析。③ 瞿同祖本人对汉代法律有较深理解甚至研究，在 1956 年他为荷兰著名汉学家何四维（A. F. P. Hulsewé）的重要著作 Remnants of Han Law. Volume I（《汉律遗存》卷 1）撰写的书评长达 9 页之巨（英语国家学术期刊发表的书评通常篇幅为 2~3 页），详细评价该书优长及作者在翻译与理解上的欠缺，④ 这是瞿同祖对汉朝法律具有相当把握的表现。

在《中国法律与中国社会》中，瞿同祖将汉代至清代两千余年间的法律作为一个整体；在《清代地方政府》中，他选择以整个清代为研究对象，而不是仅研究它的一个时期，试图发现清代行政统治的一般模式、特征——开放性描述地方政府的结构。⑤ 在 1973 年，英国汉学家鲁惟一（Michael Loewe）针对《汉代社会结构》的书评指出，该书缺乏历时感，在长达四个世纪的时间内一些重要因素与制度的变迁本应获得更仔细的考察。⑥ 高慕柯（Michael Gasster）对《清代地方政府》的书评认为，人们将希望了解清代地方政府的地区差异或太平天国前后清代地方政府的变化。⑦ 艾伯华

---

① 邱立波：《瞿同祖先生的著述与学问（代译跋）》，瞿同祖：《汉代社会结构》，第 422~425 页。
② 瞿同祖：《汉代社会结构》，第 31~39 页。
③ 比如作者在探讨周代、秦汉礼法关于"娶妻不娶同姓"问题时参考了法律，参见瞿同祖《汉代社会结构》，第 42~44 页。又比如，作者以旧著《中国法律与中国社会》为依据，提出唐以后的法律禁止妻子单方面提出离婚，参见上书，第 49 页。对汉代"不道""大不敬"等罪名与案件的探讨，参见上书第 77 页。法律对奴婢地位的确立，参见上书第 157 页。
④ *Harvard Journal of Asiatic Studies*, Vol. 19, No. 3/4（Dec. 1956）: 416-424. 从 *Law and Society in Traditional China* "序言"由何四维撰写可知，何四维与瞿同祖有良好学术交往及共同学术兴趣。
⑤ 瞿同祖：《清代地方政府》，"引言"第 3 页。
⑥ *Bulletin of the School of Oriental and African Studies*, University of London, Vol. 36, No. 3（1973）: 701-705.
⑦ *The Journal of Asian Studies*, Vol. 23, No. 1（Nov. 1963）: 124.

(Wolfram Eberhard) 对此书的书评中指出，通常认为 18 世纪的清代地方行政比 19 世纪早期运作更好，如果作者试图注意不同时间的文献，也许会得出地方行政效率不同的结论。[①] 结合这些批评可知，瞿同祖四部著作的研究方法和思路具有基本共相，即均视研究对象为一个整体，忽略研究对象在不同时空呈现的差异。

莫里斯·弗里德曼（Maurice Freedman）对 *Law and Society in Traditional China* 的书评认为，基于瞿同祖对文献的娴熟把握及对社会学分析方法的兴趣，人们也许会期待他从另一相反假设出发，即两千年里中国社会在一些重要方面发生了变化，去探讨出法律与社会变化的相关性。如果瞿同祖将中国同印度及罗马的法律与社会比较，关于两千年间没有变化的假设或许可成立。[②] 莫里斯·弗里德曼关于"假设或许可成立"的想法，实质上将中国两千余年的法律与社会看作一个整体类型，以同外国法律与社会进行比较。在将中国与"他者"（不同类型的法制）比较的前提下，视中国数千年法律与社会为一整体的假设或许可行。当然，莫里斯·弗里德曼的评价实质上反对将中国假设为数千年社会结构未曾变化。

五 何种学术立场

法律史学者多视《中国法律与中国社会》为本学科经典之作。事实上，这部作品是基于社会学还是法律史学的立场，尚颇值思量。比如，苏力指出，许多后辈学者鉴于瞿先生的研究材料来自历史，因此趋向于把瞿先生的著作视为法律史（编年史）研究，但这是一个错觉。他的两个研究（《中国法律与中国社会》及《清代地方政府》）都是韦伯所谓的"理想型研究"。他拒绝了传统史学（或看似）以时间作为构建研究对象的天然，通过抽象，他放逐了时间，放弃了细部变化，他建构了自己的研究对象——作为整体的中国。[③] 从瞿同祖学术背景来看，苏力的见解是正确的。

社会学重要研究方法是通过总结归纳构建"理念型"，复用构建的"理

[①] *The American Historical Review*, Vol. 68, No. 2 (Jan. 1963): 465.

[②] *Pacific Affairs*, Vol. 35, No. 4 (Winter, 1962-1963): 391.

[③] 苏力：《在学术史中重读瞿同祖先生》，《法学》2008 年第 12 期。社会学出身的林端亦强调，瞿先生也是从法律社会学与法律人类学的立场来研究中国传统社会中的法律文化，这与我自己的学术训练、研究志趣完全相同。参见林端《儒家伦理与法律文化：社会学观点的探索》，第 128 页。

念型"来解释社会问题。这种方法在马克斯·韦伯那甚为典型。并且该种研究方法有"奥卡姆剃刀"之称,因为这种研究方法天然要求设定一个纯化的环境来进行研究,进而总结或构建其"理论模型"。这种模型也必然是学理上的假设,它并不完美。这种"类型学"研究方法使"中国法律传统中的鲜活个性与时代特征也常常因此而受遮蔽"。[1] 1961年和1972年,瞿同祖先后在美国出版的《清代地方政府》及《汉代社会结构》大量引用马克斯·韦伯的见解。其所引韦伯著作英译本最早出版年代为1946年。[2] 早在1944年底,瞿同祖即赴美国。据《中国法律与中国社会》"1947年版序","此稿甫成,即有海外之行"。说明《中国法律与中国社会》完成于1944年。据此,则瞿同祖完成《中国法律与中国社会》时,当尚未读到韦伯英译著作。不过,1954年美国著名中国史专家费正清(J. K. Fairbank)等发起并组织关于中国思想史的讨论会。瞿同祖提交《中国阶级结构与其意识形态》。当时《中国法律与中国社会》英文版还没出版,这篇文章是这本书内容的简要陈述,后收录到一本论文集中,编者说瞿同祖是 best tradition of Max Weber,[3] 视瞿同祖的研究为韦伯学术思路的最好传承。由此说明,虽然瞿同祖早年的《中国法律与中国社会》未曾受到韦伯思想影响,但英雄所见略同,他们共同的社会学立场使得二人在研究思路上存在相似处。

瞿同祖在旧版"导论"指出,法律史方面"仍应感谢人类学家的努力。法律制度的起源及初期的发展,早已消失在可能研究的范围之外,但人类学家对于原始文化原始社会组织大规模的研究材料使得我们对于史前社会的知识有一丝曙光。比较的研究使得我们对于以前所不了解的史前记载有新的认识,可能代替已经失去的历史,例如关系社会制裁,神判法等问题"。[4] 这些涉及制度的功能、人类学家对其研究法律实效的直接启示、人类学家对其研究神判与宗教的直接启示在新版"导论"中删除了。因此,至少从文字表面上看这部作品更接近法律史立场,而非社会人类学立场。然而瞿同祖研究神判、宗教与法律的关系时,大量引用人类学家对早期法

---

[1] 陈景良:《反思法律史研究中的"类型学"方法——中国法律史研究的另一种进路》,《法商研究》2004年第5期。近年对韦伯的法制理想类型及其对传统中国法律误解的分析,参见 Robert M. Marsh, "Weber's Misunderstanding of Traditional Chinese Law," *American Journal of Sociology*, Vol. 106, No. 2 (September 2000): 281 - 302.
[2] 瞿同祖:《汉代社会结构》,第71、73页。
[3] 王健:《瞿同祖先生谈治学之道》,《中外法学》2005年第2期。
[4] 瞿同祖:《中国法律与中国社会》,《民国丛书》第1编第29种,"导论"第1~2页。

律、宗教及风俗方面的研究，[①]说明瞿同祖仍深受社会人类学家的影响，并未因其在新版"导论"删改相关话语而有所改变。瞿同祖视中国数千年静止不变的假设被学者等同于马林诺斯基（Malinowski）对原初部落民族志研究的方式。[②]

瞿同祖所受学术训练也主要是社会学而非历史学（或法律史学）的。瞿同祖利用在哥伦比亚大学做研究工作之便，进修社会学系与人类学系多名教授的课程，其中包括林顿（Ralph Linton）的"人类学"。[③]他唯独未提及曾选修历史系教授的课程，此实为其学术兴趣使然。林顿指导的博士生杨懋春（Martin C. Yang）在1947年（实于1948年印刷）出版了人类学博士论文《一个中国村庄：山东台头》。[④]杨懋春的著作结构与《中国法律与中国社会》有相似之处，尤其是二者都详细分析家庭及其构成、婚姻。尽管瞿同祖写完《中国法律与中国社会》后才选修林顿的课程，但考虑到杨懋春1929年自齐鲁大学毕业后，即入读燕京大学社会学系，则瞿、杨二人当有共同学术兴趣与背景。

将瞿同祖与费孝通的学术背景简要比较联系，则瞿同祖的社会学立场更为清晰。费孝通1933年毕业于燕京大学社会学系，仅比瞿同祖早一年自该系毕业。瞿同祖在"1947年版序"中提及，阅读马林诺斯基等人类学家初民法律之作，"益叹西方诸哲为学之精进……因窃不自量，益有撰述中国法律史之意"。费孝通更是深受马林诺斯基教授影响，并在其指导下完成 *Peasant Life in China*（《乡土中国》）一书。瞿同祖在《中国法律与中国社会》中的思路与费孝通的《乡土中国》存在诸多相似。比如，费孝通认为传统中国是一种差序格局，西洋的社会则是团体格局。[⑤]这种见解忽略传统中国的具体时空变迁，属典型的类型学。费孝通认为乡土中国是包含在具体的中国基层传统社会里的一种特具的体系，支配着社会生活的各方面。这种具体现象中提炼出认识现象的概念，相当于英文中的Ideal Type，即观

[①] 瞿同祖：《瞿同祖法学论著集》，第273~276、289~294页。
[②] 这是Barbara Celarent书评中的见解，参见 *American Journal of Sociology*, Vol. 116, No. 3 (November 2010): 1051.
[③] 瞿同祖、赵利栋：《为学贵在勤奋与一丝不苟——瞿同祖先生访谈录》，《近代史研究》2007年第4期。
[④] Martin C. Yang, *A Chinese Village: Taitou, Shantung Province* (London: Kegan Paul, Trench, Trubner & Co., Ltd, 1947). 该书封二介绍杨懋春毕业自康奈尔大学，当错误。此书中译本参见杨懋春《一个中国村庄：山东台头》，张雄等译，江苏人民出版社，2001。
[⑤] 费孝通：《乡土中国 生育制度》，第24~30页。

念中的类型。① 他的《乡土中国》是对社会结构的比较研究。在这种研究中，先确立若干可以比较的类型，也就是依不同结构的原则分别确定它所形成的格式。社会学的结构论又是功能论（functionalism）的延续。②

在1940年，吴文藻在"社会学丛刊总序"中指明：本丛刊主旨是要在中国建立起比较社会学的基础，对于各地现存的社区做系统而精密的考察。现代社区的核心为文化，文化的单位为制度，制度的运用为功能。我们即本功能与制度的入手法，来考察现代社区及其文化。也可以说，社会学便是社区的比较研究，文化的比较研究，或制度的比较研究。"社区"、"文化"、"制度"及"功能"，皆系比较社会学上的基本概念。这些以及其他一切概念密切联系起来，组成一个体系，即是比较社会学上的"概念格局"。甲集征稿的范围有关于文化的功能方面者，如法律社会学等。本功能的观点以考察现代社区。所谓功能观点是先视社区为一个整体，就在这整体的立足点上来考察其全部社会生活，并视此社会生活的各方面为密切相关的一个统一体系的各部分。在社会生活的任何一方面，欲求正当了解，必须从这一方面与其他一切方面的关系上来探究。例如若欲了解某一村落的经济生活，就必须考察它与家族或宗族的关系，与宗教及巫术的关系，乃至与社会裁认的关系。因此，站在方法论上讲，比较社会学乃是应用功能的实地研究法以证验假设的一种观察。③ 对比吴文藻的"总序"可知，《中国法律与中国社会》的研究思路深受民国期间社会学影响。首先，瞿同祖的作品涉及中西比较，在有的部分这点虽未明显显示，但隐性地以西方为"他者"，突出传统中国法律与社会的特征；其次，重视法律在社会中的实践；其三，将法律与家族或宗族、宗教及巫术的关系作为《中国法律与中国社会》的重要章节；其四，"功能观点是先视社区为一整个"，瞿同祖正是将汉至清代视为一个整体（其他三部著作亦有此种倾向），在这整个的立足点上考察其全部社会生活，并视此社会生活（从而忽略对皇权的应有关注，详下文分析）的各方面为密切相关的一个统一体系的各部分。

从根本上来说，瞿同祖采用的并非是法制史传统的研究方法，而是借鉴自社会学。以社会学眼光研究中国法律与社会，贯穿瞿同祖的整个

---

① 费孝通：《乡土中国 生育制度》，第4~5页。
② 费孝通：《乡土中国 生育制度》，第88、92、94页。
③ 吴文藻：《社会学丛刊总序》，瞿同祖：《中国法律与中国社会》，《民国丛书》第1编第29种，第2~3页。

学术生涯。在 1998 年，瞿同祖接受访谈时指出，"我治学的最大感受，就是用社会学观点来研究中国历史……这也是我一生治学的方向"。① 他力图对中国历史上的法律提供一种社会学的解释。这种社会学解释在方法论上表现为把社会生活的各个方面，如风俗、制度或信仰等视为一个相互之间有着密切联系的统一体，通过考察各个部分在社区整体中所占的地位，来探求对社会生活的认识和理解。② 这就必须采取功能的研究，不仅要分析法律条文，还应注意法律的实效。但是，这种进路难免存在欠缺。

六 功能进路的欠缺

在 1962 年为斯普林克尔（Sybille van der Sprenkel）的 *Legal Institutions in Manchu China*③ 写的书评中，瞿同祖批评作者未能参考州县官员的书面判决意见，对案例的分析本将为法制及其运作提供更完整的图像。④ 这种批评源自瞿同祖擅长的功能分析进路。瞿同祖正是视传统中国法律与社会为一个整体，重点关注法律在社会中的功能，即注重研究法律运用的实效，但是忽略制度的历时性，缺乏深入分析立法（以及司法）的目的，很少探讨安排这种法律制度背后的立法者初衷。

功能主义进路忽略历时性几乎是必然的，以这种进路来研究数千年的法律与社会时，必然出现问题。如学者指出，早期功能主义的核心主张是：任何一种社会或文化现象，都具有一定"功能"，即都有满足人类生活需要的作用；而每种社会或文化现象与其他现象都互相关联、作用，都是社会或文化整体中不可分割的一部分。由于对社会或文化整体性和功能性的强调，功能主义注重共时性（synchronic）研究。瞿同祖将社会学和人类学的"功能主义"范式移入法律史和社会史领域，其问题是，如何将主要服务于"共时性"研究的"功能主义"范式用于主要是"历时性"研究的法律史和社会史领域？瞿著整体社会观或文化观主要是经由历时性问题共时性

---

① 瞿同祖：《清代地方政府》，"附录六"第 411 页。
② 吴文藻：《社会学丛刊总序》，瞿同祖：《中国法律与中国社会》，《民国丛书》第 1 编第 29 种，第 2～3 页。
③ 该书有中译本，参见〔英〕S. 斯普林克尔《清代法制导论》，张守东译，中国政法大学出版社，2000。
④ *Pacific Affairs*, Vol. 35, No. 4 (Winter, 1962 - 1963): 397.

化——亦即将历时性向度和共时性向度的问题均按共时性方式处理——而达致的。① 另有学者评价,瞿同祖的方法从学术渊源而言出自人类学的功能学派。此学派擅长的其实是共时性的社会结构内各部门互赖关系的研究,并不是贯时性的历史变迁研究,以致被学者误认为具有反对历史研究的倾向。瞿同祖将中国古代法律作为一个超越时间之箭的静态整体纳入功能主义的解释范式之中加以分析,无疑具有一定的局限性。②

由于强调文化整体性效用,除不得不忽略历时性外,瞿同祖的功能进路还忽略制度背后人的动机、目的与意图,特别是皇权与官僚体系对法律制度及其实效的决定性影响。在这种路径视野中,制度似乎是客观社会无意识的（甚或是无目的）、自然的产物。民国时期《中国法律与中国社会》的这种特征并非偶然,在当时其他著作中亦有体现。比如,梁漱溟认为受伦理社会的影响,中国古代的行会不像欧洲那样坚实,因为其重心分寄于各家庭家族了,行会内的师徒伦理相依。此外中国社会特见散漫,中国人之被讥为一盘散沙。③ 事实上,防止民众聚合（包括行会）的立法原则在中国古代政法实践中得到坚决贯彻,这是行会难以独立于官方、壮大成为自治团体,中国社会始终是一种散沙状的重要原因。而这一切,与皇权政治力图维持自身一权独大的动机有密切关系。④ 陈晓枫探讨传统中国的官本位问题,涉及对法律背后立法者或权力主体的动机分析,并以之作为中国法律文化的基本构型。⑤ 这种关注是当代学者对已往研究偏向的重大弥补。

权力或者说皇权（王权）对历代法制具有决定性影响。刘泽华认为,中国传统思想文化的主体是政治思想和政治文化,主旨则是王权主义。思想文化的王权主义根源于"王权支配社会"这一历史事实。⑥ 他进一步论

---

① 孙国东:《功能主义"法律史解释"及其限度——评瞿同祖〈中国法律与中国社会〉》,《河北法学》2008 年第 11 期。
② 张世明:《法律、资源与时空建构:1644～1945 年的中国》第 4 卷,广东人民出版社,2012,第 1063 页。林端也指出这种功能论观点所擅长的共时性研究与贯时性的历史变迁的研究之间的矛盾,参见林端《儒家伦理与法律文化:社会学观点的探索》,第 137 页。
③ 梁漱溟:《中国文化要义》,第 169～170 页。
④ 详细研究参见邓建鹏《财产权利的贫困:中国传统民事法研究》,法律出版社,2006,第 254～261 页。
⑤ 陈晓枫:《官本位:中国法律文化的基本构型》,《江苏行政学院学报》2010 年第 6 期。
⑥ 刘泽华:《中国的王权主义》,上海人民出版社,2000,"自序"第 4 页。揭示皇权或官僚机构对社会机制具有决定性影响的类似研究,另参见刘泽华等著《专制权力与中国社会》,天津古籍出版社,2005。

述：以武力为基础形成的王权统治的社会，就总体而言，是权力分配决定着社会经济分配，社会经济关系的主体是权力分配的产物，在社会结构诸多因素中，王权居于主导地位。① 秦汉以后国家法律制度由以君主为代表的中央皇权政治机构制定，其法律宗旨首先反映皇权的利益。历代王朝的立法过程大体经历了"皇帝下旨"、"大臣草拟"、"修改草案"及"下诏颁行"等程序。立法权绝对地掌握在皇帝之手，大臣是奉旨立法的人员。皇权政治机构通过立法与司法实践实现经济的管理，获得巨大物质利益；监督各级官僚，保证立法、司法的终局性权力统归于中央。② 在"王权支配社会"的传统下，各级权力机构都是王朝的办事机构或派出机构，民众是权力机构的执行者或代理人即官僚的统治对象。因此，功能进路避开王朝动机研究法制必然是有欠缺的。诸如《中国法律与中国社会》潜含着"没有国家（即皇权）的法律史"倾向。这种趋势或多或少强调中国传统法制的内在特性或自治性，事实上把国家即皇权／官僚体系的主观意图排斥出考察视野，也即在功能主义视野下考察制度运行时，缺乏对法制具有决定性影响的主体的分析。这种偏向在近年日本的滋贺秀三、寺田浩明及美国的黄宗智等学者研究清代司法实践时，也若隐若现地存在。也正因为此，近年有学者研究法律史时，对结构功能主义研究路线进行反思，并提出了完善方式：将个体之人与社会结构结合起来，由制度而更多转向对创设制度之用心、身处制度中的人、运用制度的人的较为开阔而持重的长时段历史考察，从个体之人到社会结构、从微观到宏观之间的道路，揭示其中被隐蔽的规则的运作状态。③ 这种思路正是对瞿同祖功能主义进路欠缺的弥补。

在 1962 年，李宗周（Luke T. Lee）针对 *Law and Society in Traditional China* 所写书评认为，该书重要遗漏在于未论及公法（public law）等方面。④ 此正如有些学者指出，中国历史上数量最多的法律并非刑事法律，而是行政方面的法律。⑤ 显然，这个领域基本未曾进入瞿同祖的研究视野。著名中国史学家、哈佛大学教授杨联陞（Lien–sheng Yang）1961 年评价 *Law and Society in Traditional China* 时，除高度赞扬该书创见外，亦指出作者对法律与官府、法

---

① 刘泽华：《中国的王权主义》，"引言"第 2 页。
② 邓建鹏：《中国法制史》，第 229 页。
③ 张世明：《法律、资源与时空建构：1644～1945 年的中国》第 1 卷，第 60 页。
④ *The American Journal of Comparative Law*, Vol. 11, No. 2 (Spring, 1962): 267.
⑤ 陶安：《法典与法律之间——近代法学给中国法律史带来的影响》，《法制史研究》（台湾）第 5 期，2004 年。

律与经济的关系未及深入分析。事实上，上述两个领域包括诸多有价值的问题，均值得专章讨论。比如，作为具有最高及最终权威的立法者与司法官的皇帝，既可应允也可以改变早前的法律或制订新法，既可许可官员遵循旧有判例，亦可自行做裁决，尽管皇帝并不总是专制独裁。① 作为职业史学家，杨联陞或许未意识到瞿同祖为何不分析这些相当重要的问题。相对而言，巫术与宗教在传统中国的法律与社会领域并非很重要的部分，② 至少，远不如皇权及官僚机构对法制的决定性影响，但瞿同祖在著作中设专章探讨，显然是受当时人类学家研究思想和视角影响并由其自身学术路径所决定。因此，在功能进路的类型学研究中，立法、法制或司法的目的性有意无意地被忽略。

瞿同祖过分关注传统法律的功能，忽略安排法制的动机与目的，尤其是秦汉以后中央专制皇权立法时的动机与目的，造成这样的法律史研究只见功能（法律实效），不见立法与司法的目的或利益动机，对于皇权与整个官僚机构对传统法律的影响基本未做任何实质性分析，无疑是功能进路的重大欠缺。当然，这种功能进路本身源于社会法学"天然"的立场。如现代学者指出，社会法学者认为凡是存在社会的地方都有法，因而提出了社会法/民间法的概念，不再把法律与国家连接在一起思考。因此，这个学术立场有明显的非国家主义倾向。③ 瞿同祖反对像分析法学派那样将法律看成一种孤立的存在，忽略其与社会的关系。④ 分析法学派具有国家主义法观念的倾向，把法与国家联系起来，且认为法从属于国家，法是国家立法权的产物。⑤ 瞿同祖的致思路径与学术立场则把对法的认识从国家主义的束缚中解放出来，但同时基本将国家忽略，走上另一极端。

七　结论

通过考察《中国法律与中国社会》，并结合瞿同祖其他三部作品，其法律史研究方法给我们带来的启示是，社会学适用于法律史领域的研究时，出于方法

---

① *California Law Review*, Vol. 49, No. 5（Dec. 1961）: 1018 – 1019. 杨联陞认为瞿同祖未充分探讨法律与经济的关系，一定程度当与杨联陞经济史学训练的出身与视野有关。
② 贺凯（Charles O. Hucker）在书评中指出这一点，参见 *The American Historical Review*, Vol. 68, No. 2（Jan. 1963）: 462.
③ 严存生：《西方社会法学的法观念探析》，《学术研究》2010 年第 1 期。
④ 瞿同祖：《瞿同祖法学论著集》，第 4 页。
⑤ 严存生：《西方社会法学的法观念探析》，《学术研究》2010 年第 1 期。

上简化的需要,不完全适用于长时期制度的研究,因为其无法顾及在长时期制度中呈现的重大变化。不过,社会学较适用于短时期的制度研究,尤其是某一朝代或某一帝王统治时期当制度没有显著变化时,这种功能的研究与主流法律史研究方式相比,更具理论深度。但是,一旦涉及长时期制度与世风的研究,要么简约化,对一些重大历史的变化略过不提,这正是瞿同祖的做法;要么使得研究重点流于对制度变迁的交代之中,这则是法律史研究的主流。

选用的方法如何或者说采用的视角如何,必将影响研究者对材料的选取和组织,因此前提假设对论证过程与研究结论无疑具有重大影响。基于本文分析,瞿同祖将中国历史视为单一整体的静态研究视角或者说是理想型的追求,造成在研究与结论方面的偏差。陈景良对类型学研究方法的反思实为高见。不过,若纯基于社会学立场,瞿同祖社会学的研究方法似乎并无太大问题,因为他只是力图从整体上把握中国传统社会与法律,静态观察无疑必要。但至今日再度审思,将中国历史视为单一整体的静态视角难免不足(忽略社会及法律发展过程中的重大变化),好比急于求胜之人,往往忽略掉孕育胜利的因素及其间胜败转换的契机。

梅因提出著名的"社会进化论"式的论断:"所有进步社会的运动,到此为止,是一个'从身份到契约'的运动。"[1]受梅因影响的瞿同祖既未指明中国古代身份制度的发展趋向,亦未对传统法制变动过程给予应有关注,这皆是前提假设必然造成的欠缺。

如果说文献是法律史研究的源头活水,那么方法与思路无疑是疏导活水的沟渠。如果没有建设恰当的沟渠,活水流向何处就将成问题。视秦汉至晚清为单一静态整体的假定,有助于对某些主题做纵深研究,但我们仍然坚持研究传统法律应注重其历时性。我们虽然并不赞成历史线性发展的见解,但也不认为应从停滞论的视角研究古代社会和法律。最后,我们还要特别强调的是,指出瞿同祖的假设及与此相关的研究思路与观点上的某些欠缺,无损于这部杰出作品的声誉及我们对这位已故学术前辈的推崇。本文目的在于揭示某些欠缺,以引起后来者的注意。学术进步,正是后来者在巨人肩上继续前行!

(邓建鹏,中央民族大学法学院;刘雄涛,法务工作者)

---

[1] 〔英〕梅因:《古代法》,第117页。

刑事案件的新闻追踪与文化观察[*]

——以民初北京陈绳被害案为例

宋 雪

摘 要 1913年8月30日凌晨发生在北京西城的陈绳被害案,案情曲折离奇,审理中又出现翻供和律师更易,案件从地方检察厅上诉到高等审判厅,并引起军法界关注,高等厅开庭21次方宣判结案,是为民初一桩巨案。该案牵涉到前清尚书陈璧,著名律师汪有龄、刘崇佑和黄远庸担任辩护人,在新闻报道和市井传闻中还卷入了权力、政党、凶杀、绯闻等因素,引起时人持续关注,京沪报纸不断刊载案件进展,且多以小说笔法摹写其事;民兴社将其改编成新剧搬上舞台,又引起了当事人和剧社的民事纠纷。借助报刊、档案、年谱、书信材料还原现场,该案一方面可作为法制史和新闻史上的典范案例,另一方面也折射出民初社会心态和市民文化趣味。

关键词 陈绳被杀案 新闻史 法制史 市民文化

民国肇建后的1913年,京沪有两桩引起时人关注的凶杀案,一是3月20日晚间上海沪宁车站发生的宋教仁被刺案,二是8月30日凌晨北京西城东斜街前清尚书陈璧北京宅中发生的其侄陈绳被害案。对于两次凶杀案,当时的报纸都有连续的跟踪和报道。百年来,宋教仁案常常被史家提起,而陈绳被害案则几乎沉寂了一个世纪。两起凶案在当时皆属巨案,堪称民初法制史和新闻史上的重要案例。两案均出现过匿名信,著名记者黄远庸都曾介入,审理过程都出现翻供,同时,与宋教仁案的《江苏都督程德全呈大总统检查报告——附应夔丞家搜获之函电文件五十三通》(1913年铅印本)类似,陈绳被害案也曾印行《陈伯台被杀案律师刘崇佑辩护陈璧等七

---

[*] 本文曾以《法制肇建时代的新闻追踪与社会观察——民初北京陈绳被害案背后的文化心态》为题刊发于《汉语言文学研究》2015年第3期。在写作和修改过程中,承业师夏晓虹教授指教良多,敬致谢忱。

人意见书》（1914年铅印本），在民初颇有司法普及的意义。并且巧合的是，两案都有手枪作为证物，还都被民兴社改编成新剧搬上舞台（《陈绳被杀案》，1914；《阴曹革命》，1916）。相比于宋教仁案的政治谋杀，陈绳案虽是普通刑事案件，然而在新闻报道和市井传闻中卷入了权力、政党、凶杀、绯闻等因素，新剧的改编又引起当事人和剧社的民事纠纷，因而这一案件，在作为司法典型案例的同时，也折射出民初市民文化的趣味。

在民初司法界，陈绳被害案因其"离奇实为从来所未有"，被视为"极重要极可研究之案情"[①]。而与此断语形成巨大反差的是，迄今为止，关于此案的研究仅有刘广定《民初北京第一件大命案与刘崇佑律师》一文，[②] 且将重点聚焦于律师刘崇佑身上。由百年前的书信、报纸、档案、判决书等材料，追索该案背后的司法典范、新闻关注和文学改编意义，在今天仍然具有重要的学术价值。

一 前清尚书花园中的凶杀案

1913年秋到1914年春，林纾（字琴南，1852~1924）给其子林璐（字叔遇）的数封家信中，提到一件谋杀案：

（1）玉伯之侄伯炙，为人谋死，投尸井中。起出时首中七创，尸状甚惨，刻官中已派侦探四人，守其前后门，不许女眷外出，不知何故。玉伯可云倒运矣。……九月二十四日（1913年10月23日）父字[③]

（2）陈玉伯之侄，被人杀死，投尸井中，刻尸已起出，外间谣言，咸谓为玉伯所杀，刻下巡警侦探日五、六人，将玉伯守住，不知起诉后如何。年老遇此奇惨之事，殊可悲也。……阴历廿八日（1913年11月25日）父字[④]

（3）刻玉伯已被审判，押入囚人所。年老被祸，万分可怜，吾不忍视之也。闻将开军法审判，此事更不得了矣，如何，如何！……正

---

① 《陈璧案最近之预审》，《申报》1914年3月15日，第6版。
② 刘广定：《民初北京第一件大命案与刘崇佑律师》，《传记文学》2010年第1期，第62~75页。
③ 《林纾诗文选》，李家骥等整理，商务印书馆，1993，第366页。
④ 《林纾诗文选》，第362页。

月廿五日（1914年2月9日）父字①

（4）玉伯及伯焜皆被审判厅押入优待所。此次参谋处合力与玉伯为难，联参陆海三部分，将开军法审判。海军次长亦已签字，一入此间，百死无一生。幸余与徐又铮先生交好，将玉伯冤状诉说，徐君允诺，遂不签字。此案仍交审判厅。刻下如意姑娘已拿入官，董升兄弟三人亦同押。大概玉伯父子可以松动，不至有覆盆之冤。玉伯家颇感余救命，实则路遥方知马力，疾风方知劲草。父谕 阴历二月十二日（1914年3月8日）汝来信仍寄下斜街，月尾之信则寄棉花头条胡同闽侯林寓。②

根据第4封信可知，当时林纾寓居下斜街，而以上信中言及的这桩凶案，发生在西城东斜街（其周边情况见图1）苏园，相距不足3公里。信中的玉伯即陈璧（1852～1928），字玉苍、雨苍，晚号苏斋，福建闽侯人，光绪三年（1877）进士，历任内阁中书、宗人府主事、礼部员外郎、顺天府丞及府尹、商部侍郎、户部侍郎，官至邮传部尚书兼参豫政务大臣，1909年被参革职，有《望嵩堂奏稿》。③陈林二人同龄、同乡，关系甚为密切，林纾还为陈璧宅园作过《苏园记》。④陈璧于1896年奔丧返闽后主讲于凤池书院，创办福州苍霞精舍，林纾任总教习；1901年，陈璧任顺天府尹

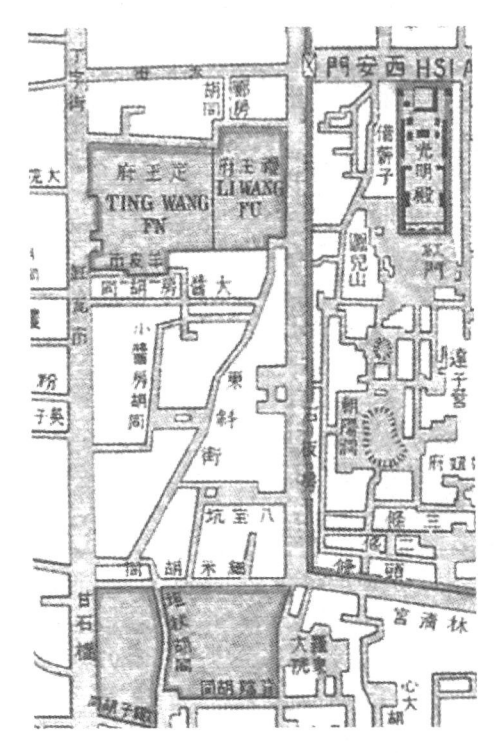

图1 北京西城东斜街周边地图

---

① 《林纾诗文选》，第370页。
② 林大文：《后人心目中的林纾》，钱理群、严瑞芳主编《我的父辈与北京大学》，北京大学出版社，2006，第20页。
③ 欧阳英修、陈衍纂《闽侯县志》卷69《陈璧传》，闽侯县地方志编纂委员会，1995，第419～420页。
④ 林纾：《畏庐三集》，商务印书馆，1924，第65～66页。

期间,又招林纾为五城学堂总教习。陈璧曾拟上书推荐林纾为郎中,为林纾谢绝,但二人始终为挚友,并且"方尚书盛时,议者颇有异同,而余独坚信其能廉天下,唯廉者始不以退隐为憎",① 故而林纾对老友家中的不幸始终关切,这4封信亦可作为当时报纸舆论之外的另一种关注。②

陈璧被罢官后,初居苏州,后迁天津,民国元年(1912)移家上海,次年又"以南方卑湿不宜疗养移居京师,筑小园临清宫之东,命曰苏园,种花莳蔬以自娱"。③ 苏园位于宣武门之东,占地四亩,④ 其详细位置,陈宗蕃《燕都丛考》有记:

> 顺皇城根而西曰灵境,旧名灵清宫。灵境之间小胡同曰井儿胡同,吾师陈弢庵宝琛太傅居于是,亦即吾师陈苏版璧尚书之故居也。其西曰八宝坑,又西曰东斜街,其北曰大酱房胡同,有崇庆寺。大酱房胡同中间之南,有小胡同曰广兴里,稍东曰小酱房胡同,斜达于缸瓦市,宁公府在焉。其南为甘石桥。东斜街之东,即西安门外南皇城根,亦名西皇城根,苏版尚书筑宅于是,园林甚广。⑤

然而,陈璧当年"七月侄伯台为贼所害,匿尸眢井中。事既发,怨公者又以诬公,久之始得白"。⑥ 这年谱中轻描淡写的一句,在民国二年却是件轰动京城的凶杀案。该案成为重要新闻,主要是由于年过六旬的前清尚书被地方检察厅以教唆杀人嫌疑而收押,死者是他的侄子陈绳,字伯台,殁年26岁,时为陆军参谋部科员。案发后,参谋部曾收到匿名信,指认陈绳为暗杀党员。坊间传闻有言其因系国民党员,陈璧担心受连累而将其杀

---

① 林纾:《畏庐三集》,第65~66页。
② 按:信中的"伯炱"即"伯台",陈璧之侄陈绳字;"伯炅"即"伯耿",陈璧之子陈绎字;"如意"即陈璧之五姨太陈张氏;董升为陈宅佣工,兼管陈宅工事(详后文)。
③ 陈宗蕃辑《望嵒堂奏稿·年谱》,沈云龙主编《近代中国史料丛刊》第93册,台北:文海出版社,1967,第29页。
④ 林纾:《苏园记》,《畏庐三集》,第65页。邓云乡认为苏园不只四亩大,整个苏园不算里面住房院子,少说也有十五六市亩。邓云乡:《从李越缦说到〈苏园花事词话〉》,《书情旧梦:邓云乡随笔》,东方出版中心,1996,第144页。
⑤ 陈宗蕃:《燕都丛考》,北京古籍出版社,1991,第253页。上页所引地图(图1)为1914年天津中东石印局《北京地图》。邓云乡记载,苏园在北京西皇城根老门牌22号。邓云乡:《从李越缦说到〈苏园花事词话〉》,《书情旧梦:邓云乡随笔》,第143页。
⑥ 陈宗蕃辑《望嵒堂奏稿·年谱》,沈云龙主编《近代中国史料丛刊》第93册,第29页。

害，有言其与陈璧第五妾（如意）有染而遭伯父毒手，加上陈璧虽已去职，然"既富有家产，又在京置有巨宅花园"，① 因而舆论对前清尚书陈璧议论纷纷，直指其"相杀"之"私斗"：

> 杀之风起，而相杀之害生。始以同国之人杀同国，继以同党之人杀同党，终以同族之人杀同族矣。其实否虽尚未定，然以今日所传，陈璧之侄被杀，而其姊丈所控，陈实为主谋也。
>
> 夫杀者，势不两立之故也。志气愈浅薄，则竞争之范围愈小，而所谓不两立之人者愈近。勇于私斗、怯于公战者，叔季之人心，往往然也。人民无世界之眼光，不能不杀同国之人；人民无国家之观念，不能不杀同党同族之人。力不足以外向，志不足以进取，则互相自噬而已。②

这则时评，可谓一时舆论之代表。"其实否虽尚未定"，然"杀同族"的罪名，已然加于陈璧之身。于是，这桩民国肇建后首都第一件大命案，在"同族相杀"的血腥之外，还卷入了权力、乡谊、政党、财富、绯闻等，街谈巷议纷纷，也就变得格外吸引眼球。

二 两级审判和 24 次公审的背后：案情回顾与考辨

《申报》曾断言："陈伯台被杀案为近今北京最离奇最有研究价值之暗杀案"。③ 陈绳被害一案，案情曲折离奇，审理过程周折，新闻追踪报道从 1913 年 9 月延续到 1915 年 6 月，其间历经多次反复、上诉，在 1914 年 5 月京师地方检察厅三次公审一度结案后，军界提出怀疑，被告和检察官均上诉，于是高等审判厅在当年 7～10 月连续 21 次公开审理，1914 年 11 月结案宣判，1915 年 6 月主犯董升被处决，此案方尘埃落定。这是民国肇建后首都第一件引起巨大社会影响的命案，牵涉人物众多，而对案情口供和庭审又众说纷纭，因而研究此案，须首先借助报刊回到案发现场，理清两级审判中的证据和推理逻辑，进而还原事件时间表和人物身份关系。

---

① 天幕：《陈璧家之奇案》，《申报》1913 年 12 月 20 日，第 2 版。
② 冷：《相杀》，《申报》1913 年 11 月 18 日，第 2 版。
③ 《研究陈璧案之信函》，《申报》1914 年 3 月 17 日，第 6 版。

（一）从离奇失踪到水井现尸

1913年9月24日，北京《亚细亚日报》刊出一则题为《北京最近之谋杀案详志》的新闻：

> 入月以来，北京某报忽发现一告白题为"寻侄"二字，其文如下：
> 陈绳，字伯台，二十六岁，闽人，参谋本部科员，陆军大学校肄业。勤务嗜学，安分供职。八月三十早外出，至今未归。身穿灰布夹袄，青羽毛马褂，面方无须。如知其所止，请报西城东斜街陈宅。本人归时，即酬谢一百元。此告。
>
> 右告白系寻人之普通广告。昨日陈君业已寻得，但并非外出，乃即在东斜街本宅园中井内觅得尸身。头项等处均有刀伤，浑身用棉被扎裹停当。观其情形，陈君系黑夜被二人以上协同杀害。即用其棉被裹体，用绳扎好投之井中。昨日陈宅已报警察厅验明尸体，设法缉凶矣。
>
> 关于此案，颇有种种疑点可供侦探之材料者。（一）陈君系参谋部人员，其失踪之日，参谋部忽接一匿名信件，言陈私通乱党云云，而附一国民党党证为证据。参谋部因其凭空诬陷，并无实据，即亦置之。而陈君即于是日失踪，故其家属甚为滋疑。然历次向军警执法处及警厅查问，则实未有枪毙及缉获陈伯台其人者（按：此为凶犯故意投函，乱人耳目无疑）。（二）陈君失踪之日，检点物件，则箱内衣服一空，棉被一领及陈君未婚妻定聘之金镯等均不见，次日屋内自动车一辆亦不见。而仆役中，除陈君仆人告退外，尚有园丁二人亦行告退。（三）陈君失踪数日后，有持皮箱二个送还陈宅者，称此箱系陈伯台定造者，渠且自称系陈璧之侄，刘冠雄之侄女婿。今箱已造好，故送上陈宅。询之，已经给值，因将箱留下。不料数日后，又有成衣店送来女衣多件，亦云系陈伯台定造者，并云陈之自称亦同。陈宅大疑，乃持陈君相片往询两店，问以是否此人定购物件，则皆云相貌迥不相同。就以上三点观察，陈君致死之道颇觉离奇，实有足供研究之处也。
>
> 按此等暗杀案为京中所不常发现者，特详志之，使警厅加意侦缉，

俾社会中不致复有此等危险案件之发生，则社会可获安全之福已。①

这里的"某报"，根据《亚细亚日报》稍后的记载，是北京的《平报》，②但该报现已难觅得。不过，单从《亚细亚日报》这则新闻已可知案情的复杂性。相比于上节所引林纾家书中的"玉伯之侄伯夔，为人谋死，投尸井中。起出时首中七创，尸状甚惨"之言，这则新闻没有失实，而于细节上更加具体。文中提到"关于此案，颇有种种疑点可供侦探之材料者""陈君致死之道颇觉离奇，实有足供研究之处也"，为报界对此案的最早关注。在日后的多次庭审中，该文内所提到的寻人启事、起尸情况、数点疑窦，均成为双方律师辩论的焦点问题，因而这则报道也是入手该案的关键性背景材料。两天后的 9 月 26 日，《大中华民国日报》转载该文，③《申报》也刊发了关于此案的"北京电"。④ 由此，这则离奇的凶杀案，开始引起南北人士的共同关注。

（二）起诉与抗辩

此案水井现尸后，有三点疑窦："（一）陈氏尸身未发现前，其家仆、厨子、园丁之告假者不下数人；（二）所用暗杀凶器皆系陈氏本宅之物；（三）被杀后，陈氏被褥等遗失，且阶庭留有血迹，不即报厅，反而登广告寻人，此殊令人不可解"，⑤引起了检察厅和警察厅的注意，他们缉获陈宅旧仆，并暗行看守陈氏家族。1913 年 11 月，陈绳的姊丈黄曾晁⑥起诉陈璧为杀人主谋，⑦警察厅羁押陈璧及其子陈绎，陈璧乃延请前司法次长汪有龄担任辩护人。而此时，又有陈宅家丁黄贵的供称，舆论已将陈璧定为杀人

---

① 《北京最近之谋杀案详志》，《亚细亚日报》1913 年 9 月 24 日，第 3 版。
② 《陈伯台被杀案公讯之详志》，《亚细亚日报》1914 年 2 月 19 日，第 3 版。
③ 《北京最近之谋杀案详志》，《大中华民国日报》1913 年 9 月 26 日，第 7 版。按：该报末段有排字错误。
④ 《北京电》，《申报》1913 年 9 月 26 日，第 2 版。按：《申报》报道相对简略，无三个疑点的说明，且陈伯台译音写成了"陈葆泰"，可见民初新闻对突发新闻事件传播的地域影响。但在事件的后续跟踪中，《申报》报道甚详，远超过《大自由报》《国报》等许多北京报刊。
⑤ 《北京谋杀案再志》，《亚细亚日报》1913 年 10 月 15 日，第 3 版。
⑥ 按：在报道中又写作"黄宗绪""黄曾绪"。
⑦ 《北京电》，《申报》1913 年 11 月 18 日，第 2 版；《陈绳暗杀案将有着落》，《申报》1913 年 11 月 28 日，第 6 版。

嫌疑犯。①

1914年2月17日下午1时，陈璧案在京师地方审判厅首次开庭，检察官为胡国洸，推事长为张兰，汪有龄担任辩护。起诉证据主要依据陈宅家丁黄贵的供词，"最后法官谓最大之嫌疑人为璧，判令看管，不准交保"。②

据厨子黄贵的供述，"去年八月二十九号夜，璧与绎在房内密谈多时，二十九早璧即乘早车赴津"，而二十九夜约一点钟时陈绳即被害。黄贵供称："是晚，绎将彼唤出房内帮杀陈绳。黄贵到陈绳之房，绳已熟睡，其时有教读兼管账之周文潞，有家丁张义、黄顺、厨子成升在场。当由周堵绳之口，张义锁颈，黄顺拉手，绎即接去成升③手中之刀连斫几下，身死（绳身共受六伤，颈后四伤，颈前一伤，当颅一伤），即用被裹抬出东院门外，投置井内云云。"④ 检察厅根据黄贵的供词，提出四条起诉理由：（1）伯台被害确在屋内；（2）确系二人以上之谋杀；（3）既有数人协同杀害，必有一人为之主谋；（4）以失踪后投函参谋部及佣人送皮箱、女衣等事，谋杀者必系有智识之人。同时，根据陈璧"自五月后久不赴天津，忽于谋杀之当日早晨赴津，又平时对于其胞侄感情甚恶（伯台曾致函其亲友，云颇诋毁其伯父，自谓将不久于人世云云），且禁止伯台与其五姨太说话，颇有秘密嫌疑，以此可证陈雨苍平日有谋杀其侄儿之心，伯台被害必其主谋。对于陈绎（雨苍之子）则谓伯台失踪后何以知其与国民党有关系（陈绎曾函告友人以此见疑），且告白中有身着灰色衣（寻侄告白中有此语）等语，必系谋杀时所见是状，以此可证其杀伯台者，伯耿（陈绎号）必系其中主要之人"。⑤

根据这样的判断，法庭检察官之起诉理由书如下：

（一）犯罪之事实

本案陈璧在天津时，疑伊胞侄陈绳与伊妾在京有相奸情事，又因陈绳曾挂名国民党籍，尔时南省乱事方殷，京师宣告戒严，陈璧深恐党事牵连，祸及全家，遂起意谋杀陈绳。计定后，陈璧即于八月二十

---

① 天幕：《陈璧家之奇案》，《申报》1913年12月20日，第2版。
② 《北京电》，《申报》1914年2月19日，第2版。
③ 按：应为成升。
④ 远生：《陈璧案》（一），《申报》1914年2月22日，第3版。
⑤ 《陈伯台案昨日开庭》，《亚细亚日报》1914年2月18日，第2~3版。

九早车赴天津。是晚约在一钟前后，陈绳被杀。据黄贵供称，陈绎与该宅内教读周文潞，率同该宅内厨役成升、黄贵，车夫黄顺，小工张义等共六人，乘陈绳在床熟睡，闯进屋内。张义以手挽其项，黄顺揪其两手，周文潞以土塞，成升、黄贵等在场加功。陈绎在成升手内接过菜刀一把，向陈绳头部连砍数下，当即身死。旋由各该人等用陈绳被盖将尸裹好，从院内东边小门抬出，投入极东井内，旋各散去。至九月二十三号，该宅内新雇仆人董怀存始在井内发现尸身，报由该管署函请相验。当经派员相验，得已死尸身委系带手掌按伤、手把攥伤、因刃物伤身死。复于次日由本厅派员查勘被害场所，旋见该院内台阶上及西厢房壁上均有模糊血迹。十月十八日，警察厅将该案内嫌疑人及证人等一并函送到厅，后将告假及在逃之嫌疑人张义、任顺、任二等先后缉获，送厅归案讯办。

（二）犯罪之证据

本案除黄贵曾经自白血迹衣服为证外，所有足以证明各该被告人犯罪之嫌疑各点分别列左：

一　陈绎犯罪之嫌疑

除黄贵曾经供称陈绎与其父陈璧及该宅内教读周文潞商议谋害陈绳并共同实施加害行为外，处有左之嫌疑：

（甲）《平报》广告栏内所登寻任一则，系陈璧与其子陈绎所为。查该广告，略称陈伯台于八月三十号早出未归，身穿灰布夹袄，青羽毛马褂等语。陈伯台所着衣服究系何人所见，何以知其系三十号早出，此等广告适足以淆乱侦查此案者之耳目，而犯罪之装饰掩点于兹益信。

（乙）陈绳尸身未发现以前，陈绎与陈绳①函，其第八页有"家中园地马号及水井均经详细调查，毫无可疑之处"等语。既经详细调查，何以又在井内发现尸身？

（丙）陈绳尸身未发现以前，陈绎与陈绳②函，有"大家讨论，均以伯台弟或因有国民党证被人恫吓而逃"，又曰，"众人从细推敲，咸谓此事恐与党人有关系"等语。此等用意，与参谋部所接之匿名信如出一辙。

二　陈璧犯罪之嫌疑

除黄贵曾经供称陈璧出主意与其子陈绎商议外，处有左之嫌疑

---

① 据远生《陈璧案》（二），《申报》1914年2月25日，第2版，应为"陈紽"。
② 据远生《陈璧案》（二），《申报》1914年2月25日，第2版，应为"陈紽"。

各点：

（甲）陈璧系八月二十九号早车赴天津，陈绳即于是晚被害，陈璧定计而后去，意图掩饰其杀人之迹，适足以彰其犯罪之心。

（乙）寻侄广告（见前）。

（丙）据董升供称，宅内水井四口，平时用水均由陈璧指挥；自陈绳失踪后，陈璧即不准仆人在井扯水。陈绳尸身在井，似陈璧早已知之。

（丁）陈璧系本年五月由津携全眷回京。其未回京以前，宣告不久即将陈绳逐出，故回京后，对于陈绳常出恶声。而陈绳与伊胞兄弟各函，皆言伊伯父陈璧被人谗间，常不满意于伊云云。

（戊）九月十二号，陈璧之第二妾与第三妾曾命任顺用绳拴秤砣，测量各井深浅。任顺后欲以竹竿系一铁钩在井内捞物，被陈璧瞥见，旋即阻止。

（己）陈绳尸身发见后，并在陈绳寝室内检出手枪一支，陈璧见枪即大骂，并云不是①从逆，购此连累吾家，速投之井中。此等口吻，与匿名信用意正复相同。

（庚）陈璧于陈绳尸身未发见以前，曾函致福建原籍。函内有"揆其原因，莫可摹索，其党祸暗杀乎？无证据，不能断为必然"等语。函中语气皆与匿名信暗合。

（辛）陈璧于任顺、任二等潜逃后，并不投区根究，反于旧历中秋批给任顺等赏金。

（三）起诉之理由

据以上各点，黄贵实犯《暂行新刑律》第三百十一条及二十九条之罪；陈璧实有犯《暂行新刑律》第三百十一条及第三十条罪名之嫌疑。陈绎、周文潞、成升、黄顺、张义等五人实有犯《暂行新刑律》第三百十一条及第二十九条罪名之嫌疑。案经侦察终结，认为罪情重大，合行提起公诉。此上系检察官对于此案提起公诉之种种理由也。②

查考南京临时政府1912年4月30日颁布的《中华民国暂行新刑律》，

---

① 据远生《陈璧案》（二），《申报》1914年2月25日，第2版，应为"必是"。
② 《陈伯台被杀案公讯之详志》，《亚细亚日报》1914年2月19日，第3版。

第311条为"杀人者处死刑、无期徒刑或一等有期徒刑";① 第29条为"二人以上共同实施犯罪之行为者皆为正犯,各科其刑;于实施犯罪行为之际帮助正犯者,准正犯论";第30条为"教唆他人使之实施犯罪之行为者,为造意犯,依正犯之例处断;教唆造意犯者,准造意犯论";② 而一等有期徒刑为"十五年以下十年以上"。③

针对检察官提起的公诉,辩护人汪有龄提出辩护意见,对起诉书中的内容逐条批驳,大略如下。首先,汪有龄根据陈绎杀人之证据,做了3条反驳:

(一)《平报》广告栏内所登寻任一则,乃新闻纸上常见之事。陈绳失踪以前,既穿此等衣服,则推想其仍穿此等衣服出外,自系题中应有之义。至说明系三十号早出者,则因二十九晚间尚课其嫡堂弟算学至十一钟,送弟归房后,又与寄寓陈宅之何姓闲谈,则推定其是晚间决不出外,亦系题中应有之意义。故第一点嫌疑自可解释。

(二)园地马号及水井之曾经调查,固有侦探某姓、陈戚黄姓及小工任顺等供词可证,因调查无结果,故有信内各语。至于嗣后在井内发现尸身,则非陈绎事前所能豫知。故第二点嫌疑自可解释。

(三)陈绳忽然失踪,事极奇怪。参谋部所接之匿名信既牵涉陈绳党事,而此信又有④由参谋部出示,陈绎则于百思不解之余,推想信内各语之有,因亦系题中应有之义。故第三点嫌疑自可解释。⑤

其次,根据检察官所举的8条陈璧杀人证据,汪有龄亦逐条论证:

①陈璧在京,陈绳无恙,陈璧赴津,陈绳即被害,可见陈璧实为陈绳之保护人。若陈璧不赴天津,则凶手尚有所顾忌,陈绳或尚不至被害。若谓陈璧系定计而后去,则试问杀人何事,亲自指挥犹恐不密,而敢付诸儿辈及众仆之手乎?况"定计"二字又绝无根据乎!故第一

---

① 司法行政部刑事司编《各国刑法汇编》上册,司法通讯社,1980,第128页,第26章"杀伤罪"。
② 《各国刑法汇编》上册,第86页,第6章"共犯罪"。
③ 《各国刑法汇编》上册,第87页,第7章"刑名"。
④ 按:"有"字疑为衍字。
⑤ 《陈伯台被杀案公讯之详志》,《亚细亚日报》1914年2月22日,第3版。

点嫌疑可以解释。

②寻任广告不足为嫌疑之理由已见前,不赘。

③董升供内仅云"不常用水",并无"不准用水"一语。至谓"宅内水井四口,平时用水均由陈璧指挥",则实系滑稽之谈。盖浇菜灌花由陈璧亲自指点,自系必有之事,若洗衣抹桌及因他事需用井水,亦须陈璧指挥,则陈璧将坐守各井之不暇矣,天下有此理乎?况陈绳尸身自井内发见,实由陈璧令小工蔡茂自该井汲水浇灌葡萄,则董升之供可知其不足信矣。故第三点嫌疑亦可解释。

④不知所谓"逐出"、所谓"恶声"是否果有其事,尚待引证;即或有之,亦系父兄儆戒子弟之意。若即指此为谋杀之证据,则天下之为父兄者,对于子弟惟有下气低声,以防将来子弟万一遇害,致受意外之嫌疑,则为父兄者,不亦难乎!况陈绳与伊胞兄弟各函,有时言伯父待伊不善,有时言伯父待伊慈爱,可见陈璧之待陈绳,决非有威而无恩者。观函内"始怒而终爱"一语,可见其伯侄之情况。故第四点嫌疑亦可解释。

⑤陈璧果使其子陈绎率领众仆将陈绳谋害,投尸井中,其第二妾(即陈绎之生母)、第三妾断无不知之理,岂肯使任顺等测量各井深浅,致谋杀事易于暴露?即曰陈璧谋杀其侄,愿使疏如厨役小工者知之,不愿使亲如数十年之老妾知之,则对于老妾之使人捞井,应一并阻止,不应仅阻止任顺。况据任顺所供,陈璧亦不过向任顺有"作工去罢"一语,而于他人之捞井,并未阻止,故其第三妾复有使任二捞井之事。由是以观,则"阻止"之言实与事实不符,故第五点嫌疑亦可解释。

⑥陈绳手枪有参谋部护照,虽陈绳之姊系一女子,亦知其有护照,即无妨碍。而谓陈璧蓄于此理,未免太诬陈璧。况此手枪尚存陈璧家,并无投诸井中之事。则第六嫌疑亦可解释。

⑦匿名信系由参谋部出示陈绎,凡欲知陈绳案真相者,无不重视此信。今陈璧根据此函中所言而作或然或不然之推测,乃系题中应有之义,不特处陈璧地位者,应有此推想,窃恐局外之人亦皆有此推想也。故第七点嫌疑亦可解释。

⑧任顺等之潜逃在旧历八月十二日,而批给赏金则在十二日以前。此项赏金嗣由陈璧改给家人焦升,尽可传焦升质问。至任顺等忽而潜逃,不报区根究,未免稍涉疏忽;然此后购觅眼线,迭请侦探局派人

往山东等处捉拿任顺等到案,则亦可赎疏忽之咎,而自明心迹矣。故第八嫌疑亦可解释。①

而由黄贵之口供,汪有龄也提出6项质疑,推出口供之不可信的结论,提出"检察官所认陈璧犯罪之各种嫌疑亦出于心理之想像,并无关涉教唆行为之点",提请审判机关对于陈璧和陈绎为无罪之判决。②

在第一次公讯之后,陈绳生前所在的参谋部中70余人递呈,请将该案归军法审判,交陆军部核议,未获批准;又有人带兵士前往检察厅抄写案卷,司法部因此呈明袁世凯,谓此举妨害司法独立,亦无结果。③ 在这众声喧哗的关注中,1914年2月26日,该案在地方审判厅第二次审讯,但未向公众开放。此次辩护律师仍为汪有龄。二审之后,陈璧发布了一篇自白,以自辩非杀人主谋,而舆论界似乎并不买账:"其中皆用反证方法,惟此种人命案件,自以得有确实证据,方能断定。故陈璧之自白似宜追求正凶之为谁,反足解释自己方面之嫌疑。"④ 根据这份自白略摺,陈璧从11个方面进行了自辩,内容上与汪有龄的辩词大致相同,而于细节上更加具体,例如解释赴津购地盖屋等事。⑤ 二审次日,即2月27日,紧接着进行了第三次审讯,先后传讯张义、周文潞、黄顺、成升等,仍无确实之结果。⑥

在民初,乡谊是士人之间的重要纽带,也常常是缔结婚姻的基础。陈绳是海军总长刘冠雄的准侄女婿,刘冠雄亦是福建闽侯人,林纾信中言及海军次长已签字而未言及海军总长签字,也许就有姻亲的因素。此时陈璧身陷囹圄,在林纾为之奔走的同时,福建同乡也发起公保,"福建旅京同乡中素有声望者十余人已签名联保"。⑦ 而这也愈发引起舆论的猜测。此后,在坊间议论中,汪有龄以法律编查会之事辞去辩护之职,继任者为黄远庸和刘崇佑。⑧ 黄远庸笔名远生,是民国名记者,在接手此案前,已撰有通讯文章关注此事。⑨ 在记者身份之外,黄远庸亦兼营律师业,1914年3月曾在

---

① 《陈伯台被杀案公讯之详志》,《亚细亚日报》1914年2月22日,第3版。
② 远生:《陈璧案》(三),《申报》1914年2月26日,第3版。
③ 《北京电》,《申报》1914年2月25日,第2版。
④ 《请看陈璧之自白》,《亚细亚日报》1914年2月28日,第3版。
⑤ 《陈璧自白之略折》,《申报》1914年3月4日,第6版。
⑥ 《陈伯台被害案之三讯》,《亚细亚日报》1914年3月1日,第3版。
⑦ 《闽同乡公保陈璧》,《申报》1914年3月10日,第2版。
⑧ 《陈伯台被杀案之近耗》,《亚细亚日报》1914年3月8日,第2~3版。
⑨ 远生:《陈璧案》,《申报》1914年2月22~26日。

报上刊出开业广告（见图2）。刘崇佑则是京城有名的大律师，在《亚细亚日报》的"律师介绍"栏中居于首位，① 后来《晨报》第一版的广告中长期刊载《律师刘崇佑启事》。刘崇佑是福建侯官人，与陈璧还有亲戚关系，② 在舆论上尤其强调司法的公正。在3月初的一次谈话中，刘崇佑表示"若罪人不得，或有所纵，则是无国法。惟刑事贵真实，此法官之职务，亦辩护人之职务也"，"如此震动社会之奇案，必不容草率认定，罪数人以悦一时之耳目"，"使社会共闻共见，认为至允当至公正之判决，则司法威信受益无穷"。③ 可见其在民初法制肇建时代树立司法典范的追求。

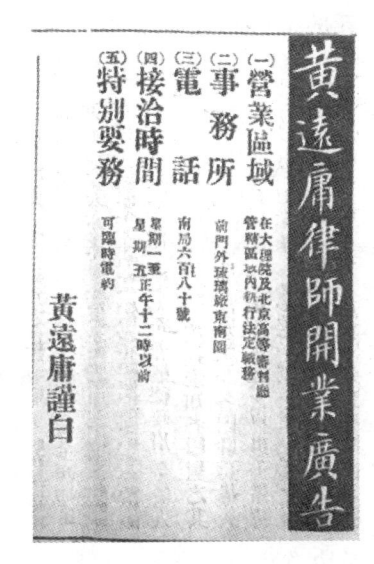

更换律师后，该案又生波折：先是黄贵供称之前供词为董升所教，而检方于董升处搜得质票，赎出乃陈绳遗物，该案嫌疑转向董升及其弟董珍。④ 而后又传出消息，谓疑犯任顺在狱病故，黄贵病重，⑤ 为此相信陈璧为凶案主谋的参谋部致函陆军部，提出"该厅对于全案犯人似应负责保全生命，以留人证，勿使陈璧钱能通神"。⑥ 在此声势下，黄刘二律师也发表信函，声请保留人证。⑦ 不过，"钱能通神"的陈璧此时也不好过，虽经闽籍同乡斡旋，从普通监房转至优待室，然"每间房尚收容十数人"，"人云陈已面如死灰，形容憔悴，恐案未决即不久于

图2　黄远庸律师开业广告，《亚细亚日报》1914年3月1日第1版

---

① 《律师介绍》，《亚细亚日报》1914年3月3日，第6版。
② 据刘广定记载，刘崇佑出任辩护人是由陈璧的儿女亲家沈瑜庆出面邀请，而刘沈两家世为姻亲。刘广定：《民初北京第一件大命案与刘崇佑律师》，《传记文学》2010年第1期，第68页。
③ 《陈伯台被杀案之近情》，《亚细亚日报》1914年3月10日，第2版。
④ 《陈璧案与董升之关系》，《申报》1914年3月20日，第6版。
⑤ 按：根据后续报道，此为虚假新闻，二人均参加了高等厅的审理讯问。
⑥ 《关于陈伯台被杀案之函件》，《亚细亚日报》1914年3月19日，第3版。
⑦ 《陈伯台案志闻》，《亚细亚日报》1914年3月20日，第3版。

人世矣"。①

　　1914年4月11日下午2时，地方审判厅第二次公开审讯该案，检察官起诉董氏兄弟。由于黄贵改供，称前所供供词系董升所教，案发之夜董升不在门房，次日推走陈绳之自行车，当掉了死者的背心，且估衣店供称冒名者身量口音是董升等情节，故将董氏兄弟列为嫌疑人。在审理中，陈绳和董升的矛盾被挖掘出来，董升曾私拆陈绳信件，在陈宅管事作弊甚多，并因事而被陈绳打，董向陈璧诡诉以离间伯侄关系，陈绳屡次称说董升这人万用不得，这些证据构成董升杀人动机。而黄刘二律师也对陈璧案提出了新的辩护意见，"是日黄律师辩护大体从理论上立论，刘律师大体从事实上立论"。黄提出的要点是：（1）周文潞等五人或为教读或为车夫或为厨子或为苦工，不伦不类，平日不可连属；（2）陈氏待家丁刻苦，五人事前无贿嘱之痕迹，事后无敲诈之情事，因待遇薄，在陈宅日日思逃，何能听陈宅号令而为其下手杀人？② 刘崇佑则提出：（1）由空间之狭小，杀人在陈绳屋内之床上不可信；（2）由陈璧赴津、陈绎矮小、周文潞往南苑监工而余皆厨役、车夫、小工，不符合冒名者"身量高大，非南方口音，且系穿长衣之斯文人"的特点，推出"杀人真凶在此7人不可信"，力证陈璧等七人无罪。③ 而检方指定为董氏兄弟辩护的方履谦和邓尔班律师，则谓起诉理由不完全，"既无以小恨而杀人之理，亦无以谋财而杀人之理云云"。④ 当日未有辩论结果。

　　5天之后的4月16日下午1时，该案第三次公开审讯，因地方审判厅地狭而旁听者众多，改在大理院进行。报纸接连刊载了二位律师的辩护意见，限于篇幅，仅录其要点。刘崇佑主要辩护意见为：

1. 黄贵供杀人在死者屋内不可信；
2. 黄贵供杀人为被告等共犯不可信；
3. 黄贵供杀人下手情形不可信；
4. 被告人等七人绝不可能共同犯罪；
5. 黄贵全供之种种不可信；

---

① 《收押中之陈璧》，《申报》1914年4月3日，第6版。
② 《陈伯台案第二次公讯详志》，《亚细亚日报》1914年4月14日，第3版。
③ 《陈伯台案第二次公讯续志》，《亚细亚日报》1914年4月15日，第2版。
④ 《陈伯台案第二次公讯续志》，《亚细亚日报》1914年4月15日，第2版。

6. 黄贵口供以外各种证据非常浅薄。①

黄远庸主要辩护意见为：

1. 未见陈妾与陈绳的暧昧关系；
2. 党祸罪不及孥；
3. 陈绎不像拿刀杀人的人；
4. 黄贵供词自相矛盾；
5. 周文潞等五人不可能联手杀人。②

随着辩论的深入，案件的诸多细节和相关人物也被挖掘出来，例如案发夜门房打牌的情形、陈绳衣服的做工特点、双兴估衣铺伙计的回忆等，具有了"从事实推敲"③ 的现代司法特征。但其中仍有粗疏之处，例如黄远庸言，"陈绎者则尤一磊落英多、循分供职之理想青年，骨相仪表不似杀人"，④ 这与第一次公审时言黄贵"无用之形相"⑤ 如出一辙。而从仪表相貌判断凶手，在司法审判中无疑有主观性之嫌。

经过数月的调查和讯问，1914 年 4 月 25 日，判决陈璧、陈绎等 7 人无罪，由 10 条犯罪证据判处董升死刑，董珍处无期徒刑。⑥

（三）上诉与终审

4 月 25 日的宣判并未宣告此案结束，董升当庭表示不服，检察官胡国洸以地方审判厅判案有失公允，向高等厅提起公诉；而军界亦对此结果提

---

① 《陈案公讯中刘律师之辩护意见》，《亚细亚日报》1914 年 4 月 18 日，第 3 版；《陈案中刘律师之辩护意见》，《亚细亚日报》1914 年 4 月 19 日，第 3 版；《陈璧案（续）·刘律师之辩护词》，《申报》1914 年 4 月 20 日，第 6 版。
② 《陈案公讯中黄律师之辩护意见》，《亚细亚日报》1914 年 4 月 20 日，第 3 版；《黄律师对于陈案之辩护意见（续）》，《亚细亚日报》1914 年 4 月 21 日，第 3 版；《陈璧案续志》，《申报》1914 年 4 月 21 日，第 6 版；《陈璧案续志》（二），《申报》1914 年 4 月 22 日，第 6 版；《陈璧案续志》（三），《申报》1914 年 4 月 23 日，第 6 版。
③ 《北京电》，《申报》1914 年 4 月 13 日，第 2 版。
④ 《陈璧案续志》，《申报》1914 年 4 月 21 日，第 6 版。
⑤ 远生：《陈璧案》（三），《申报》1914 年 2 月 26 日，第 3 版。
⑥ 《北京电》，《申报》1914 年 4 月 26 日，第 2 版；《判决陈绳被杀案全文》，《夏星杂志》第 1 卷第 1 期，1914，第 17~29 页。

出怀疑，发表呈文①和传单②，向高等厅提起上诉。由此，该案在高等审判厅开始了第二轮审理。

根据报载消息，1914年7~10月，该案在高等厅共公开审理了21次，旁听者众多，成为京城一大热点。与地方厅的审理相比，高等厅的辩论涉及了更多细节，法庭记录也分外冗长，多以口语体式呈现。10月28日，陈绳案辩论终结，③11月4日宣告判决，判定董珍无罪，董升、周文潞驳回地方厅详审，黄贵判为无期徒刑。④判决后，董升由地方厅维持原判，对其判定死刑，董升向大理院提出上诉；黄贵也向大理院上告，被陈璧查出状纸赶出陈宅；陈绽因董升、黄贵判罪含糊，呈请司法部彻底根究；参谋本部军官团则议定呈请大总统组织军法裁判，⑤可谓意见纷纭。1915年3月，大理院索取董升辩护人邓尔班律师要求改判的追加意旨书，⑥但并未再次开庭审理，而是维持了原判。6月底，董升被执行死刑。⑦

（四）事件时间与人物关系一览

由《亚细亚日报》《申报》《夏星杂志》等的报道和相关文书，可以还原出该案的事件时间表和人物关系表，详见表1、表2。

表1 陈绳被害案时间表

日期	事件
1913.8.29	陈璧由京赴津；陈绳教堂弟算学至夜11时，又与何某闲谈
1913.8.30	凌晨，陈绳被害
	参谋部接匿名信，谓陈绳勾通乱党
8.30后数日	有人冒充陈绳去典当铺
1913.9.12	陈璧第二妾和第三妾命任顺在井捞物，被陈璧阻止
1913.9.23	尸体发现
1913.10.18	警察厅将董升、黄贵、钱张氏等嫌疑人14名送交检察厅

---

① 《军界对于陈绳案之怀疑》，《申报》1914年5月16日，第6版。
② 《攻击陈绳被杀判决案之军界传单》，《夏星杂志》第1卷第1期，1914，第33~39页。
③ 《陈绳案之辩论终结》，《亚细亚日报》1914年10月30日，第3版。
④ 《高等厅判决陈案之宣告》，《申报》1914年11月12日，第6版。
⑤ 《陈绳被害案又有上诉消息》，《申报》1914年11月16日，第6版。
⑥ 《大理院索取陈案追加意旨书》，《申报》1915年3月29日，第6版。
⑦ 《董升已执行死刑》，《申报》1915年6月28日，第6版。

续表

日期	事件
1913.11.21	江苏砀山县将任顺、任二缉获，送交京师警察厅
1913.12.6	黄贵供称陈绳被害系陈璧主谋
1914.2	参谋部70余人以陈宧为代表，奉大总统令，呈请将该案归军法审判
1914.2.17	地方审判厅第一次公开审讯，检察官：胡国洸，推事长：张兰，律师：汪有龄。结论：陈璧为最大嫌疑人
1914.2.26	地方审判厅第二次审讯（未公开），律师仍为汪有龄
1914.2.27	陈璧发布自白书
1914.2.27	地方审判厅第三次审讯
1914.3.3	《亚细亚日报》载更换律师
1914.4.11	地方审判厅第二次公开审讯，陈璧等7人辩护人为黄远庸、刘崇佑；董氏兄弟辩护人为方履谦、邓尔班
1914.4.16	因地方审判厅地狭，借大理院第三次公开审讯，嫌疑人由陈璧父子移至董升
1914.4.25	地方审判厅借大理院第四次公开审讯，判决陈璧等7人无罪，董升死刑，董珍无期徒刑
1914.5	军界对审判结果提出疑问
1914.7.3	高等审判厅第一次公审，审判长潘恩铭，检察官马德润
1914.7.10	高等审判厅第二次公审
1914.7.14	高等审判厅第三次公审
1914.7.17	高等审判厅第四次公审
1914.7.21	高等审判厅第五次公审
1914.7.25	高等审判厅第六次公审
1914.7.29	高等审判厅第七次公审
1914.8.1	高等审判厅第八次公审
1914.8.5	高等审判厅第九次公审
1914.8.10	高等审判厅第十次公审
日期不详	高等审判厅第十一次公审
日期不详	高等审判厅第十二次公审
1914.8.26	高等审判厅第十三次公审
1914.9.2	高等审判厅第十四次公审
1914.9.9	高等审判厅第十五次公审
1914.9.15	高等审判厅第十六次公审
1914.9.22	高等审判厅第十七次公审

续表

日期	事件
1914.9.30	高等审判厅第十八次公审
1914.10.7	高等审判厅第十九次公审
1914.10.14	高等审判厅第二十次公审
1914.10.21	高等审判厅第二十一次公审
1914.10.28	高等审判厅审讯终结
1914.11.4	高等审判厅宣告判决：董珍无罪，黄贵无期徒刑，董升、周文潞驳回地方厅详审
1915.2.29	邓尔班提交追加意旨书
1915.6	董升被执行死刑

表2 陈绳被害案中人物关系

姓名	又名/字号	年龄	职业或关系
陈璧	雨苍	63	前清尚书
陈绳	伯台	26	国民党员，参谋本部科员，陆军大学校肄业，陈璧之侄
陈绎	伯耿	—	陈璧之子，第二妾所生
陈绖		—	陈绳胞弟
黄陈氏		—	陈绳之姊
黄曾勖		—	陈绳之姊丈，控告陈璧为主谋
陈翁氏		50余	陈璧之二姨太
陈冯氏	平安	年届不惑	陈璧之三姨太
陈文氏		20左右	陈璧之四姨太
陈张氏	如意	24	陈璧之五姨太，北京人
黄贵	黄升	19	陈璧家之厨役
周文潞		45	陈璧家之教读兼管账
成升		28	陈璧家之厨役
黄顺		24	陈璧家之人力车夫
张义	张大吃	48	陈璧家之小工
董升	董振卿	38	陈璧家之佣工
董珍	董三	28	交通部茶役，董升弟
任顺		—	陈璧家之小工，案发后潜逃
任二		—	陈璧家之小工，案发后潜逃，任顺弟
焦升		—	陈璧家丁，董升的荐举人
蔡茂		—	陈璧家小工，因汲水灌溉葡萄，发现尸体

三 "极著名之侦探小说"：新闻报道与民众关注

在京师地方审判厅审理该案之前，新闻界就对此案详加关注，在报道案情进展同时，时评、杂评不断，并有将此奇案真相的探求比作侦探小说之语：

> 前此北京报记载一奇案，即陈璧之侄陈伯台被杀之一事是也。原委殊未详，今其事尚在离奇光怪之中。若有福尔摩斯其人，则可著成一极著名之侦探小说。①

虽作者自谦"记者非其人也"，然观自案发至终审 14 个月间的报载新闻，报界颇有借民众关注，以小说笔法追踪此案之举。一方面，《亚细亚日报》《大公报》《申报》等大报参与其中，坊间传言尽入新闻报道；另一方面，案情审理进展以连载方式见报，逐日更新，作为实事观察，自然比书斋创作的连载小说更引人注目。民初正是侦探小说风行之时，记者也常借此案，在记叙之外做数笔发挥。因此，这些报道，字里行间就呈现严肃新闻之外的社会猎奇心理和侦探小说意趣。

（一）财富与绯闻下的谣言散播

由于凶案发生地为前清邮传部尚书陈璧之宅，故而在报道中，陈璧自然引人关注。陈璧在其政治生涯中力主实业，曾开办学堂、整顿币制、推动电报和船政发展，奏请铺设铁路和开办银行，1909 年以"滥用私人，糜费公款"等罪名被劾革职。案发时，离其去职不过 4 年，而由于其闲居西城，并时常往来天津，家资不薄，且有五妾，颇为市井舆论注意。加上厨役黄贵供称陈璧为凶案主谋，坊间谣言已然为陈璧定罪，甚至詈其"声名狼藉""无恶不作"：

> 陈璧受谋杀其侄嫌疑罪今开审判矣，是亦民国成立以来刑事上之一大案件也。陈璧为一前清之尚书，而其犯罪乃为谋杀其侄，其人格

---

① 天幕：《陈璧家之奇案》，《申报》1913 年 12 月 20 日，第 3 版。

可以知矣。呜呼！声名狼藉之官僚，自是无恶不作也。①

由凶案后递至军部的匿名信可知，贵胄学堂毕业的陈绳时为国民党员。1913年夏秋，宋教仁案的阴影尚未散去，而袁世凯正在加强集权，压制国民党二次革命，11月4日更是下令解散国民党②。在其势力范围内的北京民众对政党颇为敏感，故有陈璧为避免政治牵连而除去陈绳之说。而更加引起议论的是，由于陈璧之第五妾张氏（如意）案发时24岁，与陈璧年龄相仿，常居北京，家中仆人称陈璧禁止其侄与张氏交往，故当时也有陈璧由此引发杀机之论：

> 当局者推究璧之犯罪动机，或因疑其侄与五姨太太有私，或因疑其入国民党，将有大祸连累其家也。③

由"北京社会上唯一之侦探案，又一风流案也"④ 的舆论风向，报刊记者对其中的绯闻因素甚感兴趣，甚至多加演绎：

> 陈璧在前清时之贪婪，凡久在京师者，无不知之。其为人也，贪财之外，又复渔色。其内宠有六人，最得意者为五姨奶奶。五姨奶奶性极淫荡，见陈伯台年少风流，目语眉言，久有相爱之意。陈伯台则心怀坦白，毫无此心也。一日陈璧外出打牌，陈伯台由署中归家，尚未晚餐，五姨奶奶闻之，遂命人将陈伯台请至房中，一同吃饭。一家之中，共桌而食，亦属寻常之事。孰意陈伯台之死，即死于此一饭之中矣。⑤

而在民初司法系统肇建之始，陈绳被害案旷日持久的审理过程，也使民众议论纷纷，猜测是陈璧金钱运动的结果：

> 此案发生至今将近半载，其所以迟至今日尚未了结者，陈璧金钱

---

① 无名：《杂评·陈璧之谋杀案》，《申报》1913年2月19日，第3版。
② 〔美〕费正清编《剑桥中华民国史 1912～1949 年》上卷，杨品泉等译，中国社会科学出版社，1994，第270页。
③ 远生：《陈璧案》（一），《申报》1914年2月22日，第3版。
④ 《陈伯台案之大披露》，《大公报》（天津）1914年2月25日，第2张第4版。
⑤ 《陈伯台案之大披露》，《大公报》（天津）1914年2月25日，第2张第4版。

运动之效果。然至今日陈璧仍不免于押起者,则问官之铁面无私也。计案发见之时,检察长最有关系。使检察长肯不追究,早已无事矣。①

甚至舆论由攻击陈璧金钱贿赂,进而指摘汪有龄充任其辩护律师是专为牟利:

> 陈璧之手眼通天,有钱能使鬼推磨。据外间舆论观察,将来检察厅判结之后,陈璧必然是不服上诉,代为之打官司者仍是汪有龄。盖汪之承办此案,名誉上大有妨碍,特视金钱为重,名誉所愿牺牲耳。②

种种传言之下,汪有龄自地方检察厅第二次公审时起辞去律师角色,而刘崇佑、黄远庸二律师接手之时,刘即声明"不受丝毫之公费及谢金",黄亦"只受最低度之公费,其胜诉后之谢金亦将以充公益事业之用",③ 皆有抵抗市井传言之意。

而80多年后,邓云乡对此案的回忆,仍保留了民初市井传言的种种:

> 陈璧的房子有二百八十多间,其地是明代"灵清宫"旧址。古树很多,有占地数十亩的花园,名"苏园"。这所房子是"庚子"后他经修前门箭楼时建的,是同时那些木厂包的工,盖的都是西式大院子,大走廊、百叶窗,窗户都是上下拉动的。清末他家资产鼎盛时期,津、京二地每天都有到期的房租,南苑有大片的稻地。民国三年,为了打一场人命案子的官司,据说用了八十万银元,当时前门里刑部街的大理院为此案开放最大的审判厅审理。当年这件案子曾轰动过北京城。④

邓云乡青少年时,合家租住在苏园后院,对建筑的描述当为确实。⑤ 不过,陈璧卒于1928年,邓云乡出生于1924年,其所知老尚书家事应为日后

---

① 《陈伯台案大披露(再续)》,《大公报》(天津)1914年2月27日,第2张第4版。
② 《陈伯台案大披露(再续)》,《大公报》(天津)1914年2月27日,第2张第4版。
③ 《陈璧案中之辩护人》,《申报》1914年3月14日,第6版。
④ 邓云乡:《我的房东和邻居》,《宣南秉烛谭》,河北教育出版社,2004,第230页。
⑤ 邓云乡:《平凡的苦与甜》,《宣南秉烛谭》,第460页。

听闻。但由此中的描述,仍可管窥时人舆论的风向。

(二) 小说式的新闻连载

对于陈绳被害一案的审理,北京市民保持了持久的旁听热情,在1914年4月11日第二次公讯时,"一般注意此案者均欲往旁听,以是自午前十一时起即陆续前往,不移时而旁听券已罄,旁听席已满。及至开庭,而拥挤于其庭之四面窗牖窥听者大有人山人海之势"。① 而4月16日第三次公讯时,"以地方审判厅法庭较狭,第二次公讯时旁听者几无容足地,因借大理院为公讯地点,以便多容旁听者"。② 高等审判厅与京师地方审判厅仅有一街之隔,③ 但场所的扩大仍不能满足大批的旁听者。至1914年7月高等审判厅公开审理时,"改定最良好之办法,系在守卫处设置账簿,编列号码,凡旁听人须按号数署名领券,然后放入,其额以五十人为限"。④ 从市民踊跃旁听的热情,足见该案之社会影响。

而在京畿现场之外,报刊则承载了及时公布此案进展的主要功能。据笔者调查,京沪大报《亚细亚日报》《申报》都对该案进行了连续的详细报道,《亚细亚日报》前后刊载了31篇相关通讯(1913年9月~1914年10月),⑤ 《申报》的数字更是高达94篇(1913年9月~1915年9月)。在1914年4月地方审判厅宣判之前,两报报道的详细程度大致相同,唯《申报》消息稍晚数日。之后,1914年7~10月高等厅的21次公审,《亚细亚日报》不再报道,而《申报》均以连载形式逐日刊登,且由于案情复杂,动用的版面篇幅亦不少。在连续的报道中,记者多摹写法庭上人物、语言之细节,加以穿插,甚至增添了艺术渲染,使新闻通讯成为可读性很强的连载文章,大有侦探小说的意味。清末民初正是柯南·道尔的侦探小说译本风行之时,⑥ 而侦探小说的组织和笔法,也逐渐被中国人接受,进而渗透到写作中。以《申报》消息为例,大量的报道除涉及审理进度,还塑造出

---

① 《陈伯台案昨日第二次公讯纪要》,《亚细亚日报》1914年4月12日,第2~3版。
② 《陈伯台案今日开第三次公讯》,《亚细亚日报》1914年4月16日,第3版。
③ 参见《北京地图》,天津中东石印局1914年,二者之间为双沟沿胡同。
④ 《高等厅三次公开陈绳案》,《申报》1914年7月19日,第6版。
⑤ 按:由于国家图书馆和北京大学图书馆所藏《亚细亚日报》皆不完整,该统计数字可能并不完全。
⑥ 邹振环:《风靡一时的〈福尔摩斯侦探案全集〉》,《影响中国近代社会的一百种译作》,中国对外翻译出版公司,1996,第248~253页。

了鲜活的案中人物形象，尤以董升和五姨太如意最为典型。在记者笔下，董升实为一市井无赖，如意则一风流女子；而张义的窝囊与周文潞的酸腐，也跃然纸上。这样的描写，无疑有迎合娱乐趣味的考虑，从中也透露出侦探小说风行时代的市民文化趣味。

《申报》记者在新闻报道中多有人物描写，例如对五姨太太的外貌和语言描写，颇能吸引读者目光：

> 另提陈张氏，此人即陈璧之五姨太太，年二十四岁，北京人，身穿白玉兰纱衫，泰国纱青裙，天足，革履，于秀媚中含有一种娇狂的态度。①
>
> （陈文氏）亦系陈璧之爱妾，年在二十左右，称作四姨娘，态度风流，与五姨娘相仿佛，惟不及五姨娘袅娜耳。②

这样的描写，加上对陈绳姊丈黄曾勖所转述的五姨娘所言"六爷穿的很俏皮，可惜没个六奶奶"等语，③表现出五姨太太如意的风流样态。而对董升的描写则落入滑稽谈。例如，写董升不肯交出证物皮坎肩：

> 审判长问董升道："你对此鉴定书有何话说？"董升答："请庭长将那件皮坎肩给我看看。"审判长当令庭丁将坎肩给董，董遂将坎肩穿在自己身上，又向审判长辩南北线事，欲庭中派人押其出买以证明之，并以坎肩皮之形式，求庭长根问。审判长以问黄曾绪，黄答："我内人知道。"审判长即叫黄陈氏上堂。董升先说道："请问四姑奶奶，您上次说过您的父亲身量高，陈伯台身量矮，那么您瞧瞧身量矮的坎肩，我穿着您瞧显短不短？"黄陈氏闻董升如此质问，仓促间不能答。审判长当令书记官再读陈紽认明坎肩之供录，当朗读之略称在北京买的，带至在福建做的，并称陈伯台于自己衣服上俱书有名字，这件坎肩并无名字，想系董升将贴边及领子换了等语。董升又向审判长说道："这坎肩是张明借给我当的，他们既说是伯台的，庭长亦应当将张明传来跟我同堂对对，到底是他的不是，怎么您不传他跟我同堂？那么就叫

---

① 《高等厅六次公开陈绳被害案》，《申报》1914年7月30日，第6版。
② 《高等厅九次公开陈绳被害案》，《申报》1914年8月10日，第7版。
③ 《高等厅七次公开陈绳被害案（续初三报）》，《申报》1914年8月5日，第6版。

黄曾绪将这皮子怎样形式让他们说说，他们当时如说不出来，亦可以叫他们回去想想。可是一样，这件坎肩我得穿着。"审判长道："证物不能由被告人保存，你把坎肩脱下来，本庭自有保存的规则。"董升道："您把我押在监里还不放心吗？您想陈璧有钱买动鬼推磨，若存在庭长手里我就放心啦吗？"于是又提起陈伯台失踪之次日陈璧搭箱子等事，絮絮不已。审判长仍叫其将坎肩脱下，而董升非待黄曾绪夫妇将坎肩皮子说明，始肯脱下，否则虽死不脱。①

最后，"审判长无可如何，乃停止审讯，令巡警将董升坎肩强制剥下，抬下庭去"。② 在《申报》报道中，董升在庭磕头、骂人、撒泼之事多有，而"董升出身盗贼，曾充侦探"，③ 报刊描写应基本属实，但不免加入了调侃戏谑的成分。

民初司法审判，嫌疑人并非同时在堂，而是审判长唤请上堂和退堂，这些也被记者写下，报章通讯读来就有了话本小说的意味。例如：

审判长又提张义，此人常在陈璧宅内做土工，性极愚笨。上堂后，审判长遂问几时到陈宅做土工，张义乃详叙历史，并谓其妻被一杜姓木匠先奸后拐，现在无处寻觅，且诉且泣。审判长向其再三分别事体不同，张义脑筋中惟有丢妻一事。审判长乃以简单之语问："宅里有个大六爷，你知道否？"张义答："我不认识"，遂又继续诉其丢妻事。审判长因所答非所问，遂令其退去。④

陈宅小工张义在庭上始终答非所问，而对话的记述，凸显了其"性极愚笨"，令人可怜可气又无可奈何的形象。

可以说，该案本来就具有凶杀、财富、乡谊、绯闻、政党等引人注目的元素，而报界对该案的新闻追踪，采取了连载方式，且加入文学性的描写，使得文本具有了侦探小说的张力，达到了吸引读者的目的。这种写法，又为案情被改编成时事新戏搬上舞台提供了材料和契机。

---

① 《高等厅二十一次公开陈绳被害案》，《申报》1914年10月27日，第6~7版。
② 《高等厅二十一次公开陈绳被害案（续昨）》，《申报》1914年10月28日，第6版。
③ 《判决陈绳被杀案全文》，《夏星杂志》第1卷第1期，1914年，第20页。
④ 《高等厅五次公开陈绳被害案》，《申报》1914年7月28日，第6版。

四 "好戏"上演：时事观察与市民文化

社会舆论对该案的关注，并未随着 1914 年 11 月 4 日陈绳被害案由高等审判厅判决而结束。在街谈巷议之外，上海民兴社将其案情改编成家庭政治剧，搬上了舞台。而这场由时事改编的"男女合演新剧"的上演，又引起了案件当事人的不满，随即引发了陈璧和剧团的民事纠纷，以致该剧在两轮演出后被禁演。于是，这部"新编好戏"又成为折射文艺时事观察与市民文化趣味的一个窗口。

（一）"新编家庭政治新剧"的上演

1914 年 11 月 30 日，《申报》上的一则广告（见图 3），预告了《陈绳被杀案》这部民兴社所排新剧的演期和概貌：

> 此案离奇变幻，论欢娱则骄奢淫佚，论悲苦则惨怛怪诞，诚时事中之罕观者。本社采《申》《新》两报所载事实及都人士之传说编成剧本，布景有深房邃室，陋屋华堂，天津公园，大户古井，奇花异卉，毒蛇灵禽，月景能落能升，梦境若真若幻，加以大鼓书、隔壁戏，道情则点破愚顽，戏法则大飞活蟹，唱滩黄，演老戏，应有尽有，是诚大观。谨择十六夜起连台开演，特先露布。①

这则广告用夸张的笔法，介绍了编剧由来、布景唱腔和首演日期。② 相比于其所本的《申报》《新闻报》报道，这部连台本戏③淡化了案件的法制关注，而突出了其中的财富与凶杀元素，并加入虚幻的"奇花异卉，毒蛇灵禽"和"月景梦境"，以道情、戏法招徕观众。

该剧广告连续刊登了多日，前后内容并不完全相同。12 月 1 日的广告尚同前日，12 月 2 日（演出当天）则在此基础上增加了演出地址、电话、演员等。其中言明，演出在三洋泾桥南首歌舞台原址，并宣称"全体社员

---

① 《民兴社新编家庭政治新剧陈绳被杀案露布演期》，《申报》1914 年 11 月 30 日，第 9 版。
② 由 12 月 2 日广告的"准于十月十六夜"，可知头本演出日期是 1914 年 12 月 2 日。
③ 参见向阳《文明戏"连台本戏"剧目考及其特征》，袁国兴主编《清末民初新潮演剧研究》，广东人民出版社，2011，第 361~387 页。

一齐登台，东京大背景家绘成特别布景"，"男女合演新剧"，"准演新编好戏头本"①（见图4）。随后，12月3日和4日，又相继演出了该剧的二本②和三本③，可见《陈绳被杀案》是三本剧。

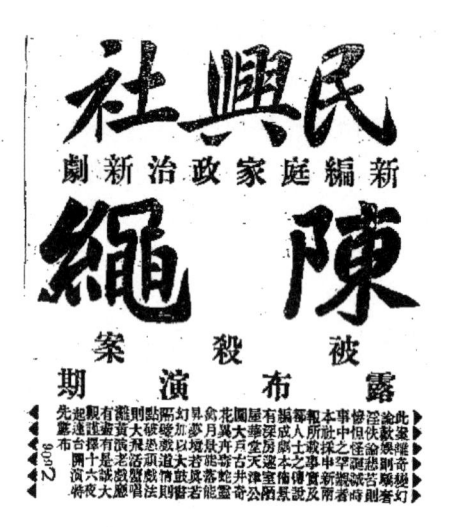

图3 《申报》1914年11月30日广告 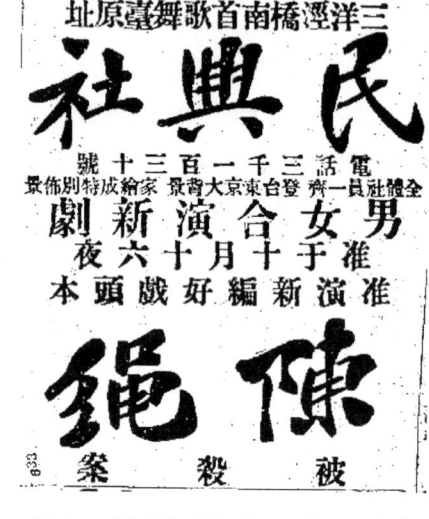　　图4 《申报》1914年12月2日广告

首演一周后，民兴社继续演出该剧，并将三本改为二本。其中12月10日上演头本，④12月11日上演后本。⑤ 在广告中，民兴社言明"是剧前经分三本排演，深蒙各界赞许。惟其中情节繁杂，颇费观者脑力，现经删为二本，分二夜演完，爱观斯剧者幸早临为荷"。⑥

根据民兴社两轮演出的广告，可见该剧的商业演出将报纸时事作为编剧来源，并以"男女合演"作为商业卖点。民兴社1914年8月成立于上海，设在法租界歌舞台旧址。由张梯云出资，原新民社经理兼演员苏石痴主持。剧社首开男女合演之风和滑稽戏、独角戏的先河，1916年迁至苏

---

① 《男女合演新剧准于十月十六夜准演新编好戏头本陈绳被杀案》，《申报》1914年12月2日，第9版。
② 《男女合演新剧准于十月十七夜准演新编好戏二本陈绳被杀案》，《申报》1914年12月3日，第12版。
③ 《男女合演新剧准于十月十八夜准演新编好戏三本陈绳被杀案》，《申报》1914年12月4日，第12版。
④ 《男女合演新剧十月念四夜准演头本好戏》，《申报》1914年12月10日，第12版。
⑤ 《男女合演新剧十月念五夜准演后本好戏》，《申报》1914年12月11日，第12版。
⑥ 《男女合演新剧十月念四夜准演头本好戏》，《申报》1914年12月10日，第12版。

州。① 据记载，苏石痴好饲蛇，"民兴社每演邱丽玉、郑元和等剧，石痴必上台去玩弄大蛇。上海人好奇特甚，故每逢石痴弄蛇之日，座客为满"。②由民兴社男女合演和推尚滑稽的特色，可以想见该剧风格必不严肃。并且，根据广告中的"奇花异卉，毒蛇灵禽"之言，该剧当是加入了苏石痴弄蛇的环节，而不仅是展现陈璧苏园中的花卉景观。其实，依照新闻报道，陈绳被害案的案情与蛇完全无关，剧社做如此改编，自是出于商业方面的考虑。并且，由这一环节可知，第二轮演出广告中所称"深蒙各界赞许"也不纯是剧社自诩之言，首轮演出"座客为满"可以想见。由是，两轮演出在上海造成了较大的社会影响。

（二）禁演事件

眼看自家悲剧被编为"好戏"上演，老尚书陈璧无法坐视不管。1914年12月，陈璧提请禁止民兴社排演"陈绳被杀"一案新戏，得到批允，③由此该剧被禁演。根据第二历史档案馆所藏北洋政府内务部档案，可以还原出这一纠纷的详细经过。

1914年12月19日，在《陈绳被杀案》第二轮上演后一周，陈璧向内务部警政司禀告"胞侄陈绳被害一案，现经上告，尚未审判。报章登载上海民兴社排演新剧，恳请转饬禁止，以全家庭名誉"。内务部总长朱启钤、次长沈铭昌和荣勋、警政司长陈时利、警政司第二科科长李升培签字。④ 禀帖全文如下：

> 为戏园演剧妨碍名誉禀请禁止事。窃璧胞侄陈绳被人杀害匿尸井中一案，前由京师检察厅以璧为有嫌疑，提起公诉，嗣经同级审判厅判决宣告无罪。关此部分之判决已经确定，在璧之沉冤虽已剖白，而第一审及第二审所指为本案罪人者现经上告大理院，尚未审判，是本

---

① 么书仪等主编《中国文学通典·戏剧通典》，解放军文艺出版社，1999，第836页；李晓主编《上海话剧志》，百家出版社，2002，第94页。
② 朱双云：《初期职业话剧史料》，独立出版社，1942，第34页。
③ 《江苏陈璧请禁止上海民兴社排演"陈绳被杀"一案新戏有关文书》，中国第二历史档案馆北洋政府内务部档案江苏风字第1号第12卷，全宗号：1001（2），案卷号：730，第95~106页。
④ 其中两位次长的签字不易辨识，据钱实甫编著《北洋政府职官年表》（黄清根整理，华东师范大学出版社，1991）得出，下同。

案之真相如何，尚难遽定。乃兹阅报章，竟有民兴社在上海三洋泾桥地方演剧，遍登广告，将此案编为新戏，定期开演。窃虑其所采事实得诸传闻，难免妨碍璧之家庭名誉。况本案尚在法庭审理，未经确定，尤不宜任人排演新剧，淆人观听。为此禀请钧部核准转饬上海警察厅，即行饬令该民兴社不准排此案新剧，以全璧之家庭名誉，即以免淆乱社会之观听，无任感祷。

谨禀　内务总长。

中华民国三年十二月　日。具禀人陈璧，年六十三岁，福建闽侯县人，寓临清宫八宝戡胡同

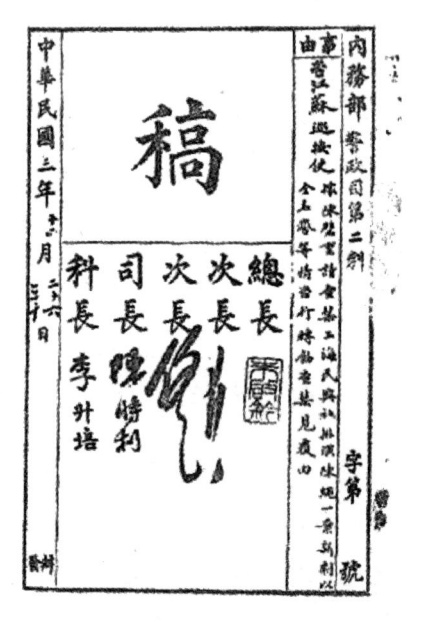

图5　第二历史档案馆藏1914年12月26日内务部警政司发办稿首页

一周之后，1914年12月26日，内务部警政司第二科发办此案，行文江苏巡按使，"据陈璧禀请查禁上海民兴社排演陈绳一案新剧以全名誉等情，咨行转饬查禁见复"（见图5）。复文前半基本援引陈璧禀帖原文，并由"查刑律载：指摘事实，公然侮辱人者，不问事实有无，均应科罚。此案既经上告，尚未宣告判决，岂可任意排演戏剧，致妨名誉而失真相？"得出"如果属实，亟应查禁。相应据情咨行贵使查照，饬知沪海道尹转饬查禁，以正观听"的结论。由此，《陈绳被杀案》上演两轮后即被禁演。

由陈璧的禀文，可知其获闻此事乃缘于报章广告。民兴社登报刊发新戏广告，一方面招徕观众效果甚佳，首轮演出即"座客为满"，一方面也引起了当事人的不满和警政司的查禁，两轮演出后即告终结。由禀帖的具禀人地址显示，陈璧当时仍居北京苏园。从这桩纠纷，亦足见报章广告的影响力：刊布于上海报纸的广告，一月内即引起了寓居北京的前清老尚书的注意。奏请禁演和执行查禁之事未见诸报刊，故而没有引起进一步的发酵和舆论评判。陈璧提请禁演，正值高等

审判厅宣判之后，董升、黄贵提起上诉，参谋部议请大总统组织军法裁判的纷扰之时，而董升上诉最终未获得支持，亦未进行军法裁判，该案遂告一段落。

余 论

南京临时政府1912年颁布的《中华民国暂行新刑律》，虽多沿用大清刑律，但删去了"与民国国体抵触各条"，可以视为北洋政府初期法律体系的代表。但民初中国的法制建设仍很不完善，处在新旧过渡时期。陈绳被害案的调查、审理和宣判，可谓法制肇建时代的司法事件典范。该案中，辩护律师、报业记者、参谋部同人等均发声，力求司法公正。该案1914年4月一度宣判后，报界即有评论：

> 我国向来巨案，动辄涉讼数年以至十余年不等，其结果愈闹愈糟，模糊影响，四处牵连，渺无了案之期。不得已乃归之阴消。阴消者，曩时了案之别名也。陈伯台案发现后，不数月之久即能正式判决，有个着落，此自是民国司法好现象，审判官、检察官以至辩护诸大律师皆不为无功。惟社会对此案之判决，始终未免怀疑，且发生种种揣测，诚有令人不可解者。
>
> 社会对于陈伯台案判决之怀疑，其心理约不外二种：（一）即我国巨案，向多阴消，此次直截了当，当场给个着落，倒不免近于了草塞责；（二）我国旧时法庭判案，赖多根据口供凭证切实，多与被判者以毫无翻身之余地。此次判决，全凭之检察官之检举证据，人多以为凭空构造。综此二心理，社会怀疑方兴未已，对于董升之呼冤，亦有赞同者，以是征社会对于司法机关信用之薄弱也。①

作为京中"十余年来未有之巨案"，② 陈绳被害案折射了民初司法案件的审理与社会文化的互动，也彰显了中国法制的转型和进步。虽然，在一百年后回望此案，仅凭报刊材料并不能断定宣判结果是否合理，但新闻舆论的关注、辩护意见的刊行，确已达到了普及司法知识的意义。而从发生

---

① 《陈伯台案之馀闻》，《亚细亚日报》1914年4月28日，第2版。
② 《陈伯台案之馀闻》，《亚细亚日报》1914年4月28日，第2版。

在北京的凶杀案，到上海舞台的演出，时事素材进入戏剧，也体现了市民文化的趣味。借助报刊、档案、年谱、书信材料还原历史现场，发掘这桩沉寂百年的刑事案件，见微知著，对研究民初的法律、社会和文化都具有典型意义。

（作者单位：北京大学中文系）

·革命政权的司法与政制·

司法"半独立"：陕甘宁边区司法的形态、理念与实践

胡永恒

摘　要　革命根据地时期的中共政权被描述为一种"两权半"的结构，司法权处于"半独立"的状态，隶属行政权，并处于党权的直接领导之下。在陕甘宁边区时期，虽然在立法中一再规定"审判独立"，但是在实践中无法实现，而且，司法人员对审判独立的追求往往被认为是"闹独立性"。陕甘宁边区的司法改革虽曾一度朝向司法独立，但是在整风运动后，司法独立受到严厉批判而成为政治禁忌，边区司法由此彻底走上了大众化的道路。

关键词　司法半独立　陕甘宁边区　审判独立　边区高等法院

一　引言

司法独立是近代中国法制史、宪政史的重大命题，相关著述不胜枚举。但是，从中共早期的法律实践历史来审视这一问题的研究，迄今仍不多见。[①] 考虑到中共执政的经验多数来自革命根据地时期，则这一时期中共关于司法独立问题的理论与实践以及与新中国成立后司法实践的内在联系，仍值得认真梳理和反思。尤其是，当前司法改革徘徊在十字路口，在司法职业化与司法民主化之间左右为难，那么，回溯中共既往的司法实践史，

[①] 较长一段时间里，法史学界关于中共法制史的研究重在总结革命根据地时期的经验（尤其是调解、马锡五审判方式等司法经验），对司法在中共政制设计中的位置与功能及中共如何看待和处理司法独立问题，尚缺乏细致的梳理和深入的探讨。近年来，侯欣一、汪世荣、刘全娥、李娟等学者在深入阅读边区高等法院档案的基础上，对边区司法有深入而精彩的研究，对边区司法独立问题也有所涉及，本文的研究无疑受益于他们的既有研究，特致谢忱。

从长时段的历史中汲取经验，不失为一种有益的借鉴。

本文主要关注陕甘宁边区（以下简称边区）的司法，研究的时段主要限定在1937年至1949年，必要时兼及苏区时期。本文试图厘清的问题是：在根据地时期中共的政治架构中，司法权处于何种位置？中共如何考虑司法独立问题？对待这一问题的态度有何变化？在实际运作中，所谓的审判独立能否实现？其内在的困境是什么？

文章的写作围绕"司法半独立"这一关键词。这一词语是根据地时期人们对司法现状的一种描述或者概括。所谓半独立，即既独立又不独立，是一个充满辩证法的概念，极富弹性，在不同语境、不同场合可做不同的解读。正因如此，它也容易导致理论和实践中的混淆与困扰。

二 司法"半独立"与领导"一元化"

先来看看"司法半独立"这一提法的来源。1937年7月，根据国共两党的协议，陕甘宁边区政府成立。它名义上是属于国民政府的一个直辖的行政区域，实际上完全掌控于中共之手。边区草创之初，甫经漫漫长征，中共中央及红军损失巨大，又面临国民党大军压境，当务之急为扎稳脚跟，在常规治理方面仍基本沿袭苏区时期经验，还顾不上建章建制。待局面稍定，方腾出手来抓制度建设。1939年1月，边区第一届参议会通过《陕甘宁边区抗战时期施政纲领》，作为宪法性文件对边区的政权组织形式做出规定。按照这一纲领，边区政府的政权结构如下。（1）参议会为最高权力机关，参议员由人民直接选举。（2）政府机关设边区、县、乡三级，主要领导人由同级参议会选举产生。专员公署和区公署，分别为边区政府和县政府的派出机关。（3）司法机关，边区设高等法院，专区设高等法院分庭，县设县法院。边区和县的法院院长由边区和县参议会选举产生。

乍看之下，这一制度设计大体循立法、行政、司法之"三权分立"原则而行，实则与西方的宪政分权结构大相径庭。首先，立法、行政、司法三权均需接受党的绝对领导；其次，三权之间虽有所区分，但目标一致，即都为实现党的目标服务，彼此协调配合、团结一致。要言之，三权之上，尚有领导；三权之间，分工合作大于分权制衡。

在这一体制中，司法不仅要听命于党，甚至要听命于行政。首先，司法机关被普遍视为政府的一部分，应受同级政府的领导。1943年颁布的

《陕甘宁边区政纪总则草案》明确规定："司法机关为政权工作的一部分，应受政府统一领导，边区审判委员会及高等法院，受边区政府领导，各下级司法机关，受各该级政府领导。"边区高等法院院长雷经天明确表态："边区司法工作是整个政权工作的一部分，应该由政权机关统一领导。"① 其次，边区很多地方未能成立地方法院，就因陋就简地设立司法处，它由县长直接领导，负责处理各种民刑案件。②

不过，多少有些令人费解的是，边区政权却一再强调"审判独立"，并将其写进各种宪法性文件和法律、法令。例如，1939年颁布的《陕甘宁边区高等法院组织条例》规定："边高等法院独立行使其司法职权。"1946年颁布的《陕甘宁边区宪法原则》规定：各级司法机关独立行使职权，除服从法律外，不受任何干涉。

一方面，司法机关要在政治上、行政上受党和政府领导；另一方面，在行使职能时，要保持独立。这种状况，时人称之为司法"半独立"。谢觉哉曾在日记中写道，有懂得法学的人士称"边区司法只半权"，边区的政制被称为"两权半"，"议行并列"为两权，加上司法半独立则为两权半；所谓的"司法的半独立"是指"司法机关在政治上虽应受政府领导，但在行政上则要保持独立，这就是司法方面应该取得半权的理由"。③ 谢觉哉是延安时期中共高层中少有的熟悉司法工作的领导之一，曾短期担任边区高等法院院长，一直关心边区司法并勤于思索，其说法有相当的权威性。不过，不知何故，他在这里没有提及党对司法的领导。精研边区司法的侯欣一教授指出，"司法半独立"更准确的含义应该是：司法机关在党和政府的领导下，依照法律从事审判工作，行使审判权。在他看来，可从如下几个方面来理解。

（1）边区不实行三权分立的体制，司法权并非一项独立的权力，其产生和监督均受制于参议会。

（2）司法机关与行政机关不是并立的关系，而是上下级关系，司法机关受同级政府领导，在行政机关领导下独立审判，司法机关对同

---

① 《雷（经天）关于司法工作检查的报告和改进司法的意见》（1943年12月10日），陕西省档案馆藏陕甘宁边区高等法院档案，档案号：15/149。
② 1941年颁布的《陕甘宁边区县政府组织暂行条例》第二条规定：在地方法院未成立之县，设司法处；第十一条又规定：司法处掌理各项民刑案件，在县长领导下进行审判。
③ 《谢觉哉日记》（下），1945年1月31日，人民出版社，1984，第756页。

级政府负责并报告工作。

（3）司法机关必须严格执行党的方针、路线、政策，其一切活动不得违背党的领导。

（4）在司法机关内部不实行法官独立，法官在审判业务上必须受院长的领导。①

应该说，这一总结是较为妥切、全面的。第一个方面是讲三权之间的关系，第二个方面是讲司法机关与行政机关之间的关系，第三个方面是讲司法与党的关系，第四个方面是讲司法机关内部的关系。这四个方面的关系又可归结为一点——"一元化"的体制。

所谓"一元化"体制，即一切由党领导的体制。"一元化"包含两个含义：其一，在同级党政民各组织的相互关系上，党的组织领导一切；其二，在中共党内的上下级关系上，"个人服从组织，下级服从上级，全党服从中央"。②从第一点来看，司法机关与各行政机关、民间团体一样，都是党领导下的组织，只是分工有所不同，并无特殊地位；从第二点来看，法官审理案件也需听从领导意见，下级法院服从上级法院。在这种体制之下，司法独立是不可能的，充其量也只能"半独立"。

若从历史的角度追寻，可以将这种一元化体制追溯至苏维埃时期。年轻的中共在创立苏维埃时，尚缺乏独自建政的经验，因此几乎全盘照搬了苏俄的党政模式。③苏俄模式以列宁的无产阶级专政理论为基础，以"议行合一"为原则，强调党对立法、行政、司法以及一切事务的绝对控制。这一体制的突出优点是机构少而精、工作效率高，尤其适合战争环境的需要；其弊病也显而易见，即容易导致党"包办一切"的状况。司法也是如此，审判权实际上操控于党部之手。如江西苏区时期有同志向中央反映："好多事情都由各级党部解决，由政府议决通过执行，但有好多政府的事情是党部代替了"，"一些与党无关的犯人都要来问过党部，党部说杀，由政府出一布告就杀，还有更小的日常事情农民都要求党部决定，因此使群众认识

---

① 侯欣一：《陕甘宁边区司法制度、理念及技术的形成与确立》，《法学家》2005 年第 4 期。
② 参见李智勇《陕甘宁边区政权形态与社会发展》，中国社会科学出版社，2001。
③ 有学者将中华苏维埃共和国的政权体系与苏联政权做了一个对比，得出的结论是："中国的苏维埃政权体系的形式，在一个时期内，的确是苏俄（联）苏维埃政权体制在中国的某种移植。中国苏维埃政权的权力结构、权力运行、机构设置与规范均仿效苏俄（联）。"参见谢一彪《中国苏维埃宪政研究》，中央文献出版社，2001，第 313 页。

党部而不认识政府"。① 在这一体制下,甚至选举也是徒有虚名,因为"党包办选举运动,甚到由党内决定名单,照例在代表会通过一下,没有首先由各革命团体提出候选委员名单,发动选民来讨论和审查"。② 在1930年代,各苏区均普遍存在较严重的"党政不分""以党代政"的现象,党代替苏维埃政府,包办其一切工作。③

中共在边区落脚后,一开始几乎全盘沿袭苏区时期的经验。边区政府成立后,苏维埃在名义上取消了,政权形式也有所变化。谢觉哉曾在一次公开报告中对边区政府与苏维埃做了一个比较,指出二者在政权形式方面的差异:苏维埃是把立法、行政、司法集中在一个组织里,最高政权机关包括三者,没有相互之间的牵制,边区的形式是议会和行政机关采取并立状态;苏维埃的选举是选民选出乡代表,乡代表选出区代表,区代表选出县代表,县代表选出省代表,省代表选出全苏代表,一层层选上去,一根线似的,边区的选举是各级议会都由选民直接选举。④ 不过,谢觉哉没有在报告中提及苏维埃与边区的一个基本的共同点——党对政权的绝对领导与控制。

实际上,苏维埃时期党包办一切的现象,在边区时期仍在相当程度上存在。据在边区早期任政府副主席的张国焘回忆,边区政府实际上完全处于中共中央掌控之下,并没有多少实际工作,"事实上除了征收救国公粮和增加财政收入,很少遭到干扰外,其他各项工作几乎都行不通,虽然经过我和其他的当事者据理力争,屡次抗议,但中共中央那种侵犯边区政府的职权,遇事横加干涉的作风,早已成为积习,无法改变"。面对有职无权的状况,他觉得自己"当时所受的委屈是实在太多了"。他把原因归结为毛泽东、张闻天等人的"擅权","他们太重视党的权力,而又不了解党与政府的正确关系,因而党部对政府工作干涉太多"。张闻天是当时的中共中央总书记,但实际上毛泽东已成为全党的领袖。张国焘认为,毛泽东"并不了解政府机能的范围和内容,实际上只想使边区政府能在某些方面装点门面

---

① 《赣西南刘作抚同志(给中央的综合性)报告》(1930年7月22日),江西省档案馆编《中央革命根据地史料选编》上册,江西人民出版社,1982,第247页。
② 《中共湘赣省委关于三个月工作竞赛条约给中央局的总报告》,江西省档案馆选编《湘赣革命根据地史料选编》上册,江西人民出版社,1984,第463页。
③ 谢一彪:《中国苏维埃宪政研究》,第357页。
④ 谢觉哉:《边区政府的组织与建设》(1937年6月16日~6月29日),《谢觉哉文集》,人民出版社,1989,第231~232页。

（这也许是毛氏不能很好地统治一个国家的基本原因之一）。"

在边区早期，司法较强调政治性、阶级性，为党的中心工作服务。这一时期边区面临的战争局势较为紧张，故颇为突出司法的专政功能。毛泽东在1939年曾强调："我们的法院它不管别的，专门管对付汉奸、对付破坏法律的人，以国法制裁破坏团结、破坏抗战的分子。"① 据统计，1938年和1939年，边区司法机关共审理刑事案件2166起，民事案件则只有613起。② 而且，既然司法的主要工作是打击敌人，则力度不免偏大。高等法院院长雷经天承认："过去我们对于破坏边区及叛变革命的案件处刑特重（这种情形曾经受过谢老的批评）。"③ 当然，处刑也不是一味地重，一切以形势发展及党的需要为依归。例如，在党的统一战线确立后，死刑政策就有所变化，中央司法部对向其请示的延川县司法处如是说：

> 关于惠生有案，我们根据统一战线新的形势，以前所谓的敌人，在今天已经不是敌人了，虽然该犯投降白军后还当他们的侦探来苏区打探消息，此案假使在去年十一月，在敌情紧张的情况下，以前破获的，也许可杀。但在目前新的形势下，我还可以争取这样的人，杀了他一人已没有什么大的作用。从大的新局面着想，为了从各方面、从一切可能来进行统一战线，对于此案（惠生有案）不应处死刑（因为处死刑恐会引起不好的影响）。④

在一些重大案件中，司法机关更是要向中央请示汇报。1937年10月，延安发生了一件轰动性的刑事案件，即黄克功案。26岁的红军干部黄克功因逼婚未遂，怒而枪杀16岁的陕北公学女学生刘茜。案发后，黄克功很快被拘捕起诉，由边区高等法院审理。在狱中，黄克功写了一封陈述书，语近乞怜："余愿牺牲个人，不愿损及党的影响，但法庭须姑念我十年艰苦奋

---

① 雷经天：《在陕甘宁边区政府学习研究会上的报告大纲》（1940年9月），陕西省档案馆藏陕甘宁边区高等法院档案，档案号：15/25。
② 侯欣一：《从司法为民到人民司法——陕甘宁边区大众化司法制度研究》，中国政法大学出版社，2007，第96页。
③ 雷经天：《关于改造司法工作的意见》，陕西省档案馆藏陕甘宁边区高等法院档案，档案号：15/88。
④ 《1937年关于司法工作的指示信、条例、命令》，陕西省档案馆藏陕甘宁边区高等法院档案，档案号：15/36。

斗，一贯忠实于党的路线，恕我犯罪一时，留我一条生命，以便将来为党尽最后一点忠，实党之幸，亦功之最后希望也。迫切陈词，无限哀祷之至。"① 很多干部也发议论，认为黄克功是经历长征的老战士，是革命的功臣，虽然犯下了杀人罪行，也应网开一面，给他一个戴罪立功的机会。负责审理此案的审判长雷经天拿不定主意，写信给军委主席毛泽东，请示如何处理。毛泽东回信指示："如为赦免，便无以教育党，无以教育红军，无以教育革命者，并无以教育做一个普通的人。因此中央与军委便不得不根据他的罪恶行为，根据党与红军的纪律，处他以极刑……请你在公审会上当着黄克功及到会群众除宣布法庭判决外，并宣布我这封信。"② 黄克功最终被处以极刑。③

依司法独立学说，法官审理案件只需依法办事，无须听从任何机构或个人的意见。如孟德斯鸠所言，法官应不受任何外界干预，以做到"裁判是法律条文的准确解释"。④ 马克思也曾说过类似的话：法官除了法律就没有别的上司，法官的责任是当法律运用到个别场合时，根据他对法律的诚挚的理解来解释法律。⑤ 但在黄克功案审理之时，依照何种法律条文来做出裁决尚且是一个问题。细查该案的刑事判决书，在其判案理由部分并未援引任何具体的法律条文。一方面，边区自身尚未来得及制定相关刑事法令；另一方面，负责审理此案的边区高等法院又不愿援引国民政府刑法（其时边区政府刚成立不久，虽在名义上为国民政府的一部分，但共产党有意确立边区政权的自主性，包括司法方面的自主）。故在判决书中，可以看到这样的话语：

> 值兹国难当头，凡属中国人民，均要认清日本帝国主义及其走狗——汉奸才是自己国家民族的死敌，我们用血肉换来的枪弹，应用来杀敌人，用来争取自己国家民族的自由独立解放。但该犯黄克功竟致丧心病狂，枪杀自己革命的青年同志，破坏革命纪律，破坏革命的团结，无异帮助了敌人，无论他的主观是否汉奸，但客观事实，确是

---

① 《黄克功的陈述书》，陕西省档案馆藏陕甘宁边区高等法院档案，档案号：15/543。
② 《毛主席的信》，陕西省档案馆藏陕甘宁边区高等法院档案，档案号：15/543。
③ 关于黄克功案的详情，可参见汪世荣、刘全娥《黄克功案与陕甘宁边区的司法公正》，《政法论坛》2007年第3期。
④ 〔法〕孟德斯鸠：《论法的精神》，张雁深译，商务印书馆，1961，第157页。
⑤ 《马克思恩格斯全集》第1卷，人民出版社，1956，第76页。

汉奸行为。①

将黄克功杀人的行为扣上汉奸的罪名，在今天看来未免太过牵强。不过由此可以看到，在当时，司法审判是如何服务于党的政治需求，又是如何受到政治话语的强烈影响。在司法服务于政治的逻辑之下，即便有明确的法律条文可供遵循，也不得不考虑法律之外的因素，甚至让位于那些因素。另一个较突出的例子就是许世友等人"拖枪逃跑案"。

此案发生的时间比黄克功案稍早。1937年4月初，前红四方面军第四军军长许世友与副军长刘世模、政治委员王建安、政治部主任洪学智，前九十一师师长朱德崇、前九十三师师长詹道奎等人，约定于4月4日晚逃离延安，到陕西南部打游击。由于王建安将此事报告相关部门，党中央、毛泽东决定立即将策划出逃的主要成员逮捕。此事当时被定性为"许世友反革命集团"案件，于6月6日由最高法院在延安举行公审，审判长为董必武。经审判，许世友等六名被告"组织拖枪逃跑"罪名成立（未遂）。依照苏维埃中央执行委员会命令第二十五号"关于红军逃跑问题"第一条、第二条，许世友等人应当判处死刑，但最终予以从轻处理：许世友被判有期徒刑一年半，刘世模一年，洪学智、朱德崇、詹道奎八个月，王建安六个月。最高法院在判决书中这样解释道：

> 惟查被告等革命斗争历史甚久，在革命战争中，受伤多次，至少在四次伤以上，过去在四方面军长期工作过程，缺乏政治教育，养成根深蒂固的不正确的观点；虽在军政大学训练了一个时期，但究竟一时不易纠正过来以致发生此项极严重的犯罪行为，法虽不赦，情尚可原。再查犯罪行为尚属未遂，例应减轻处罚，又被告等在羁押过程中，迭次表示悔懊，兹站在教育的观点，给被告等以自新的机会，予以极宽大的处置。

按这一解释，宽大处理的最主要理由是许世友等人曾有突出的革命功绩。但联系此前的黄克功案，可见革命功绩并非绝对的豁免理由，如此判决的背后当有更深层的政治原因。此案的政治背景是：1937年西路军兵败河西走廊，几乎全军覆没。西路军主要由原四方面军的战士组成，张国焘

---

① 《陕甘宁边区高等法院刑事判决书》（刑字第二号），陕西省档案馆藏陕甘宁边区高等法院档案，档案号：15/543。

司法"半独立":陕甘宁边区司法的形态、理念与实践

为红四方面军主要领导人。在长征路上,张国焘曾自立中央,差点造成全党的分裂,后虽重新与中央会合,然而裂痕犹在。故西路军兵败的消息传到延安后,红军上下悲愤不已,纷纷将矛头指向张国焘,大加批判,许世友等原四方面军的将领也遭牵连,含冤受屈,以致不惜铤而走险,密谋出走。对他们予以宽大处理,主要是考虑到维护红军内部安定团结的大局;否则,依法处决许世友等人,将会离散人心、削弱实力,这显然是党中央所不愿看到的。① 可见,此案已远非高等法院所能独立处理。

数年之后,在延安的一次批判会上,边区政府秘书长罗迈(李维汉)毫不讳言地指出:"判决独立是不可能的事情,要独立只是出庭的时候不受干涉,但判决是断不能独立。有些案件要请示党团、请示西北局,甚至请示毛主席、请示中央,根据上面所定的处理方向,去调查收集资料。"他举了两个具体的例子:"比如蔡凤章(璋)、徐世有(许世友)的案子,你怎样独立法?! 就独立不了。"②

如果说许世友案事关军政大局,法院不能独立判决情有可原,那么,蔡凤璋案又是一个什么样的案件?为什么法院不能独立审判?

雷经天曾提到,蔡凤璋案是边区高等法院受理的第一个上诉案件。蔡凤璋是延安市有名的大地主,与挑水工人陈海生因典地发生纠纷,诉至法院。案件初审在地方法庭,蔡凤璋胜诉;二审时高等法院改判陈海生胜诉。为何改判?雷经天的理由是:"国民党的法律是地主资产阶级的法律,对于工农劳动群众只有剥削和束缚的作用,在边区是不适用的。"初审的地方法庭庭长周景宁为此深感不满,认为高等法院没有放弃苏维埃时期的偏见,没有执行中央的统一战线政策,还要求上级对雷经天的工作进行审查。③ 由此可见,此案关涉党的阶级偏向、统一战线等基本的政策问题,影响重大,的确不是高等法院所能擅作主张的。

如何实现党对司法的领导?有两种模式可供选择:一种是党制定路线、方针、政策,并经立法程序形成法律法规,然后由司法机关依法审判,忠实地贯彻执行这些法律法规;另一种是党直接介入司法的过程,过问具体

---

① 此案详情可参见胡永恒《许世友等拖枪逃跑案审判始末》,《博览群书》2010 年第 11 期。
② 《雷(经天)李(木庵)等关于司法工作检讨会议的记录》(1943 年 12 月 10 日),陕西省档案馆藏陕甘宁边区高等法院档案,档案号:15/96。
③ 雷经天:《关于改造司法工作的意见》(1943 年 12 月 18 日),陕西省档案馆藏陕甘宁边区高等法院档案,档案号:15/149。

案件，甚至直接参与审判决策。从边区的制度设计来看，选择的是前者；但在具体实践过程中，似乎又选择了后者。在前一种模式之下，司法机关和司法人员尚有一定的独立司法空间，即审判的过程不受干涉；但在后一种模式之下，审判过程的独立也不太可能。

除谢觉哉外，时任中共西北局委员、边区政府秘书长的罗迈是对司法工作最为关注的高层领导之一，对司法独立的问题思考也比较多。在罗迈看来，司法独立是国民党的做法，共产党不应该搞；要独立也只应是庭审时独立，判决时不能独立。他说："我们现在还有按照国民党的办法，推事审判的庭长不能过问：这是审判独立，这是不对的，我主张打破这个东西"；"要独立只是在他出庭的时候是不能干涉的，但判决是不能独立的"。依照他的主张，"在制度最根本的一个问题是民主集中制的一致精神的贯彻，从政府贯彻到法院，从法院贯彻到分庭推事，一直到下面。你审判的对不对由上面统一来审核，审判错了你再重审，这样才能保证党的全部领导"。①

罗迈关于审判的主张，与其关于边区政治体制的主张是一致的，即"边区的政权结构应是立法、司法、行政统一的一元化的民主集中制"。② 罗迈在党内的资历很深，在江西苏区时期曾担任中央组织部长，对作为中共基本组织原则的民主集中制相当熟稔。众所周知，民主集中制是列宁在建党时期提出来的，目的是克服组织涣散的状态，以增强党的凝聚力和战斗力。早期中共也存在组织涣散之弊，不少党员为无政府主义者，反感集中制，开会时争吵不休，且屡有党员因不同意多数意见而退党的现象。中共早期领袖陈独秀遂下定决心建立中央集中制，他认为，要"实现无产阶级革命与专政，无产阶级非有强大的组织力和战斗力不可，要造成这样强大的组织力和战斗力，都非有一个强大的共产党做无产阶级底先锋队与指导者不可"。③ 随之，中共二大在共产国际帮助下，制定了中央集中制的决议案。决议明确规定了中央集中制，提出党以"集权精神与铁似的纪律"组党、管党，中央到地方应成"严密系统"；党员须视党的利益至高无上，时

---

① 《雷（经天）李（木庵）等关于司法工作检讨会议的记录》（1943年12月10日），陕西省档案馆藏陕甘宁边区高等法院档案，档案号：15/96。
② 李维汉：《回忆与研究》（下），中共党史资料出版社，1986，第521页。
③ 陈独秀：《关于无产阶级专政问题答黄凌霜》（1922年7月1日），《建党以来重要文献选编》（1921—1949）（1），中央文献出版社，2011，第116~117页。

刻准备为党服务，受党支配，不得公开发表与党不一致的观点。① 这是中共布尔什维克化的开始。之后，随着中共在严酷的革命环境中成长壮大，集中制也日益成为其牢不可破的组织原则，并在理论上日益成熟、完善为民主集中制。1945年，毛泽东在中共七大上做了题为《论联合政府》的报告，把民主集中制的含义概括为"在民主基础上的集中，在集中指导下的民主"。所谓"民主基础上的集中"，即发扬民主，尊重党员个人、下级、地方发表的各种不同意见，然后形成共同的决策；所谓"集中指导下的民主"，则是在中央做出决策之后，各地方、下级及个人应服从和贯彻中央的精神，同时结合本地的具体情况，灵活地处理问题。②

从理论上讲，在做出决策的阶段实行民主，可以集思广益；在执行决策的阶段实行集中，可以保持执行的高效率。因此，若实践得好，民主集中制可以发挥巨大的政治效用。就这一点而言，边区建立在民主集中制基础上的一元化体制确能适应战争环境的需求，保持组织的精干和军事、行政的高速运转。但也应看到，在具体的实践中，这一运作方式有滑向"有集中，无民主"的危险。毛泽东曾把党的政治领导形象地总结为"大权独揽，小权分散"，但在一元化体制之下，往往出现不分大权小权一手包办的现象。

就边区党与司法的关系而言，就在一定程度上存在党对司法过问得太多、控制得太紧的问题。尤其是在1942年高干会提出领导一元化后，这个原则贯彻到党、政、军各方面，党对司法的控制愈加严密。③ 党不仅在政治上领导司法，而且在组织人事上控制司法，甚至在具体的个案处理上左右司法。可以说，边区司法之所以仅能"半独立"，党的"一元化"领导乃是最重要的原因。

三 "审判独立"与"闹独立性"

除了接受党的绝对领导，边区司法还要接受政府的领导。在边区，司

---

① 《关于共产党的组织章程决议案》（1922年7月），中央档案馆编《中共中央文件选集》（一），中共中央党校出版社，1989，第90～91页。
② 参见荣敬本、罗燕明、叶道猛《论延安的民主模式——话语模式和体制的比较研究》，西北大学出版社，2004，第276～287页。
③ 边区高等法院：《论边区司法答客问》《司法问题汇集》，陕西省档案馆藏陕甘宁边区高等法院档案，档案号：15/58。

法隶属行政。高等法院被视为边区政府的一部分,与民政、财政、教育等各行政厅并列;各县司法处由县长兼任,受县长领导;审判员审理案件受司法处处长的监督。① 高等法院在各地设立分庭后,分庭庭长也由行署专员兼任(如马锡五是陇东分庭庭长,同时也是陇东分区行署专员)。1942年边区设立政府审判委员会,委员长亦由边区政府主席林伯渠兼任。特别是在1942年底高干会提出党的一元化领导之后,各级司法机关几乎完全被纳入行政体系。1943年《陕甘宁边区政府政纪总则草案》明确规定:"司法机关为政权工作的一部分,应受政府统一领导,边区审判委员会及高等法院受边区政府的领导,各下级司法机关应受各该级政府的领导";"司法工作应该在各级政府统一领导下进行,在未成立法院的地区,行政长官应兼负审判责任"。②

边区的这种体制,与其时国民政府的体制显然是有所差别的。国民政府按孙中山"五权宪法"之设计,分设五院,司法院居其一,与其余各院并立,多少体现了权力分立的理念,司法独立之含义也蕴于其中。但边区并不把司法权当作独立的一权,而将其置于行政权之下。边区政府这样解释道:"边区的立法、司法和行政保持了特殊组织形式。它的行政组织,不机械地采取立法、司法、行政三权分立的形式,而把立法机关放在最高权力地位,司法隶属于行政系统最高领导机关之下,而保持其相对的独立性。"③

什么是"相对的独立性"?在这里,我们有必要重温"司法独立"的一般内涵。它包含如下几层含义:其一,指司法权与立法权、行政权并列,即三权分立意义上的司法独立;其二,指司法审判机关独立行使审判权,不受其他力量的约束;其三,指司法审判机关作为整体独立;其四,法官独立审判,不受上级的指挥。若逐条检视,边区否认三权分立,故不是第一层含义的司法独立;边区司法机关隶属于行政机关,且行政兼理司法,故不能是第三层含义的司法独立;边区规定审判员要受庭长、县长的领导,故也不是第四层含义的司法独立;那么,只剩下第二层含义的司法独立,即独立行使审判权。也就是说,司法机关本身并不独立,但是它在行使审

---

① 《陕甘宁边区县政府组织条例》第11条规定:"司法处受理各县各项民刑事案件,在县长领导下进行审判。"《陕甘宁边区司法处组织条例草案》规定:"审判员在处长监督之下,进行审判事宜。对于司法文件,由处长名义行之,但裁判书由审判员副署、盖用县印。"

② 陕甘宁边区政权建设编写组编《陕甘宁边区的精兵简政》(资料选集),求实出版社,1982,第104页。

③ 《边区视察工作报告》(1939年),陕西省档案馆藏陕甘宁边区高等法院档案,档案号:2/21。

判权的时候保持独立。正如《陕甘宁边区高等法院组织条例》所规定的："边区高等法院独立行使其司法职权。"

问题是，在司法主体不独立的情况下，其审判行为能否独立？这需要从边区的实际情况来进行考察。前面已经提到几个案例，边区司法机关并非依法独立做出判决，而是在党的指导甚至直接领导下进行裁决的。不过，这几个案例都属于有重大影响的案件，不具有代表性。那么，在边区的日常司法中，情况又是如何呢？

翻阅边区高等法院的案卷，无论是民事案卷还是刑事案卷，经常可见到各级党政军负责人的意见、批答或批示，甚至不乏司法人员向法院领导或党政军负责人关于案件问题的主动请示与汇报。这说明，司法机关在处理案件时受外界影响和干预并非偶然现象，而是一种常规化、制度化的状态。在法院内部，审判员对案件的处理往往要征求庭长或院长的意见，判决书除审判员署名外，还要经过庭长或院长的签署。据高等法院院长雷经天说，法院很早就实行集体办公，并建立了汇报制度；各县定期向高等法院提交月报，汇报案件审理情况。① 在法院与其他党政机关的关系上，法院较注意与其处理好关系，做到共同商议，彼此协调，在雷经天主政边区司法时尤是如此。早在1939年，边区各县就成立裁判委员会，其成员包括裁判员、县委书记、县长、保安科长、保安大队长等，处理案件时开会集体讨论，由裁判员任主席。在第一届参议会通过《高等法院组织条例》时，雷经天主动提出："高等法院直接受边区政府的领导、边区参议会的监督；县的裁判员，就是县政府的一个工作部门，受县长的管辖。"他认为"这正是民主集中制的表现，适与新民主主义的精神相符合"。②

雷经天是一名资历较深的革命干部，早年曾在厦门大学和大夏大学学习理科，后因参与政治活动而退学，曾参与创建广西右江革命根据地，后来又随红军长征到达陕北。1937年7月边区高等法院成立时，他担任审判庭庭长（院长为谢觉哉）。此前，他并无法律专业知识的背景，③ 司法经验

---

① 《雷（经天）李（木庵）等关于司法工作检讨会议的记录》（1943年12月10日），陕西省档案馆藏陕甘宁边区高等法院档案，档案号：15/96。
② 《雷经天院长在边区政府学习研究会上"关于新民主主义的司法制度"的报告提纲》（1940年），陕西省档案馆藏陕甘宁边区高等法院档案，档案号：15/89。
③ 雷经天本人曾说："我过去没有学过法律，也没有做过司法工作，对于法律的知识和司法工作的经验确实非常的贫乏。"《关于司法制度的报告提纲》，陕西省档案馆藏陕甘宁边区高等法院档案，档案号：15/89。

也很有限，仅在广西苏维埃政府工作期间处理过一些案件。① 他任高等法院院长六年（1939年2月至1945年3月，中间有一段时间由李木庵代理院长），是任职时间最长的一位院长，对边区司法影响至深。雷经天对党的事业忠诚，政治嗅觉敏锐，但对专业司法不免隔膜。司法人员在判决书上写明"若一方当事人不服判决，应于接获判决书翌日起××日内向本院声请上诉"，他批评说："这似乎是惟恐当事人之不上诉，惟恐上诉案件之太少似的。"②

雷经天在任期间工作勤奋，为推进边区司法工作做出了不少努力，但由于不得要领，成绩较为有限。有研究者对他在任期间试图推行的"正规化"改革做了细致考察，指出其主要成绩在于健全司法机构、明确制度规范以及加强内部的行政管理制度，所谓"正规"不过是工作的成文规则化及行政管理方面的加强，没有抓住司法审判这一中心环节，忽视了司法工作的特殊性要求，因而不能从根本上改观局面，边区的积案率仍然居高不下，司法工作中存在的案件拖延、司法不公等问题一再受到边区政府的批评。③ 谢觉哉对雷经天主持的司法工作深感不满，曾在日记中这样抱怨："边区司法似乎是政权中较落后的一环……老百姓要求断讼的公平、迅速，又很迫切。因此更显得司法工作的落后。"④

边区司法不尽如人意，固然与当时司法机构不健全、司法人员素质低下等客观因素有关，但与雷经天的个人观念和领导风格也不无关系。他所追求的是一种"新民主主义司法"，强调司法为政治服务，重视司法人员的政治素质；他对司法工作的特殊性认识不足，缺乏相应的法治意识与程序观念，不信任来自国统区的知识分子和法学人士。因此，在其领导下，司法工作紧密围绕各时期党的中心任务，本职的审判工作反而没有做好。高等法院1942年的工作总结（此时由李木庵任代理院长）直言不讳地指出：

> 在过去，本院司法工作是缺乏重心的，审判为司法工作中的重要

---

① 《雷经天同志的司法工作检讨及1944年绥德县司法工作总结报告》，陕西省档案馆藏陕甘宁边区高等法院档案，档案号：2/680。
② 《陕甘宁边区高等法院两年半来的工作报告》（1944年9月30日），陕西省档案馆藏陕甘宁边区高等法院档案，档案号：15/193。
③ 刘全娥：《陕甘宁边区的司法改革与政法传统的形成》，博士学位论文，吉林大学，2012，第67~78页。
④ 谢觉哉：《谢觉哉日记》（上），1943年2月26日，第411页。

阶段从未曾被提到应有的地位,这表现在组织机构与干部配备上,法庭只有2个推事,2个书记员,而行政部门秘书室的一、二、三科则为16人,院长的精力多放在行政与生产上,书记长、法庭庭长也花很多精力在生产委员会主任工作上,由于对审判工作的不重视,于是影响了对诉讼案件的积压、迟缓和草率。①

在边区,司法系统本来就属于比较弱小的部门,司法人员数量也少。② 在司法资源十分有限的情况下,再不聚焦于审判工作,难免存在捉襟见肘的情形。反过来,党政部门又可以用"帮助"的名义,堂而皇之地干预司法。谢觉哉就认为,政府插手具体案件的种种做法,如政府会议讨论司法案件,高等法院判处死刑案件必须经过政府审核,人民对高等法院的判决不服可以向边区政府抗告,都"不足干涉司法独立"。原因是,"法律不完全,司法人员又幼稚,必须采取这些办法,使判决正确,才能树立司法威信"。③ 在他看来,专员兼高等分庭庭长,县长兼司法处长,是"人才不够的暂时办法","如果每县都能够有够资格的司法人才,裁判员就不会和县长发生摩擦"。④

谢觉哉所说的"人才不够""司法人员幼稚",并非夸大其词。边区司法人员有法学专业背景的不多,有的甚至缺乏起码的司法素养。"延安地方法院院长周玉洁因为不会翻法律条文,审判案件,只得请学过法律的推事帮助写判决书。"⑤ "有些县呈报案件将案情写不明白,以致了解不到全案的情形。有些报告的用语使人看不懂,如固临的报告中常用'蛮婆'等,不加注解使人不知是说什么东西,还有些县份报告案子常常用的名字前后不

---

① 《陕甘宁边区高等法院1942年工作总结》(1943年2月8日),陕西省档案馆藏陕甘宁边区高等法院档案,档案号:15/189。
② 以边区高等法院为例,在1937年7月成立之时,除院长之外,只设有法庭庭长1人,书记员1人,检察员1人,推事1人和管理员1人。直到1939年《陕甘宁边区高等法院组织条例》颁布之后,机构才趋于健全。1942年,边区各级司法干部仅为155人,到1946年也才300人左右。对总人口近两百万的边区来说,专职的司法人员的数量的确较少。见侯欣一《从司法为民到人民司法——陕甘宁边区大众化司法制度研究》,第104页。
③ 谢觉哉:《谢觉哉日记》(下),1945年1月24日,第745页。
④ 谢觉哉:《谢觉哉日记》(下),1945年1月27日,第755~756页。
⑤ 雷经天:《关于改造边区司法工作的意见》(1943年12月30日),陕西省档案馆藏陕甘宁边区高等法院档案,档案号:15/88。

一使人莫名其妙的。"① 司法人员素质如此，久而久之，难免损害司法工作的权威和尊严。

由于行政兼理司法，司法工作与行政工作界限不分明，又加上边区普遍存在一种轻视司法工作的心理，② 以致各级党政军部门侵夺司法权的现象频频发生。当时一个较为突出的表现是基层党政部门私自拘捕、审问犯人。有参议会议员向政府提出这样的质问："佳县的老百姓感觉到衙门太多，谁都可以审官司、逮捕人，还没有建立正规的司法工作制度。"③

面对这样的混乱局面，雷经天特意在边区党政联席大会上强调：

> 关于区乡政府及群众中产生随便将人拘捕、吊打、处罚的现象，这个是不应有的，记得在很久以前，就给各县发了训令，绝对禁止随便拘捕、吊打等事……但到今天还是发生着，所以我今天重复提出引起大家的注意：A. 拘捕权限的规定。什么人、什么机关才可捉人，应该捉些什么人，应该有明确的规定。……各区乡长、群众团体、各机关，就是说，没有司法职权的，捉了人，是否可审问？我们说：可以问一下，就只是问一下而已，主要是为了搜集材料，点明所捕是否确实，问出材料方送上级，否则不明不白的。若问不出证据，也应把一切写明。……县政府才有权审问和判决，所以我们决定第一级（初级）司法机关是县级的裁判员。④

中央也注意到了这一问题的严重性。1940 年，毛泽东在《论政策》中指出："要消灭任何机关团体都能捉人的混乱现象；规定除军队在战斗的时间以外，只有政府司法机关和治安机关才有逮捕犯人的权力，以建立抗日的革命秩序。"⑤ 随即，1941 年《陕甘宁边区施政纲领》规定："除司法系

---

① 《陕甘宁边区高等法院命令》1942 年第 53 号，转引自侯欣一《从司法为民到人民司法——陕甘宁边区大众化司法制度研究》，第 111 页。
② 如 1944 年边区关中分庭的司法人员抱怨道："领导对司法工作的认识不够，甚至于看不起司法工作。"《陕甘宁边区关中分庭工作总结》（1944 年），陕西省档案馆藏陕甘宁边区高等法院档案，档案号：15/193。
③ 《1941 年民政厅、保安处提案，司法问题的答复》，陕西省档案馆藏陕甘宁边区高等法院档案，档案号：2/813。
④ 雷经天：《在边区党政联席大会上的报告原记录》（1940 年 3 月 6 日），陕西省档案馆藏陕甘宁边区高等法院档案，档案号：2/6。
⑤ 《毛泽东选集》第 2 卷，人民出版社，1991，第 768 页。

统及公安机关依法执行其职务外,任何机关、部队、团体,不得对任何人加以逮捕、审问或处罚,而人民则有用无论何种方式控告任何公务人员非法行为之权利。"

除了侦察、拘捕环节,在案件处理过程中,其他部门侵夺司法权的现象也比比皆是。例如,在离婚案件的处理中,就经常出现由当事人所在单位越俎代庖的现象。在1941年高等法院司法会议上,有人提出这样的议案:提议以后凡离婚案之判决均由司法机关——各级法院——为之。提案人指出:"过去关于离婚之处理,多由本机关部队之上级首长决定,往往照顾到男方一面之工作情绪,多与党的政策不合,因此提本案。"为此,他建议"由高等法院呈请边府通知各机关学校,以后凡是离婚案件,应由司法机关裁决"。① 离婚案是边区民事纠纷中最为常见的案件之一,若其处理如提案所言"多由本机关部队之上级首长决定",则可见司法权被滥用现象之普遍。

另外,由于司法隶属行政,专职的司法人员位于行署专员、县长的领导之下,当二者意见不一致时,司法人员往往会屈从于专员、县长的意见。高等法院的推事刘汉鼎回忆,他在绥德县任推事时,在政府的一次政务会议上曾与县长发生争执:"有一个人,为了同一个女人通奸,弄得倾家荡产。后来这个女人翻脸不认人,说男的强奸了她。县长要定成强奸罪,我不同意,会议决定判处男人一年半徒刑,我再次声明,县长说非判一年半不可。"这位县长自己把案件的性质定错了,还不听推事的正确意见,固执己见,训斥司法人员闹独立性。②

"闹独立性"是当时常见的拿来批评司法人员的用语。在一些党政干部的眼中,司法人员不过是普通的办事人员,并非什么专家,若与自己意见相左,则是挑战自己的领导权威,甚至动不动就上纲上线,斥责其"向党闹独立"。显然,不听从某位具体领导的意见,并不意味着就是"闹独立"。但是,在一元化领导的体制下,司法人员又没有足够的制度依据来为自己辩护,其结果只能是心存不满,甚至心灰意冷、消极怠工。一位名叫乐成功的基层司法人员在边区审判员联席大会上这样袒露心迹:

---

① 《边区高等法院司法会议提案》(1941年10月),陕西省档案馆藏陕甘宁边区高等法院档案,档案号:15/93。
② 杨永华、方克勤:《陕甘宁边区法制史稿》(诉讼狱政篇),法律出版社,1987,第18~19页。

有一个人来到司法处讨论土地问题，我说你找县委□□□□，他到了县委那里去了。县委以后就问我，为什么□□土地问题的人你叫他到我们这里来呢？我说："你们对这个问题最清楚，所以叫他到你们这里来。"我的心理是不是这样的呢！不是的，我们本想处理这些事情，但又恐怕他们说你闹独立性。①

不仅普通司法人员经常受"闹独立性"的批评，有时甚至连司法系统的负责人也被指责。曾代理高等法院院长的李木庵就曾受到类似的批评。在1943年底的一次司法工作检讨会上，边区政府保安处处长周兴在会场当面指责李木庵：

在高干会的时候，高岗同志写信给李木庵说：韩自杰的土匪案子要严办，韩自杰是个老土匪，他的背景是与榆林的国民党特务有关系。这个案子拖了很久。后来听说李木庵同志说，高岗同志不懂法律，只知道办党务。这可见法庭是无法无天的。②

为了避免此类矛盾发生，边区司法人员一般采取的办法是主动向同级或上级党政领导征求意见或请示汇报。例如，高等法院院长雷经天就经常向边区政府领导人、西北局负责人乃至毛泽东请示具体的案件处理问题。边区政府审判委员会秘书朱婴在处理案件时，也经常征求边区政府领导人、地方党政负责人、当事人所在机构领导的意见。如在邓凤英与孙钱柜离婚案中，朱婴就曾与边区政府副主席高自立商量；在王生秀与呼生祥窑洞纠纷案中，朱婴曾向吴堡县县长征求意见；他还经常与边区政府主席林伯渠、秘书长谢觉哉一起研究案件。③

一旦与党政领导发生矛盾，边区司法人员往往选择委曲求全。高等法院明确指示："各县裁判员关于司法行政以及审判工作，盖须商同县长办

---

① 《边区推事、审判员联席会议大会发言记录》，陕西省档案馆藏陕甘宁边区高等法院档案，档案号：15/83。
② 《雷（经天）李（木庵）等关于司法工作检讨会议的记录》（1943年12月10日），陕西省档案馆藏陕甘宁边区高等法院档案，档案号：15/96。
③ 孙孝实：《发扬延安传统，加强革命法制》，《现代法学》1979年第1期。

理，不得有固执己见及闹独立性之现象。"① 高层领导人解决司法与行政之间矛盾的思路，也是让司法服从行政，以及促成二者的一体化以消弭矛盾。谢觉哉指示："今后在高等法院有大的案子，影响大的案子，应该同边区政府商量……这样做就更使得司法同行政统一起来。"罗迈则建议：要保证领导一元化，可以由民政厅、保安处和法院司法行政等人员经常会合处理，不一定要有成文的规定，实际上做了工作，就可以把工作做得更多更好。

四 独立还是不独立，不再是个问题

然而，司法工作毕竟是有其特殊性和相对独立性的，仅将其视为普通的行政工作，则无法保证司法所需的中立和超然地位，从而为外在的各种势力干涉司法审判工作打开方便之门；要求司法完全服务于政治，则不免使司法的尺度不断随政治形势的变化而变化，从而丧失司法审判工作应有的稳定性和可预见性；司法机关的裁决可以被任意左右和改变，普通民众就会丧失对司法机关和法律的信任，转而向司法以外的渠道寻求救济。这些道理在现代法治理论中乃属常识。然而，在边区时期，由于司法的独立性与一元化的体制存在着种种难以调和的冲突，很多党政干部（甚至包括一些司法人员）对司法独立的必要性并无清楚的认识。

整体而言，边区关于司法独立的认识前后有一个方向性的变化，其中的分水岭就是审干运动。在此之前，边区尚有赞成司法独立的声音，司法系统内部也有追求独立性的努力；但在此之后，边区的认识就完全呈一边倒的态势，有关司法独立的话题成为政治禁忌，无人再敢提起。

前文叙及，边区政府成立之初，法律人才奇缺，连高等法院院长雷经天也是门外汉。1940年前后，一批具有法学背景的专业人士进入边区，并纷纷走上法律岗位。1940年3月，高等法院设立检察处，任处长的李木庵毕业于京师法政专门学堂；1940年9月，边区政府设立法制室，主要负责法令法规的起草和法学译介、研究，任主任的张曙时曾于两江法政学堂攻读法律；任边区政府秘书、分管法院工作的鲁佛民毕业于山东省法政专门学校；1942年7月，边区政府设立审判委员会，实际负责的秘书朱婴毕业于著名的朝阳大学；1942年任绥德地方法院院长的乔松山毕业于南京法政

---

① 杨永华、方克勤：《陕甘宁边区法制史稿》（诉讼狱政篇），第40页。

学堂；1942年任边区高等法院推事的王怀安，毕业于四川大学法学院。他们不仅熟悉现代法律理念，有的还具备丰富的法律从业经验，能够看到边区司法存在的不足及其症结所在。这些法学专业人士的引入，一度为边区司法带来了一些新的气象。

1941年下半年，鲁佛民、朱婴向边区政府提交了《关于边区司法的几点意见》（以下简称《意见》），其中的主要建议包括适当援引国民政府法律、将审判与司法行政分开、审检分离、大胆任用来自国统区的专门人才等。虽然《意见》多次强调要立足于边区的实际情况，建立新民主主义的司法，但其基本思路仍来源于西方宪政理论及国民政府的法制实践。如在说到审判与司法行政分开时，有"考虑一般的立宪国家，法院是审判机关，裁判保持独立"等语。《意见》还对边区的现状提出了尖锐的批评："司法干部对法律知识缺乏研究和修养……了解案情，侦查案情，各方面的技术不过的很，狃于过去游击作风，蹈常习故，保守老的一套，不求进步。"[1]这份意见在当时受到了高层的重视，甚至在修改后发表于边区的机关报《解放日报》。[2]

此时，边区司法的确存在诸多弊病，其中较突出的，一是办案延迟拖沓，缺乏正规程序、手续，审级混乱；二是普遍存在随意拘捕、刑讯逼供的现象；三是成文法不足，判决无依据。边区高层正对雷经天所主持的司法工作有所不满，亟图改进。1942年6月，雷经天被暂时停职，前往中央党校学习，其院长职位由李木庵代理。很快，在李木庵的主持下，边区司法系统展开了一场颇具声势的改革。[3]在较短时间内，边区着力于健全司法机构，充实司法人才，积极清理积案，加强办案的程序化和手续的正规化，还紧锣密鼓地制定和起草各种法令法规。一时间，边区司法颇有整饬一新之感。

然而，一场突如其来的审干运动令这场改革戛然而止。运动一开始是思想整肃，不意迅速发展为人员审查及人身强制，逼供信泛滥，锋芒所及，

---

[1] 《鲁佛民、朱婴等同志对边区司法的几点意见》，陕西省档案馆藏陕甘宁边区高等法院档案，档案号：15/154。

[2] 鲁佛民：《关于边区司法的几点意见》，《解放日报》1941年11月15日。

[3] 关于这场改革的起因、过程和内容，侯欣一在其专著中有详细的描绘（参见侯欣一《从司法为民到人民司法——陕甘宁边区大众化司法制度研究》第3章）。刘全娥将李木庵时期的改革概括为"正规化改革"，指出改革措施主要集中在法律制度建设、刑事调解的执行、司法机构的逐步健全、司法人员的专业化以及诉讼程序的规范化等方面。参见刘全娥《陕甘宁边区的司法改革与政法传统的形成》，博士学位论文，吉林大学，2012，第83~88页。

人人自危。边区高等法院因外来知识分子较多，成为审干运动中的"重灾区"。该院的全部36个干部中，竟然被查出17个"特务"。[①] 在这种风声日紧的氛围中，李木庵、朱婴等推动的司法改革，被雷经天等人定性为一场致力于夺取边区司法权的政治阴谋；以李、朱等人为主要成员的"新法学会"也被视作阴谋篡夺边区司法权的团体。雷经天在报告中以不容置疑的口吻说："以上的事实可以说明，李木庵在边区高等法院的工作是执行新法学会的计划的，将边区的司法工作完全变为国民党的一套。司法工作由此无论在干部、法律、政策、审判方面，只是为着地主资产阶级而不是为着工农群众，这完全是违反了党的路线的。"[②]

李木庵的一个具体的"罪状"，是适用国民党六法全书。在雷经天看来，法律是阶级统治的工具，国民党的法律是地主资产阶级的法律，对于工农劳动群众只有剥削和束缚的作用，不应该在边区适用。[③] 其实，李木庵指示在司法审判中适用六法全书，主要是因为当时边区成文法严重不足，判案无依据。不过，他本人的确对六法全书有好感。他在检讨会上坦承，自己认为国民党政权在政治上是落后的，但其法律是进步的，可以为革命政权所采用。[④] 显然，在李木庵看来，法律是有其相对独立性的；雷经天则强调法律的阶级属性，并以此完全否定法律的相对独立性。在整风运动中，阶级话语成为强势的主流话语，故雷经天的观点也占有压倒性的优势。李木庵根本无力招架，很快称病辞职。

较之李木庵，边区政府审判委员会秘书朱婴在运动中所受的冲击更为猛烈。他不仅被认为是阴谋篡夺边区司法权的干将，而且被视作司法人员"闹独立性"的典型。朱婴是来自国统区的知识分子，受过专业的法学训练，法治意识较强，为人又率直敢言，因此对边区司法的"半独立"及司法工作的粗陋多有批评。另外，他与雷经天素来不睦，结怨颇深。1941年，朱婴曾反对雷经天将审判、司法行政、检察权集中于高等法院的做法，提

[①] 《雷（经天）李（木庵）等关于司法工作检讨会议的记录》（1943年12月10日），陕西省档案馆藏陕甘宁边区高等法院档案，档案号：15/96。
[②] 雷经天：《关于改造边区司法的意见》（1943年12月18日），陕西省档案馆藏陕甘宁边区高等法院档案，档案号：15/149。
[③] 雷经天：《关于改造司法工作的意见》（1943年12月18日），陕西省档案馆藏陕甘宁边区高等法院档案，档案号：15/149。
[④] 《雷（经天）李（木庵）等关于司法工作检讨会议的记录》（1943年12月10日），陕西省档案馆藏陕甘宁边区高等法院档案，档案号：15/96。

出要设立独立的司法行政机关和检察机关。① 1942年春，高等法院决定调任朱婴到绥德地方法院任院长，朱婴不愿赴任，在辞呈中提出这么几个条件：（1）绥德地方法院的工作不受高等法院管辖，实行审判独立；（2）派一个庭长、两个推事、一个书记长跟他去绥德，并准许他从高等法院的现任人员中任意挑选二人；（3）绥德地方法院的司法经费独立；（4）地方法院审判案件，当地政府不得干涉；（5）专门做法院工作，不兼做其他工作。② 在当时的情况下，提出这样的条件简直是离经叛道，雷经天对此的恼怒可想而知。为什么会提出这样的条件？朱婴后来在检讨中有所解释，其中一个重要的考虑，就是他认为雷经天不好相处，想离开司法系统。另外，他内心清楚绥德地方法院名义上是独立的司法机关，实际上完全附属于专署，只相当于其中的一个科室。他也完全明白自己提出这样的条件会被视为"闹独立性"，但仍对组织同意这些条件心存侥幸——若能满足部分条件，地方法院稍具独立性，他会愿意赴任。③ 当然，这只能是他的一厢情愿，除了落下一条"闹独立性"的罪状，不会有任何结果。

1942年7月，经朱婴等人多次提议并找到政府主席林伯渠等领导多方游说，边区成立了政府审判委员会，作为边区的第三审机构。委员会成员共五人，林伯渠亲任委员长，朱婴任委员会的秘书，负责日常司法工作。这一机构成立的目的主要是给当事人提供上诉的机会，更好地保护诉权。另外，由于此前已有不少当事人上诉至边区政府，而政府只能将案件批回司法机关重新审理，导致案件久拖不决，故设立审判委员会也有在司法系统内部解决纠纷、相对独立于行政的意图。但在雷经天看来，边区在高等法院之上又平添一个审级，为之积极奔走的朱婴等人肯定另有所图。在后来的司法检讨会上，雷经天认为朱婴的目的是成立最高法庭，"庭长由林主席当，他当推事主任，林主席实际上没有时间去管，还不是他一个人办。他想把整个的边区司法变成国民党的一套"。④ 雷经天的结论是："我们认为

---

① 朱婴与鲁佛民在《关于边区司法的几点意见》中提出，有人想将审判、司法行政和检察权以"一事权而免分歧"为由而集中于高等法院。显然，这是不点名地批评雷经天。
② 雷经天：《关于边区司法工作检查情形》（1943年9月30日），陕西省档案馆藏陕甘宁边区高等法院档案，档案号：15/149。
③ 《边区政府审判委员会秘书朱婴、毕珩的检讨会议记录和有关材料》，陕西省档案馆藏陕甘宁边区高等法院档案，档案号：15/97。
④ 《雷（经天）李（木庵）等关于司法工作检讨会议的记录》（1943年12月10日），陕西省档案馆藏陕甘宁边区高等法院档案，档案号：15/96。

朱婴在边区的工作,是负有其特殊任务的,这表现在他用尽一切方法和力量,企图篡夺边区司法职权,霸占司法机关。"①

朱婴在审判委员会工作期间,虽然认真勤勉,但其具体做法和行事风格并不受众人认可。例如,他在写判决书时喜欢援引六法全书的条文,但有时并不符合实际,如在"拓邦厚与高旺生争买土地案"中,他以超过了国民政府《民事诉讼法》所规定的诉讼时效为由驳回,不顾当事人之间的实质性争议,被谢觉哉认为是"教条主义的标本"。②他主张慎刑,反对当时边区存在的多杀、滥杀的现象,也引起某些同志的反感。在司法检讨会上,边区财政厅长南汉宸这样批评朱婴:"比如米脂的土匪案子,我们主张要杀,朱婴怎样判决呢?他就说不杀,越杀越多,他说你看黄花岗七十二烈士不是越杀越多吗?他妈的!他把土匪当作黄花岗烈士,把我们当作满清黑暗的统治者。真是岂有此理!"③在处理安成福与赵积馀争买土地案时,朱婴以为安成福将胜诉,让其回家等候判决,审判委员会副委员长李鼎铭却判决赵积馀胜诉。当安成福当面质问朱婴时,朱失口说道:"这是副委员长决定的,我有什么办法!"这就泄露了司法机关内部的分歧,被认为是"破坏李副主席的诚信","挑拨党与非党人士关系",直接导致朱婴被停职。④

整风运动期间,朱婴所负责的审判委员会的案卷被重新审查。1943年8月,谢觉哉参加了一次审判委员会之后,在日记中如此写道:"过去审判委员会实际在靠不住的秘书手里,不对的处所颇多(举了几个案的例子)。"此处"靠不住的秘书"即指朱婴。几天后,谢觉哉翻阅了部分民事案卷,又在日记中记下数条感想,其中一条是认为朱婴"不够尊重区乡政府及其他党政领导人的意见"。⑤朱婴本人则在检讨中说:"有同志批评我闹独立性,再也许要认为我想当推事,这些我都承认,不过我却不是完全自私,大部分还是为了工作。"⑥

---

① 雷经天:《关于边区司法工作检查情形》(1943年9月30日),陕西省档案馆藏陕甘宁边区高等法院档案,档案号:15/149。
② 此案详见陕西省档案馆藏陕甘宁边区高等法院档案,档案号:15/1374。
③ 《雷(经天)李(木庵)等关于司法工作检讨会议的记录》(1943年12月10日),陕西省档案馆藏陕甘宁边区高等法院档案,档案号:15/96。
④ 雷经天:《关于边区司法工作检查情形》(1943年9月30日),陕西省档案馆藏陕甘宁边区高等法院档案,档案号:15/149。
⑤ 谢觉哉:《谢觉哉日记》(上),1943年8月25日、1943年9月1日,第531、533页。
⑥ 朱婴:《审判委员会一年工作自我检查》(1943年8月),陕西省档案馆藏陕甘宁边区高等法院档案,档案号:15/97。

由于审判委员会被认为是朱婴等人阴谋篡夺司法权的产物,加之朱婴本人被认为是司法"闹独立性"的典型,该委员会最终走向被裁撤的命运。高等法院书记长仲鲲参与了审委会案卷的审查,他的结论在当时颇能代表一般干部的观点:"同一个案子便有边区政府、审委会及高等法院的各不相同的处理,这是在司法组织结构上重床叠架,在思想上'司法独立',闹独立性的毛病。我以为,立法、司法、行政主权是统一的整体,高等法院受边区政府领导,是边区政府的一部分,分工掌管司法,与民、财、建、教无异,因此,所有关于司法方面事宜统交高等法院办理。因此,审委会实不需要。"[1]边区政府秘书长谢觉哉本来就不支持设立审判委员会,此时更觉得它再无存在的必要。1944年2月,审判委员会被以简政的名义裁撤。这意味着李木庵、朱婴等人着力在边区推动的朝向正规化、专业化、独立化的司法改革至此彻底失败。

整风运动过后,特别是在李木庵、朱婴等外来法学专业人士被严厉批判之后,在司法是否应独立的问题上,边区统一了思想,形成了这样一种共识:司法应服从党的领导,服从行政的领导,决不可闹独立性;谈论司法的独立性是搞国民党的那一套,是没有认清法的阶级性的表现。很难说这场运动是否真正改变了李木庵、朱婴等人的观念,但至少在之后的时间里,再也无人敢于公开谈论司法独立问题并诉诸实践。某些曾在这一问题上有过疑惑的领导同志,如谢觉哉,也逐渐形成了笃定的认识:

> 比如讲司法独立的问题,现在看这个司法独立过去到底有好处没有。过去我在外面见到人家成立检察庭,用柏枝扎的牌楼上写着司法独立四个大字,没有好处就不会有人赞成,那时我也不懂得,但这个司法独立在我们人民的政权下他的好处就消失了。在我们的政权下是不是要独立,这个在思想上是没有搞通的,所以独立或者偏于独立。因此就发生了什么呢?我们的司法独立不是表现的好,而是表现的坏:第一表现和行政上不协调,这表现在现在多些,过去也有。第二,表现在同政府政策的配合不够,因他多少是带独立性的。第三,表现和人民脱节。[2]

---

[1] 仲鲲:《审委会处理的案件》,陕西省档案馆藏陕甘宁边区高等法院档案,档案号:15/97。
[2] 《雷(经天)李(木庵)等关于司法工作检讨会议的记录》(1943年12月10日),陕西省档案馆藏陕甘宁边区高等法院档案,档案号:15/96。

1944年初，一度支持设立审判委员会的政府主席林伯渠也在报告中宣称："边区政府是人民自己的政权，则行政与司法的分立也就没有意义。"[①] 此语可谓一锤定音。从此之后，边区开始大力在司法中贯彻群众路线，重视调解，推崇马锡五审判方式，由此走上一条"大众化"司法的道路，[②] 并形成了对新中国影响至深的"政法传统"。[③]

（作者单位：中国社会科学院近代史研究所）

[①] 林伯渠：《关于边区政府一年工作总结报告》（1944年1月6日），陕西省档案馆、陕西省社会科学院合编《陕甘宁边区政府文件选编》第7辑，档案出版社，1988，第458页。
[②] 参见侯欣一《从司法为民到人民司法——陕甘宁边区大众化司法制度研究》第4章及以下。
[③] 参见刘全娥《陕甘宁边区的司法改革与政法传统的形成》第4章，博士学位论文，吉林大学，2012。

关于"黄克功逼婚杀人案"的三种叙事[*]

刘全娥

摘 要 由于网络及影视业的迅捷传播方式,革命法制史上的著名案件"黄克功逼婚杀人案"形成了颇受关注的三种叙事:基于档案记载的史实重述,陈复生回忆中的"黄克功案",电影《黄克功案件》的艺术演绎。后两种方式与史实均有出入,却因其流播广泛而有遮蔽史实之虞。陈复生回忆中的黄克功案件多与史实不符,作为重大革命题材且与法治相关的电影《黄克功案件》在人物形象的塑造与法理上均有明显缺陷,其艺术性缺乏历史真实性及法律逻辑的支撑。

关键词 黄克功逼婚杀人案 陈复生回忆 电影《黄克功案件》

发生于1937年10月5日的"黄克功逼婚杀人案"曾轰动延安,是具有革命法制转型性质的重要案件,但缘于战争背景及传播方式的局限,此案详情在很长一段时间里并不为大众所知。1980年,方克勤教授等在《民主与法制》上发表了基于档案资料的文章《当年延安一件凶杀案的审理》,随后的建党60周年期间,《人民日报》刊发了毛泽东给雷经天的复信,使此案再度为世人关注。之后,关于此案的各种文章不绝于书刊,尤其随着近年陈复生《我的同学黄克功》一文的网络流传及电影《黄克功案件》的上映,形成了此案的关注高潮。经过梳理,笔者认为大致可归为三种叙事:其一,立足于档案记载的史实重述及学术

---

[*] 本文为笔者承担的陕西省社科基金项目"六法全书在陕甘宁边区的历史与实践"(项目编号:13F030)的前期成果。在此特对第一届近代法律史论坛上韩伟博士及关注此话题的诸位学者诚表谢忱。

研究;① 其二,陈复生的所谓回忆《我的同学黄克功》及同类文章;② 其三,以电影《黄克功案件》为代表的艺术演绎。③ 第一种叙事主要局限于学术界,而在新媒体日益发达的今天,后两种叙事借助网络及影视艺术的特殊传播方式,拥有巨大的受众群体。一般受众不只无暇探究其中的区别,其猎奇心理更使与历史相关的言说或艺术创作大有遮蔽史实之虞。对一般人而言,历史的真相或许并不重要,但对于研究者而言却不能不探究并指出这几种叙事的差异。

一 有关"黄克功逼婚杀人案"的史实文献

(一) 档案及可互证、互补的文献资料

关于"黄克功因逼婚未遂杀害刘茜案",陕甘宁边区高等法院保存了详细的档案资料,原件现存于中央档案馆,陕西省档案馆存有复印件。该卷资料包括此案判决书、公诉书、刘茜验伤单、点名单、案件调查资料、黄克功陈述书两封、公审笔录两种、刘茜信件、毛泽东给雷经天的复信、证人名单、布告等19件共计94页,是关于此案的第一手资料,也是最集中的

---

① 《毛泽东、边区高等法院关于判决黄克功因逼婚未遂杀害刘茜案材料》,陕西档案馆藏,档案号:15-543。本文中未注明出处的资料均来自档案15-543。除档案外,还包括基于档案资料的相关论文,如方克勤等《当年延安一件凶杀案的审理》,《民主与法制》1980年第10期;张希坡《革命法制史上的一封重要复信》,《法学杂志》1981年第6期;杨永华、肖周录《黄克功案件始末》,《人文杂志》1997年第4期;散木《追寻六十余年前的"黄克功"》,《文史精华》2003年第1期;缪星均《"黄克功案"始末》,《中国档案报》2003年12月12日,第T00版;温卫东《黄克功事件真相》,《湘潮》2001年第1期;朱鸿召《恋爱中的枪声》,《延安日常生活中的历史(1937~1947)》,广西师范大学出版社,2007,第277~290页;刘全娥《档案中的黄克功案件》,《兰台世界》2007年第15期,被任文主编的《延安时期的大事件》(陕西师范大学出版总社有限公司,2014,第87~92页)转载;汪世荣、刘全娥《黄克功杀人案与陕甘宁边区的司法公正》,《政法论坛》2007年第3期;刘全娥《雷经天新民主主义司法思想论》,《法学研究》2011年第3期。

② 陈复生:《我的同学黄克功》,见于《九死复生——一位百岁老红军的口述史》,中央文献出版社,2010,又见于任文主编《延安时期的大事件》,第76~81页。与此文说法相同的还有鹤翔《毛泽东亲批毙了黄克功》,《档案时空》2003年第5期。

③ 王兴东等:《黄克功案件》(电影文学剧本),西北大学出版社,2014。以王兴东剧本为基础、由王放放导演的同名电影,2014年10月于西安首映。

史料。① 笔者搜集到的，除个别细节有出入或观点有差异外，可以与档案资料互证并补充的资料包括：案发时抗日军政大学学员曹慕尧的回忆《一封意义深远的信——黄克功案件处理始末》，② 以及《我所亲历的"黄克功事件"》，参加公审大会的中央党校学员金铁群的回忆《黄克功事件目睹记》，③ 徐懋庸《回忆录》（四）中相关部分等。④ 刘茜嫂子华宜珍在2001年将刘茜生前的四幅照片和1937年8月9日刘茜写给哥哥的信件捐赠给陕西省档案馆，⑤ 刘茜侄女则有《红军将领黄克功强杀女学生刘茜命案的真相》一文。⑥ 关于此案，《新中华报》1937年10月14日曾有简短报道。⑦ 上述材料互相印证，形成关于此案的完整史实资料。

（二）存疑问题

虽有档案史料及相关回忆，但时过境迁，恋爱关系属于隐私，凶案发生时又无第三人在场，致使涉及此案的一些环节只能依据推理还原，有些环节仍然只能存疑。

其一，关于刘茜伤情。朱鸿召在文中曾提及刘茜伤情存疑，笔者赞同。档案中的刘茜验伤单载："左耳后有枪伤一处，弹穿脑门；左肋背后有枪伤一处，弹未出。右膝盖及下腿有伤痕，呈暗黑色，稍带紫，皮未破；左脚腕上有伤一处，皮未破，暗紫色；左手指有伤一处，皮未破，暗紫色。"此

---

① 2015年7月14、15日于中国社会科学院历史所召开的第一届近代法律史论坛上，有学者提出此案案卷太详细了，言外之意对其可信度不无怀疑。但如果研究一下边区高等法院的档案卷宗，此疑问或可稍解。高等法院档案中保存了其成立前后至1937年底的7份案卷，其中除一份仅有刑事判决书外，其余案卷中的材料分别为36、9、11、15、17件。而1938年的刑事案卷中保存有20余件材料的案卷比比皆是，最多的达51件。因此，黄克功案件卷宗中有19件材料，并没有特别之处。
② 参见《党史纵横》1993年第7期。
③ 曹慕尧《我所亲历的"黄克功事件"》及金铁群回忆，均见任文主编《延安时期的大事件》，第55~63、64~75页。金铁群回忆原载《共产党员》1981年第8期。曹慕尧该文与1993年文相同，原载《党史博采》2003年第9期。
④ 徐懋庸：《回忆录》（四），《新文学史料》1981年第1期。作者参加过此次公审。
⑤ 刘玉川、王展志：《刘茜书信照片捐赠等遗物捐赠陕西省档案馆》，《中国档案报》2001年10月29日，第1版。
⑥ 《红军将领黄克功强杀女学生刘茜命案的真相》，2014年12月5日，据凤凰网：http://news.ifeng.com/history/zhongguojindaishi/special/duihualiuhouren/。
⑦ 张世斌所编书中误以为是《解放日报》的报道，见张世斌主编《陕甘宁边区高等法院史迹》，陕西人民出版社，2004，第97页。据凤凰网历史栏目刘茜侄女的口述，此段报道为《新中华报》1937年10月14日头版头条。

案起诉书及判决书中对被害人死亡原因有明确推断,被害人身受两枪致死,凶手恶意杀人,手段残忍,但对致伤原因未做解释,也未说明刘茜身体其他部分是否受到侵犯、衣着及现场的详细状况。

其二,二人是否订婚。刘茜侄女的追忆中否认了刘茜与黄克功之间的恋爱关系。对两人之间的恋爱关系,公诉书、判决书中有明确推断。公诉书中提及黄克功向刘茜求婚时,刘茜"半推半就",致使黄克功送钱送物,穷追不已。调查中刘茜的同学亦认为"她那时态度很不明确",还提到刘茜曾说过"很不满黄克功只认识她一天便提出结婚"。刘茜给黄克功信件中的词语也表明两人之间关系较一般人之间密切。在时人看来,两人之间显为恋爱关系,曹慕尧回忆中说"两人接触多了之后,便坠入爱河,成为恋人"。"我们十四队和十五队住地临近,对黄克功和刘茜的恋爱时有所闻,大家都觉得很般配。"① 但两人是否订婚无法证实,公审中黄克功曾自陈其口头订婚是秘密的。

其三,关于凶案发生前的最后谈话内容。黄克功羁押期间的第一封陈述书中的说法为刘茜"玩弄革命军人,随处滥找爱者,故意破坏订婚之口头协议,损功名誉"。第二封陈述书中仅说"故意损功名誉"。公审时黄克功的说法与陈述书中相同。至于是否有其他谈话内容,则不得而知。

其四,缺失黄克功写给刘茜的信。案卷中黄克功自述"即采取通信方式予以说服教育","余已去信数次"等,判决书中亦有黄克功"去信责备"等。案卷中保存了多封刘茜给黄克功的亲笔信,却无一封黄克功写给刘茜的信。可见,卷宗形成之初不无"为革命者讳"的思想痕迹。

(三) 关于刘茜及黄克功的身份及关系

一些回忆及相关文章中对当事人出身及社会关系说法不一。案件调查中刘茜中学同学说刘茜在中学时已积极投身进步运动,加入"民先",且是负责人之一。据其家人口述,"民先"即中华民族抗日先锋队,为中国共产党组织,并受党组织安排赴延安学习。这一点,刘茜侄女的追忆、案件调查中刘茜同学的说法与刘茜给哥哥的信件内容可以互相印证。

关于刘茜生前的社会关系。据档案的调查资料,其中学同学称刘茜很能干工作,未有结婚传闻及交往密切的异性朋友。卷宗资料中刘茜给黄克

---

① 曹慕尧:《我所亲历的"黄克功事件"》,任文主编《延安时期的大事件》,第56页。

功的信中曾提到自己白区有"爱人"（男朋友），因此与黄克功只能是好朋友关系。其陕北公学同学及好友董铁风在调查中提到刘茜曾告诉她，"她写信给黄暗示她白区还有爱人"，目的在于借此拒绝黄克功的追求。据同学称，刘茜未收到过来自外面（国统区）的信件，与同学均为工作关系。

关于刘茜父亲。朱鸿召曾著文介绍刘茜的身世与家庭，其中说明刘茜原名董秋月，后改名刘茜，茜草是一种红色的染料，刘茜以此表达对革命的向往。父亲董晋魁，一生为小职员。[①] 刘茜侄女的追忆内容与此相同。

关于黄克功是否任过旅长。金铁群时为中央党校的工作人员，并作为党校两位发言代表之一出席了公审大会，其回忆中提到黄克功是"身经百战的红军旅长"。[②] 李逸民回忆罗瑞卿的文章中亦提到黄克功曾当过旅长。[③] 曹慕尧时为抗日军政大学第十四队的学员、党支部组织委员，回忆中称黄克功"担任过师宣传科长和团政委"。公审笔录中记载，审问中黄克功自陈曾任过"宣传科长，政治委员"；判决书上关于黄克功简历仅有"江西南康人，抗日军政大学第六队队长"的简略记载；公诉书上亦仅有一句"曾在红军服务，任过师团政治工作"。其中，档案记载与曹慕尧的说法可互证，因此，黄克功的最高职务为团政委。至于其升职经历，未见记载。

二　陈复生口述中有关"黄克功逼婚杀人案"一节与史实严重不符

一位名为陈复生的人于 2010 年在中央文献出版社出版了《九死复生——一位百岁老红军的口述史》一书，与黄克功案件相关的部分以《我的同学黄克功》为题在网络上广为流传，并被有的图书转载，这使原本清晰明了的案件忽然变得扑朔迷离。笔者在下文摘录其主要内容并略加分析、考证。

（一）陈复生口述中的"自己"与相关史实

陈复生撰文称："1937 年 5 月，我从抗大毕业，被安排在陕甘宁边区政

---

① 朱鸿召：《延安日常生活中的历史（1937~1947）》，第 294~295 页；《红军将领黄克功强杀女学生刘茜命案的真相》，2014 年 12 月 5 日，据凤凰网：http://news.ifeng.com/history/zhongguojindaishi/special/duihualiuhouren/。

② 金铁群：《黄克功事件目睹记》，任文主编《延安时期的大事件》，第 64、67 页。

③ 李逸民：《任何人都要服从法律——黄克功事件的始末》，原载《星火燎原丛刊》第 4 辑，见张世斌主编《陕甘宁边区高等法院史迹》，第 98 页。

府保安处工作,先任侦察部长,后在执行部负责。"① "他俩恋爱的时候,我正在延安保安处当侦察部长。" "这个案子的破案任务自然而然落在我的头上。那时,我已经离开抗大在保安处任侦察部长了。" "作为负责抗大保卫的学员,我经办了整个案子,真实的情况其实不完全是这样的。"②

陈复生实有其人。陈复生原名陈湖生,亦写作"陈胡生"。边区高等法院档案卷宗15-588的目录中有一条——陈湖生:党思恭的材料转呈雷庭长,1938年6月9日。卷宗15-762为《关于处理欧明才、陈湖生、呼文忠等盗案的呈、命令》,目录中有高等法院命令:处理陈湖生渎职窃盗一案的命令,时间为1942年10月7日。③ 卷宗15-117中边区高等法院院长雷经天1942年6月9日移交李木庵的犯人名册"未决犯"中有"陈胡生"(一处写作陈湖生);何处送来:保安处;籍贯:江西。但罪名及刑期栏空白。④ 据谢觉哉1944年2月13日的日记载:"阅陈湖生卷。陈在押近六年。陈是红军中长大的,所犯罪尚无反革命嫌疑。因某种顾虑,致久羁押,殊有未妥。"⑤ 解放战争时期保安处支援东北的干部名单中有"陈湖生"。⑥

据上材料可知,陈复生与黄克功是同乡,1938年6月还在保安处工作,不久因渎职窃盗罪(据其回忆是被康生等诬陷)被长期羁押,具体释放时间不详。抗战胜利后仍作为保安处人员被派往东北地区工作。

关于陈湖生其人在抗大的历史,笔者尚未查到相关资料。即使据陈氏所述,若为黄克功同学,当为抗大第二期学员。抗大第二期时间为1937年1月至8月。⑦ 边区保安处前身为西北政治保卫局,正式成立于1937年10月8日。⑧ 因此,陈氏所述显与史实不符,尤其是关于案件一节。刘茜1937年8月7日方抵延安,先入抗大学习,9月初转入陕北公学,10月5日傍晚

---

① 陈复生:《怒打康生——一位老红军的自述(之一)》,《人民公安》1998年第18期。
② 陈复生:《我的同学黄克功》,任文主编《延安时期的大事件》,第77、78页。
③ 陕西档案馆编《陕甘宁边区高等法院档案目录》(手写本)第15全宗。
④ 《雷经天院长离职去中央党校学习向李代院长移交的档案图书财产清册和干部名册》,陕西省档案馆藏,档案号:15-117。
⑤ 《谢觉哉日记》上卷,人民出版社,1984,第575页。
⑥ 李阳:《陕甘宁边区保安处述略》,硕士学位论文,西北民族大学历史文化学院,2008,第33页。
⑦ 张振华、马翔雪、王聚英主编《抗日军政大学名人录》,海潮出版社,1991,第3页。
⑧ 边区政府于1937年10月4日主席团会议上确定将西北保卫局合并于保安司令部,并在延安成立公安局。10月8日发出第一号委任令,任命保安司令部副司令周兴兼任边区保安处处长。参见陕西省档案馆《陕甘宁边区政府大事记》,档案出版社,1990,第4页。

遇害。以陈氏所述，黄与刘恋爱期间，他在保安处任侦查部长，而其时保安处尚未成立；黄克功杀人案发后，他既是"负责抗大保卫工作的学员"，又"离开抗大在保安处任侦察部长了"。其说法自相矛盾。

（二）陈复生口述中的"黄克功逼婚杀人案"[①]

陈复生文中涉及黄克功与刘茜关系的转折原因。其文称"刘茜是国民党阎锡山部队一个旅长的闺女"；"她之前在山西有个对象，这个对象也是国民党一个军官，好像是个连长"；刘茜"对他越来越冷淡……原因就是山西的那个国民党连长来了，人家也是费尽千辛万苦好不容易到延安找到她，给她灌输了一些东西"。

对于案发原因，陈复生文中说：黄克功找刘茜谈话时，刘茜说"你们共产党就是一帮土匪！""黄克功怒不可遏，掏枪朝她开了两枪"。因此，黄克功"打死了一个反动女学生，最多判五年"，"没有其他的行为，没有侮辱她，也没有强奸她"。这些话语的来源极为令人生疑。案发时无第三人在场，刘茜积极投身革命奔赴延安，而上述语言与其行为是冲突的。案卷材料显示，黄克功案发后回到学校，有城门哨兵及勤务员证明，黄克功陈述书及审理时的辩解中也无上述说法。

陈复生文中称自己包办了此案："这个案子的破案任务自然而然落在我的头上"；"我经办了整个案子"。于是：他飞速赶到事发地点，看到刘茜被打了两枪，他顺着子弹口捡回子弹头。问勤务兵，说黄克功当晚11点回来后换了鞋，把鞋子塞在炕洞里。检查黄克功手枪，枪里少了两颗子弹。汇报给罗瑞卿，让书记李志民与黄克功谈话无果，自己去，"他就全部跟我说了"。陈复生说"我把问题搞清楚，全部整理成材料向上汇报以后，毛主席批示，亲笔写了一封信给法院院长雷经天。那天，前来参加公审大会的百十号人，雷经天坐在左边，我在中间（我才知道我的身份是公诉人，报告黄克功的犯罪经过），右边是抗大政治部副主任莫文骅，我宣读黄克功的作案细节之后也没觉得会判多重的刑。直到莫文骅代表抗大，宣读了毛主席这封信……"黄克功被执行死刑后，他把黄克功与刘茜埋在了一起等。回忆中还说黄克功是河北邯郸人，当过团长。

据陈复生的说法，他一人几乎包揽了这桩在当时颇为轰动的案件。据

[①] 本部分引用的内容，除注明外，均来自陈复生《我的同学黄克功》，任文主编《延安时期的大事件》，第76~81页。

此内容的各种转帖，在网络上流传甚广。① 关于黄克功杀人案的一种新版本就此出炉。

据档案记载及曹慕尧等回忆，是抗大十四队学员最早发现了被害人，陕北公学的同学亦在找寻。勤务员在征集案件线索时汇报了黄克功的可疑行迹。刘茜验尸单签名者是高等法院检察员徐时奎。与黄克功谈话的是抗大训练部长刘亚楼。检验枪支的是教员王子涛（又写作王智涛）。公审现场有数千人。出席公审的公诉人为胡耀邦、王卓超（延安市公安局局长），宣读起诉书的是胡耀邦，宣读毛泽东复信的是雷经天。因此，陈氏所言，除黄克功行凶杀人被处死及毛泽东复信外，其余均与史实不符。

（三）陈复生口述中"黄克功逼婚杀人案"多无史实依据

陈复生口述中的黄克功逼婚杀人案既不符合逻辑，也多无旁证。首先，国共合作之初，在知识青年大批奔赴延安的特殊背景下，如此一桩残忍的凶杀案，怎么可能为一人包揽？

其次，从档案记载来看，边区保安处参与了案件调查并派员出庭支持公诉。案件调查中出现的保安处人员为周兴和杜理卿，出席公审的公诉人之一王卓超（档案中写作黄佐超），时为保安处第三科科长（对外称延安市公安局局长），亦即延安市公安局负责人。该卷档案中未出现过陈湖生（陈胡生）的名字。

再次，除陈氏本人外，有关黄克功案件的回忆不少，但笔者尚未见到一份出现陈湖生（陈胡生）字样的回忆。由上可见，陈湖生并没有参与这一案件的处理。

陈复生所谓的回忆中除黄克功杀人被处死刑及毛泽东的信外，有诸多内容与档案记载及他人回忆不符，尤其是对于数千人参加的公审大会及公诉人、公审法庭组成这样众所周知的历史都敢伪造，其余内容又何足信？！

三 影视文学作品"黄克功案件"与史实的差异

以王兴东电影文学剧本《黄克功案件》为基础，由导演王放放拍摄的

---

① 同样内容如陈复生《一位老红军的传奇人生之一特殊囚徒（陈复生）》，见公安部网页：http://www.mps.gov.cn/n16/n1327/n4834/n1452620/1473136.html，访问时间：2015-04-19；陈复生：《怒打康生——一位老红军的自述（之一）》，《人民公安》1998年第19期。

同名电影声明是根据真实案件创作的结果,然而较之于史实,其间差异甚大。

(一) 案发场景的改变

影片案发场景从延安城小东门外延河对岸一块大石头旁被改编为电闪雷鸣的大雨夜杀人移尸,水深及腰;河岸草木茂密,人可掩映其中。不仅一个案发现场变成了两个案发现场,相应的证据链条也发生了一系列改变。关注此点的原因在于:第一,延安为革命圣地,延河水与宝塔山是无数人熟悉的场景;第二,案发场景与证据链条紧密关联。

作为革命圣地的延安,延河河道宽阔,河岸多为沙石。陕甘宁边区每年的降水集中在6、7、8三个月,10月份降水量极少。① 黄炎培的《延安归来》中曾提到,发洪水时的延河流量流速极大,平时却水不过膝。② 黄克功案发生于1937年10月5日傍晚,雨季已过,档案中亦未提及雷雨与河水暴涨之事。公诉书中两证人提及过河之事;案发次日小东门外有人过河在对岸发现了被害人尸体。③

(二) 主要人物形象与人物关系的改变

1. 主要人物形象的改变

电影中刘茜的形象与史实记载差异较大。1938年1月到访延安的梁漱溟在《访问延安》中提到"满街满谷,除乡下人外,男男女女皆穿制服的,希见长袍与洋装"。"所见那些穿制服的人,多数为学生。"④ 遗存照片中的她齐耳短发。凤凰网上刊载一篇刘茜侄女的追忆中说"对刘茜的描述如年轻貌美、能歌善舞等并不真实",刘茜"相貌平平,永远是齐耳短发,素面朝天,身着布衣,没有佩戴过首饰,十分朴素,一副学生打扮。一双眼睛可看出他沉稳深邃倔强的性格"。影片中的刘茜梳着过肩的麻花辫子、身着红色格子长裙,出现了跟黄克功骑马、在陕北公学庆祝平型关大捷的联欢会上吹口琴等镜头,一副典型的小清新形象。

---

① 严艳:《陕甘宁边区经济发展与产业布局研究 (1937~1950)》,中国社会科学出版社,2007,第56页。
② 黄炎培:《延安归来》,任文主编《第三只眼看延安》,陕西师范大学出版总社有限公司,2014,第127页。
③ 曹慕尧:《我所亲历的"黄克功事件"》,任文主编《延安时期的大事件》,第58页。
④ 梁漱溟:《访问延安》,任文主编《第三只眼看延安》,第12页。

电影中雷经天的年龄与实际相差过大。出生于 1904 年的雷经天当时 33 岁，比出生于 1893 年的毛泽东年轻 11 岁，但雷经天的银幕形象却似年过半百，年龄大于荧屏上的毛泽东。

2. 黄克功与刘茜的关系

影片中设计了黄克功被羁押期间的回忆：与刘茜一起骑马，树下相依而坐，因次日将上前线而逼婚、激烈争吵至发生血案等，不仅将人物关系简单化，且给黄克功逼婚杀人安排了可资同情的理由。从档案记载来看，两人关系及其演变则要复杂得多，既有婚恋观、家庭观、交友观的巨大差异，也有剧烈的性格冲突以及特权观念的影响。

刘茜 8 月 7 日到延安，与黄克功相处也就三星期左右，两人恋爱、婚姻、家庭观的不同就显现出来。黄克功急于建立传统式的家庭，不希望刘茜跟别的男同志交往，但刘茜希望建立的是双方平等的同志式浪漫婚姻，她性格活泼，很早参加学生运动，跟同学交往较多。当刘茜发现黄克功跟自己观念、追求不一致时，退还钱物，冷淡并拒绝了黄克功。9 月 1 日，刘茜所在队全部转入新成立的陕北公学，黄克功留在抗大。两人关系疏离，但黄克功多次写信并到陕北公学找刘茜，最后以至于逼婚。

黄克功与刘茜的性格有冲突。黄克功急切，刘茜率直，互不相让，最典型的一幕就是黄克功带枪逼婚，而刘茜仍言语激烈，终至酿成惨剧。

苏维埃法律中特权观的影响也不容小觑。1934 年 4 月 8 日的《中华苏维埃共和国惩治反革命条例》第 34 条："工农分子犯罪而不是领导的或重要的犯罪行为者，得依照本条例各项条文的规定，比较地主资产阶级分子有同等犯罪行为者，酌情减轻其刑罚"，"凡对苏维埃有功绩的人，其犯罪行为得按照本条例各该条文的规定减轻处罚"。[①] 黄克功羁押期间的两封陈述书中均请求"姑念余之十年斗争为党与革命效劳之功绩，准予从轻治罪"。当时红军中因此案发生争论则缘于此。黄克功胆敢杀人的根本原因也缘于此。

公诉书以及判决书都基于充分的调查分析，对两人交往历史、观念的差异、杀人动机等做出了明确推断，认为起因为恋爱不遂，黄克功求婚心切纠缠不休，屡遭拒绝而心生怨恨，随致暗藏祸心，在河边争吵中刘茜仍言语犀利，被黄克功杀害。判决书中明确展示了双方关系从相识、相恋、

---

① 彭光华主编《人民司法摇篮：中央苏区人民司法资料选编（内部资料）》，赣州市中级人民法院，2006，第 39 页。

疏离到决绝几个阶段。①

3. 雷经天与黄克功的关系

影片中为凸显雷经天性格，增加剧情张力，有雷经天陷于情法冲突的情节。长征路上的雷经天因枪伤复发倒在草地上命悬一线时，黄克功塞给他的干姜辣醒了他。对黄克功的救命之恩雷经天念念不忘，提议更换法官，试图回避无果，为此非常痛苦、纠结。

实际上，生于1904年的雷经天是广西南宁人，五四运动时已经开始组织和领导学生运动，之后曾任广西右江革命根据地苏维埃政府主席、红七军前委委员，因不同意将红七军全部编入赤卫队，受到当时思想"左"倾的领导人的错误处理，被撤销一切职务及党籍。长征时他作为中央军委干部队的一名普通战士，过草地时因不小心跌入水沟，被救出来后，衣服湿透，脸色铁青，浑身发抖，已经无法行动。正好路过的莫文骅赶紧给他几块干姜含着，拿出一套旧单衣给他换上，雷经天才缓过劲来。②

4. 勤务员与黄克功的关系

影片中设计了黄克功的勤务员在胡耀邦调查期间有意隐瞒事实、黄克功羁押期间送鞋、公审时起立发言并主张对黄克功处以死刑的情节。

档案记载及相关回忆中表明，黄克功的勤务员张海如在案发后的线索征集中反映了案发当晚黄克功回校之后清洗衣物、鞋子等反常行为，但公审记录中未见其发言。

(三) 主要证据的改变

影片中的证据链条包括：一外国医生的两次检验，第一次只发现了头上的枪伤，第二次终于发现还有腹部的一枪擦伤，认为一枪擦伤一枪致命；胡耀邦等在草地上找到了弹壳；在黄克功宿舍发现了被害人围巾、信件、黄克功换下的鞋子等。公诉书认为"一枪走火，一枪故意"。

上述"创作"远不如真实的案件证据链完整严密。档案中记载了此案的勘验调查过程，堪称周密、细致，搜集到的证据非常完整：案发日有书记官任扶中、高等法院检察官徐时奎签名的验伤单；现场抓获的两枚子弹壳及一枚子弹头；抗大教育长刘亚楼对黄克功的审问及黄克功的供述行为；

---

① 西北五省区编纂领导小组、中央档案馆编《陕甘宁边区抗日民主根据地》（文献卷·下），中共党史资料出版社，1990，第161~163页。
② 莫文骅：《深切怀念雷经天同志》，《广西党史》1994年第6期。

抗大教员王智涛对黄克功手枪的检验及结果；对黄克功案发前后的行踪调查，对刘茜生前社会关系的调查；对来往信件的分析，并发现了黄克功在刘茜信上伪造的日期；黄克功羁押期间的两封陈述书。涉及的证人有黄志勇、徐松林、萧明仁、张海如、董铁风、大东门哨兵、小东门哨兵、陈永捷。通过上述证据，对双方关系产生及逆转过程，案发原因、时间、地点等做出了合乎逻辑的推断。

上述证据形成了完整的证据链：当日傍晚黄志勇、董铁风等证实刘茜被黄克功叫走谈话；徐松林证实进城时看见黄、刘在河边谈话；黄志勇也证实黄克功、刘茜在河边说话，黄克功让他先回校；徐松林出城时遇到黄克功一人，不见了刘茜。小东门哨兵证实枪响后20分钟左右有抗大一人进城，大东门哨兵说有抗大一人提马灯出城，证实即徐松林。抗大点名时间为8点，勤务员证实黄克功点名后回校，有浸洗鞋、衣物行为。王智涛检验黄克功手枪证实有新打过枪的淡烟灰色痕迹。据此，推断出枪响时间是当晚七点半左右，黄克功是最后接触刘茜的人，杀人者为黄克功无疑。当晚听见枪声未引起注意是因为有单位出过演习通知。

(四) 关于"特赦权"

影片中的雷经天认为战时最高军事统帅有特赦权，因蒋介石曾特赦杀人犯张灵甫，并建议毛泽东以最高军事统帅的名义特赦黄克功，其法律依据是"约法"（即《中华民国训政时期约法》）第68条的规定。

所谓特赦是指由国家元首或者最高国家权力机关以命令的方式，对已受罪刑宣告的特定犯罪人，全部或部分免除其刑罚执行的制度。主要特征之一，是特赦权通常归属于国家元首或者最高国家权力机关，之二是免除全部刑罚或余刑。[①]

《中华民国训政时期约法》第68条规定"国民政府行使大赦、特赦及减刑、复权之权"。《中华民国国民政府组织法》第25条规定，司法院"掌理司法审判、司法行政、官吏惩戒及行政审判之职权，关于特赦、减刑及复权事项由司法院院长提请国民政府核准施行"。1946年12月25日公布的《中华民国宪法》第40条规定"总统依法行使大赦、特赦、减刑及复权之权"。

---

① 阴建峰：《现代特赦制度新探》，《中共中央党校学报》2006年第2期。

黄克功案件发生前有两期著名的特赦事例。其一，1935年11月父亲被杀害的施剑翘刺杀了军阀孙传芳，1936年10月施剑翘被国民政府特赦，国民政府司法行政部根据《中华民国训政时期约法》第68条之规定，宣告将原判处有期徒刑7年之施剑翘特予赦免，以示矜恤。[①] 其二，西安事变之后的12月31日，张学良被国民政府军事委员会军法会判处有期徒刑10年，褫夺公权5年。同时蒋介石又呈文国民政府请求赦免张学良。1937年1月4日，国民政府发布特赦令，国民政府委员经讨论，接受蒋委员长的请求，赦免张学良10年有期徒刑，交军事委员会严加管束。

与黄克功杀人案时间最近的是张钟麟杀人案。张钟麟（1903～1947）在1936年春节休假期间因怀疑其妻有外遇（一说偷其机密文件）枪杀妻子，被南京的国民政府军法会判处10年监禁，在南京"模范监狱"服刑。七七事变后，国民政府下令所有服刑的官兵一律调服军役，保留原来的军衔，戴罪立功。出身于黄埔系的张钟麟被秘密释放，并改名张灵甫，后成为国民政府第七十四师师长。1947年5月的孟良崮战役中该师被中国人民解放军华东野战军全歼，张灵甫被击毙，时年44岁。关于此案的文章不少，说法大同小异，但笔者看到的文章中无一表明张灵甫被释放是依据法律程序行使特赦权的行为。

前已述及，1934年的《中华苏维埃共和国惩治反革命条例》中曾规定工农分子、有功于革命的犯罪者可酌减刑罚。中央苏区的司法实践中，前项特权由最高临时法庭根据中央执行委员会决议行使，而中央执行委员会就是最高权力机构全国苏维埃代表大会闭会后的最高权力机关。决议案签署人为中华苏维埃共和国主席、副主席。1932年8月，中央执行委员会发布决议案，批准了临时最高法庭对一起反革命案的判决书，其中的5名罪犯由于其曾作为宁都暴动的领导者或参加者，有革命功绩，死刑被减为监禁10年或8年，监禁期满后并剥夺公民权5年（该史料注明此案1945年被平反）。另一件1932年2月临时最高法庭的判决书中，犯罪者本应监禁3年，"因他曾在红军服务带花，又系残废，以前做过相当的革命工作，特减刑一年六个月，只监禁一年六个月……"。[②]

黄克功杀人案案发时边区政府成立尚不足一月，其合法地位是国民政

[①] 王艳梭、刘志方：《档案记载：施剑翘刺杀孙传芳被特赦一案》，《档案天地》2011年第12期。

[②] 彭光华主编《人民司法摇篮：中央苏区人民司法资料选编（内部资料）》，第84～85、88页。

府行政院直辖的特区政权。于当年 7 月份先行成立的边区高等法院相当于国民政府的省级司法机构，其成立命令中亦表明"遵行南京政府颁行之一切不妨碍统一战线的各种法令章程"。[①] 因此，国民政府的法律中既无最高军事统帅拥有特赦权的规定，也无相关的实践。蒋介石徇私释放张钟麟，连其名字都改了，正是为掩人耳目。更何况第二次国共合作才开始，边区政权在行政、军事、司法等方面虽具有事实上的独立地位，名义上却要顾及国共合作的政治大局。

（五）公审过程的改变

影片中中央军委以命令的方式将案件交给边区高等法院管辖，依法审理，同时安排党的书记张闻天负责。将是否废除特权、判处黄克功死刑的争论及决定留给了公审法庭，尤其是雷经天在其中起了主要作用。公审法庭的组成人员为抗大代表李兴国，政府干部代表周一鸣，陕北公学代表孙启光，民众代表李宝庆。公审法庭成员在是否适用苏维埃法律（实质是要不要减刑）问题上发生激烈争吵。陪审员之一的李兴国很想投反对票，但张闻天坚持"必须全部同意"，最后，合议法庭成员全部摁指印通过了死刑判决。

上述情节设计中对于公审法庭的组成人员、审理过程、合议程序、死刑判决等与史料均有出入，既前后矛盾，又违背了法庭合议中少数服从多数的法理，也不符合历史。

公审法庭实际成员包括：雷经天，李培南（抗大），周一鸣（身份不详），王惠子（女，陕公学员），沈新发（可能为军事裁判所所长）。上述陪审人员的身份是笔者依据调查笔录、回忆及研究论文推断出的，公审笔录中仅说明他们为各机关陪审人员，未明确具体身份。

1932 年的《裁判部暂行组织和裁判条例》中即规定了由群众团体选举陪审员实行陪审的制度。1937 年 2 月司法部的训令中再次明确了这一点：案件与某团体或某地方有关的，应使该团体或地方机关选出陪审员一人或二人。陪审员与裁判员有同等裁判权力，裁判中实行少数服从多数的合议制。同时，苏维埃法律中明确规定了当事人可以经法庭允许请人辩护，司法部训令中亦坚持了这一制度："我们现在尚没有律师，为要犯人能充分发

[①] 《中央司法部改组为陕甘宁边区高等法院》（1937 年 7 月 23 日），《陕甘宁边区抗日民主根据地》（文献卷·上），第 207 页。

表意见,可以允许请人辩护。同时裁判机关亦可指定人代为辩护。"① 黄克功通过其狱中的两封陈述书及在法庭上的自我申辩,行使了辩护权。雷经天在《陕甘宁边区的司法制度》一文中简要阐述了边区初期的公审制度:"凡公审的案件,必须与群众有密切的关系,对群众有教育意义。在审问的过程中,群众经过报名后得自由说话,但判决不由群众表决,必要经过主审和陪审听取群众发表的意见共同讨论,而主审与陪审有同等的权力,因为陪审是群众的代表,这样的判决仍然是代表人民的意见的。"②

黄克功案件的公审,据档案记载与一般群众运动式的公审不同,更注重法律程序的完整和司法民主,注重其政治影响和发挥教育作用。首先检察官宣读了长达 6 页的起诉书,包括罪犯及被害人简历、犯罪发生的时间和地点、侦查经过、现有人证物证及现场勘验结果、原因推断及处刑建议。随后,证人陈述证词、抗大教员陈述枪支检验结果、对犯罪嫌疑人进行审问、证据质证、嫌疑人自我辩护。最后,陕北公学、抗日军政大学、党校及边区机关、群众等的 12 位代表先后发言,从此案的政治影响、党纪军纪、犯罪手段动机、认罪态度、边区法令等方面阐明了对此案的态度,均认为应处以极刑。显然,黄克功案件公审的政治意义大于其法律价值。正如齐礼总编的书中所言:"公审的重要意义在于借此教育人民,提高人民的政治觉悟,它的作用常常是很大的。""如黄克功与刘茜的情杀案的公审,极深刻的教育了青年男女——特别是知识青年,使他们获得了正确的革命的恋爱观。"③

对黄克功是否判处死刑涉及法律政策(借此案废除苏维埃法律中的特权条款)能否进行重大转变,能否消除由此带来的恶劣政治影响,应由党的领导核心决定。毛泽东给雷经天的复信中阐明了这一点。

案件发生后,雷经天曾给毛泽东写信阐述了自己的想法:"共产党员有犯法者,从重治罪。为什么这样做呢? 因为共产党员都是无产阶级优秀的先进战士,共产党应有铁的纪律,正因为如此,我们才能够号召更多的人民参加这一伟大的抗日斗争,使这些纲领能够迅速地、普遍地、更加彻底地实现,我们共产党员,每一个布尔什维克都应该是实现这一纲领的先锋

---

① 《中华苏维埃西北办事处:中央司法部、边区高等法院 1937 年关于司法工作的报告、指示、通知、训令》,陕西省档案馆藏,档案号:1-37。
② 《陕甘宁边区抗日民主根据地》(文献卷·下),第 165 页。
③ 齐礼总编《陕甘宁边区实录》,解放社,1939,第 38 页。

与模范，由于如此，共产党员有犯法者应从重治罪，所以必须对黄克功处以极刑"。[①] 毛泽东给雷经天的公开复信中明确说明"中央与军委便不得不根据他的罪恶行为，根据党与红军的纪律，处他以极刑"。复函虽是在宣判后送到，但函件的日期是10月10日，据曹慕尧的回忆，这封公开信在公审前一天（10日）已经在抗日军政大学的师生中传阅，对平息争论、统一思想起了重要作用。这次公审有两份记录，一份记载："审判长：群众发言完毕，暂时宣布退庭，凶犯也带去。五分钟后宣判。"另一份："庭长谕知本案公审辩论终结，犯人带至候审室，休息五分钟，宣判，谕毕退庭。"可见，公审法庭当时没有就量刑问题进行辩论。

此外，影片中为展现雷经天司法公正的形象，设计了其处理一桩离婚纠纷时判决离婚并平分财产（六孔窑洞）的情节，也不符合边区婚姻法中的相关规定及边区司法实践。综观全剧，就像人山人海的公审大会在电影中被改编成百十号人的公审一样，虽以重大历史题材说事，人物衣着光鲜靓丽，但既缺乏中国共产党人身在陕北窑洞却胸怀天下并放眼未来的质朴、雄浑与大气，也缺乏法治题材中严密的逻辑推理和政法观念，着实令人遗憾。

"黄克功案件"距今已七十八载，亲历者早已故去，幸有档案资料的佐证，方使臆造的历史不至于遮蔽真相。以革命法制史上的重大案件为题材的艺术创作，也只有基于历史事实，暗合法理与人性，方能经得起理性的拷问和时间的检验。因此，无论是艺术创作还是学术研究，作者的心中都需有一份赤子的情怀。

（作者单位：西北政法大学）

[①] 上海社会科学院院史办公室编《重拾历史的记忆——走近雷经天》，上海社会科学院出版社，2008，第56页。

设计民主：延安时期三三制重述*

韩 伟

摘 要 延安时期的三三制是扩大民主参与、促进民族团结的一种尝试，理论上它吸纳更多的党外民主人士加入政权，扩大了抗日政权的代表性，而在其具体实践中，传统社会文化与现代民主制度，党领导下的"放手"与"包办"，无时无刻不潜存着种种张力。三三制的民主形式尽管并不完美，实践中亦有诸多缺憾，却为探寻中国特有的民主之路留下了值得思索的经验。

关键词 三三制 新民主主义 设计民主 革命根据地

> 人里挑人，属呀么属谁好，盘算又盘算，比较又比较，把那好人的名字写上了选举票。
>
> ——贺敬之《选举歌》①

"三三制"是抗战时期中国共产党在革命根据地创造的一种民主形式，由于其新颖的形式与简明的概括，很快成为中共民主的经典模式。在民主的形式上，它限制了共产党员在政权的比例，使政权有了更大的代表性；在民主的实质上，它团结和争取了广大中间势力，孤立了"顽固势力"。更重要的，三三制的政权，给予党外人士充分的尊重和信任，与他们真诚合作，"改善了共产党与非党人士的关系，双方真诚相见，平等相待，民主合作"，② 这使得中共领导下的根据地展现出一股民主新风。既有的研究也大多是在统一战线、改善党内外关系的思路上展开的，新近的研究揭示出三三制的政治象征意义，它虽然是要建设一个包容性更强、代表性更加广泛

---

* 本文系 2015 年国家社科基金青年项目"协商民主与战时法治视阈下革命根据地社会治理经验研究"（项目编号：15CSH001）的阶段性成果。

① 贺敬之：《选举歌》，《解放日报》1945 年 11 月 14 日，第 4 版。

② 梁星亮等：《陕甘宁边区史纲》，陕西人民出版社，2012，第 215 页。

的政府形象，但由于各种政治策略的运用，它"不可能真正左右根据地的决策，不仅动摇不了中国共产党的地位，反而有助于强化之"。① 一些研究也触及了三三制中统一战线、革命与动员、改造民主等不同的指向。② 那么，三三制本身究竟是什么，它又是如何运行的？

从历史学的角度，三三制不应该只是一种言说或"神话"，而是真实的过去，这要求对历史做设身处地"同情的理解"与客观的描述，对于特定的历史事件，"从事件正在发生的彼时彼刻观察问题"，③ 以展现历史的真实，同时"发现在表面事实下隐藏的这些事实的动因"。④ 而作为民主制度，它当然有国家建构之宏大的一面，但同时它也是一种生活，蕴含在民众生活的方方面面，如托克维尔所言，决定美国的民主，除了地理、法制，更重要的是民情，甚至具体到仪表，"人们的仪表往往是不拘小节的"。⑤ 三三制作为一种民主制度，对它的深入探究显然不应仅仅停留在国家、政权等宏大叙事中，而更需要深入三三制之与民众生活的实际，它在推行中遇到哪些具体的问题，与传统社会文化如何调适，普通民众对此又作何反应。只有深入三三制民主的实际，才有可能更好地揭示这一"设计"出来的民主如何具有积极的意义，以及潜在的问题。

一 三三制民主的思想由来

1937 年以来，由于抗战这一外因，国共虽然在形式上实现了合作，但中共政权仍面临不少危机，统一战线并不牢固，"日本帝国主义及其走狗汉奸、托派就拼命的利用一切机会，用尽各种办法来进行挑拨离间阴谋毒计，

---

① 张鸣：《乡村社会权力和文化结构的变迁》，陕西人民出版社，2012，第182页。
② 主要研究包括杨永华《陕甘宁边区法制史稿》，陕西人民出版社，1992；陈先初《抗战时期中国共产党民主建政的历史考察》，《抗日战争研究》2002年第1期；陈先初《从三三制看抗日根据地的政权建设》，《求索》2005年第10期；竟风、谢涛《陕甘宁边区"三三制"政权合法性基础初探》，《晋阳学刊》2003年第5期；董佳《抗战时期根据地"三三制"原则实践考论》，《战略与改革》2013年第6期；王建华《改造民主：抗战时期"三三制"选举的革命面像》，《南京社会科学》2010年第9期；周竞风、谢涛《陕甘宁边区"三三制"政权合法性基础初探》，《晋阳学刊》2003年第5期；等等。
③ 李怀印：《重构近代中国》，中华书局，2013，第279页。
④ 〔意〕克罗齐：《作为思想和行动的历史》，商务印书馆，2012，第16页。
⑤ 〔法〕托克维尔：《论美国的民主》下卷，商务印书馆，1988，第760页。

企图破坏统一战线，分散抗日团结"。① 在陕甘宁边区，各种摩擦时有发生，顽固分子"有计划有组织更加积极的向我方制造摩擦，如陇东的军事进攻，关中的武装威胁，三边的挑拨蒙军与我对立，绥德的煽动群众学生向我警备司令部请愿并公开张贴反共反八路军标语，以及到处集结保安队利用杂牌军队向我进攻，企图孤立我们"，② 因此，边区虽然在形式上获得合法的政治地位，但在实际上，仍面临着错综复杂的外部压力。

另外，经历过艰难的长征到达陕北，中共在数量上也不占优势。1935年，陕北、陕甘边区总计有红军5000多人，后加上长征北上的中央红军，不过万人。陕甘宁边区中共党员数量亦极为有限。陕北省各县、陕甘省各县、陕甘宁省各县、神府地区各县共有423个支部，党员22749名。到1937年9月边区政府成立时，边区共有585个支部，32418名党员。③ 据1944年底的统计，陕甘宁边区共辖一市三十县，面积98000多平方公里，人口有150万。④ 党员在整个边区人口中的比例刚刚超过2%。在国民政府方面，仅杨虎城为首的十七路军，1931年以来，就由万余人扩大到近5万人，盘踞在陕北榆林的井岳秀部，实力强大时亦有万余人。⑤ 在根据地内部，一些地主、富农听闻苏区土改的做法，纷纷外逃，如陇东、富县等地均有地主、士绅外逃现象。此外，根据地虽然经过苏维埃的斗争，但一些会道门仍有存在，"一部分哥老会的上层分子及土豪地主、民团和长久脱离生产的土匪流氓分子，由于他们有着极深的反动性和破坏性，他们依然欺骗着一些落后的弟兄伙集合起来，成立秘密的哥老会组织"。⑥ 会道门、土匪的存在，给边区内部带来诸多不稳定因素，以至1939年还发生环县事变，以赵老五为首的匪徒数百人袭击县政府，造成严重后果，"杀害我干部十九名，捕去

---

① 《陕甘宁边区党委关于提高警惕应付挑拨及破坏边区事件与友党友军关系的指示》（1938年5月27日），中央档案馆、陕西省档案馆编《中共陕甘宁边区党委文件汇集》（1937～1939年），西安，内部资料，1994，第157页。

② 《中共陕甘宁边区委员会关于统战问题给各级党政军的指示信》（1939年12月），西北五省区编纂领导小组、中央档案馆编著《陕甘宁边区抗日民主根据地》（文献卷·上），中共党史资料出版社，1990，第302页。

③ 中央档案馆、陕西省档案馆编《中共中央西北局文件汇集》（1941年）甲1，西安，内部资料，1994，第330页。

④ 《陕甘宁边区抗日民主根据地》（文献卷·上），第2页。

⑤ 魏德平：《陕甘根据地硕果仅存外因探析》，《中国延安干部学院学报》2014年第1期。

⑥ 《中共陕甘宁边区党委文件汇集》（1937～1939年），第10页。

二十名,缴获我干部自带的长短枪廿九支,抢劫公粮一百三十余石"。① 数量上的劣势,边区内外部的压力,也促使中共思考尽速巩固和扩大统一战线,消弭内部的矛盾,团结更多的社会力量。

此外,根据地政权中党员比例过大,也存在严重的"以党代政"的问题。虽然抗战以来,根据地政权实行了抗日民主制,形式上采取"议会民主",区分了政府和议会,但在一些地区,议会、政府都是清一色的共产党员,党员的第一个任务是服从组织决定,他们考虑的往往是"如何完成这一个任务?"却不会发生争论,对于党外人士心里如何看这一问题也很少考虑,造成"政治上的迟钝,以至麻痹"。② 党政不分、以党代政,一是导致参议会和政府不能发挥其职能,在民众面前减低了威信,二是使党委忙于日常事务,疏忽了政治上的领导,不利于政治工作的优化。

在抗战中,征粮与征兵是直接关涉民众利益的大问题。1940年初,延安县中区五乡在突击完成征粮工作中,为了改善征粮工作方法,由乡政府用民选方式组织征粮委员会,委员会除了9名共产党员外,还有18名非党人士,他们均积极参加工作,由于在征粮中发扬了民主,充分进行了宣传解释,"全乡各界人民大家都认为今年公粮出的公平,出的愿意"。③ 在多元民主参与的征粮委员会等经验的积累中,三三制的思想雏形开始在实践中形成。1940年3月,毛泽东在《抗日根据地的政权问题》中,初步提出了三三制的设想。他认为,抗日根据地的政权性质,是民族的统一战线,是一切赞成抗日又赞成民主的人们的政权,是几个兄弟阶级联合起来的民主政权。抗日民族统一战线政权的原则,在人员分配上,"应规定为共产党员占三分之一,非党的左派进步分子占三分之一,不左不右的中间派占三分之一"。几天后,在延安高干会的报告中,毛泽东再次阐释了三三制:抗日根据地的政权,和严格的工农民主专政有一些区别,共产党员占三分之一,他们代表无产阶级和贫农;左派进步分子占三分之一,他们代表小资产阶级;中间分子和其他分子占三分之一,他们代表中等资产阶级和开明绅士。之后,在边区政府临时选举法、选举指示和训令中,共产党员占三分之一

---

① 《环县县政府工作报告》(1945年12月31日),陕西省档案馆藏,档案号:2-1-247。
② 《实行三三制——贯彻党的领导》,《解放日报》1942年3月13日,第1版。
③ 《延安中区五乡征粮委员会的创造及其意义》,《共产党人》第2卷第17期,1941年4月,第20页。

的三三制,都成为选举立法的基本原则。① 1941年,三三制原则被明确写入了宪法性法律文件《陕甘宁边区施政纲领》,"本党愿与各党各派及一切群众团体进行选举联盟,并在候选名单中确定共产党员只占三分之一"。② 施政纲领的这一规定,使中共提出的这一政策正式走向法制化。

三三制的目的,除了"分化大地主大资产积极,扩大其矛盾",更重要的是"打破共产党的关门主义,集中民众的意见"。③ 当然,三三制又"不是一般意义上的党和非党联盟,而是在我党占优势的情况下各革命阶级包括中间派在内的抗日联盟"。④ 关于三三制的实质,罗迈曾做出解释:三三制就是以几个革命阶级联合起来对汉奸反动派的民主专政,来代替任何的一党专政。它是统一战线在政权构成上的具体体现,是新民主主义政权在抗日统一战线阶段上的具体形式。三三制的政治基础是孙中山的三民主义及三大政策,它使施政纲领能够照顾各阶层的利益,符合统一战线与民众的要求。⑤ 概言之,三三制一方面是在原来苏区工农政权的基础上,扩大了政权的参与阶层,以符合抗日统一战线的需求。另一方面,它也体现了各党派、无党派的大联合,提高了政权的民主性与代表性,从而区别于国民党一党专政的政权形态。

二 三三制民主的社会实际

三三制在中央层面是非常清楚的,其目标指向十分明确,即在政权中共产党人占三分之一,其他党派和无党派人士占三分之二,目的在于打破"以党代政"的局面,扩大民主、保障民生、团结抗战。但这样的简称到了基层,各种误解、错用就纷纷显现出来,作为话语的政策与民主政治的实践也出现了种种张力。

三三制的政权设想,需要落实在根据地的各级政权中。在政权的较高

---

① 杨永华:《陕甘宁边区法制史稿·宪法、政权组织法篇》,陕西人民出版社,1992,第159页。
② 中国社会科学院近代史研究所《近代史资料》编译室主编《陕甘宁边区参议会文献汇辑》,知识产权出版社,2013,第109页。
③ 中共中央文献研究室编《毛泽东年谱(1893~1949)》中卷,中央文献出版社,2013,第344页。
④ 李维汉:《回忆与研究》,中共中央党校出版社,2014,第398页。
⑤ 罗迈:《关于政权的三三制》,《共产党人》第2卷第11期,1940年10月,第14页。

层级，党员干部对三三制尚能基本把握，但在政权的基层，各种误读就层出不穷。在新正县的马栏区，参议员及乡上干部对三三制的认识是模糊的。乡参议会在选举了乡长后，也未开过什么会议，三三制成为一种形式的东西。如张永西说：区上干部讲了三三制，我们了解不下，现在都忘了。郭连长说：三三制是国民党一制，共产党一制。① 即便在党内，也有各种误读："共产党三分之一，国民党三分之一，无党无派三分之一"，或"共产党员三分之一，非共产党员三分之二"，还有以为是"共产党三分之一，国民党三分之一，哥老会三分之一"。② 经济上处于劣势的贫农，充满了忧虑："咱们流血搞起来的政权，又让地主豪绅们跑进来，敢保不会上当？"部分地主、士绅等对三三制也存在着疑虑，"三三制是不是摆个样子？"观念的偏差，必然造成民主实践上的差异，因此，有必要从民主政治的实际来观察三三制的运行，以下即从选举、政权、党内外关系角度进行考述。

（一）三三制民主下的选举

在实行三三制之前，苏维埃政权的选举权主体多限于工农等劳动者，如1935年的《苏维埃西北各省暂行选举条例》中，不依劳动，而靠资本、土地及别的产业以盈利为生活者，雇佣劳动在10人以上的工商业主，地主、资本家的代理人，靠传教迷信为生的人，以及国民党政府的警察、侦探、宪兵、官僚军阀等，与"犯精神病者"，一律没有选举权和被选举权。③ 在中央苏区，为了对宗族、恶习进行改造，甚至族长、吸食鸦片者的选举权亦被剥夺。④ 在统一战线的三三制下，享有选举权的主体大大扩张，除了"有卖国行为"，法院"剥夺公权"，以及有精神病者，凡年满18岁者，"无阶级、职业、男女、宗教、民族、财产与文化程度之区别"，均有选举权与被选举权。⑤ 仅从选举法律文本看，享有选举权的范围明显扩大了。

这一变化，对地主、士绅而言，无疑是个好消息，"真的，尔刻真正实

---

① 《新正县马栏区二乡民主政治调查》（1944年10月18日），陕西省档案馆藏，档案号：2-1-801。
② 《西北局办公厅关于边区三三制经验的初步研究》（1944年3月23日），《中共中央西北局文件汇集》（1944年）甲5，第219页。
③ 《苏维埃西北各省暂行选举条例》（1935年12月23日），陕西省档案馆藏，档案号：A13-16-30。
④ 张玉龙、何友良：《中央苏区政权形态与苏区社会变迁》，中国社会科学出版社，2009，第143~147页。
⑤ 《陕甘宁边区参议会文献汇辑》，第55页。

行三三制了,咱的名字也能上红榜,土地革命时咱可没权"。① 但这也给包括贫农、中农等部分人的观念造成巨大冲击,故选举中必须做好宣传解释。在延安,提候选人名单中,要解释提名单要注意到三三制政策,穷的富的、绅士地主,只要好都能提,不然他们习惯于过去对富有者、地主绅士的歧视(过去他们没选权、被选权),不敢不愿提的。三三制之前,党在选举中有过包办现象,曾广受诟病。1941年选举中,边区政府特意发出指示信,要求确保选举自由,"边区没有贿选、圈定、结党营私那一套,这是可以保证的"。② 在绥德分区,一份有关选举的指示信同样要求候选人由政党与群众团体共同推选,经人民讨论,"要防止少数负责人的把持包办"。③ 在延安,各党派自由竞选,国民党肤施县党部公开出版三四种壁报、张贴通衢,警察予以保护,共产党的印刷厂,替国民党印刷传单。④ 即便发挥党的影响,也采取一种较为隐蔽的方式,如在1941年延安的选举中:"这次提候选名单的确是合乎三三制的原则,而且大多数是党员群众中的积极分子,只有个别是不好的分子,党在这次提候选名人中没有包办、保证现象,多半是群众自己提,而且党所提候选人是通过党员以群众面目来提。其中大多数是群众和一部分富裕者,不全是党员。"⑤ 这表明,三三制原则在选举实际中发生了影响。

陕甘宁边区第二届参议会之后,三三制被深入推广,党组织"包办"的行为在形式上被禁止,但实际上党的影响仍很大。新正县在选举参议员和政府委员时,党在参议员中进行了活动,根据调查了解,在当时区上领导改选时,曾提出意见,即保证原代理乡长、党员秦善贵当选,但若选上非党成员马桂仁也可以。而在开乡参议会时,在议员中要选马桂仁的呼声较广泛,但马桂仁本人不愿当乡长,便大都活动鼓动大家选秦善贵,结果乡长候选人为秦善贵、马桂仁、郭维藩,而秦善贵以绝对多数票通过为

---

① 林伯渠:《陕甘宁边区三三制的选举》(1944年3月25日),延安民主模式研究课题组编《延安民主模式研究资料选编》,西北大学出版社,2004,第122页。
② 陕西省档案馆、陕西省社会科学院编《陕甘宁边区政府文件选编》第3辑,档案出版社,1988,第50页。
③ 《陕甘宁边区政府文件选编》第4辑,第132页。
④ 《陕甘宁边区政府工作报告》(1941年4月),《陕甘宁边区政府文件选编》第3辑,第175页。
⑤ 《延安中区四乡选举工作报告书》(1941年5月9日),陕西省档案馆藏,档案号:2-1-830。

乡长。①

实际上,党对选举放手,不保证党员当选,又带来一些意想不到的后果。如某乡参议会中共产党员原占三分之一,改选时党组织决定不保证党员,只保证两个地主,结果地主没选上,积极而公正的共产党员也被选掉了。事实上,刻意地保证某些阶层的人士,也成为民主的另一种"包办",这引起了民众的不满。在川口区五乡,完全由党保证的乡长候选人,群众不愿选,甚至发出质问:"把他选出来,再压迫咱们怎么办?"后来在党的保证下该候选人勉强当上乡长,"完全军阀习气,耍私情,拿着边区参议员证章欺压老百姓"。在清涧,被保证进入政权的王锡成,早就说有特务嫌疑,却由其配备教育干部,交县政府通过,然后提到县委结果,差不多都是他系统下的特务。② 可见,在当时政治背景下,若不能把握选举的领导权,对候选人进行甄别,中共的基层政权就会受到威胁。

选举中也有一些机械凑数的现象,"对进步分子之物色未加重视,于是凑数就成为相当普遍的现象。左倾情绪也赞成凑数的办法,'三三制'不过摆摆样子,对外好影响……拉几个上层人物凑凑数吧!"③ 在陇东,一些"烟瘾者"被作为党外人士列入了候选人,不少人对此提出质疑。对吸食鸦片的人如何处理,党通过选举法进行了解释:选举法规定除被政府褫夺公民权及精神疾病者外,凡18岁男女公民无任何其他限制,故吸食鸦片者并不在剥夺选举权与被选举权之列。④

即便这样,很多地方的政权仍然无法满足三三制比例的要求,于是在选举后就采取党员辞职,聘任党外人士的办法。1944年边区的一份文件指出:各级参议会、常驻委员会与政府委员会,即边区政权的权力机关,共产党人约束自己只占三分之一,让其他三分之二,属于各阶级、各党派、各民族中赞成抗日与民主的非共产党人士。共产党责成自己的党员选举他们,并宣传群众选举他们,选举结果,遇有共产党人超过三分之一时,大

---

① 《新正县三乡三三制调查材料》(1944年10月),陕西省档案馆藏,档案号:2-1-800。
② 《西北局办公厅关于边区三三制经验的初步研究》,《中共中央西北局文件汇集》(1944年)甲5,第247~248页。
③ 《西北局办公厅关于边区三三制经验的初步研究》,《中共中央西北局文件汇集》(1944年)甲5,第228页。
④ 《陇东分区实行三三制政权的一些经验教训》,《共产党人》第2卷第19期,1941年8月,第68页。

多以辞职办法退至三分之一。① 这样,通过"设计"的方式,实现了"三三制"的比例要求。

(二) 三三制民主下的政权

实行三三制之后,政权的构成发生了很大变化,但一些刻意为之的改变,也带来不少问题。如部分区县为了实现三三制的比例要求,将一些原本不算"进步"的党外人士拉进了政权,或者仅仅是机械地凑足三三制的数字,将一些流氓、地痞甚至特务分子也拉进来。如陇东合水吸收非党×××为政府委员,发生刺杀我党干部事;某县"聘请七个大烟鬼,引起群众不满"。绥德某保同样提了一些坏蛋。② 米脂、葭县的某些乡政权,"由于我们党组织力量过于薄弱,地主豪绅或国民党员乘机占了统治地位。农民们对这种政权深致不满,并向我们的同志发出质问:'是山羊、绵羊之分,还是谷子、莠子之分?'"③

不加区分或刻意地吸收党外人士,也造成了一些教训,边区党委要求以法制的、公开的方式予以处理。在陇东分区,"合水县临时政府委员会杨合林,勾结对方驻南义井之保安队所派出之便衣侦探于他家中,阴谋刺杀我干部未遂。又带便衣队捕去我自卫军班长一人。我们发觉后,向南义井逃跑,途中被我七团捕获,送到县府管押,开临时政府委员会,开除其临时政府委员,我们觉得开除杨合林政府委员并依法给以惩处的办法是对的,但手续方面似应更加慎重,即不仅应在县政府委员会上决定开除其政府委员,而且应召开县参议会驻会委员会,报告和讨论杨合林的问题,同时在审判时应使人民参加旁听,以便使老百姓都知道这一事实的真相,不致发生任何误会才好"。④

涉及政权的另一个问题是政体,即是否继续坚持民主集中制,政权组织实行多元化还是一元化。1941 年二届参议会后,人们对政权的认识有过分歧,有人主张二权论或二权半论,"议行并列"谓两权,加上司法的半独立,则为二权半。有的认为参议会是政府监督机关,本来参议会与政府并

---

① 《陕甘宁边区建设简述》(1944 年),《陕甘宁边区政府文件选编》第 8 辑,第 211 页。
② 中共延安地委统战部、中共中央统战部研究所编《抗日战争时期陕甘宁边区统一战线和三三制》,陕西人民出版社,1989,第 459 页。
③ 《中共中央西北局文件汇集》(1944 年)甲 5,第 221 页。
④ 《陇东分区实行三三制政权的一些经验教训》,《共产党人》第 2 卷第 19 期,1941 年 8 月,第 68 页。

列，议会监督政府，理由是怕政府专权渎职。对此，西北局党委专做解释：我们必须从二元论回归一元论，即从二权并立回到民主集中制，必须承认参议会和政府都是政权机关，都是人民的权力机关，对政府而言，参议会是最高权力机关；而在参议会闭会期间，由参议会选出并对参议会负责的政府，就成为该级政权的最高权力机关。① 这表明，三三制虽然扩大了民主的参与面，但根据地政体的实质，仍然是党领导下的民主集中制，作为人民的权力机关，参议会与政府都在党的领导下，以"民主集中"的方式运作。

一元化的政体，在乡村则多变成"一揽子会"的形式。开会时，参议员、政府委员、村主任、村长都到，支部干事也参加，大家议、大家决、大家分工、大家去做，无分于党员非党员，也无分于议员非议员。"议决哩，一揽子，执行么，也是一揽子，大家动手。这种方式又民主，又集中，合乎三三制的精神。能解决问题，能办好事情。"② 这一形式，也成为保障一元化的"民主集中制"最有效的办法。

（三）三三制中的党内外关系

三三制的一个重要目标是更好地协调党内外关系，发挥党外人士在政权中的作用，避免党的"包办"。谢觉哉说，在三三制之前，"政府是一党包办，使得非党人士不易在社会上表现他的能力和声望；非党人士不敢大胆做选举活动；某些共产党人不敢放手吸引非党人士或不熟悉非党人士。"③ 因此，三三制的政权不只是使党外人士形式性地加入进来，更希望他们能够发挥实质性的作用，或者说，三三制不应该是"彼此迁就""捧场面""当摆设"，而是在公共政策上发挥其作用，"三三制的实质是各种政策——土地问题，租息问题、劳动保护问题、战争时动员人力和物力问题等等。顾到这又顾到那，顾到那阶级又顾到这阶级，顾到那党派又顾到这党派"。④

1945年，在边区劳动英雄和模范工作者大会上，高岗说：参加到三三

---

① 《西北局办公厅关于边区三三制经验的初步研究》，《中共中央西北局文件汇集》（1944年）甲5，第239页。
② 《抗日战争时期陕甘宁边区统一战线和三三制》，第486页。
③ 谢觉哉：《三三制的理论与实际》，《抗日战争时期陕甘宁边区统一战线和三三制》，第446页。
④ 谢觉哉：《三三制的理论与实际》，《抗日战争时期陕甘宁边区统一战线和三三制》，第450页。

制政权中的党外人士,不是摆样子,"坐冷板凳",而是要经常和他们商量办事,倾听他们的意见,共同挑担子。假如有些事他们不赞成,我们还要和他们商量研究;他们对我们的批评,如果对,我们要很好地接受,如果不对,也要耐心解释,不要马上给他们泼冷水。这样,我们的工作就会做得更好。① 1944年的边区高干会上,林伯渠则再三告诫:非党参议员对于政府工作,他们自然有些批评,有些议论,我们在参议会上应该采取欢迎的态度,不应掣肘他,而要启发他,帮助他。在他们中间或者有一个人说了我们负责人的什么话,我们就马上给他来一下,使他再不讲了,一声不响,这有什么意思呢?②

但在实际中,三三制政权中的党内外关系并不总是如愿,部分党员干部也不知道如何与党外人士共事。"如县府张科长(彦儒)到三区工作,觉得三区区长很自大,看不起他。实际是这样的,区长孙长贵同志不善于接近各方人士,表面上不十分热情致成误会。在临时政府委员会中,我党委员与非党委员,亦形同两个不同的集团似的,不能在生活上接近,于感情上联络拉拢。庆阳县政府,我们共产党员的秘书、科长是生活在一起,而把非党的田科长很少有人理睬他,孤单无味。"③

在会议上,党外人士的意见得不到足够的重视,1941年刚开始搞三三制时,有个党外人士卢振藩在会议发言:"我对教育有意见……",话没说完,当即被打断,回去后,他发牢骚:"撑门面,党外人不能说话,一说就驳。"某地参议会常驻会开会,绅士们随便拉话,议长宣布"请大家注意开会秩序"。从此他们像菩萨一样坐着,再不开腔。西北局的报告说:早先发出通知,通知上有写明议程的,有不写明的,对乡下到会的委员,招待客气,态度恭敬。但议程的内容于会前就一般不谈论,或很少谈论。开会时县长做报告,报告后不发表意见,有的临时凑上几点意见,有的说几句门面话,有的就一满不言传。连知名民主人士李鼎铭也一度充满疑问,他慨叹:"唉,参议会时,高岗同志说党外人士有职有权,咱相信的,可是……叫开政务会议,递来一张条子,上面写的会议议程,内容一点不知道,可是主席呀,许多问题,会议上突然提出,赞成不好,反对也不好,事前缺

---

① 《陕甘宁边区政府文件选编》第9辑,第5页。
② 《陕甘宁边区政府文件选编》第8辑,第379页。
③ 《陇东分区实行三三制政权的一些经验教训》,《共产党人》第2卷第19期,1941年8月,第69页。

少个商量,党上啥意见也不知道。"实际上,党内不少干部还是过去一套思想习惯,不会同党外人士共同商讨问题和研究问题,而觉得这是"多费手续"。① 因此在决策上,只希望形式上满足三三制,"党的政策是试探性的,试探得好,坚持下去;不好,就作罢论。以前对党外人士提的不正当意见,不给说服,更不批评,后来,就疏远了,有时躲避开"。如此,制约了三三制在政治实践中的作用。

二届参议会之后,三三制又走向另一个极端,即"只有团结,没有斗争",如参议会召开时,民主人士卢振藩不来,"五次八次去请,跑来要吃洋烟,到处找给他吸了洋烟"。整风运动后,党员干部又有了新的顾虑,"立场"又变得十分敏感,一位党员干部说:"地主提出黄花坬的土地问题,我也赞同归还地主,替地主辩护;教育基金问题,跟着毕某某跑。组织上找我谈了,知道自己不对,但以后不敢同党外人士接近了,去年整风后,更不敢接近他们。"② 甚至于,一些被吸纳参与政权的民主人士受到了整肃,"边区参议会副议长、开明士绅安文钦也被斗了,没收了浮财,并把他'扫地出门'"。③ 此事后因林伯渠等边区领导人的力争,虽得以纠正,但也反映出党外人士在抗日根据地政权地位的脆弱性。

三 三三制民主与传统社会实际

1940 年以来三三制的民主,实际上还是革命的一部分,将其放置在革命冲击与社会变迁这一背景下考量,不能不看到中国的乡村社会具有"巨大弹性结构",④ 不可能在短短几年内发生根本性变化。尽管革命在短期对其造成冲击,但这种冲击只是对社会结构浅层次上的作用,只是传统社会结构对革命的一种适应。三三制的民主变革也是如此,在考察这一新型民主形式之时,必须要考虑作为基础的传统乡村社会实际。

(一) 民主与乡村权力结构

在抗战时期的根据地,尽管新型的民主制伴随着激烈的革命输入乡村,

---

① 冯治国:《三三制团结党外人士的经验》,《共产党人》第 2 卷第 17 期,1941 年 4 月,第 24 页。
② 《西北局办公厅关于三三制经验的初步研究》,《中共中央西北局文件汇集》(1944 年) 甲 5,第 249 页。
③ 《习仲勋文集》,中央文献出版社,2014,第 1059 页。
④ 参见万振凡《弹性结构与传统乡村社会变迁》,经济日报出版社,2008。

但乡村原有的社会权力结构并未应声溃败，它仍以多种多样的形式存在着，一旦假以时机，就以各种面目表现出来，从而与现代民主制形成弹性的拉锯状态。三三制的推行，某种意义也是促进新型的民主制度与传统社会权力结构的更好融合。

传统中国被描述为一个"乡土社会"，其中存在着以士绅为主体的"绅权"，乡土社会的政治是"无为政治"，作为国家象征的"皇权"并不直接侵扰民间生活，维持社会秩序的是乡民的自治组织。乡绅制度具有经济和政治的双重意义，经济上他们占有土地，政治上他们以"绅权"而与"皇权"相并立，[1] 故作为精英和权威的"乡绅"构成了传统社会权力格局的核心。乡绅的文化背景主要是儒家思想，其核心观念为人情，以"差序格局"的思考方式来实践"五伦"，故传统乡村社会关系奉行"人情法则"，依照差序格局中关系远近获得相对应的利益。

在晋察冀，家长、族长等乡村中的传统权威仍然有很大的影响，民众在选举中习惯于选他们，以至于地方党组织不得不反复宣传解释，"使民众打破依赖家长、闾邻长，推委家长、闾邻长的观念，以公民的资格发挥自己的主张，担当自己的任务，争取自己的权利"。[2] 个别地区党组织思想上重视不够，把村选当作差事，放弃领导，放任自流。任家庄既未宣传，也不准备，就开会改选，群众莫名其妙；结果敌伪政权下的旧村副、闾长，又当了主任代表，及村政权中其他职务，人员原封不动，群众讽刺地说："新庙里仍然坐的是旧神神，可灰了。"[3] 虽然有意见，但参议会对社会各阶层的代表性，无疑扩大了。

在中国传统社会中，乡绅、贤达协商议事、共同治理，是久已有之的方式，而在三三制下，现代民主与文化传统进行了较好的结合，虽然它未必符合纯粹意义上的民主，也不完全符合传统的"乡治"文化，却将传统与现代、贤达与平民有机地整合在一套制度中，体现了探索期民主的一种思路。

(二) 民主与传统社会文化

在根据地这样一个社会变迁较慢、传统文化更浓厚的环境下，现代民

---

[1] 赵旭东：《法律与文化》，北京大学出版社，2011，第159~160页。
[2] 《晋察冀抗日根据地》史料丛书编审委员会、中央档案馆编《晋察冀抗日根据地》第1册（文献选编上），中共党史资料出版社，1989，第221~222页。
[3] 《抗战日报》1945年7月21日，孙晓忠、高明编《延安乡村建设资料》，上海大学出版社，2013，第192页。

主制度的推进需要照顾到传统人情、礼俗。在乡村社会,"面子"是很重要的一个问题,很受重视的一种声誉,是在人生历程中步步高升,借由成功和夸耀而获得的名声,也是借着个人努力或刻意经营而累积起来的声誉。要获得这种肯定,不论在任何时候自我都必须仰赖外在环境。[1] 这说明,中国社会文化中的面子,一方面需要自身一定的社会地位,另一方面也需要依赖外在的环境。有学者就敏锐地意识到根据地民主中"面子"的因素,三三制下的"民主商量",实际是一种基于古老民俗传统的风尚,虽然实践中发言的声音有大有小,道理有对有错,但这种议事的形式,却让大多数人感到有面子,心里舒坦。[2]

实际上,三三制实施中,尤其是在涉及士绅、党外民主人士等时,党的文件特别强调要考虑"面子","党外人士尤其是中间人士特别爱惜自己的面子,因此,除坏人外,一般要避免当面批评和当场批评,而多用个别谈话方式,婉转说理的方式,并出以诚恳帮助的态度"。[3] 冯治国在谈及团结党外人士的经验时,亦提出:"要尊重他们的人格,并顾及他们现在的政治水平,一般党外人士是爱好面子,崇尚客套的,所有我们不可拿党内的作法去对付他们,尤其'斗他一斗'的办法,是来不得的。"[4] 这是因为,传统乡村是一个熟人社会,维系至少是表面上的关系和谐十分重要,"怕惹人"的心理,使得选举中的竞争或参议会中的公开评议很难开展。

推行三三制要顾及人情、礼俗,并不仅仅是陕甘宁或晋察冀边区的特例,而是具有传统中国社会文化普遍性特征,特别是在山区、乡村等现代化转型远未展开的区域,这样的思想文化更为普遍,这也成为现代民主顺利推行的一个窒碍。

四 放手与"包办"中的民主悖论

民主是一种现代政治形式,它体现人民在国家的主体地位,政党是在

---

[1] Hu Hsien-Chin, "The Chinese Concepts of 'Face'," *American Anthropologist* 46 (1944): 45–64.
[2] 张鸣:《乡村社会权力与文化结构的变迁》,陕西人民出版社,2013,第171页。
[3] 《西北局办公厅关于边区三三制经验的初步研究》,《中共中央西北局文件汇集》(1944年)甲5,第258页。
[4] 冯治国:《三三制团结党外人士的经验》,《共产党人》第2卷第17期,1941年4月,第24页。

民主政治中形成、发展的。近代中国,却是先有革命的政党,然后再领导民众走向民主,抗战时期根据地的民主尤其如此。对"放手民主"由政党,谢觉哉也不禁疑惑:人民做主,民主不是从理论来的,是从人民的生活需要中生芽成长的。一切决定于人们——人民是主,主认为对才是对的。① 而"放手民主",不是从人民方面说起,而是从发动人民方面说起,像民主握在某些人手里,从这些人手里放出来的所谓"放手民主"。② 在三三制的实践中,放手与包办一直是民主中的悖论。

延安时期三三制实行之初,中共确实希望能在民主中放手,从而调动各阶层参与政权的积极性,团结更多的社会力量。但在社会实际中,又出现种种问题,难以符合党的预期。地主、士绅的传统权威仍有留存,在选举中,农民们对地主、士绅还多少保留着传统的胆怯心理,有些农民"望见财东向自己走来,手里东西不自主地往下落"。因此,贫苦农民迫切要求党的支持:"你们不作主,咱们啥也不敢言传了。"在参议会上,地主、士绅出于利益考虑,在很多政策中提出倾向性的意见,如果牵涉自己的利益时,即会有不同意见。如某县副议长田玉亭,是一个绅士,又是地主,平常一般表现不坏,在其他问题上,他可以说些公道话,当政府指出三年长收租子一齐退,他的意见要三年长收的租子三年退。在他的意见未通过时,他就不满。③ 民主人士的这些观念,也表现在政策、法令的制定中。如1942年的《陕甘宁边区土地租佃条例草案》,李维汉代表西北局就条例的指导思想、内容做了解释说明后,李鼎铭在讨论中认为佃权条文对出租人限制过苛,过分损害地主、富农等出租人的权益,与会多数人不接受他的意见,李鼎铭仍然坚持己见,在会议通过条例草案要发表时,李鼎铭副主席拒绝签发。后来,西北局书记高岗亲自到李鼎铭家中,再次与他对话、沟通,最后按照其意见做了让步,修改了对出租人限制过苛的条款,使减租减息和交租交息双方有了相对平等的法律地位。修改后,李鼎铭才最终签发了这个文件。④ 这些事例又说明,在"放手"的民主中,某些党的意志不容易充分发挥,反复的协商也增加了决策的难度,这也增加了部分党员干部的疑虑。谢觉哉分析说,我们潜意识里还存在着抵抗民主的某些渣滓。选举

---

① 《谢觉哉日记》,人民出版社,1984,第879页。
② 《谢觉哉日记》,第931页。
③ 《抗日战争时期陕甘宁边区统一战线和三三制》,第508页。
④ 李维汉:《回忆与研究》,第404页。

之初，有些干部怕民主，怕放手，说："太民主了，给人民惯下了病，给自己找下麻烦"；"有啥说啥，问题提得多了，解决不了怎办？"① 这些观念，也成为现代民主发展的窒碍。

党的领导一元化与"放手"的三三制民主如何协调，也是受到关注的问题。在当时国民党党权过大的政治背景下，"一党独裁"受到诸多负面评价。在根据地，党的一元化领导也受到某种质疑，如1943年，《解放日报》读者赖其正来信说，共产党的领导一元化和"一党专政"有什么不同？该报编辑部公开回信答复：共产党的领导一元化，是为着使各抗日根据地共产党的领导更加统一，使党政军民系统中的共产党员干部能够更严格地服从党的纪律，执行党的决定。三三制是共产党的政策，党的领导一元化，是为了保证党的各项政策的贯彻，当然也是为了保证三三制政策的贯彻。因此，共产党实行党的领导一元化，不但不会妨碍三三制的实行，反而保证三三制政策能够更好地实行。② 也就是说，一元化领导是指党内而言，在政权中，是要实行民主的三三制，党的领导一元化，是为了更好地实现三三制政策。

尽管如此，在三三制的民主实践中，中共的"放手"与"包办"仍充满张力，有时表面的"包办"似乎更能实现预期的民主，特别是在现代民主文化完全没有建立的区域。如在选举中，边区派出了大量的选举工作团，他们发挥组织、领导选举的作用。在绥德，选举工作团发动婆姨提案，婆姨们想不起来，不知提什么好，后来工作团的同志对他们说：这里的河湾上修一个桥好吗？婆姨们听了兴奋极了，因他们都是小脚，深深地感觉到过河的不便，如河湾上修起桥来，就解决了她们的一件切身痛苦，所以她们都是兴奋的。③ 管中窥豹，通过民主这一形式，确实也解决了不少百姓生活中面临的问题，这也反映出这一时期政治民主更多的实质面向。

这里，实际已经触及党的领导与人民民主之关系这一根本性问题。首先，"领导"应是什么？是全面的指导、操办吗？当时有人认为，"在三三制的政权机关中建立党团是必要的，但应该注意正确的运用它，党团只讨论带原则性或重要性的问题，切忌政府与民意机关的一切日常工作都由党

---

① 《谢觉哉日记》，第981页。
② 《解放日报》1943年5月14日，第2版。
③ 《一九四一年陕甘宁边区乡选总结》，陕西省档案馆藏，档案号：A7-2-6。

团来决定或代替"。① 谢觉哉提出,"领导是带路的意思",党的主张合乎各个阶级的利益,他知道跟着党来有好处。党员很积极,有信义,站在一切政治斗争的前头,他知道跟着我们党员走不会吃亏。② 确实,党的领导是应着眼于引领民主的方向性问题,而不是具体事务的包办,特别是在根据地这些现代化进程尚未展开的区域,推进现代民主制度,需要有领导力量,这是克服传统社会权力和文化结构有碍民主力量的重要方式,同时也是对普通民众进行"民主训练"③ 的必要过程。

同时,在三三制民主政治中处理党与人民的关系,更重要的是党是否能真正代表大多数民众,并有效实现各阶层不同利益冲突的协调。施政欲谋求大多数民众利益,并非易事,"无论何种善政,其利之所薄,亦不过及于国民一部分而已"。④ 三三制属于一种战时的"设计民主",若中共通过三三制能真正代表根据地的大多数民众,整合社会各阶层,切实地解决社会问题,仍然不失为是一种较优的民主形式。从实际看,在三三制真正得以推行的时期,也是较好实现上述目标的时期。

五 结语

近代中国的民主道路可谓命途多舛,如何实现现代民主,也是仁智互见。无论如何,数千年中华文化传统与权力结构代代沿袭是中国固有的社会基础,它是建设现代民主不能忽略的基础要素。抗战时期中共领导下的根据地,大多处在现代化进程尚未展开的地区,留存更多的是中国固有的社会文化传统,不仅乡村农民有与现代民主不相适应的思想因素,即便是党员干部,同样残存了不少非民主的观念。因此,这一时期三三制民主的尝试,虽然不乏政治现实的考量,但从中可以发现传统中国民主转型的艰难,同时也在探索中积累了宝贵的经验。

---

① 《陇东分区实行三三制政权的一些经验教训》,《共产党人》第 2 卷第 19 期,1941 年 8 月,第 71 页。
② 谢觉哉:《三三制的理论与实际》,《抗日战争时期陕甘宁边区统一战线和三三制》,第 448 页。
③ 这实际上又类同于孙中山等提出的"训政"思路,即在民众的现代民主、宪政意识还未成熟时,由政党及精英分子对之加以"训导"、教育,最终过渡到真正的民主宪政。参见郑大华《国民党训政制度对孙中山训政理论的继承与背离》,《史学月刊》2004 年第 8 期。
④ 梁启超:《梁启超论宪法》,商务印书馆,2013,第 7 页。

回顾历史真实，不难发现，抗战时期的三三制尽管只是一种有目标的"设计民主"，但其实际运作过程，以及社会效果，复杂性远远超过民主之理论预设。抗战时期根据地的三三制实践中，传统社会文化与现代民主制度、"放手"与"包办"之间，民主之形式与实质之间，存在着种种张力。然而，经过共产党人不断地探索，延安时期的三三制民主实现了较好的协调与平衡。在真正引领政治民主的方向，谋求社会最大多数人利益等前提下，民主的放手与"包办"未必是完全对立的关系，同时党的领导与人民民主也能达到较好的协调，并促进社会的发展进步，实现人民的福祉，这也成为中国民主道路不容忽视的历史经验。

（作者单位：陕西省社会科学院）

·中外法律互动·

中国与一战：北京政府划定行军区域的相关国际法问题

侯中军

摘 要 为应对日本攻占青岛之军事行动，北京政府经多方筹议，仿日俄战争先例，向外宣告了行军区域。中国此举完全符合国际公法，具有合法性和必要性。日军无视中国的中立布告和其自身对行军区域界线的承诺，强行占领胶济铁路，侵扰地方、杀害人民，置国际法和国际条约于不顾。胶济铁路不是德国国家所有，而是归中德两国合办的铁路公司所有，不能被视为敌产。日军在行军区域内种种非法行为，也严重侵犯了中国主权。

关键词 局外中立 国际法 青岛 第一次世界大战 行军区域

学界对日本借一战之机侵占山东及胶济铁路的野心已经有比较充分的研究，对中国的外交应对及日本的步步紧逼都有较为系统的梳理。中国划定行军区域是这一时期为维护自身中立及应对日本侵略而确立的法律步骤之一，学界以往对此的关注还不够。日本登陆龙口后，超越中国划定之行军区域，侵占胶济铁路；在行军区域内发生种种违法行为。在从外交史角度论述日本这些侵略活动的同时，如果增加国际法层面的相关思考，可以更为全面了解此一时期中国外交的丰富面相。[①]

一 日军登陆龙口及北京政府划定行军区域

一战爆发后，中国本希望交战各国不要将战火波及远东，并曾为此做

[①] 刘培华教授曾就中国局部中立进行过国际法方面的探讨，尤其是关于胶济铁路的产权和管理保护问题方面的研究已经比较深入。参见刘培华《日英德胶澳之战与中国"局部中立"》，程道德主编《近代中国外交与国际法》（现代出版社，1993），第166—174页。

过外交努力，但随着英、日相继加入战争，中国的希望已不可能实现。北京政府宣布中立后，如何应对即将发生的英日会攻青岛战事，成为首先要面对的问题。

1915年8月23日，日本对德发出的最后通牒时限已到，德国并未做出回应，日本即日对德宣战。日本宣战诏书称："当此之时，德国行动至使朕之同盟国大不列颠国不得已而开战端，在其租借地胶州湾，亦日夜修战备，其舰艇出没于东亚之海洋，帝国及与国之通商贸易致受威压"，"朕之政府与大不列颠国皇帝陛下之政府，遂行互相无隔意之协议，两国政府业已一致，为防护同盟协约所预期之全般利益，决执行必要之措置"。① 日本以英日同盟名义，正式对德宣战。

日军在未事先通知中国政府的情形下，在龙口登陆，随后向青岛推进，同时向中国提出交涉，要求将黄河以南划为中立区域。日本的行为侵犯了作为中立国的中国的领土，违犯了国际公法。日本登陆龙口后，袁世凯急忙在总统府召集会议，商讨对策。伍朝枢、金邦平和顾维钧三位懂国际法的国务院参事亦被邀与会。顾维钧发言认为，日军在龙口登陆是公然违犯国际法的行为，"根据国际法，交战国双方应尊重中国的中立"，并建议中国应该采取措施抵御日本的侵略。伍朝枢也建议中国应该以武力保卫自身的中立。但是，陆军总长段祺瑞却表示中国只能抵抗48个小时。在此种情形下，袁世凯承认中国为尽到中立国的义务应该采取行动，但中国毫无准备，不可能采取具体军事行动。袁世凯重提日俄战争故事，提议划出一条走廊，日本通过走廊进攻青岛，中国在走廊区以外保持中立。② 此会议确定了中国应对日军登陆的方针，以后的交涉基本围绕中立区域的范围进行。

当日本驻华公使日置益于25日将日本政府的行军区域要求告知北京政府外交省时，外交部答以"黄河以南，几包山东全省，一有此议，必致中外惊疑"，拒绝了日本如此宽泛的行军区域要求。北京政府建议"行军路线宜限在潍县以东平度一带离华军较远地点"，"胶济路由中国尽力保全"。③

28日，外交部向日方提议，中立区域西界自潍河口起，沿潍河南行，经过潍河、汶河合流点，至潍河东端高家庄为限；东界北自海庙口起，"南经掖县县城下齐浦平度州至环界颂白河折东经过古县蒋家庄夏家店金

---

① 王芸生编著《六十年来中国与日本》第6卷，三联书店，2005，第45页。
② 《顾维钧回忆录》第1册，中国社会科学院近代史研究所译，中华书局，1983，第121页。
③ 王芸生编著《六十年来中国与日本》第6卷，第46页。

家……之线以西为限"。①

8月31日,外交部照会协约国成员英、俄、法、日四国,强调中国在胶澳地区仍维持中立,对于四国即将与德国在胶澳地区开展的战争行为,"将来无论两国胜负如何,所有在该处中国之官商人民财产,各交战国均不得因战事之故,而损害其固有之权"。②

日本同时向北京政府试探其对于日军登陆的态度,并要求撤退胶济铁路中国军队。北京政府指出,"交战国由中立地登岸,本系违犯中立",中国"自当抗议,但不能有抵拒之举"。即使对于形式上的抗议,日本亦表示不满,要求中国政府不能抗议。北京政府指出:"若无形式抗议,将来德国要求赔偿,其将何词以对?且为中立国体面计,万不可少。"③ 双方在是否发表抗议问题上磋商数日未果。无奈之下,北京政府再做让步,表示将采取消极声明的方式,即不明确发表抗议声明,而是指出日本违反中立系出于行军需要,如别国效仿日本而产生其他问题,应由日本政府负责。对于这种消极声明的方式,外交部认为中国已经"曲意通融,已至极点"。对于胶济铁路,"由我保护区域,宜于潍河以东,自潍至青路线,日人可任便布置,自潍至济当由我军"。④ 9月1日,陆宗舆将中国方面的让步各点通知日本,日本表面表示满意。双方就中国划定行军区域事终于达成协议。

为进一步强化山东的中立,9月1日,外交部特派专员高逸前往山东,襄办中立事宜,并于次日再派高密县知事王达会同高逸办理中立事宜。9月3日,外交部再电山东地方,要求将潍县以东胶济铁路沿线之德国人迁往潍县以西,以便中国加以保护;坊子黉山各矿,不要派兵维护。⑤

面对日本即将发动的军事进攻,德国开始向中国施加外交压力,要求中国履行中立义务,抗议日本破坏中国中立地位,颜惠庆亦提出"在我是否亦应虚张声势,以副禁阻之实?"⑥ 9月3日,德国驻华代办马尔参会晤外交总长孙宝琦,要求中国驱逐日本驻北京公使,并告知对付日本违反中国中立的办法。孙宝琦将中国划出行军区域的原委相告,并希望德国能理解

---

① 王芸生编著《六十年来中国与日本》第6卷,第47页。
② 《发英、俄、法、日本照会》(1914年8月1日),中研院近代史研究所编印《中日关系史料——欧战与山东问题》(下称《欧战与山东问题》)(上),1974,第114页。
③ 王芸生编著《六十年来中国与日本》第6卷,第47~48页。
④ 王芸生编著《六十年来中国与日本》第6卷,第48页。
⑤ 《发山东将军、巡按使电》(1914年9月3日),《欧战与山东问题》(上),第126页。
⑥ 《收驻德颜公使(惠庆)电》(1914年9月1日),《欧战与山东问题》(上),第119页。

中国已经尽力在维护中立义务。

此时中国划定行军区域之事已经确定。9 月 3 日，北京政府援引 1904 年日俄战争先例，照会各国公使："不得不声明在龙口莱州及接连胶州湾附近各地方，确实为各交战国军队必须行用至少之地点，本政府不负完全中立之责任。此外各处仍悉照业经公布之中立条规完全施行。"正式划定行军区域。第二日，外交部致电各省，解释政府不得已采取局外中立之苦衷，"我既不能实行禁止双方侵害中立之举，惟有划出交战最小区域，不使蔓延，借轻祸害，此不得已之政府办法"，① 并于同日将致英、俄、法、日四国照会转发各省，要求各省转达各级地方官员，一体遵照。德国方面在外交途径交涉无果，中国正式宣布局外中立后，向中国提出抗议。

从单纯国际法的角度考虑，中国划定行军区域之举有何利弊，北京政府内部曾有详细的讨论。中国保和会准备会曾就此事前后经过及若干问题列置专案，前后共列出 14 个问题。前 5 个问题是中国划定行军区域的必要性及合法性。

第 1 项，中国有无必要划出行军区域。研究认为，至少有两个理由支持中国划出行军区域：(1)"若不划出行军区域，便当以武力抵抗之英日，果尔，则胶澳能否保全尚不可知。而中国先受战祸。中国唯恐战祸波及，又自度不能以武力抵抗联军，故为限制行军用兵之区线起见，不得不有此举"；(2)"当时日本致德国通牒，以胶州湾交还支那国家之目的为词，在日本既自号仗义执言，在中国更应审慎应付。设日军登岸，竟以武力抵抗，则恐日本将诬我联德拒日，战祸益复蔓延，是以此举实属不容少缓者也"。②

第 2 项，中国划出行军区域的先例和法理。此次划出行军区域，近因在于德、英、日三国在中国的军事行动，远因则在于胶澳租借地的存在。德国在胶澳地方缉拿敌方商船，已经破坏中立在先，中国虽应英日要求，进行抗议，但并无效果。日本派军前来，中国无辞应对。面对此种两难情形，中国只得划出行军区域，做权宜之计。从法理而言，无先例可循。日俄战争时，与此次情形有相同之处，故我国在宣布行军区域通告时，声明参照。

第 3 项，此次划定行军区域与日俄战争时的情形相比较，大同小异。(1) 德、俄都曾有违反条约之举。《胶澳租界条约》并未允许德国将其作为

---

① 《发各省将军、巡按使电》(1914 年 9 月 4 日)，《欧战与山东问题》(上)，第 136 页。
② 中国第二历史档案馆编《中华民国史档案资料汇编》第 3 辑"外交"，江苏古籍出版社，1991，第 385 页。

作战根据地,而德国在租借地整军备战,是违背条约之举;当年俄国长期占据东三省,不肯如期撤退,亦属违约。(2)划定行军区域对于交战各国无歧视,原则是相同的。此次所划定行军区域,是为"双方交战国利用,并非中国不予德国防守之地";日俄战争时,俄军占据了东三省,中国所划区域是以俄军占据的地点为限。

第4项,日俄战争时中国划定行军区域得到了日俄双方的承认。

第5项,此次划定行军区域,无须事前向各国洽商;致有关国家划定行军区域的照会"乃属事后之通知,并非请求追认",中国划定行军区域"无得双方交战国同意之必要"。①

上述5个方面解释了中国划定行军区域的必要性及合法性。

在中国划定行军区域后,德国曾三次照会中国,声明中国所划行军区域系允许日本进攻青岛的证据之一,意在责难中国违背局外中立之本意。如何从法理和事实层面予以反驳,关系到中国对中立行为的维护。

中国曾于9月3日照会各国,将中国划定作战区域之善意及苦衷通告作战双方,在德国尚未收到中国此照会前,德国马尔参代办亲自到北京政府外交部,面交德国照会,反对日本从中立地区运兵进攻胶州租借地。9月3日照会的初衷在于,由于中国国家和地方政府屡次抗议日英军队经过中国领土,不得不划出最低限度的中立区域,以保全中立大局。

9月4日,德国驻华使馆再次发来照会,不承认中国所划出的行军区域,并列举出两个理由:(1)"龙口、莱州及接连胶州湾附近各地方数字,甚为含混不清,与日俄战争时辽西界限确定划出情形不同";(2)"此项界限于日英联军破坏中立后,始行划出,显使联军易于经过中立地,进兵攻击胶州,使德国受害"。针对德方所提第一点理由,中国指出,此次划定界限不如日俄战争时清晰,是因为上次战争时存在辽河这一天然界限,而此次并不存在天然界线,只能如此划分,并非中国有意含混。日军一旦越过潍县以西,中国便发出严重抗议,以潍县为界并非含混不清。关于德方所提第二点理由亦不成立,划出行军区域是在日本军队登岸而经中国屡次抗议无效后做出的,日军登岸已经破坏中国的中立,为维护中立大局,中国不得已划出。如果日军尚未登岸,中国就划出区域,等待日军来破坏中立,则从逻辑上讲不通。

---

① 《中国保和会准备会关于德日英青岛战役中国划出行军区域案稿》(1914年),《中华民国外交史资料汇编》第3辑"外交",第385~386页。

中国与一战：北京政府划定行军区域的相关国际法问题

二 日军侵占胶济铁路的国际法分析

依据中日两国达成的协议，潍县至济南段胶济铁路由中国保护，日军不过潍县以西。日本无视刚刚达成的协议，于1914年9月26日派遣日军400余人侵占潍县车站，在此过程中"拘捕小工10余人，戳伤华人1名，掳去德人4名"，引起地方震动。① 外交部即日正式照会日置益，抗议日本侵占之举乃有意破坏中立，"查胶澳在东，潍县在西，非行军必须之路，前经声明潍县不在行军区域之内，已经贵政府同意"。② 27日，外交部再次照会日置益，提出日军进驻潍县以西，违反了先前两国业已达成的协议：中国曾声明，潍县至济南铁路由中国加以保护，日军不过潍县以西，并经日本驻华公使转达日本政府。潍县车站系归中国保护，并无德国驻军，胶济铁路亦系中德公司所有，并非德国政府财产。日本侵占潍县车站，"显与声明不符，实属侵犯中国中立"，"迅即电令将此项军队撤退，并交还车站，嗣后不可再有此等举动，以重国信而维中立"。③

同日，德国领事向外交部山东特派员罗昌提出交涉，认为日军侵犯了中国中立，"今潍县非行军区域，而日本军队竟占据，敝国在黉山、博山之人民财产，甚为危险"。罗昌致电外交部，请决定处理办法。接山东地方电后，外交部亦同时照会英国驻华公使朱尔典。

28日，日本向华提出交涉，要求占领胶济铁路全线及附属地。日本驻华公使日置益向孙宝琦提出：德国铺设胶济铁路之合同，系作为1898年中德《胶澳租界条约》的附约而提出，应当将胶济铁路视为胶澳租借地的一部分；德国在宣战前后，经胶济铁路运输军队及粮饷，无视中国中立规定。鉴于上述理由，日本"此次攻击胶州，因军事之必要，势不得不占领该铁路全线以自卫"。日置益还提出，日本占领胶济铁路将一直持续到战争结束，这期间，铁路归日本军队保护、经营，要求中国军队"于日本军队到后，即行交付，不得故与为难"。孙宝琦请日置益不要忘记：划定行军区域之初，日本要求以黄河为界，后经中国抗议，改为以潍县为界，并声明日

---

① 王芸生编著《六十年来中国与日本》第6卷，第52页。
② 《东方杂志》第11卷第5号，1914年。
③ 《外交部致日本日置益公使照会》（1914年9月27日），章伯锋、李宗一主编《北洋军阀》（二），武汉出版社，1990，第705页。

本军队不得至潍县以西,业经日本同意;胶济铁路公司为中、德合资公司,虽然青岛总公司被日军包围,各车站即使放弃其职务,亦应当由中国保护经营;胶济铁路沿途并无德军,日本行军必要地点均在潍县以东,潍县以西为中立地段,日本不具备任何侵占的理由。日置益虽承认当初日本曾表示不过潍县以西,但并未提及是否占据胶济铁路全线,而胶济铁路公司实权在德国人手中,中国仅有少量股票,不算中德合办。孙宝琦驳斥道:胶济铁路沿线由中国派遣军人守卫,并非德国国家所有,而是私产。对于私产之说,日置益虽表示认同,但提出德国在胶州一切经营费用,均有赖于该铁路公司接济,与国家所有无异,与其他私产不同,非占领不可。孙宝琦对日置益强调,日方所提要求,中国绝对不能承认。①

对于日军侵占潍县之举,外交部亦向英国提出抗议。顾维钧通知朱尔典,中国政府对日本侵占潍县行为"殊深诧异",朱尔典则称英国以为潍县在特别划定区域之内。顾维钧一方面强调日军事先已经承认不至潍县以西;一方面强调胶济铁路公司系私人财产,由中国军队保护。朱尔典对日本的侵占举动予以辩护,称日本举动系进攻青岛之军事需要,并强调"此次日本用兵,已声明为交还青岛与中国起见,勿可授以口实,使其改变初心也"。②

美国驻华代理公使马克谟于 29 日会晤外交总长孙宝琦,询问日本侵占潍县并要求管理胶济铁路事。马克谟认为日本所提管理胶济铁路是"至为重要之事",并询问日本是否已经明文要求接管铁路,是否亦要求接管德国在山东全省的矿产。孙宝琦称并未明文要求,矿产亦未提及。③

对于日置益所谈内容,外交部于 29 日致电驻日公使陆宗舆,要其向日本外务部提出抗议,并直接向大隈重信外相提出质问,要求日本将军队迅速撤回。30 日,外交部再电陆宗舆,表明中国政府认为日本所作所为是"违反协商,侵犯中立,破坏公法",除口头向日本外务省抗议外,应再正式行文抗议。④ 外交部同日正式照会日本驻华公使日置益,除抗议日本违反中立外,声明不承认日本所提各项要求和理由,胶济铁路"不惟是商人产业,且系中国商人有份之产业","夫交战国官产,在中立国领土,其他交

---

① 《孙总长会晤日置公使问答》(1914 年 9 月 28 日),《北洋军阀》(二),第 705~708 页。
② 《参事顾维钧赴英馆晤朱使问答》(1914 年 9 月 28 日),《北洋军阀》(二),第 708~711 页。
③ 《总长孙宝琦接见美馆马代使暨丁家立参赞问答》(1914 年 9 月 29 日),《北洋军阀》(二),第 711~712 页。
④ 《外交部致驻日公使陆宗舆电》(1914 年 9 月 30 日),《北洋军阀》(二),第 712~713 页。

战国尚且不能侵犯,何况此中、德商人合办之产业,贵国又安得占据乎?"①

日军罔顾先前的对华承诺,亦无视胶济铁路的法人性质,下定决心予以侵占。10月3日,日军潍县占领军照会山东交涉员高逸,声称奉命接管山东德人所有之铁路,将从潍县沿胶济铁路西进,并声称中国军队截至当日下午4点,无论是否答复,日本军队均保留自由行动的权利。此照会无异于最后通牒。无奈之下,中国军队撤离潍县车站,日军则乘火车直驱济南。② 日军继续沿路西侵的同时,陆宗舆致电外交部,希望通过日本内阁元老劝告外务省勿侵占胶济铁路,不要与日军发生冲突。此种愿望极不现实。③

3日,北京政府派员赴德国驻华公使馆,向德国协商收回胶济铁路。中国政府提出两点理由:一是日本借口铁路为德国所管理,日本因而可占据;二是如果日军肆意占领全路,中国中立会进一步受到破坏,德国铁路人员亦将遭受迫害。如果德国铁路公司将铁路交还中国管理,中国可与日本交涉,对于各方均属有利。德国方面立刻予以赞同,马尔参认为"胶济铁路公司本系中、德合办,今承贵部总长提议交还中国管理,以免日人借词侵占,用意甚善,本代办甚赞同",建议速派员接洽。④

获得德国方面同意将铁路交还中国管理的消息后,外交部密电驻日公使陆宗舆,指出"日人注意在减弱德国在东方商务根据地,今德人既允让出此路,交我接管,候战后解决,在日本可以不必烦兵力,碍我中立,免彼此生出许多误会恶感",如果日军非要强硬占领,难保德国不将站房、车辆、桥路毁坏,非中国所能拦阻,即使把路收回,亦属无用。外交部要陆宗舆以此向日本方面交涉。⑤ 然日本方面表示"由德人交中国接管手续,根本不能承认,实无再商余地"。⑥

日本既已派军沿路西进,决不会坐视中德之间交接铁路。10月4日,日本公使馆将收押胶济铁路节略送达北京政府,宣告日军对铁路的处理办法及目的:(1)押收山东铁路之目的,在收其全线及附属设备之管理、经

---

① 《外交部致日本日置公使照会》(1914年9月30日),《北洋军阀》(二),第713~714页。
② 《高逸委员致外交部电》(1914年10月3日),《北洋军阀》(二),第716~717页。
③ 《驻日公使陆宗舆电》(1914年10月3日),《北洋军阀》(二),第717页。
④ 《金事程遵尧奉派赴德馆晤马代办问答》(1914年10月3日),《北洋军阀》(二),第717~718页。
⑤ 《外交部致驻日公使陆宗舆电》(1914年10月4日),《北洋军阀》(二),第718页。
⑥ 《驻日公使陆宗舆电》(1914年10月5日),《北洋军阀》(二),第719页。

营；(2) 日军至潍县以西，目的在于警备铁路沿线及转运军火，并配置少数兵力驻于车站；(3) 现在胶济铁路所用之中国人，继续留用。① 10月6日，日军先头接管铁路人员30人进驻济南车站，德国方面不得已将车站交出。山东地方仅要求日军不得涉及路外之事。至此，日军全面接管了胶济铁路全线。② 在回答美国公使芮恩施询问时，外交总长表示，虽经中国政府再四抗议，终无效果，日本坚持占据铁路，并派兵沿铁路沿线驻扎，中国政府为免起争端，只有默允。③ 10月7日，外交部将抗议照会送达日置益，"日军已实行以兵力占有在中国中立地域内之胶济路线，本国政府不能承认"。④

自日本侵占潍县车站后，即向中国强行提出占据胶济铁路全线，其理由一是胶济铁路为德国所掌控，为青岛德军提供援助；二是占领潍县为进攻青岛所必需。中国方面在指责日方违反最初达成的限制行军区域协议的同时，强调胶济铁路系中、德合办之产业，不能视为德产而予以侵占。这里所牵涉的国际法问题是指胶济铁路所属及其性质，关键在于如何理解1900年的《胶济铁路章程》。

1900年3月21日，依据曹州教案条约规定，袁世凯、荫昌代表清政府与德国订立《胶济铁路章程》，开设胶济铁路公司。章程第一款载明："设立华商、德商胶济铁路公司，召集华人、德人各股份，先由德人暂时经理"，明确该公司系商人所有。章程还规定："此段铁路，将来中国国家可以收回，其如何购买之处，应俟将来再议"，"凡铁路在德国租界以外者，其原旧地主大权，仍操之于山东巡抚；在租界内者，权归德抚"。⑤ 虽然华商资本在总资本中可能占有非常少的比例，但就国际法而言，章程既已明文载明公司由华、德两国商人合办，公司当为跨国公司。公司设立地既然在中国境内，便要遵守中国的相关法规，尤其是相关路矿章程。《胶济铁路章程》所规定的是公司在建造铁路以及经营铁路过程中必须遵守的条规，这些条规是私法上之契约性质。以上种种，均证明公司的私法人性质。

日本政府无视胶济铁路公司所具有的这种法人性质，而强指其为德国

---

① 《日本公使馆节略》(1914年10月4日)，《北洋军阀》(二)，第718~719页。
② 《山东将军靳云鹏巡按使蔡儒楷电》(1914年10月6日)，《北洋军阀》(二)，第719页。
③ 《总长会晤美公使芮恩施问答》(1914年10月7日)，《北洋军阀》(二)，第719~721页。
④ 《外交部致日本日置公使照会》(1914年10月7日)，《北洋军阀》(二)，第721页。
⑤ 王铁崖编《中外旧约章汇编》第1册，三联书店，1957，第944~948页。

政府所有。10月2日，日本照会外交部，转达日本政府训令，辩解其侵占胶济铁路为合法合理之举动。训令认为"此会社（胶济铁路公司）全属于独逸（德国）政府监督之下，有公的性质，纯然独逸国（德国）之会社，实质上与租借地为一体，可断定其延长"，胶济铁路不具备中立的性质。对于北京政府外交部的几次抗议照会，训令辩解称既然胶济铁路不适宜中立，则日军接收经营管理权，不算违反中国中立；交战区域划定不影响胶济铁路归德国政府所有的性质；虽然胶济铁路与青岛已经断绝联系，但对于将来作战存在危险；不承认已经许诺由中国政府保护潍县至济南之间的路段。①

日本政府上述辩解，无视《胶济铁路章程》的各条款规定，以其片面之理解，为己方侵占铁路的目的服务。

《胶济铁路章程》系清政府与德国公司订立的国家契约，亦可称之为准条约。此类条约的一个显著特点在于：缔结契约的双方中，有一方属于国际法主体，而另一方不具备国际法主体的资格。② 就形式上而言，清政府是章程的缔结方之一，另一方则是德国总办山东铁路事务锡乐巴。锡乐巴在此合同中并不代表德国国家，而是以德国驻华"铁路专员"身份出面，代为订立成立公司之合同。公司成立后，其所有权和经营权归属公司，德国领事只是对本国商业进行监管和保护。这种监管和保护，与公司所有的法人性质并无直接的联系，更不能因此将铁路视为德国国家所有。即使德国政府在胶济铁路公司成立过程中起到了重要的推动作用，但此种作用并不能决定公司的所属性质。日本侵占胶济全路后，美国驻华公使芮恩施在询问外交总长时，曾问"日政府究有何理由占据该路。在日人眼中以该路为德政府之产业乎？抑或为德商之产业乎？"孙宝琦回答以日政府以该路为青岛之延长租界地，应与青岛视同一律。在孙宝琦看来，由于胶济铁路曾允每年以一定款项捐助青岛政府，而德国政府又曾做出担保行为，这被日本视为该路属于德国的根据。③

山东将军靳云鹏等对日置益所提种种理由表示愤慨，认为日置益所提系信口开河，"将来借口德华银行接济战款，可收没之，借口德领刺探军

---

① 《日本公使馆照会》（1914年10月2日），《北洋军阀》（二），第714~716页。
② 关于准条约问题的讨论参见侯中军《近代中国的准条约问题》，《史学月刊》2009年第2期。
③ 《总长会晤美公使芮恩施问答》（1914年10月7日），《北洋军阀》（二），第720页。

情，可逮捕之，借口津浦路之德员暗助青岛，可并该路占领之，再进而借口中国官府袒助德人，可俘虏之矣"。① 芮恩施感叹"如此大国，与别国交涉，每每强从人意，受人欺凌，终非计之所得"，建议中国不要与日本交涉，待日后和平大会，中国不致吃亏，公道自在人心。②

三 日军侵扰山东的国际非法行为

日军自龙口登陆后，"沿途占据城镇，收管中国邮电机关，征取人工物料，困苦居民，皆视为必要之举"。③ 日军在龙口地方劫掠百姓，为抢夺军马，竟于 12 日将中国百姓王士良杀害。类似严重违犯国际法的罪行，均需北京政府出面向日本索赔，但在如何适用国际法问题上，需要做出相应的理论准备。日本方面起初并不承认杀人事件，后经交涉，始承认罪行，但仅扣行凶士兵口粮百余元作为抚恤。面对日军种种暴行，北京政府并无确实手段保护中国百姓的安全和利益。驻潍县中国驻军蒋廷梓中将致电统率办事处，询问"中央已否与日使另订条件，即乞转请示遵，得所依据而资交涉"。④ 日军又在占领区发行军用票，使用非中国流通类银元，强迫当地居民接受其军用票和银元，变相劫掠。中国虽提出将其限制在行军区域之内，"查日司令布告内称，军用售票得在龙口兑换鹰洋等语，如不设法限定地域期限，恐辗转行用，与我国币制大有妨碍"，但此举仍严重干扰了地方秩序。⑤

外交部致电山东省，要求调查取证日军侵掠地方的详情，"日军在山东省各地需索一切物品，占住电局、税局及民房，未付价金，并沿途商民所受各种损害，希饬该道县等随时切实调查，搜罗证据"，以备将来提出交涉。⑥

关于"间谍"审判之交涉。对于日军在山东地方残杀、逮捕中国人民

---

① 《山东将军靳云鹏巡按使蔡儒楷电》（1914 年 9 月 30 日），《北洋军阀》（二），第 713 页。
② 《总长会晤美公使芮恩施问答》（1914 年 10 月 7 日），《北洋军阀》（二），第 720 页。
③ 《附录 山东问题说帖》，中国社会科学院近代史研究所近代史资料编辑室主编《秘笈录存》，中国社会科学出版社，1984，第 97 页。
④ 《统率办事处收潍县蒋中将（廷梓）电》（1914 年 9 月 17 日），《欧战与山东问题》（上），第 194 页。
⑤ 《收财政部咨》（1914 年 9 月 29 日），《欧战与山东问题》（上），第 246 页。
⑥ 《发山东将军、巡按使电》（1914 年 10 月 6 日），《欧战与山东问题》（上），第 263 页。

的行为，日本试图以所谓"间谍罪"加以蒙混过关。9月16日，日本军司令神尾光臣擅自发出告示，威胁中国人民，凡在日军占领区域内，除日本人外，任何他国人如违犯其所谓的军律，一律处死，其中包含"为敌充作奸细，或诱导奸细，或助成之或隐不举，以及诱导敌兵者"。① 小幡酉吉参赞在与曹汝霖会晤时，提出"即在山东战地，往往有中国人民作德国之间谍，妨害日本军事行动，本国政府对于此种间谍，本可任意处置"，曹汝霖当即予以反驳，"本国政府不能认为例外中立地为战地，且拟将间谍交归中国官办理一节，本次长亦先向贵参赞声明"。② 外交部随后又正式照会日本驻华公使日置益，强调中国划出行军区域仅为交战国军队通行之用，除青岛外，均不得视为战地。即使在局部中立地区中国人民有间谍之嫌疑，依据公法，亦应交由中国政府惩治。③ 同日，又要求驻日公使陆宗舆向日本政府提出口头声明，"若由日军自行处置，不特增人民恶感，政府亦不能承认"。④ 然日在此问题上仍强行套用国际法，认为依照国际法，间谍当然要交交战国处分，如果中国要求将间谍交给中国处理，是属于国际法上的"例外"办法。针对此例外说辞，陆宗舆驳以"此次中国特厚于日本之举，均是例外，应请日本政府赞此创例"。日本所举另外一条理由是，"实战之区域，并无华官"。对于日本此条理由，陆宗舆认为，胶澳战场区域较少而胶济铁路所占区域较大，可以将有华官之地内的所有间谍及军事犯交给中国处理。⑤

当时海牙保和会陆战法规有关间谍的定义包含4个要素，缺一不可。这4个要素是"收集或着手收集各种情报""隐秘行动或构虚妄口实""意图通告敌人""在战地之内"，即分别是行为、方法、意思和地点，同时具备上述要素，方为间谍。日军登陆龙口后，中日围绕此问题的交涉应特别注意地点要素的构成。虽然陆战法规并未就战地给出特别定义，但依照国际法原则，中立地不是战地。当时的国际法前沿亦有认为"如中立地本为战

---

① 《照录日本征讨青岛军司令官神尾军律示谕》（1914年9月16日），《欧战与山东问题》（上），第316页。
② 《次长（曹汝霖）会晤日本小幡参赞问答》（1914年10月16日），《欧战与山东问题》（上），第293页。
③ 《发日置公使节略》（1914年10月17日），《欧战与山东问题》（上），第297页。
④ 《发驻日本陆公使（宗舆）电》（1914年10月17日），《欧战与山东问题》（上），第298页。
⑤ 《收驻日本陆公使（宗舆）电》（1914年10月20日），《欧战与山东问题》（上），第314页。

争之标的者，则中立地亦可为战地"，但这属于"极端之状况"。即使依照这种极端状况，日本所谓理由亦不能成立。中国致日本照会的目的仅为划出行军区域最少之地，在此区域内中国不负完全中立之责任，并非是划出战地。日德青岛之战的标的是青岛，青岛范围内方为战地，青岛以外不属于战地。既然战地之说不能成立，则间谍之定义亦难以成立。就事实而言，德军已经被围困于青岛，交通断绝，焉得有间谍能为其通报军情？①

日本商民紧随在日军之后，在占领区进行广泛的经济侵略活动，如乘机购地置产，经营商业等，这些行为均非条约所准许。外交部于10月11日致函日本驻华公使日置益，指出"龙口地方虽已宣布开做商埠，惟一切章程细则尚未颁布，现值战时，开埠事宜自应暂缓办理"，为避免因日本商民未经允许之商业行为引起两国之纠纷，应由日本驻华使馆予以阻止。②

面对日军自登陆后的种种不法行为，伍朝枢建议仿照比利时处置德军违法之先例，派出司法专门人员前往调查。外交部认为此议可行，遂决定派金事王鸿年前往，并希望司法部选派精通法学人员配合，"期得事实真相，以坚内外信用，于将来交涉诚多裨益"。③司法部选派参事林志均、京师地方检察厅检察官翁敬堂与外交部人员一同前往。

保和会准备会在研究日军违反中立问题时，曾将其分为两个层次加以论述。第一层，日军在龙口等处占据邮局、税局，残杀无辜，劫夺财产，奸淫妇女等当然是违反中立，毫无疑义；第二层，日军在行军区域建筑铁路、架设电线，并未取得中国政府同意，侵犯了中国的主权，亦属不尊重中国官民财产。关于第二层的违法依据，关键之处在于：中国政府在致有关国家行军区域照会内，包含有"所有领土行政权及官民之生命财产各交战国仍应尊重"之语句，日本在回复照会中表示认可，因此，日本在行军区域内修筑铁路、建设电线并未得到中国许可，此举侵犯中国主权。进一步言，日军在行军区域内修建铁路、架设电线之处，"均系官民之财产"，日本此举是不尊重中国官民财产。④

11月7日，日军在英国军舰炮火的支持下，首先攻破内壕电网，攻占了

---

① 《伍参议（朝枢）拟定处置间谍条件》（1914年10月20日），《欧战与山东问题》（上），第315~316页。
② 《发日本日置使（益）函》（1914年10月11日），《欧战与山东问题》（上），第283页。
③ 《发司法部咨》（1914年10月16日），《欧战与山东问题》（上），第292页。
④ 《中国保和会准备会关于德日英青岛战役中国划出行军区域案稿》（1914年），《中华民国史档案资料汇编》第3辑"外交"，第390页。

德军在青岛的3个主要炮台，德军知道大势已去，遂竖起白旗，向日英联军投降。当日，德军与日军进行谈判，德军接受日军所提出的谈判条件：青岛城内所有战斗人员均为俘虏；非战斗人员遣往上海。双方约定11月10日上午10点，日军入城。① 至此，中国所划定之行军区域已无存在之必要，中国开始着手撤销行军区域，由此而引发了中日之间更为广泛的外交交涉。

结　语

一战爆发后，中国虽然宣布中立，但随着日本对德宣战，中国的中立面临着国际法上的难题，日本必将经过中立地区进攻青岛，而且这种行为已经开始发生。如何在总体中立的情形下，划出供交战双方行军需要之区域，进而做到局外中立，是为当时北京政府曾认真考虑的问题。

由于中国租借地和租界的存在，由此衍生出的一系列国际法问题，都是近代中国所独有的问题。中国划出行军区域，并不存在国际法上的先例。中国保和会准备会在讨论行军区域的国际法性质时，曾存在一定困惑，认为中国划定行军区域，由严正中立，变为局部中立，"或为公法家所不能一致承认"。就事实分析而言，中国与交战双方均系友邦，一方面不能偏袒其中一方，另一方面也不会以武力抵抗另一方，在此种情形下，只有划出一定区域，而保持"局外中立"，从法理角度而言，这是一个最为合适的国际法行为。② 针对德国所提抗议，北京政府的回应是合理的。

从根本上而言，租借地是中国租借出去的领土，主权仍在中国，德国通过《胶澳租界条约》获得的是租借地的管理权，而非主权。③ 德国在租借地内实施并无条约规定的种种战争准备，是违反租借地条约的违法行为，由于日本屡次忽略中国抗议，而强行登陆龙口，中国为顾全中立大局，不得已划出行军区域，是在国际法规下所变通做出的正常行为，符合一般逻辑。

日本虽表面应允中国划定行军区域，但实际并无遵守之心，随着战事的进行，日本军事活动区域逐渐扩大，并以武力侵占中国中立区域。第一

---

① 《收交通部交抄权参事（量）电》（1914年11月10日），《欧战与山东问题》（下），第433页。
② 《中国保和会准备会关于德日英青岛战役中国划出行军区域案稿》（1914年），《中华民国外交史资料汇编》第3辑"外交"，第389页。
③ 关于租借地主权性质的讨论，参见侯中军《近代中国的不平等条约——关于评判标准的讨论》，第204~206页。

步即是侵占胶济铁路及其沿线，第二步是攻占青岛，侵夺中国相关主权。就法理而言，中国所致各国有关划定行军区域的照会"不啻行军区域之宪法"，按照国际法，该照会应该以最严格的方式加以解释。日本自龙口登陆后，相继侵占胶济铁路及附属地，声称系为作战行军最少之地，符合中国照会内的规定。中国所发照会的上文确有"必须行用至少之地点一语"，但照会的下文内还有"官民生命财产及领土行政权"仍应得到尊重之语，日军既然声称其行为是在履行照会的上文，焉有罔顾下文规定，随意解释自身违法行为的理由？中国允许日军通过最少行军地点的前提在于，中国官民生命财产及领土主权应得到尊重，"日军在行军区域以外之种种不法行为，如在济南安设无线电等，是则明明违犯中立，一无争论者矣"。①

（作者单位：中国社会科学院近代史研究所）

---

① 《中国保和会准备会关于德日英青岛战役中国划出行军区域案稿》（1914年），《中华民国史档案资料汇编》第3辑"外交"，第390页。

学术、思想与政治：法政留学生与清末民初的制宪运动*

——以章士钊、李剑农、张君劢为例

饶传平

摘 要 在知识和人才上，清末民初的制宪主要依赖日本及留日法政生。1915年前后，留学欧美的法政生回国，他们从源头上介绍欧美宪法的基本制度、原理与最新发展，成为1920年前后中国制宪运动的新生力量。但由于留学地以及党派的不同，他们在宪法学术与思想上存在差异，这深刻地体现在他们拟定的宪法文本上。在1920年代的中国，厌恶国会与蔑视议员已成了普遍的心理，虽然宪法文本保持了与世界宪法发展的同步性，并回应了中国的政情民情，宪法政治却仍遥远。

关键词 法政留学生 制宪 学术 思想 政治

近代中国的立宪事业，始于向西方的学习。在出洋考察政治五大臣和朝野上下的急切呼吁下，清廷终在光绪三十二年七月十三日（1906年9月1日）公布了《宣示预备立宪谕》，中国的制宪进程得以正式启动。但制宪作业与传统立法殊异，不得不依赖于专业人才的培养与实践。本文试从法政留学生与清末民初制宪的关系入手，探讨晚清与民国北洋时期外国宪法学术、思想在中国的输入与传播，及其对近代中国制宪进程的具体影响。

一 清末民初的法政留学生

晚清学部尚书唐景崇说："法政科则有法律、政治、经济三门。"[①] 清末

---

* 本文得到中央高校基本科研业务费资助。
① 《唐景崇等为请派游学毕业考试各科襄校官事奏折》，王澈编选《宣统二年归国留学生史料》，转引自《历史档案》1997年第2期。

的法政学堂和民国的法学院所安排的科目，正是循此而定，以期法政知识的齐备并进。而出洋留学法政科者，尤其是晚清留学日本法政科者，部分明确修习法律科，也有部分修读政科、法政科等。因而，清末亦有"政法家""法政家"等称谓。① 以故，本文所称之"法政生"，主要包括法律与政治二科修其一、其二或均修者。②

清末民初的中国留学生，由于留学时代和国家的不同，在专业选择和学习水平上有较大的差异。清季新政伊始，急需法政人才，由于距离、费用、语言文化、走捷径及榜样等诸多考虑，官派的法政留学生主要集中在日本。③ 笔者曾撰文指出，梁启超和留日学生对宪法概念和立宪思想在晚清的输入和传播贡献至大。④ 但由于人多品杂，动机各异，又多为速学班出身，他们中不少人热衷政治运动甚于学术研究，⑤ 以故，在专业上不甚了了者为大多数。即使是一些学有所成、能著书立说者，我们浏览他们此一时期的宪法著作，大多为经过几道转译的汇编作品，以今人眼光审之，粗疏空泛、误解者多有。毕竟，对他们而言，立宪乃新鲜事业，宪法思想与他们的传统观念极为扞格，要去真切理解，需要时间。梁任公曾自况"不惜以今日之我攻昨日之我"，时人、后人常以"多变"诟病他。确实，任公在政治策略上多有他的"权"与"变"，但从知识来源的角度看，很大程度上却是由他对宪法理论认知的不断深入所造成，正体现了他在学术与思想上的与时俱进。另外，在西方，19世纪末20世纪初的宪法理论本身也正发生着翻天覆地的变化，作为主要依赖"知识进口"的清末民初之制宪作业，从随"日"而变到随"欧"而变、随"美"而变，实在是正常不过的事情。

留日法政生回国后，一部分成为晚清资政院、谘议局的议员，各级审判厅的法官，也有一部分成为新生法政学堂的教员，还有相当一部分成了

---

① 程燎原：《清末法政人的世界》，法律出版社，2003，"引论"第4~5页。
② 民国法学院一般虽均涵盖法律、政治、经济三科，但经济学科之于法、政二科，则相对较为疏远。
③ 但是，针对当时留日学生避难就易，竞相选学法政的现象，1908年，清廷下令，以后凡官费留学生一律学习理工科。参见王奇生《中国留学生的历史轨迹：1872~1949》，湖北教育出版社，1992，第94~95、141页。
④ 饶传平：《从设议院到立宪法——晚清"Constitution"汉译与立宪思潮形成考论》，《现代法学》2011年第5期。
⑤ 章士钊在留日期间就说过"党人无学"，他自己则"渐谢孙黄，不与交往"，而准备赴英留学。详见原景华《章士钊先生年谱》，吉林人民出版社，2001，第33、37、40页。

革命派。辛亥后的国会和各省议会，更是留日法政生驰骋的舞台。比如，"鄂州约法"的起草人宋教仁、"浙江约法"的起草人褚辅成、《中华民国临时约法》（本文简称《临时约法》）的起草人景耀月、张一鹏、吕志伊、马君武等人，都是清一色的留日背景。

据统计，在1913年两院议员中，参议院实额议员共266名，其中有留日法政生背景者68人；众议院议员596名，其中有留日法政生背景者187人，① 留日法政生占两院议员总数近三成之多。在"天坛宪草"的起草委员中，比较活跃的如汤漪、张耀曾、谷钟秀、刘崇佑、蓝公武、汪荣宝、褚辅成、丁世峄、孟森等，也均为留日的法政生出身。李剑农1919年在《太平洋》杂志上发表《宪法上的言论出版自由权》一文就说，南京参议院的议员，大多数是日本留学界的产物。实际上，1913年北京国会的议员，也可以说是日本留学界的产物。

此外，笔者查1901~1912年间出版的38种公法学著作中，日本人所著或从日本翻译者占绝大多数，② 这从另一侧面说明，1910年代初期（无论是晚清还是民初）中国制宪在知识和人才上是多么依赖于日本。

晚清的官派留美学生，无论是1870年代的"中国幼童留美运动"，还是1901年后清廷再派官费留美学生，由于旨在"师夷长技"，他们大多学习工科，学习法政专业的比较少，其中著名者仅有陈锦涛、王宠惠、王正廷等人。相比留日生，留美法政生人数过少，在晚清、民初的制宪活动中，并没有产生太大的影响。进入民国后，因为庚款，也由于留日学生急剧减少，③ 赴美留学生渐多起来，④ 选择法政专业的学生也开始增多。⑤ 只是，这些富有造诣之留美归来的职业法政学者，除张奚若、张慰慈等少数人外，在中国政界和学界要产生真正的影响力，则为1930年代中期之后了（1920

---

① 有关1913年两院议员的教育背景，详见张玉法《民国初年的政党》，岳麓书社，2004，第534~597页。
② 俞江：《近代中国法学词语的生成与发展》，《近代中国的法律与学术》，北京大学出版社，2008，第326~330页。
③ 近代中国留日人数的变化，详见王奇生《中国留学生的历史轨迹：1872~1949》，第95~97、101~103页。
④ 王奇生：《中国留学生的历史轨迹：1872~1949》，第45页。
⑤ 有学者就清华留美习政治学学生在1910~1935年间的人数做过逐年的统计。根据该统计，清华留美习政治学学生的人数本科阶段真正增加是在1915~1919年及以后，详见孙宏云《中国现代政治学的展开：清华政治学系的早期发展（一九二六至一九三七）》，三联书店，2005，第31~33页。这一点，和本文所列举著名法政学者的留美时间分布也大致吻合。

年代前学成归国的著名留美法政生详见表1）。

相较于留日、留美的法政生，留欧法政生在1920年前后成为具有举足轻重地位的政治家或法政学者的，则相对较多。早期留英的有伍廷芳（中国近代第一个法学博士）、何启、严复（留英的专业为轮船驾驶）等。民国前后，留英的有罗文干、章士钊、李剑农、杨端六、周鲠生、王世杰等。除留英外，还有留学法、德、比利时的学生，其中著名者在晚清有马建忠、陈季同、陈箓等，民国后有张君劢、谢瀛洲、楼桐荪等（1930年代前学成归国的著名留英及法德法政生详见表2、表3）。

表1　1930年代前学成归国的著名留美法政生

姓名及生卒年	留学年份	回国年份	留学经历	所获学位
陈锦涛（1870～1939）	1901	1906	哥伦比亚大学学习数学，耶鲁大学学习政治经济学	哲学博士
王宠惠（1881～1958）	1902	1911	加州大学、耶鲁大学；在英国获得律师资格，被选为德国柏林比较法学会会员	法学博士
王正廷（1882～1961）	1907	1911	耶鲁大学法学	毕业
顾维钧（1888～1985）	1904	1912	哥伦比亚大学国际法与外交	哲学博士
张奚若（1889～1973）	—	1925	哥伦比亚大学	政治学硕士
张慰慈（1890～?）	1912	1917	爱荷华大学	哲学博士
燕树棠（1891～1984）	1915	1921	哥伦比亚大学、哈佛大学、耶鲁大学	法学博士
萧公权（1897～1981）	1920	1926	密苏里大学、康奈尔大学	政治学博士
罗隆基（1898～1965）	1921	1928	威斯康星大学、哥伦比亚大学	政治学博士
吴经熊（1899～1986）	1920	1924	密歇根大学，并广泛游历于美、法、德各大学间	法学博士
钱端升（1900～1990）	1919	1924	北达科他州立大学、哈佛大学	哲学博士
浦薛凤（1900～1997）	1921	1926	翰墨林大学、哈佛大学	法学博士
孙晓楼（1902～1958）	1927	1929	西北大学	法学博士

表2　1930年代前学成归国的著名留英法政生

姓名及生卒年	留学年份	回国年份	留学经历	所获学位
伍廷芳（1842～1922）	1874	1877	伦敦林肯法律学院	博士学位、大律师资格

续表

姓名及生卒年	留学年份	回国年份	留学经历	所获学位
严复（1854~1921）	1877	1879	朴次茅斯大学、格林威治海军学院；留英间涉猎了大量法政学说	
何启（1858~1914）	—	1882	阿伯丁大学、林肯法律学院	
李剑农（1880~1963）	1913	1916	伦敦政治经济学院，自由研究	
章士钊（1881~1973）	1907	1911	爱丁堡大学、苏格兰大学，攻读法律、政治经济学、逻辑学	
	1921	—	赴欧考察政体	
杨端六（1885~1966）	1913	1920	伦敦政治经济学院，货币银行专业	
伍朝枢（1887~1934）	1908	1912	伦敦大学、林肯律师学院	法学学士、大律师资格
罗文干（1888~1941）	1904	1908	牛津大学	法学硕士
周鲠生（1889~1971）	1913	—	爱丁堡大学	政治学硕士
王世杰（1891~1981）	1913	1917	伦敦大学	政治经济学学士

表3　1930年代前学成归国的著名留法、留德法政生

姓名及生卒年	留学年份	回国年份	留学经历	所获学位
马建忠（1845~1900）	1876	—	法国政治私立学校	法学士
陈季同（1851~1907）	1876	—	法国政治学堂，学"公法律例"	
陈箓（1887~1939）	1901	1907	巴黎大学	法律学士
张君劢（1887~1969）	1913	1916	柏林大学，学习政治学和国际法	
	1918	1921	与梁启超一起考察欧洲各国战后情况；随德国哲学家倭伊铿专攻哲学，赴法国同柏格森研讨中西哲学	
周鲠生（1889~1971）	—	1921	巴黎大学	法学博士
王世杰（1891~1981）	1917	1920	巴黎大学	法学博士
郑毓秀（1891~1959）	1914	1920	巴黎大学	法学博士[①]
谢瀛洲（1894~1972）	1916	1924	巴黎大学	法学博士
楼桐荪（1896~1992）	1919	1923	巴黎大学	法学硕士

注：①郑毓秀获得法学博士学位的时间是1924年，但早在1918年就接受了南方政府吴玉章主持的外交委员会的委派，在法国进行国民外交工作。

据笔者的阅读与观察，清末民初中国宪法领域的学术与思想，大致经历了以下两个阶段：晚清阶段，主要通过日本学习西方的宪法知识和理论，以梁启超和留日学生为主力；1910年代开始，一些留学欧美的学者开始回国，利用在宪法发源地的所学，批判清末民初的制宪，从源头上介绍欧美宪法的基本制度、原理与最新发展，成为1920年代初期中国制宪运动的新生力量。这方面首先由章士钊预其流，接着是张君劢、李剑农、周鲠生等扬其波，而在1920年代中后期则由王世杰的《比较宪法》一书综其绪，该书也成为中国宪法学公认的奠基之作。[1]

留日法政生与清末民初的制宪活动，笔者在《从设议院到立宪法：晚清Constitution汉译与立宪思潮形成考论》（《现代法学》2011年第5期）、《"得依法律限制之"：〈临时约法〉基本权利条款源流考》（《中外法学》2013年第4期）两文中已有论述，此不赘言。以下，试以章士钊、李剑农、张君劢，以及《太平洋》《解放与改造》《东方杂志》等刊物为例，说明英美、欧陆宪法学术与思想经由他们而在清末民初制宪中所产生的不同影响。

二　章士钊对"报律"、《临时约法》的批评与民初的宪法思想

同盟会在东京成立之初，作为革命健将的章士钊，却没有加入同盟会。此时的章士钊"顿悟党人无学，妄言革命，将来祸发不可收拾"，准备"假数年之力，隐消大过之媒"。他放弃了"废学救国"，转而主张"苦学救国"，从此便"渐谢孙黄，不与交往"，退出革命。[2] 1905年，章士钊入东京正则学校专攻英语和数学；1907年，只身一人由东京经上海赴英国爱丁堡大学，攻读政治法律、逻辑学；1909年转入苏格兰大学，学政治经济兼攻逻辑学。直到武昌起义后，他才随转道英国的孙中山一起回国。[3]

1910年至1915年间，章士钊本着"不党""务独立二字不失"的方针，[4] 先后在《帝国日报》《民立报》《甲寅》撰文连载，畅言宪政原理与

---

[1] 1920年冬，王世杰受北京大学校长蔡元培之聘回国，任北大法学教授、系主任。他所撰《比较宪法》讲义，在北大独树一帜，于1927年经商务印书馆印行，立即为全国各著名大学广泛采用，并一版再版，成为中国宪法学的奠基之作，也可能是中国版本最多的宪法著作。该书后由钱端升参与修订，并共同署名。据笔者所见，在1947年前，该书就至少订7版；1947年后，该书于2004年分别由商务印书馆和中国政法大学出版社出了简体横排版本。另据统计，该书共再版18次，参见韩大元《中国宪法学：20世纪的回顾与21世纪展望》，张庆福主编《宪政论丛》第1卷，法律出版社，1998，第81页。

[2] 原景华：《章士钊先生年谱》，第33～34页。另见章含之主编《章士钊全集》第1卷，文汇出版社，2000，"前言"第4页。

[3] 原景华：《章士钊先生年谱》，第33、37、40页。

[4] 章士钊：《与杨怀中书》，《甲寅》第1卷第33号，1926。

中国政制，主题涵盖国会、政党、内阁、联邦以及自由、人权等宪法的各个领域，文字之多，质量之高，影响之大，使其成为一时之选。在这些著述中，他直接引用英美法政名家如戴雪、白芝浩、柏哲士、梅因的著作，对当时中国政界、学界很多似是而非的法政概念进行梳理、辨证、勘误，诚为可贵。张君劢认为，章士钊于民国初年，继梁启超之后，在胡适之前，学说行于中国，为三四十年学术史上屈指可数之人物。[①] 本文试举章士钊对《报律》和《临时约法》的批评两例以证之。

清末报刊言论活跃，甚至成为反清革命的阵地。这使清廷认识到通过制定报律来限制报馆的必要。出洋考察宪政大臣载泽认为，"集会、言论、出版三者……与其漫无限制，益生厉阶，何如勒以章程，咸纳轨物。宜采取英、德、日本诸君主国现行条例，编为集会律、言论律、出版律，迅即颁行，以一趋向而定民志"。[②] 据此，他们建议将"定集会、言论、出版之律"作为立宪的三大举措来推行，将言论自由界定为"出自政府之界与，非人民所可随意自由"。[③] 于是，制定报律便成了晚清变法修律和预备立宪的重要工作。

1906年10月，清政府巡警部编成的《报章应守规则》正式颁布。该规则对报刊的言论做了种种的限制，比如"不得诋毁宫廷""不得妄议朝政"等。除此之外，该规则还明确规定开办报刊必须经当局批准。由于各报馆对《报章应守规则》概不遵行，清政府被迫重加厘定，于1907年9月颁布《报馆暂行条规》。条规对报界有所让步，但无实质的改变。1908年3月，《大清报律》正式颁布。该律参考日本、奥地利、俄国的相关法律，重点在扩大禁载范围、提高保押费、改事后检查为事前检查、加重处罚等，较前更为严苛。[④]

舆论对《大清报律》展开猛烈攻击。其中章士钊《言论自由与报律》一文批驳尤为透彻。他引用戴雪的学说，认为英国宪法的一大原则，是言论自由不受国家的检阅、不受法律干涉。据此，他认为《大清报律》"检

---

① 张君劢：《章著逻辑指要序》，章士钊：《逻辑指要》，商务印书馆，1943，卷前序。
② 《出使各国大臣奏请宣布宪政体折》，《东方杂志》第3卷第13期，1906，《宪政初纲》增刊。此奏折实为梁启超代拟。详见丁文江、赵丰田编《梁启超年谱长编》，上海人民出版社，1983，第353页。
③ 载泽：《考察政治日记》，岳麓书社，1986，第581页。
④ 《本馆接警部颁发报律九条专电》，《申报》1906年10月21日；《宪政编查馆考核报律内容》，《申报》1908年3月23日。

稿""抵押费"的规定极为不当。章士钊将攻击的火力集中在《大清报律》第七条"每号报纸应于发行日补送该管官署、本省督抚及民政部各一份存查"及第四条"发行人应于呈时分别附缴保押费"的规定上，他认为这种做法极为荒谬：

> 夫言论自由者，私权也，非公权也。人人可以自由与人通信，即可以将其信件或类似之物刊布行世，非两事也。今政府没收个人之私权，至于如是，则过此以往，倘政府颁发惩淫之律，则无论男女皆当以前一夜床笫之事呈报政府（由第七条推出），自非不能人者，皆当课以淫具保押费（第四条），无可疑也。①

对此类荒谬之规定，章士钊把来源追溯日本法上：

> 凡人论事，最易为近例所欺，日本有新闻条例，为论者最近之引针。而迩来国人于法律事宜，动征引他国以自解，而所谓他国者，乃似只一日本。以为日本所有者，吾国当亦有之，而根本上之怀疑，乃至无从梦想。嘻！此膏肓之病也。今请正告国人曰：世固有第一等法制国，其中乃不审报律为何物者，望国人幸能追步之。如或以西方法理不必适用于东方，则以报律言，记者颇亟欲闻不能适用之故。②

最后，章士钊总结道：

> 送报存查及缴纳保押费，乃锄除言论自由之刀斧也。吾人不欲言论自由则已，欲则不容有此律。③

民国创立，南京临时政府内务部颁布了"报律"三章：（1）发行及编辑人，须向内务部注册，或就近向地方高级官厅呈明，兹部注册；（2）著论有犯共和国体者停版外，发行及编辑人坐罪；（3）污毁个人名誉当更正，否则科罚。对于此三章"报律"，当时舆论主要集中在"内务部侵权""报

---

① 秋桐：《言论自由与报律》，《帝国日报》1911年1月11日、12日连载。
② 秋桐：《言论自由与报律》，《帝国日报》1911年1月11日、12日连载。
③ 秋桐：《言论自由与报律》，《帝国日报》1911年1月11日、12日连载。

律内容失当"两点上。章士钊《论报律》一文,一反时论之常见,指出"内务部即握有定报律之权矣,报律之内容即甚当矣……民国是否当容报律发生是也"。对报律本身的存在提出疑问,甚而直接提出"取消报律"的主张。章士钊认为,出版无须特许,使若出版违法,则事后依法处理即可。他借用英美法律家的观点论证道:

> 英吉利法律者,自由之法律也。自由者,则特许之实也。特许两字在英法实无用处。如人欲出版则出版而已,无他手续也。至出版后如或违法,须受法庭审判,则亦与他种违法事件等耳,非于出版独异也。
>
> 美利坚之宪法未尝与中央政府以操纵言论、出版各自由之权,以此之故,美利坚此种自由极其完全。中央政府对于言论界,绝不得以何种形式施其干涉。①

随后,对于蜀军政府所颁布之"报律"三十七条,章氏又撰《非报律》一文,指出"报律而发于蜀军政府,(乃)咄咄怪事",再次引用戴雪对言论自由的定义,证明报律"检稿""抵押费""由官鉴定"规定之不当。②

章士钊对《临时约法》的批评与对"报律"的批评一脉相承。1912年3月11日,《中华民国临时约法》(本文简称《临时约法》)一出台,章士钊在《民立报》上就对它提出了尖锐的批评。章士钊的批评首先指向《临时约法》中基本权利保障法的缺失。他援引美国学者柏哲士的观点,认为宪法必备之条件有七,而关于人民自由者有三:(1)划定自由之范围;(2)保证自由;(3)紧急时限制自由。章氏认为,《临时约法》具备了一与三,还缺少"何以保证所划之自由"。章士钊说:

> 约法曰:"人民之身体,非依法律不得逮捕、拘禁、审问、处罚。"倘有人不依法律逮捕、拘禁、审问、处罚人,则如之何?以此质之约法,约法不能答也。果不能答,约法不为虚文乎?③

---

① 行严:《论报律》,《民立报》1912年3月6日。
② 行严:《论报律》,《民立报》1912年4月25日。
③ 行严:《临时约法与人民自由权》,《民立报》1912年3月12日。

基于此，章士钊提出借鉴英国之"出廷状"制度：

无论何时，有违法侵害人身之事件发生，无论何人皆得向相当法廷呈请出廷状，法廷不得不诺，不诺，则与以相当之罚是也。出廷状者乃法廷所发之命令状，命令侵害者于一定期限内，率被侵害者出廷，陈述理由，并受审判也。①

章士钊对《临时约法》第十条有关官吏违法陈诉于平政院的规定也提出了强烈的批评。他认为，该条表面上似乎是为了保障自由，但结果会适得其反。因而，他坚决主张削除行政裁判制度：

兹权（陈诉于平政院之权）也，非吾人之所欲也，此似为保障自由计，而不知结果适得其反。平政院者，即行政裁判所之别词也。凡有平政院之国，出廷状之效力必不大，何也？人民之与行政官有交涉者，乃不能托庇于普通法廷也。于是英美之自由号称完固，而其最足供吾教训之处，即在两国皆不设平政院。约法罗列各种自由以取法美利坚，独于美利坚保障自由之处，未遑议及，是亦可以已矣！而又设一不见于美洲大陆之平政院，使行政权侵入立法权，则约法所予吾人之自由者，殆所谓猫口之鼠之自由矣。昔罗马有一名王侮一女子，女子曰："明日吾将控汝于廷。"王笑曰："汝其往，吾即法廷也。"国之行行政裁判制度，而又同时倡言司法独立者，仿佛似此。是则约法之第十条，又非削除不可。②

对于行政裁判制度之"非削除不可"，章士钊在早些时候曾专门写过《论行政裁判所之不当设》的文章，文中说道：

须知此制既立，政府之官吏，实享有一种特权，而规定此种特权之原理，与所以规定人民普通权利义务者迥然不同。于此而言卫护私权，直欺人耳！③

---

① 行严：《临时约法与人民自由权》，《民立报》1912年3月12日。
② 行严：《临时约法与人民自由权》，《民立报》1912年3月12日。
③ 行严：《论行政裁判所之不当设》，《民立报》1912年2月22日。

中国之所以设平政院，是学习法国的结果。对于法国之所以有此制度，章士钊分析了它在历史上的缘由，乃是恢复行政部的自由，以对抗君政的集权，这只是偶然现象，而非万不可缺的机关；而民国初立，首当注意者即法律平等，怎么能以此种政府特权给人民带来束缚呢？[①]

以上诸文对英国的出廷状制度、法国的行政诉讼制度、英美宪法对言论自由的保护制度等，都有细致和精确的分析，对民初的制宪活动与宪法思想产生了深远的影响。1913年的"天坛宪草"采纳了章士钊的建议，借鉴英国的出廷状制度，新增了人身自由的保护条款。[②] 此一条款经"民八宪草"、1923年《中华民国宪法》（即"贿选宪法"）、"五五宪草"，在1947年公布的《中华民国宪法》中有非常完善的规定。[③] 而被称为"民国第一法学家"的王宠惠，在1913年发表的《中华民国宪法刍议》一书中（该书被称为系统讨论中华民国宪法的第一篇专著），也建议删去《临时约法》第十条关于平政院的规定，他所列理由虽更为详尽，但基本观点与章士钊若合符节。[④] 此外，从后文要提到的李剑农《宪法上的言论出版自由权》一文中，我们也能清晰地看到章士钊文章的具体影响。

晚清民初章士钊曾两次赴欧，但心境和动机完全不一样。辛亥之前赴英，他是怀着"苦学救国"的理想，寻求宪政救国的知识。而1920年代赴欧，则是在一战之后，要去证成当时中国甚嚣尘上的西方文化破产论。由此，章士钊的主张也从尊崇西方的宪政救国论转向了回归传统的农业救国论。

三 李剑农、《湖南省宪》与1920年代中国宪法中的自由主义

李剑农早年曾入日本早稻田大学学习政治经济学。1911年回国参加辛亥革命，曾撰《武汉革命始末记》发表于上海《民国报》第1号，后在汉口《民国日报》担任新闻编辑。1913年"二次革命"爆发前夕该报被黎元洪下令查封，他与周鲠生、杨端六等被通缉，遂于1913年7月赴英留学，入伦敦政治经济学院旁听并做自由研究。1916年夏袁世凯帝制灭亡，李剑

[①] 行严：《论行政裁判所之不当设》，《民立报》1912年2月22日。
[②] 这被"天坛宪草"的拟定者认为"是一个特色"。详见杨琥编《宪政救国之梦——张耀曾先生文存》，法律出版社，2004，第78页。
[③] 饶传平：《"得依法律限制之"：论〈临时约法〉中基本权利的法定性——为〈临时约法〉颁布100周年而作》，未刊稿。
[④] 张仁善编《王宠惠法学文集》，法律出版社，2008，第26~43页。

农由英返国,担任上海《中华新报》编辑,专写政论。1917年开始与周鲠生、杨端六、王世杰等联合创办政论刊物《太平洋》杂志,积极宣传民主宪政和联省自治。在湖南省宪运动勃兴之际,李剑农于1921年3月被聘为湖南省自治根本法起草委员会主席,负责起草湖南省宪法。1922年1月湖南省宪公布,同年12月依据省宪成立省政府,他被赵恒惕任命为省务院院长兼教育司长。1924年11月,因与赵恒惕政见分歧离职,自此专心治学。

在制定湖南省宪之前,李剑农在1919年第2卷第1号《太平洋》杂志上发表的《宪法上的言论出版自由权》一文,将矛头直指《临时约法》第十五条"得依法律限制之"的规定,建议应以美国为师,对人民言论出版之自由,不得制定何种法律以侵减之。他把《临时约法》第十五条"得依法律限制之"的渊源追溯到日本"明治宪法"第二十九条的"在法律范围内"和《普鲁士宪法》第二十七条的"非依法律不得设之",可谓一针见血。① 《临时约法》系由"鄂州约法""浙江约法"发展而来。"鄂州约法"的起草者宋教仁,起草、审议通过"浙江约法"的浙江临时议会褚辅成(旋即担任浙江省参议会议长)等议员,《临时约法》的起草员景耀月、吕志尹、马君武等,均为清末著名的留日人士。

在1920年第2卷第8号《太平洋》杂志上,李剑农又发表了一篇专门谈自由权的文章《争自由的要著》。该文可看作他《宪法上的言论出版自由权》一文的继续和深入。《宪法上的言论出版自由权》中之所以主要谈言论出版自由权,是因为他认为在各种自由权之中,言论出版的自由是最重要的。

《争自由的要著》是针对北京的几位学者(胡适、张慰慈、蒋梦麟、陶孟和、王徵、李大钊、高一涵等)在《晨报》上发表《争自由的宣言》而作。《争自由的宣言》提到,要争自由,在消极方面,就要把民国以来颁布的《治安警察条例》《出版法》《报纸条例》《管理印刷业条例》《预戒条例》等一律废止,并要求在不遇外患或战争的情况下国会、省议会不得议决限制自由的法律。在积极方面,不得在宪法之外另立法律限制公民言论、出版、集会、结社和通信的自由;确立人身保护法,使行政机关和警察机关不经法庭审判,不得擅自拘留或惩罚每一个公民;组织"选举监督团",杜绝选举中的舞弊现象。

---

① 李剑农:《宪法上的言论出版自由权》,《太平洋》第2卷第1号,1919年11月。

李剑农认为，宣言的主张是不错的，但是由于现在立法机关已经不成东西，便没有办法通过立法废止这些条例。要争自由，就要从争立法机关做起，而立法机关则须按人民的意思创造，只要立法机关是人民的了，这些条例就有废止的希望了。

但是，由于立法机关由人民选出之后，不把选举人的意思丢掉的还是很少的，那么，我们要争自由，即使有真正的人民的立法机关，对立法机关还是要有限制。这一点，在政客议员本来就藐视人民无知识的中国，显得更为重要。所以，他认为，要想得一种真正的自由权，使那些剥夺自由的法律条例永远不能存在，唯一的要着还是要从宪法上限制立法机关的立法权。

在宪法上如何限制立法机关的立法权？李剑农设计了两种方法：一种是像美国那样，在宪法上明明白白写出禁制的条文，比如"关于某某等自由，不得制定何种法律以侵减之"；另一种是像瑞士、德国那样，在宪法上规定公民总投票的方法，议会所议决的法案，若有重要关系，必经公民总投票表决，方可公布施行，比如"如有单行法之制定，涉及于人民某某等之自由权时，非经公民总投票取决，不生效力"。李剑农此处所提的公民总投票方法，实际上是想通过赋予公民的直接民主权来达到保护公民自由的目的。

最后，李剑农总结道：

> 上面这两种方法，中国的宪法若能任采其一，或竟二者兼采，我们各种自由权，就真正受着宪法的保护了。倘若不能做到这一层，将来的宪法，仍旧和约法一般，写些各种自由的名词在上面，又附些什么"非依法律不受侵害"，或"若遇非常紧急时，得以法律制限"等类的笼统话，则一切自由都是假的；纵然把现在的什么出版法，什么治安紧急条例种种都废止了，不久又有别种异名同实的条例出来。所以我们要争自由，还是要从宪法上制限立法机关的立法权争起。换言之，就是争自由须以争宪法为第一要著。①

《宪法上的言论出版自由权》和《争自由的要著》两文均一再强调通过对立法机关立法权的限制来保护自由权，这体现了李剑农对自由权和直接民主的重视。尤其是《争自由的要著》中提到限制立法权的两种方法："不

---

① 李剑农：《争自由的要著》，《太平洋》第 2 卷第 8 号，1920 年 12 月。

得制定何种法律以侵减之"和公民总投票,在《湖南省宪法》中都得到了充分的体现。这一点,只要我们认真看一看《湖南省宪》第二章"人民之权利义务"的第十一条、十二条,以及第六章"立法"中的第六十六条、第六十七条等条款,足以明白。在这些条款中,湖南省宪对自由权和直接民主做出了异乎寻常具体而复杂的规定。

四 张君劢、《魏玛宪法》与 1920 年代中国宪法中的民主社会主义

张君劢早年被清廷公费选派赴日本早稻田大学政治经济科预科,学政治学、国际法、宪法、财政学与经济学。1907 年应梁启超之邀参加组建政闻社。辛亥革命后曾任故乡宝山县议会议长。1913 年留学德国柏林大学攻读政治学博士学位,继续学习政治学和国际法。1915 年离德辗转游历于英、法、比利时、瑞典与俄国,于 1916 年回国。1818 年与梁启超一起考察欧洲各国战后情况,1920 年随德国哲学家倭伊铿专攻哲学,1921 年赴法国同柏格森研讨中西哲学,1922 年回国,应邀参加"国是会议",负责起草"国是宪草",并著《国宪议》一书,以阐释自己对中国制宪的理解。

1920 年代,张君劢对中国制宪事业最大的贡献,是对《魏玛宪法》的翻译和评介。正是经由张君劢,德国《魏玛宪法》在颁布后不久即被全文译介进入中国,并对 1920 年代中国的制宪史产生了极为深远的影响。张君劢《德国新共和宪法评》一文,是笔者所见汉语中最早详尽介绍和评论德国《魏玛宪法》者。[①] 该文发表在 1920 年的《解放与改造》第 2 卷第 9 ~ 12 期上,全文逾 25000 字,共分 8 部分,详细介绍了《魏玛宪法》的选举、国民公决、生计、宗教、教育、军制等条款,认为《魏玛宪法》的苏维埃式政治、工务会议及生计会议、社会所有法三者最能体现社会民主主义的

[①] 在 1920 年的《太平洋》杂志第 2 卷第 4 号上,也登载了由沧海翻译《魏玛宪法》的汉文译本,但据译者附言所记,该汉译本为译者据《魏玛宪法》的英译本转译而成。《太平洋》杂志分两期载完《魏玛宪法》全文,第 2 卷第 4 号登载了第一条至第六十七条,第 2 卷第 6 号登载了第六十八条至第一百八十一条。在《太平洋》杂志第 2 卷第 7 期上,继续登载了沧海所著《德意志新宪法评论》一文。此外,在 1921 年的《太平洋》杂志第 3 卷第 1 号上还登载了松子的《普鲁士之新宪法》等介绍《魏玛宪法》的文章,综观这些著述,与张君劢所著《德国新共和宪法评》在内容和观点上并无实质的区别,而张文则显得更为深入和系统。

精神。①他指出《魏玛宪法》虽不如俄国苏维埃宪法激进，但通过立法手段仍达成了社会革命的目的，并具有丰富的弹性；认为《魏玛宪法》的直接民主精神，能救济议会政治之弊，符合政治日趋民主的潮流；认为德国的义务教育与国家补助制度，使贫富贵贱咸得有自由发展之途，不致有人才之遗弃。张君劢大为感叹《魏玛宪法》立法者之度量与智识，对于各类冲突矛盾的权益，能"各得分愿，而限之以相当之范围"，是故，他说："如是欲学德意志者，当学其交让之精神，和衷共济之精神。"②

结合中国的制宪实际，他认为民国议会政治的种种弊端归咎于《临时约法》没有规定政府解散国会的权力，导致国会不能解散，政府与国会之冲突，无法由国民公决而加以解决，也即，《临时约法》所定之绝对议会主权，实为民国政治构乱之渊薮。③

张君劢介绍《魏玛宪法》的著作还有《张嘉森复四川电询省宪意见书》（《太平洋》第3卷第8期，1922年12月）、《德国及其邦宪法对于世界法制史上之新贡献》（《法学季刊》第1卷第4期，1923年1月）、《德国新宪起草者柏吕斯之国家观念及其在德国政治学说史上之地位》（《东方杂志》第27卷第24号，1930年12月）等。综观张氏的这些宪法著作，有的是专门介绍《魏玛宪法》，有的是以《魏玛宪法》为据评论国内的制宪运动，我们在他解释"国是宪草"的著作《国宪议》的每一讲中，也屡屡见及《魏玛宪法》条文的踪影。

1922年，由各社会团体派代表组织国是会议，并推举社会名流草拟国宪，以制造国民制宪的舆论，逼迫国会采择，大有以国民制宪对抗国会制宪的神采。民间团体敢于放言"制宪之任，断不容复为国会所私，主权在民，夫岂自屈"，④这一点尤其彰显了1920年代中国民主思潮的勃兴与坚挺。

张君劢所拟之"国是宪草"，第一次明确提出了职业代表制。由于看到十年来民国选举的虚伪性，他提出职业选举制用以救济，认为"有智识有职业者负选举之责，较之无知愚民，将选票任意出卖者，其所选代表，必

---

① 张君劢：《德国及其邦宪法对于世界法制史上之新贡献》，《宪政之道》，清华大学出版社，2006，第307页。
② 张君劢：《德国新共和宪法评》，《宪政之道》，第270页。
③ 张君劢：《德国新共和宪法评》，《宪政之道》，第284页。
④ 中华民国八团体国是会议草订《发表宪法草案之通电》，《浙江公立法政专门学校季刊》第1期，1923。

较为得当"。①

"国是宪草"最可注目处,是他们将各省省宪中的"教育"和"实业"两章合并,将"实业"改为"生计",从各省省宪的"行政"一章中剥离出来,单列一章,统称"国民之教育与生计",置于"国民权利义务"一章之后。这样的体例安排,不但体现了张君劢在基本权利观念上的整体性,而且体现了张君劢对"国民教育和生计"等社会权利的看重。是谓"教育生计,特定专章,使共和精神得深厚之培养,与公平之调剂,此尤前人之所忽略,而今日之所独详也"。

张君劢看重社会权,是因为他认为欧美百年来在自由竞争之下,以工商立国,以富强为目标,而于人类本身之价值如何,不甚计较。欧战以后,列强社会之基础,如军国主义、工商政策,亟须改造,改造的方法,是将个人自由与社会公道相结合。由是,"国是宪草"在"生计"一章既强调营业自由,又强调劳动自由,既强调私产保护,又强调公益限制。为救济个人自由主义之弊,张氏大力介绍西方的基尔特主义,并搬出了《礼运》的"大同"和《论语》的"患不均"。张君劢说:

> 敢告国人,《礼运》大同之论,《论语》不患寡而患不均之言,乃吾国文明之精粹,建国之根本也。欧美之人私其富,国私其富,内成阶级之争,外酿国际之战,不足取法者也。吾国人而诚欲脱离美以创造新文明乎,当自货不弃地、财不私有始。今而后其以亦步亦趋为尽立国之能事乎?抑自觉立国之责任,别求所以自效于人类者欤?吾将于吾国社会生计之组织卜之而已。②

时人陆鼎揆认为,"(国是宪草)虽未邀旧国会之接受,而宪法会议再开于北京,此草案乃几成今之新宪之蓝本"。③ 时至1940年代,张君劢对1946年《中华民国宪法》贡献巨大,被称为"中华民国宪法之父"。当然这是后话。综观张君劢一生,徘徊于学术与政治之间,冀望以"个人自由"和"社会公道"两重祈向为背景求得个人自由与政治权力的协调,要求对

---

① 张君劢:《宪政之道》,第43页。
② 张君劢:《宪政之道》,第92页。
③ 此处所谓新宪法,是指"贿选宪法"。详见陆鼎揆《国是会议宪法草案对于北京新宪法之影响》,《东方杂志》第21卷第1号,1924年1月,二十周年纪念号上册。

英美式的民主政治做必要修正，是谓"修正的民主政治"。① 儒学的教养与自由民主的精神在他身上得到完美体现，正如同为现代新儒家代表的唐君毅带着敬意称颂他的那样：

> 中国现代思想界中，首将西方理想主义哲学，介绍至中国，而立身则志在儒行，论政则期于民主，数十年来，未尝一日失所信者，当推张君劢先生。②

五 1920年代中国制宪中的学术、思想与政治

从以上的分析可看出，在宪法基本权利的内容上，1920年代的张君劢更在意于社会权的保护，而李剑农则更注目于自由权的实质性保护和直接民主的实现。

张君劢看重社会权，首先是由于他对《魏玛宪法》的译介而自然地接受了《魏玛宪法》最具特色的社会权思想。在西方各国，19世纪以降，自由资本主义带来的社会矛盾及财富不均渐趋严重，失业者增加、劳资矛盾加剧，使社会主义运动渐趋高涨。在此背景下，社会各界要求国家积极介入国民生活，以确保国民的实质平等，维持、促进社会关系，增进社会福祉。随之，社会权的概念得以诞生，并进入宪法。德国《魏玛宪法》是这方面的典型。

张君劢对社会权的看重，与他本人的政治观点密切相关。张君劢早年追随梁启超，参与组建政闻社，民国后，成为研究系的一员干将。研究系是从民国初年的进步党脱胎的一个政治派系，得名于1916年在北京成立的"宪法研究会"。无论是进步党还是研究系，都主张渐进的社会改良，比如研究系的政论刊物《解放与改造》，就"致力于社会的解放与改造，造就'第三种文明'"。③ 而社会权的思想，其实质也是强调通过社会的改造，以调适、平衡日益尖锐的阶级矛盾和社会问题。前已提及，张君劢主张以"个人自由"与"社会公道"相结合的方法来改造社会，1920年代前后，

---

① 黄克剑、吴小龙编《张君劢集》，群言出版社，1993，第20~26页。
② 唐君毅：《经济意识与道德理性》，王云五等：《张君劢先生七十寿庆纪念论文集》，沈云龙主编《近代中国史料丛刊续编》第96辑，台北：文海出版社，第52页。
③ 张东荪：《第三种文明》，《解放与改造》创刊号，1919年9月。

他在政治上坚持民主社会主义的倾向。① 可以说，社会权的宪法思想和民主社会主义的政治思想在张君劢那里具有高度的契合性。

相较于张君劢和《解放与改造》，李剑农、杨端六、周鲠生、王世杰及由他们主持的《太平洋》杂志，则没有明显的党派色彩。虽然如此，但《太平洋》杂志同仁却具有一个共同的知识背景，就是都有留学英国的经历，所学也均为法政专业。李剑农、杨端六、周鲠生是由于在汉口《民国日报》反对袁世凯而被通缉，得黄兴的协助，于1913年赴英留学。李剑农和杨端六入伦敦政治经济学院，周鲠生入爱丁堡大学。王世杰是因为参加"二次革命"失败后，于1913年赴英国入读伦敦政治经济学院。实际上，李、杨、周、王四人的留学，本来就带有强烈的时代原因，而这时代之原因，不得不深刻地影响到他们留学的专业选择和学习兴趣。正是由于他们留学英国专习法政的共同背景，使他们在基本权利的观念上，自由权的思想相对要浓于民主权、社会权的思想。②

这里涉及自由与权利在西方的两个传统，也即所谓英美派传统和欧陆派传统的差异性问题。③ 哈耶克将自由理论分为两个传统：一为经验的且非系统的自由理论传统，另一为思辨的及唯理主义的自由传统。前者是自生自发而来，后者旨在建设一种乌托邦。哈耶克指称前者为英国式的自由民主制传统，后者为法国式的社会民主制传统。④ 在此基础上，伯林将此差异进一步区别为消极自由与积极自由。所谓消极自由，是指"免于……的自由"，也即"以做自己主人为要旨的自由"；而积极自由，则是指"去做……的自由"，也即"不让别人妨阻我的选择为要旨的自由"。消极自由强调人类生活的某些部分必须独立，不受社会控制；而积极自由则强调人的主体性的实现，因而具有更强的道德意味和社会意味。伯林认为，欧陆传统所认同的自由更接近于积

---

① 张君劢的社会主义思想，前后有所变化。五四时期，他受德国社会民主党人的影响，形成了民主社会主义思想；1930年代，他受俄国社会主义计划经济影响，主张以国家社会主义为中国经济发展道路的选择；抗战胜利后，他又回到五四时期所持的民主社会主义立场，强调社会主义与民主政治的兼容。详见郑大华《张君劢的社会主义思想及其演变》，《浙江学刊》2008年第2期。
② 实际上，湖南省宪的13名起草委员中，有英美留学背景的还有王正廷、董维键、王毓祥、黄士衡、陈嘉勋、唐德昌、皮宗石、向绍辑等，加上李剑农则有9名之多。
③ 李泽厚在讨论严复思想时也指出"英国派自由主义政治思想"与强调平等的"法国派民主主义政治思想"的区别，详见李泽厚《中国近代思想史论》，人民出版社，1979，第281页。
④ 〔英〕哈耶克：《自由秩序原理》上册，邓正来译，三联书店，1997，第61~62页。

极自由,它有别于英美传统所强调的消极自由。①

李、杨、周、王对自由权的看重,正体现了他们留学地英国所强调的消极自由的传统,而张君劢对社会权的看重,则体现了欧陆积极自由的传统。这一点,和他们主要的留学地之思想传统正相暗合。

当然,李、杨、周、王的自由思想与张君劢的民主社会主义思想之间存在差异性,只能是相对而言。周、王二氏后来也转赴法国求学并获得法学博士学位。而且,时至1920年代,英美和欧陆各国的宪法思想都已经迅速传入中国,在他们之间,思想的相互交流与融合不可避免。这一点,从他们著述的引注均不局限于某一国的宪法著述中,便足证明。因此,从总的方面说,他们都有一个最大的共性,那就是相较于革命派而言,1920年代的他们实际上都是宪政派,他们希望中国走立宪的道路,并积极投身到中国的制宪实践中去。

假如说,《太平洋》杂志有英美自由传统的色彩,《解放与改造》有欧陆理性主义的色彩,那么,《东方杂志》则相对较为综合、中立。《东方杂志》由商务印书馆创办于1904年3月,初为月刊,后改半月刊,至1948年12月停刊,共出44卷。《东方杂志》为我国期刊史上首屈一指的大型综合性杂志,它初期是一种文摘性质的刊物,后经几次大的调整和改革,逐步成为以时事政治为主的社科类综合性刊物,先后辟有社说、时评、选论、谕旨、内务、外交、军事、教育、财政、实业、交通、商务、宗教、杂俎、记载、文件、调查、附录、译件、小说等栏目,在内容上包罗万象。

1920年代,中国和西方的制宪都出现了新的趋势,比如社会权、职业代表制的兴起。《东方杂志》在译介西方宪法理论、评论中国制宪实践方面,颇为积极。在各省制宪风起云涌的1922年,《东方杂志》出版了"宪法研究号"。《东方杂志》"宪法研究号"分上、下册,共发表宪法专论33篇,收录相关宪法文本10余件。除专号外,《东方杂志》的前后各期也发表过多篇宪法文章。《东方杂志》的"宪法研究号"是各省制宪论争的产物,因是,文章大多着重讨论民国统一、联邦制以及中央与地方关系等内容。

无论是《太平洋》《解放与改造》,还是《东方杂志》,这些刊物所刊

---

① 〔英〕以赛亚·伯林:《自由四论》,陈晓林译,台北:联经出版事业股份有限公司,1986,第230~245页。有关英美传统与欧陆传统的区别及其对中国的不同影响,另见黄克武《自由的所以然:严复对约翰弥尔自由思想的认识与批判》,上海书店出版社,2000,第13~21页。

载的宪法文章，对中国制宪的批评和对世界宪法新发展的介绍是相互关联的，正所谓"他山之石，可以攻玉"，这些作者结合世界宪法新趋势和中国自身的政情民情，提出了自己的宪法观点和制宪方案。张东荪说，大家明知道自己的主张有道理也不会被采取，对于制宪权在握的议员未必能有多大影响，但在旧国会将要制宪的时候，东方杂志社仍提出研究宪法的征文，发行专号，冀望能唤起国民的注意。正如张东荪所说，不必因为制宪议员不能如所希望而即遽然失望，大家还是奋斗罢！①

是的，不管影响的有无，大家还是要奋斗！由此，在1920年代的中国，呈现出省议会、民间团体和国会多头并进制宪的景象。在学术界，对宪法的讨论也百花齐放、百家争鸣。制宪和议宪俨然成为北洋时期与军阀混战相抗争的另一个时代风景。

结　论

从后人的眼光看，晚清的《大清报律》《钦定宪法大纲》带有明显的非立宪主义要素。这当然与清廷预备立宪的目的有关。就清廷而言，是试图以立宪来消解革命并达到中央集权的目的。②但这与清末民初的制宪知识和人才主要依赖日本及留日法政生也密切相关。不仅《钦定宪法大纲》带有鲜明的日本"明治宪法"特征，出自留日法政生之手的《中华民国临时约法》，在基本权利的条款中，"得依法律限制之"的措辞，也深深地刻上了日本"明治宪法""在法律范围内"的烙印。

从1910年代中期开始，许多专习法政专业的欧美留学生纷纷归国，他们利用在宪政发源地之所学，积极议政、参政，成为议宪与制宪的主力军。他们一边撰文翻译、介绍欧美新宪法，一边投身到各省、各团体的制宪中去。由是，较之留日法政生占主流地位的晚清资政院与省议会、民初临时参议院与正式国会，此一时期的宪法学术水平有显著的提升，主要体现在中国的制宪活动保持了与世界宪法发展的同步性，并在相当程度上照应了中国自身的政情民情。这使中国在1920年代的制宪水平达到了一个高峰。

---

① 张东荪：《宪法上的议会问题》，《东方杂志》第19卷第21号，1922年11月，宪法研究号上册。
② 饶传平：《从设议院到立宪法：晚清"Constitution"汉译与立宪思潮形成考论》，《现代法学》2011年第5期。

但是，由于欧美传统本身存在英美派和欧陆派的不同，以及这些欧美留学生自身兴趣、关注点以及党派不同，他们在宪法学术、思想上存在巨大差异性。比如，这一时期受德国《魏玛宪法》影响至深的张君劢，对社会权的关注无疑更甚于自由权、民主权，他所起草的"国是宪草"，对自由权便无所着墨。而相对受英美宪法影响较多的章士钊、李剑农，他们对以言论自由为代表的自由权的强调，便具有非常明显的英美宪法特征。

只是，在宪法学术与宪法思想之间，仍存在巨大的张力。章士钊虽然运用留英所学宪政原理，对"报律"、《临时约法》批评甚力，却并不是一个真正的自由主义者。在他的思想脉络中，自由和权利所以重要，端在它所能发挥的政治功效，而不在它本身的意义与价值。章士钊认为，西方各国所以安定强盛，肇因于人民享有自由，得以尽性发展。[①] 在这种论说下，章士钊把"自由"视作促成国家富强的必要手段。既然是手段，便可以随着具体情境之需要而转变，职是之故，章士钊由革命派而为宪政派，又为复古派。[②]

宪法思想与宪法政治之间，则相隔更远。有深厚的学术与良善的思想便能制定出好的宪法文本，但制宪并不等于行宪。1920年代的中国，严格说够不上讲新式立宪政治的条件，厌恶国会、蔑视议员已成了普遍的心理与有力的舆论。[③] 因此，空有好的宪法文本，却不具备可以让其真正生效的动力和环境。即如郑重其事、轰轰烈烈的湖南省宪法，最后只能在南北夹击的隆隆枪炮声中随风而逝，更遑论头戴"贿选"帽子的1923年《中华民国宪法》（晚清以来中国第一部真正完整的宪法）了。以故，宪法学术、宪法思想、宪法政治，学界讨论热烈，宪法规定俨然，但对仍处于国家分裂、军阀专横时代的中国而言，却无非是镜中花、水中月而已。

宪政，抑或革命？晚清之后，1920年代的中国知识分子不得不再次面对这一两难的选择。

（作者单位：华中科技大学法学院）

[①] 秋桐：《自然》，《甲寅》第1卷第3号，1914年6月。
[②] 章士钊所宣扬的自由宪政，在他眼中仅为传统意义的"治国方策"。在时势的推移下，一旦自由宪政不符合他的期望，他便会毫不犹豫地加以抛弃，而改从他处觅求适当的资源。详见沈松侨《五四时期章士钊的保守思想》，《中央研究院近代史研究所集刊》第15期，1986年12月，第184~185、188~189页。
[③] 张东荪：《宪法上的议会问题》，《东方杂志》第19卷第21号，1922年11月，宪法研究号上册。

清末北洋时期收回法权与基层司法制度改革

唐仕春

摘 要 清末，商约谈判初期中英双方都准备就治外法权进行磋商，中国希望修律后外国放弃治外法权，而不是外国允诺放弃治外法权诱使中国修律。但废除治外法权不是晚清政府改革法律和司法的最大动力，《中英续议通商行船条约》第 12 款也不是清末启动法制改革的主要原因。尽管如此，商约谈判的确影响了清末法制改革启动的一些重要环节。收回法权作为一种外在的诱因更多是在中国法制改革既有轨道上助推，中国的法制改革大体还是在其内在脉络中运行。中国通过法制改革而收回法权取得少许成绩。

关键词 北洋时期 基层司法 司法改革 法权

收回法权的途径很多，改善国内法制是其一。触动国内法制建设的因素很多，收回法权是其一。[①] 收回法权与改善国内法制自有其不同的内在发展脉络，然而二者之间往往被建立起互为因果的关系，甚至被看作是最为重要的因果关系。那么，两条脉络如何被缠绕在一起？"收回法权"怎样对清末北洋时期基层司法制度改革产生影响？其影响有多大？国内的司法改革又在多大程度上影响了收回法权？

1902 年签订的《中英续议通商行船条约》第 12 款一直被中外学术界广泛关注，并把它当作清末修律的主要动力。[②] 陈亚平和高汉成等则认为清廷的修律决策不是《中英续议通商行船条约》影响的结果，该项条款也不具

[①] 清末民初论及收回法权时，治外法权与领事裁判权往往混用。本文的治外法权主要指其中的领事裁判权。

[②] 陈亚平等不赞成此说，他在论文中详细列举了有此类看法的相关论著。参见陈亚平《〈中英续议通商行船条约〉与清末修律辨析》，《清史研究》2004 年第 1 期。

有以往所认为的那种转折性的地位;"弃除领事裁判权"是中国提出的谈判要求,是近代中国社会变迁的必然选择,并不体现帝国主义的意志;领事裁判权问题始终只是晚清主持改革者推进法律变革的手段,晚清法律改革作为清末新政的一部分,也是服从和服务于新政这一整体政治局势的。① 高汉成还指出,1902 年商约谈判时张之洞主导制定了这一条款,首倡"修律以收回领事裁判权"说,其目的在于推进国内向西方学习的进程。1907 年后张之洞又否定了"修律以收回领事裁判权"说,其目的是为了反对沈家本过于"西化"的法律改革模式,以维护其"中体西用"的法律改革思路。张世明针对陈亚平和高汉成等人的观点,又指出,学术界近年来对于清末修律诱因的研究虽不乏新意,但传统的"肇端于废除领事裁判权说"仍然可以岿然而立。②

收回法权与清末法制改革的关系已有较多研究成果,对北洋时期收回法权与国内法制改革的讨论还比较薄弱。李启成以调查法权委员会为个案分析了治外法权与中国司法近代化之关系,对废除治外法权而改良法律和司法的逻辑进行了批判。③ 杨天宏基于法权会议重点讨论了北洋外交与"治外法权"的撤废,他也附带指出,法权会议对中国国内法制改革具有积极作用。④

上述论著从不同角度推进了治外法权与国内法制建设关系的研究,然而外力影响如何落实到中国基层司法建设中去仍需要进一步深究。本文试

---

① 陈亚平:《〈中英续议通商行船条约〉与清末修律辨析》;高汉成:《晚清法律改革动因再探——以张之洞与领事裁判权问题的关系为视角》,《清史研究》2004 年第 4 期。

② 张世明:《再论清末变法修律改革肇端于废除领事裁判权》,《中国人民大学学报》2013 年第 3 期。

③ 李启成认为,为了收回法权而改革法制的论证对于法律和司法改良的展开的确起到了很大的促进作用。前述论证从逻辑上看恰好是因果倒置,其主要缺陷在于它不能保证移植来的新制度与中国民众的社会生活方式相融合。另外,新的法律和司法制度移植是需要正当性论证的,而在前述论证中,在正当性上是不充分的。参见李启成《治外法权与中国司法近代化之关系——调查法权委员会个案研究》,《现代法学》2006 年第 4 期。

④ 杨天宏指出,为促成会议召开,北洋政府在改良法律制度方面做了一些除旧布新的工作,这有利于中国法制的近代化建设。即便是以批评为基调的调查报告书,对中国而言也是一把双刃剑:一面可能割掉国人希望争取到的权利,一面则可能对中国传统法律制度产生促其变革的良性刺激。报告书以西方法律家的眼光及特殊视角,对当时中国法律制度所做的调查分析以及所提出的改良建议对于国人尤其是沾沾自喜于中国法制改良已有成绩的国人反思中国现存法律制度及其实践的缺陷,应当具有一定的参考价值。参见杨天宏《北洋外交与"治外法权"的撤废——基于法权会议所作的历史考察》,《近代史研究》2005 年第 3 期。

图重建清末北洋时期收回法权与法制改革启动互动的史实，重回历史脉络观察二者的关系。

一 收回法权与清末法制改革的启动

列强于鸦片战争结束之后在中国取得领事裁判权。1843 年所订《中英五口通商章程》创定此种制度，1844 年签订的中美《望厦条约》中又对此加以强化。[①] 其最基本的一点就是中国官员在司法中不能管辖外国人，外国官员也不干预对中国人的审理。

咸丰八年（1858）中英缔结的《天津条约》使领事裁判权更为完备。外国人之间的诉讼及中国人为原告，外国人为被告的诉讼，全归各国领事裁判。1876 年中英《烟台条约》又规定了原告人的本国官员可以赴承审官员处观审，有不同意见，可以逐细辩论的观审制度。于是外人对于外国人是原告，中国人是被告的案件，也获得观审权。通过这两个条约，外国获得管辖华洋案件的权利。除上述条约以外，许多西方国家援引最惠国条款，取得了在华的领事裁判权。[②] 曾经在中国享有领事裁判权的国家有 20 余国，即英、法、美、俄、德、日、奥匈、意、比、西、葡、丹、挪、荷、秘、墨、智、瑞典、瑞士、巴西等。

为解决会审问题中外联合设立了会审公廨。如 1864 年在上海设立会审公廨，由上海县知事派员主持。违警事件，由该员独自审讯；刑事案件，中国人为被告者由领事派员会审；民事案件纯属中国人之间者，由该员独自审讯，中国人为被告，外国人为原告者，领事也派人会审。上诉案件由道台审判，领事为会审员。[③] 1911 年辛亥革命时，上海租界法院人员逃走，领事出面维持，并派中国人充当审判官，费用由工部局出。上海租界的司法权从此全部落入外国人之手。

外国在华享有的这种域外的管辖权，不仅由在中国的领事组成的法庭行使，而且还由专门设立的法院行使。例如，美国根据 1906 年国会通过的

---

① 《中国提出巴黎和会请求撤销领事裁判权案》，《司法公报》第 118 期，1920 年 3 月，第 91~102 页。
② 《中国提出巴黎和会请求撤销领事裁判权案》，《司法公报》第 118 期，1920 年 3 月，第 91~102 页。
③ 《中国提出巴黎和会请求撤销领事裁判权案》，《司法公报》第 118 期，1920 年 3 月，第 91~102 页。

立法成立驻华法院，在美国司法系统中其地位与联邦区法院相等。英国根据 1925 年枢密院令，在上海设立最高法院，并在上海以外的每个领事辖区设一省级法庭，由主管领事担任首席法官。

随着领事裁判权的实施和中国社会对其认识的加深，中国政府与人民逐渐觉察到领事裁判权的扩展不再是件减少麻烦的"好事"。在华外国人也感觉到这一制度需要改进。第二次鸦片战争之后，清政府和以英国为主的西方列强，提出了要改进领事裁判权。①

清末新政前，在中外谋划改善治外法权的过程中，不断有人提出修改中国的法律和改革中国的司法制度。这些建议主要基于改善治外法权，所以其指向往往是中外交涉领域。即便如此，中国也少有借鉴西方法律制度而对本国法律与司法制度进行真正改革的情况。

清末真正进行法律改革则发生在义和团运动之后，它是清末新政的一环。光绪二十六年十二月初十日（1901 年 1 月 29 日），为应对庚子政局的变化，慈禧太后以光绪帝的名义发布了一道新政改革上谕，这标志着清末新政的开始。为应对新政改革上谕，张之洞在与各省督抚大臣会商联衔复奏时已经提出了酌改律例的主张，而《江楚会奏变法三折》则将此主张的内容具体化。②经过一番准备，光绪二十七年五月二十七日，六月初四、初五日（1901 年 7 月 12、19、20 日），两江总督刘坤一，湖广总督张之洞发出了《江楚会奏变法三折》。③ 八月二十日（10 月 2 日），慈禧太后发布懿旨称："刘坤一、张之洞会奏整顿中法，仿行西法各条，事多可行；即当按照所陈，随时设法择要举办。"④从此，清末新政有了稍微具体的方案。《江楚会奏变法三折》为三折一片，提出了新政实施方案，其中第二道奏折《遵旨筹议变法谨拟整顿中法十二条折》的第 7 条为"恤刑狱"。"恤刑狱"的具体措施为 9 条，即禁讼累，省文法，省刑责，重众证，修监羁，教工艺，恤相验，改罚锾，派专官。这多沿袭了传统改良司法弊端的做法，基本不涉及司法与行政立法等司法体制方面的变革。第三折中提出编纂矿律、路律、商律、交涉、刑律等新律，为经济发展提供保障。该折得到朝廷谕旨的批准，折中所提出的法律改革方案成为清末新政法制改革的基本内容，

---

① 参见李育民《晚清改进、收回领事裁判权的谋划及努力》，《近代史研究》2009 年第 1 期。
② 参见李细珠《张之洞与清末新政研究》，上海书店出版社，2003，第 259 页。
③ 该折出台情形参见李细珠《张之洞与清末新政研究》，第 84～97 页。
④ 叶志如等主编《光绪宣统两朝上谕档》第 27 册，广西师范大学出版社，1996，第 188 页。

尤其是预备立宪之前法制改革的主要内容就是这些。

光绪二十八年二月初二日（1902年3月11日），政务处奏请改定律例，设译律局。清廷据此发布了修订法律的谕旨。光绪二十八年二月二十三日（1902年4月1日），刘坤一、张之洞、袁世凯联衔会奏保荐沈家本和伍廷芳为修律馆总纂，沈增植为帮办。[①] 四月初六日（5月13日），清廷正式任命沈家本和伍廷芳为修订法律大臣，宣布清朝修订法律工作开始实行。不过真正开始修律却是两年以后的事。光绪三十年四月初一日（1904年5月15日）正式成立修订法律馆，清廷才开始修律活动。

清廷对《江楚会奏变法三折》的批示，如发布修订法律的谕旨，任命修订法律大臣，成立修订法律馆在清末修律中都具有标志性的意义。这几起事件连在一起可以认为是法律改革的启动，如果一定要选定一个事件，则发布修订法律的谕旨更合适作为启动法律改革的标志。因此，1901年10月2日，1902年3月11日，1902年4月1日，1904年5月15日都可以看作启动法律改革的标志性日期，尤其是1902年3月11日。

清末新政前改进领事裁判权的谋划虽然已经提出要进行法律改革，但清政府启动修律的直接动因却在于应付庚子事变造成的危局，并非收回领事裁判权直接导致了清末法律改革的启动。不过，仍须注意到清政府开始修律时很注意仿行西法，如《江楚会奏变法三折》提出的整顿中法、仿行西法被慈禧认为事多可行，随时设法择要举办；朝廷要求查取各国通行律例，咨送外务部，并选熟悉中西律例者来京编纂法律；任命修订法律大臣参酌各国法律，而修订法律。清末新政前改进领事裁判权的谋划中很重要的一点就是要采用西方国家法律，要适用统一的法律。清末启动法律改革时主张仿行西法与清末新政前改进领事裁判权的谋划有相契合之处。当遭遇庚子事变的危局，中国不得不再次走上改革之路，过去谋划改进领事裁判权的积累就成了法律改革重要的资源和参考。

收回领事裁判权与清政府进行法律改革最具关联性的事件是光绪二十七年底（1902）开始的中英商约谈判。《中英续订通商航海条约》的谈判缘于1901年签订的《辛丑条约》。该条约第11款规定"大清国国家允定，将通商行船各条约内，诸国视为应行商改之处，及有关通商其他事宜，均行商议，以期妥善简易"。据此，1901年下半年中英开始筹备谈判事宜。英国

[①] 保荐人选情况参见李细珠《张之洞与清末新政研究》，第261~264页。

政府首先派出代表团赴中国进行商约谈判，成员包括首席代表马凯以及戈颁、德贞等人。中国方面的谈判代表是盛宣怀和吕海寰，参与会商的有湖广总督张之洞和两江总督刘坤一，另有税务司戴乐尔、贺璧理随同办理。后经盛宣怀提议，凡涉税事，会同赫德筹议，在沪时由赫德派裴式楷帮同筹议。谈判于1902年1月10日在上海正式开始。

商约谈判的核心是裁厘加税，法律问题处于相对边缘地位。不过中英双方都对法律问题的谈判进行了认真的准备。马凯在谈判中提出了24款修约要求，其中3款涉及领事裁判权及中国法制改革等问题，即第6款，外国人为了贸易在内地长久居住的权利；第12款，中国制定海上律例并成立商律衙门；第16款，改进上海会审公廨。外国人在内地永久居住势必涉及如何管理他们的问题，如果中国官员不能管理他们，则将把领事裁判权扩展到内地各个角落，即使马凯没有通过让外国人在中国内地长久居住而获得领事裁判权的企图，但中国方面往往会把这条与领事裁判权的扩张联系在一起。中国制定海上律例并成立商律衙门与改进上海会审公廨直接关系到中国法制改革和领事裁判权的改进。因此，英方是准备在谈判中讨论中国法制改革与领事裁判权等问题的。

光绪二十七年十二月初三日（1902年1月12日），商约大臣盛宣怀致电外务部告知马凯所提商约条款。光绪二十七年十二月初六日（1902年1月15日），张之洞致电外务部，对马凯所提24款谈判要求发表了看法。他指出，洋人内地杂居须中国改律例，洋人受管束以后方可行；商律衙门甚好；会审衙门整顿未详，或是欲仿法界公堂揽权，请酌办。他认为这些条款里对中国稍有益的为改定律例等四件事，这四件事虽然是因为改议商约而由外人创议，然而实际上对华、洋都有利。① 十二月二十七日（2月5日），张之洞致电外务部、盛宣怀、刘坤一、袁世凯，他又提出，租界内可拿匪犯，租界外之洋人可略受中国官员管束，会审华官可有权，对于中国是有益的，应斟酌而商。② 光绪二十八年四月十四日张之洞致电外务部、吕海寰、盛宣怀、刘坤一指出，"内地杂居，若不改律例，西人不归管辖，为患无穷"。③ 张之洞的逻辑是中国改律例之后，治外法权失去存在借口，洋人内地杂居才可能成为中国主权范围内的事，否则便导致治外法权的扩张，

---

① 苑书义等主编《张之洞全集》，河北人民出版社，1998，第8692~8695页。
② 苑书义等主编《张之洞全集》，第8724~8726页。
③ 苑书义等主编《张之洞全集》，第8792页。

为患无穷。他比较赞成改律例，并希望改律例之后能有效管理外国人，从而解决治外法权带来的危害。

光绪二十七年十二月十六日（1902年1月25日），袁世凯致电外务部等处提出，马凯所提第6款由于中国巡警未设，律例未改，洋人侨居内地，万难相安，应限以附近口岸数十里内有领事驻扎者，准其侨居；至于第16款所提会审衙门，他认为最初只不过为关道省事而设，随任听各领事审断案件，本不合例，宜改为各领事公举一洋员赴署听审，不得操判断之权。①袁世凯同样把中国律例的修改与领事裁判权联系在一起，也赞同改革会审衙门。

光绪二十七年十二月十七日（1902年1月26日）盛宣怀请军机处代奏免厘加税一事。他指出，海上设律例商务衙门最有益，②这与张之洞看法一致。

1902年1月27日总税务司赫德致函外务部对马凯所提方案发表了看法。他认为马凯所提商律衙门、海上律例等"亦属甚善"，若拟专条订约，应添载："俟律例定妥，衙门开设后，即将不归管辖各条删除。"③他不仅赞同讨论商律衙门、海上律例等款，而且明确提出了中国法律改善、建立审判机关后废除领事裁判权。

盛宣怀、张之洞、袁世凯、赫德等对马凯所提治外法权与中国律例方面的条款都比较关注，而且想借商约谈判推进中国法制改革，进而废除领事裁判权。

谈判中，马凯对中国制定海上律例并成立商律衙门和改进上海会审公廨两款并没有提出详细方案。光绪二十八年正月十六日（1902年2月23日）吕海寰接外务部电，派他与盛宣怀一起参与商约谈判。随后吕海寰在奏折中说明对马凯所提24条款的处理意见时，吕海寰已经不提海上律例、设商务衙门等款。

不仅英国的方案中涉及领事裁判权及中国法律改革，中国也希望能在商约谈判中推进领事裁判权的解决。

---

① 张之洞：《张之洞存各处来电》（光绪二十七年十月），中国社会科学院近代史研究所藏，档案号：甲182-152。
② 盛宣怀：《英约条内免厘宜与加税并议电奏》，《愚斋存稿》卷22，沈云龙主编《近代中国史料丛刊续编》第13辑，台北：文海出版社，1975，第15～16页。
③ 中国近代经济史资料丛刊编委会、中华人民共和国海关总署研究室编译《辛丑和约订立以后的商约谈判》，中华书局，1994，第5页。

谈判之前，即 1901 年 10 月 9 日，总税务司赫德向清政府提出了一个修约节略，其中便有治外法权的相关建议。他建议在治外法权条款中加入以下文字："即系各国人民固应照约按本国律例，由本国官定办，然亦应知中国自有律例，凡华民照例不准行者，各国人民亦一律遵守，以昭公允。此条似系早晚必废之件，惟其间若中国能于各通商口岸自行另立衙署，请各国领事官用为审案公堂，并由中国派委员在座听审以资学习，并随时注写可用之律章，俾日后不归管辖之条作废时，中国亦能取信于各国，不致接办时遇事竭蹶。"① 赫德所说的不归管辖之条即领事裁判权。他意识到领事裁判权早晚必作废，建议中国在各通商口岸自行设立衙门，外国领事官审理案件时，中国派员学习审理方式并注意律例。该建议提出了改进中国法制以便为收回法权做准备。

光绪二十七年十二月十一日（1901 年 1 月 20 日），举行第 4 次会议时，盛宣怀说中国政府拟提出某些条款包括在条约以内，马凯答应予以考虑。② 马凯允许中国提出商谈条款后，盛宣怀等先是拟了 4 款商谈方案，后来在 4 款之外，又拟两款，共编成 6 款。其中第 2 款为，"曾定条约，虽载明英国民人应按英国律例由英官定办，惟英国商民不能援引此条，以为不归地方官管理，即作无庸遵守中国律例之据。凡华民照例不准行者，英国人民亦应一律遵守，以昭公允。且中国因此亦可愿意，凡遇华洋争讼事出，均于各处一律办理。故拟由外洋有名律师，帮同熟悉中国律例者，编纂律法，在通商口岸特设公堂，以便俟中国允准后，华、英人民所有词讼案情，均由该公堂按律办理。如中国尚未有本国熟悉新定律例之官员派充听审，或愿聘请英国律师在于公堂代为听审，亦无不可。且准华人听便，或到地方官处伸讼，或到该公堂请办"。③ 盛宣怀称，前三款"皆有赫总税司来函之意"。④ 该款采纳了赫德的意见，与赫德上述节略主体思想是一致的。前半部分要英国人遵守中国法律，后半部分提议编纂新律法，并在通商口岸特设公堂，中国派员听审。这 6 条加上贺璧理所拟 15 条，共 21 条。

赫德收到外务部函，阅盛宣怀所拟交英使各款后，于光绪二十八年正

---

① 《辛丑和约订立以后的商约谈判》，第 3 页。
② 《辛丑和约订立以后的商约谈判》，第 31 页。
③ 苑书义等主编《张之洞全集》，第 8733~8734 页。
④ 苑书义等主编《张之洞全集》，第 8732~8733 页。

月十一日（1902年2月18日）致函外务部，提出了商约谈判建议。赫德首先指出，盛宣怀所拟整顿律例办法，以便日后将洋人不归管辖之条删除，实亟为应办之事。通过修律而收回领事裁判权的逻辑在赫德那里是非常明确的，他也非常明显地表示赞同此举。①

光绪二十八年正月二十七日（1902年3月6日）总税务司赫德致函外务部，提出了修改商约的章程21条。该章程由税务司贺璧理拟具，起先为15条，后来又增加了6条。其中第17款与上述盛宣怀所拟第2款除了文字上有几处改动外，其余内容基本一致。②

张之洞于光绪二十八年正月初九日（1902年2月16日）致电外务部、刘坤一、盛宣怀、袁世凯称，盛宣怀所拟"第二条，聘律师，纂律法，华、英一律审办，最为救时要策"。③ 光绪二十八年正月初六日（1902年2月13日）刘坤一致外务部、张之洞、盛宣怀指出，第2条"凡华民照例不准行者，英国人民亦应一律遵守"，也属切要之语。④ 这表明张之洞、刘坤一等比较赞同盛宣怀所拟条款，也希望把这些条款拿到谈判桌上去讨论。中方在谈判初期很看重通过中国法制改革而收回领事裁判权。

中国法制改善与废除领事裁判权问题在中英商约谈判过程中经历了颇多曲折。马凯在谈判中提出了24款要求，中方坚决驳拒不允的有7款，其中包括"内地居住权利""设海上律例并设商律衙门""上海会审衙门宜整顿"三款。⑤ 而盛宣怀所提的第2款，也遭到了同样的命运。事实上，之后的谈判中确实没有专门讨论这些条款。不过，中国法制改革与废除领事裁判权的话题仍然时不时被提起。

1902年7月6日，马凯在"新裕"轮上与盛宣怀会谈。中国法制改革与废除领事裁判权的话题不经意间被提起。盛宣怀提起了租界内洋人照华

---

① 《辛丑和约订立以后的商约谈判》，第7~8页。
② 该款内容为：曾定条约虽载明英国民人应按英国律例由英官定办，惟英国商民不能援引此条以为不归地方官管理，即作毋庸遵守中国律例之据。凡华民照例不准行者，英国人民亦应一律遵守，以昭公允。且中国因此亦可愿意。凡遇华争讼案出，均于各处一律办理。故拟由外洋聘请有名律师督同熟悉中国律例者编纂律法，在通商口岸特设公堂，以便俟英国允准后，华英人民所有词讼案情，均由该公堂按律办理。如中国尚未有本国熟悉新定律例之官员派充听审，或愿聘请英国律师在该公堂代为听审，亦无不可。且准华人听便，或到地方官处申诉，或到公堂请办。见《辛丑和约订立以后的商约谈判》，第13页。
③ 苑书义等主编《张之洞全集》，第8739~8740页。
④ 苑书义等主编《张之洞全集》，第8734页。
⑤ 《辛丑和约订立以后的商约谈判》，第59页。

人一样完纳印花税问题，引出了一段与马凯的对话。① 马凯的逻辑是，英国法律有缴纳印花税的规定，外国人在英国服从英国法律，因而要付印花税。盛宣怀提出，中国将改革法律，那时外国人也该服从法律，并付印花税。让外国人服从中国的法律，意味着收回治外法权。

后来，讨论内地侨居贸易时，盛宣怀与马凯再次挑起了中国法制改革与废除领事裁判权的话题。盛宣怀称："我们整顿了律例之后，这些事都可以答应。伍廷芳不久就从华盛顿回来起草新的律例。"马凯答道："越快越好！这是进步的方法，可以挽救你们的国家的。"②

这次对话中，我们可以看到盛宣怀颇有底气。因为他已经知道，一个多月前清廷正式任命沈家本和伍廷芳为修订法律大臣。在他看来，修律完成，离收回治外法权也就不远了，解决了治外法权，内地侨居贸易似乎不是那么令人头痛。

马凯在"新裕"轮上与盛宣怀谈论中国法制改革与废除领事裁判权的话题很少被学者注意。从他们的对话，我们不仅可以看到修律后便收回治外法权的逻辑，而且还能发现，国内刚刚开始的修律在中英商约谈判中已经被拿来作为武器使用。国内修律了，意味着收回治外法权也指日可待了，修律给收回治外法权带来了希望与憧憬。

正如上述马凯与盛宣怀在"新裕"轮上的谈话一样，双方在谈论别的条款时偶尔也会牵扯到中国修律与领事裁判权的废除。然而，就在中英谈判即将结束时，中国修律与放弃领事裁判权的话题却突然间掀起了高潮，在中国政坛引起不小的震动。

转折发生在1902年7月17日的武昌纱厂。当天马凯与张之洞等在武昌纱厂会谈。裴式楷记录了当时的情形。

> 梁敦彦：您费了八个月时间并没有能解决什么！而在这几天内已

---

① 马凯：外国人决不会付印花税的。
盛宣怀：这是不公平的。外国人在伦敦要付印花税，为什么在这里就不付呢？
马凯：在伦敦他们要服从英国法律。
盛宣怀：如果中国修订法律以后，你们愿意付吗？
马凯：您建议放在哪一款里？
盛宣怀：放在通商口岸权利一款里。
以上对话参见《辛丑和约订立以后的商约谈判》，第75~90页。

② 《辛丑和约订立以后的商约谈判》，第75~90页。

经谈妥了很多条款！人们会说盛吕两位大人很慎重，而张制军容易说话，答应了您的一切条件！张制军说，您必须让他能有可以拿出来的东西。他提出两款来。一款是关于治外法权的。我们想修订我们的法律，我们即将指派委员研究。您是否可以同意，在我们法律修改了以后，外国人一律受中国法律的管辖？另外一款是关于传教的。从来还没有纯粹的传教条约，只是在通商条约内包括关于传教的规定。您是否愿意讨论这两款而取得协议呢？

马凯：你们是否可以用书面提出呢？

张之洞：在最初几年内中国也许要聘用外国法官。

马凯：我不能讨论传教问题。法国永远不会答应，这会使整个修约受影响！

张之洞：关于传教问题，我并不想对教士严加限制。我也不愿使你为难。以前的通商条约内都没有纯粹传教的条款……

马凯：我想你们从来没有那样的条约。我也应当电告我的政府，请特准把这一条放进去。我也要说明这是经张制军特别要求的。

张之洞：自然你须向你的政府请示，但希望能在请示的时候说明你赞成增加这一款。

马凯：我必定向兰士丹勋爵说明这是张制军提出的。我本人也必定极力赞助这件事……

张之洞：你答应这几款，使我省了很多事。有不少人会指责我，但是我可以说马凯爵士很讲道理，我也必须对他讲道理。

与会者也一致同意马凯应电请英国政府授权在条约内增加一款如下：中国深欲整顿本国律例以期与各西国律例改同一律，英国允愿尽力协助，以成此举，一俟查悉中国律例情形，及其审断办法，及一切相关事宜皆臻妥善，英国即允弃其治外法权。①

武昌纱厂谈判议定将治外法权列为《中英续议通商行船条约》第 12 款后，张之洞也颇为自得、兴奋。光绪二十八年六月十六日（1902 年 7 月 20 日）卯刻（5 至 7 时），他便致电江宁的刘坤一以及上海的吕海寰、盛宣怀讲述了争取将治外法权等列入条约的情形：

---

① 《辛丑和约订立以后的商约谈判》，第 137~142 页。

马使前索四事，拟与加税并案办理，敝处告以："到鄂以来，议定许多条款。中国亦应要索端。否则，便不开议。"彼初不允，力争，始添两条："一、中国以后修改法律，务求审断办法皆臻妥善。英国人归我管辖。一、各省教务，拟请各国派员，会同中国官员考查妥筹，务期民、教永远相安。"修律作为第十二款。教务即作为第十三款。①

次日丑刻（1至3时），他又致电姐夫鹿传霖。在亲戚鹿传霖面前，张之洞不仅把故事讲得有声有色，而且自得的心情溢于言表：

此次马使到鄂，鄙人与议，将沪已定而吃亏者，全行更正；将于我有益而近情理者，复添入多条，实为意想不到。以所加、所留抵补所失，必可有盈无绌。鄙人敢保，马使每议定一条，辄笑曰："此事又让与阁下了。"又对人云："非因本国素仰江、鄂声望，彼亦不敢事事如此相让。尚不知将来本国有无闲言。即本国照允，恐各国亦断不能如此和平。"实系肺腑之言。②

同一日，张之洞还致电外务部。他不仅再次描述了谈判场面，而且将此事与日本收回治外法权相比，高度评价了自己取得的成果。

前数日马使索议修改矿章……洞因告马使曰："到鄂以来，议定之条款甚多。今又将无关加税之事，索我与议。皆是英国所要索于中国者。中国亦应向英国要索数端，方为公平。若不肯商，我便不开议。"力争始得。因与索商两条：一、中国修改法律后，英人归我管辖。一、请各国派员会同中国官员考查各省教务，妥筹办法。因与定议入约，法律列为第十二款。其文曰："中国深愿整顿本国律例以期与各西国律例改同一律，英国允愿尽力帮助中国以成此举，一俟查悉中国律例情形及其审断办法与其他相关事宜皆臻妥善，英国无可放弃其治外法权之时，英国即允弃其治外法权"等语……查日本三十年前，始创修改法律管辖西人之谋，商之于英，赖英首允其议，彼国君臣从此极力设法修改，有志竟成。至今西人皆遵其法令，今日本遂与欧美大国抗衡。

---

① 苑书义等主编《张之洞全集》，第8851页。
② 苑书义等主编《张之洞全集》，第8852页。

依中国今日国势，马使竟允此条，立自强之根，壮中华之气，实为意料所不及。①

张之洞通过对比日本收回治外法权的经历，认为马凯同意将治外法权列为《中英续议通商行船条约》是"立自强之根，壮中华之气"。无疑，张之洞把这件事看作在改法律而收回治外法权之路上取得的重大进展。

武昌谈判完毕，马凯回上海与盛宣怀等继续谈判，几经波折，终于在1902年9月5日订立了《中英续议通商行船条约》。该条约第12款规定："中国深欲整顿本国律例，以期与各国律例改同一律，应该允愿尽力协助以成此举，一俟查悉中国律例情形及其审断办法，及一切相关事宜皆臻妥善，英国即允弃其治外法权。"1903年10月8日签订的《中美续议通商行船条约》等均有此条内容。

二 巴黎和会与1919年的添设厅监分年筹备计划

北洋时期，中国收回治外法权过程中出现了两个重要转折点，即巴黎和会与华盛顿会议。② 北京政府以此为契机，继清末收回法权与国内法制改革互动之后，再次上演了改善国内法制以收回法权的历史剧，其舞台不仅设在国内，而且远涉重洋延伸到了法国的巴黎和美国的华盛顿。

1918年10月，德国向协约国提出停战请求，第一次世界大战的结束指日可待。10月27日，总统徐世昌向众议院提出《对德、奥宣战咨请同意案》，11月5日国会通过该案。1918年11月11日，欧战以协约国的胜利而告终。中国作为协约国的一员将参加1919年1月18日在巴黎凡尔赛宫召开的和会。一时间举国欢庆，即将召开的巴黎和会成为各界关注的中心。

各界普遍存在利用巴黎和会收回治外法权的想法。还在欧战结束不久

---

① 苑书义等主编《张之洞全集》，第8853~8854页。
② 北洋时期，中国为收回领事裁判权做出了一定努力，其经过大略如张耀曾所言："现在日本等国皆已先后收回，我国则历次呼号而西人均置之不理。巴黎和会中代表费尽心力，亦无何等效果。华盛顿会议时王代表以法律专家坚执中国司法，业经改良，堪与各国司法等量齐观之说。且发表言论，遍登报章，谓领事裁权殊无利于各国，因各国领事多属外交官，法律知识未必充分，何如让与中国司法专家任审判之为愈。此种论调本具充分理由，外人颇乐闻之。于是始承认有让中国收回之必要，惟对于中国司法内容，究不免于怀疑。遂同时声明须俟派员到中国考察后，方能实行。"（法权讨论委员会编《考查司法记》，北京日报馆，1924，第10~11页）

的1918年12月18日，徐世昌即下令成立了一个外交委员会，专为总统和政府提供有关巴黎和会的政策、方针、措施等咨询及建议，并处理某些外交事务。外交委员会拟出了一个方案，其中一项为取消领事裁判权。该方案由国务院电告参加巴黎和会的中国代表团。司法部也行动起来，急电各省，征求收回领事裁判权的意见。1919年2月16日，熊希龄等发起国民外交协会，通电全国各团体提出7点主张，其中第4点为定期撤去领事裁判权。[1]

为了配合收回法权，中国司法界以此为契机，提出一个20年司法改革计划，即1919年司法部与财政部提出的"添设厅监分年筹备计划"。1919年3月26日，司法部提出了"添设审判厅计划大纲"。司法部原计划从1919年开始实施司法改革计划。4月18日，国务院会议议决，将第一期计划改为自1920年起筹划。国务会议议决后，由国务院电知巴黎和会专使陆征祥及驻英法日美等国公使，请其就近接洽。财政、司法部认为此事关系国家法权，至为重大，将拟订的添设法院新监并分年筹备表会呈大总统，并恳请大总统明令颁布该方案，以示国家收回法权之决心。[2]

巴黎和会召开前后，北京政府的司法总长为朱深。1918年3月29日，朱深任司法总长，在任一年才推出该计划，说明该计划可能并非其施政纲领的初衷。在财政部、司法部的呈文中，明确指出了该计划直接出于在巴黎和会收回领事裁判权的需要："自欧战告终，和议不日成立，我国对于德奥之领事裁判权业经撤回，我国议和专使亦曾以收回之议提出和会。虽其结果对于英法诸国能否一律收回，未敢预必，而《中英续议通商行船条约》第12款、《中美续议通商行船条约》第15款、《中日通商行船续约》第11款，皆有俟我国律例及审断办法，及一切相关事宜整顿妥善后即行撤去领事裁判权之明文，则吾国此时自应急起直追，赶速筹备。当经司法部征集全国法官之意见，佥谓第一要着在遍设正式法厅及颁布法典两事。"另外，该呈也指明了司法计划是为了落实清末商约中治外法权条款。清末商约中治外法权条款对中国法制的影响此时再次凸显。

1919年4月，中国代表团向巴黎和会提出了《中国希望条件》的说帖，

---

[1] 1919年2月16日，由北京各界各团体联合组成的国民外交协会在熊希龄宅召开成立大会，推举熊希龄等10人为理事。《中国大事记》，《东方杂志》第16卷第3号，1919年3月，第230页。
[2] 《财政司法两部会呈》，《司法公报》第109期，1919年9月，第20~21页。

希望摆脱帝国主义的束缚，使中国能够独立、自主地发展。它提出了7项希望，其中第4条即为废止领事裁判权，这就是《中国提出巴黎和会请求撤销领事裁判权案》。该案指出，中国将在5年内（1919~1924年）颁布刑法、民法、商法及民事诉讼法、刑事诉讼法5种法典，各旧府治（实际上是外国人普通居住之地）成立地方审判厅，要求各国届时撤废领事裁判权。[①] 该案循着《中英续议通商行船条约》第12款的思路在前进，即中国改善法制而收回治外法权。此时所提条件更为具体，一是以5年为限，二是明确指出颁布刑法等5种法典，三是对成立地方审判厅的地点做了具体规定。

中国的领事裁判权问题不是由于欧战而产生的，它涉及的不仅有战败国，而且多数为协约国，中国虽为协约国一员，实际上是在欧战结束前6天国会才通过《对德、奥宣战咨请同意案》。在弱肉强食的世界里，当时中国根本没有多少发言权。在巴黎和会上试图就收回领事裁判权而达成多么有利于中国的协议，其结果可想而知。果不其然，1919年5月14日，巴黎和会主席、法国总理克里孟梭答复中国代表团，充分承认《中国希望条件》所提问题的重要性，但强调此提案非因欧战而产生，故不在和会权限范围之内，此问题要留待万国联合会行政部（国际联盟）能行使职权时请其注意。[②] 由于拒绝讨论该说帖，因此，收回领事裁判权在巴黎和会上没有取得什么实质性成果。

徐世昌注意到，"司法独立制度为列邦所注重，吾国经画已久，现于领事裁判权方议撤回，尤应急起直追，期臻完备"。[③] 正是基于收回领事裁判权的考虑，6月29日，徐世昌批准了"添设厅监分年筹备计划"。此时不仅距巴黎和会上克里孟梭拒绝讨论中国收回领事裁判权已经过去一个多月，而且这已经是巴黎和会闭幕的第二天了。[④]

"添设厅监分年筹备计划"的第一期自1920年度起至1924年度止，筹设各省旧道治高等分厅暨旧府治地方审判厅；第二期自1925年度起至1940年度止，筹设各县地方审判厅，用20年时间各县正式法庭一律成立。第一

---

① 《中国提出巴黎和会请求撤销领事裁判权案》，《司法公报》第118期，1920年3月，第91~102页。
② 《中国提出巴黎和会请求撤销领事裁判权案》，《司法公报》第118期，1920年3月，第91~102页。
③ 《大总统令》，《司法公报》第109期，1919年9月，第19~20页。
④ 《发布添设厅监分年筹备原呈仰悉心筹画令》，《司法公报》第111期，1919年9月，第1~2页。

期计划有详细规划,第二期计划则根据第一期完成情况再制定。

1914年政治会议已经决议斟酌繁简,在各道公署内附设高等分厅。添设厅监计划筹设各省旧道治高等分厅由政治会议的议决案而来。各省基本已设高等厅,所以高等分厅并不是筹设的重点,中国所缺的是专门的基层司法机关。第一期计划重点在于筹设地方厅。中国代表团在巴黎和会上也是把五年之内各旧府治成立地方审判厅作为收回治外法权的条件。虽然"添设厅监分年筹备计划"为巴黎和会而提出,但旧府治成立地方审判厅的设想却由来已久。清末颁布的《司法区域分划暂行章程》便规定京师及直省府、直隶州设地方审判厅,顺天府各州县及直省各厅州县应设地方审判分厅。① 1916年全国司法会议上,陈福民所提《各省旧府治宜增设地方厅、各县设地方分庭案》也认为,我国府制相沿已久,现虽废除,而人民心目中尚有某县为旧时府治之观念,另外府治多数为扼要之地,故应在各省旧府治增设地方厅。②

"添设厅监分年筹备计划"主要为在巴黎和会上解决领事裁判权问题而提出,领事裁判权涉及的地域又为通商口岸,因此,其设厅次序以未设厅的通商口岸为先,商务繁盛、人烟稠密之处次之。其整体设计为:1920年,筹设高等审检分厅14处,地方审判厅40处;1921年,筹设高等审检分厅6处,地方审判厅40处;1922年,筹设高等审检分厅5处,地方审判厅42处;1923年,筹设高等审检分厅8处,地方审判厅33处;1924年,筹设高等审检分厅7处,地方审判厅34处。为了使筹备易于进行,它规定各省每年筹设地方审判厅两处左右。

巴黎和会没有将"添设厅监分年筹备计划"列入讨论日程。不过,巴黎和会闭幕后,大总统仍批准了该方案。1919年9月1日,司法部令各省高等厅悉心筹划分年添设厅监。③ 12月8日,司法部又训令京外高等厅,筹设厅监计划须认真办理继续进行。④ 那么1920年该计划执行情况如何呢?

---

① 《宪政编查馆奏核订法院编制法并另拟各项暂行章程折并清单》,《大清法规大全·法律部司法权限》卷4,第14~15页。
② 《答复县知事兼理司法应否废止咨询案意见书》,《司法会议议决案附司法会议纪实》(1916年),第5~7页。
③ 参见《发布添设厅监分年筹备原呈仰悉心筹画令》,《司法公报》第111期,1919年9月,第1~2页。
④ 参见《筹设厅监计划须认真办理继续进行令》,《司法公报》第114期,1919年12月,第2页。

1920年如期成立者有直隶的万全地方厅和第一高等分厅、黑龙江的呼兰地方厅、甘肃的第三高等分厅。其余各省多以该年度预算案未能成立，经费无所出，虽筹备有案，而开办无期。① 之后各年情况与1920年差不多，多数省份不能按计划设厅，但每年都有新的厅监陆续成立。

中国代表团在巴黎和会上提出5年之内达到两个条件，即颁布刑法等5种法典和在各旧府治设立地方审判厅，从而撤废领事裁判权，更多只是中国一厢情愿的想法。1902年签订的《中英续议通商行船条约》及其后签订的中美、中日商约都有若中国改善法律和司法，英、美、日等国放弃领事裁判权的条款。巴黎和会虽然拒绝讨论中国收回领事裁判权的问题，但承认其重要性，并提出由未来的国联来解决，较之中英、中美、中日双边商约时期又前进了一步。它也让中国看到了改善国内司法制度而收回领事裁判权的希望。"添设厅监分年筹备计划"之所以还有些许成果，与之不无关系。

三 华盛顿会议与1921年开始的中国法制改良

巴黎和会后，美日冲突日益激烈，国际形势紧张。日本在东亚的扩张也威胁到英国的利益。于是美国总统哈定邀请有关国家在华盛顿讨论限制军备及太平洋与远东问题，以期约束日本。中国朝野对华盛顿会议的兴奋超过巴黎和会，各方力量都对华盛顿会议充满了期待。1921年11月，华盛顿会议开幕。大会的主要宗旨是限制军备，其他如太平洋及远东问题，只处于整个会议的从属地位。对中国而言，最重要的问题是远东问题。顾维钧认为，与会各国的主要目的是首先设法解决山东问题，除山东问题以外，再解决一两个其他问题。中国提出的问题很全面，其中包括废除领事裁判权。

王宠惠在华盛顿会议上负责谈判收回外国租界、废除领事裁判权、取消"二十一条"等问题。在会上，他指出了领事裁判权的存在对中外人士造成了5个方面的不便，并向与会各国代表介绍了中国自晚清以来改良法律和司法的显著成效。王宠惠的建议得到了会议主席许士等人的响应。② 1921年12月10日远东委员会会议通过《关于在中国之领事裁判权议决案》，同

---

① 参见《司法部九年份办事情形报告》，《司法公报》第161期，1922年，第1页。
② 许士（Charles Evans Hughes）时任美国国务卿。

意以中国司法制度改良为撤废领事裁判权的先决条件,并决定在华盛顿会议闭会之后 3 个月内成立一个专门委员会,以调查中国司法现状,根据调查结果再由各国政府裁决中国是否具备废除领事裁判权的条件。

中国对华盛顿会议关于中国领事裁判权的决议充满了期待,并采取了一些实际行动以改变国内法制状况。

(一) 改善法院设施

司法部指出,"太平洋会议吾国法权能否收回以各国派员实地调查为根据。现在京师及通商巨埠法院、监狱因经费支绌,设备未能完善,各国派员来华调查,难免资为口实,殊于法权前途,大有关碍"。经费问题是各法院整饬、改良的关键所在,于是司法部通盘筹划,选择最急的需要列入预算,京外各处共需款 59 万余元。1922 年 1 月 17 日,阁议通过司法部所提预算方案,由国务院、司法部电达各省区。司法部除抄清单咨财政部及各省长、都统迅饬财政厅遵照筹拨外,又于 1 月 26 日训令京外各厅处,按照清单及分摊细数,迅速筹备并商承省长、都统办理。该清单中规定:京师高等审检两厅经费 5000 元,用以添置庭丁、法警服装、印刷簿册、整理卷宗及添置器具;京师地方审检两厅经费 2 万元用以修葺房屋及添置器具;奉天、吉林、黑龙江、河南、陕西、山西六省修整法院经费共 3 万元,每省 5000 元;直隶、江苏、江西、安徽、福建、浙江、山东、湖北八省均为沿江沿海商埠,与收回领事裁判权关系尤为紧要,法院应该倍加修葺,所以每省为 1 万元,修整法院经费共 8 万元。此外,司法部派员到各处调查法院并督促改良事宜应需旅费 2 万元。[①]

司法部根据调查报告,将各高等厅务必整顿事宜开列清单,于 1923 年 3 月 8 日,训令各高等厅按照清单督饬迅速办理。司法部所列清单极为具体。如关于天津地方厅的清单是:法庭除大法庭外余均过于狭小,旁听席过少,未设木栏,应设法改建;侦查室光线由前面射人,于察言观色多有不便;候审室面积既小,光线又暗,均应设法改良。关于保定地方厅应改良的清单是:正中楼下法庭三处互相衔接,中间法庭出入须穿过其旁二庭,如同时开庭必多不便;法庭所涂颜色欠庄严;旁听席分列两旁,未设栏隔别;收状处与缮状处同在一处,与诉讼人接洽仅凭一小窗口,难免拥挤,

---

① 参见《收回领事裁判权经费预算经阁议通过仰知照迅速筹备令》,《司法公报》第 160 期,1922 年 3 月,第 47~58 页。

且窗外无廊,以避风雨;证人候审室、登记收件处宜另设专室;民刑事记录多未按日期次序编订。① 司法部对法院建筑的大小、结构、光线、颜色等诸多细节都提出了具体的改良意见。

不过,改善法院设施更多只是外在物质层面上的改善,并没有变革司法制度本身,而且当时各地所设法院主要是高等厅和为数不多的地方厅,这种改善对整个中国司法状况,尤其是广大未设法院各县的司法并没有太多触动。

(二) 中国法权讨论会进行司法考察

早在巴黎和会之后,华盛顿会议之前,为收回治外法权做准备,除了从 1920 年开始断断续续添设厅监外,中国还成立了法权讨论委员会。1920 年 11 月 6 日公布《法权讨论委员会条例》,其第一条规定,法权讨论委员会掌讨论关于收回法权之准备、实行及善后事宜。② 同日,大总统特派王宠惠(大理院院长)为法权讨论委员会委员长,张一鹏(司法部次长)为副委员长。③

华盛顿会议后不久,中国政府在 1922 年 5 月 20 日颁布《修正法权讨论委员会条例》。④ 6 月 15 日,大总统特派张耀曾为法权讨论委员会委员长。⑤ 此委员会实际上是由 1920 年所成立的法权讨论委员会改组而来,它不是新成立的组织,且张耀曾当时未在司法总长任上。⑥

张耀曾上任后与其他委员围绕改良司法制度及收回治外法权进行了数次讨论。由于对各省司法具体状况缺乏充分了解,难以制订具体计划,基于此,1922 年 10 月 2 日,张耀曾上书大总统黎元洪,请求赴京外考察各省司法状况,以备将来收回领事裁判权。10 月 13 日,张耀曾的建议获得批准。随后,以张耀曾为首的考察团正式成立。考察团由法权讨论委员会的委员和北洋政府中的一些司法人士共同组成,其主要成员还有京师高等审判厅厅长沈家彝、司法部佥事戴修瓒等人。

---

① 参见《各厅应行整顿事宜仰督饬办理积极进行令》,《司法公报》第 175 期,1923 年 3 月,第 70~75 页。
② 参见《法权讨论委员会条例》,《司法公报》第 127 期,1921 年 11 月,第 10~11 页。
③ 参见《大总统令》,《司法公报》第 127 期,1921 年 11 月,第 75 页。
④ 参见《修正法权讨论委员会条例》,《司法公报》第 166 期,1922 年 6 月,第 1 页。
⑤ 参见《司法公报》第 167 期,1922 年 7 月,第 79 页。
⑥ 康黎与李启成均认为法权讨论会成立于 1922 年 5 月,且认为张耀曾此时为司法总长。

11月7日，考察团沿京汉铁路南下，开始了为期两个月的京外司法考察之旅。在短短两个月内，考察团成员的足迹遍布直隶、山东、山西、河南、安徽、湖北、湖南、江西、江苏、浙江等10省。他们总共视察了10所高等审判厅和检察厅、18所地方审判厅和检察厅、21处刑事看守所和民事管收所、22所新式监狱、3所外国监狱和3处会审公廨。

考察结束后，张耀曾于1923年2月1日将此次司法考察情形呈报大总统。报告指出了我国法制不完备之处，如"正式法院设置未周，人民不能均沾保护之益；如地方厅第二审管辖区域过广，人民上诉不便；如各厅人员之配置不均，往往劳逸攸殊而案件不免积压"等。[①]他提出将拟具改良计划送由国务会议议决后分交主管官署施行，重点是请求筹议增加司法经费并指定的款。法权讨论委员会向北洋政府提出了《各厅推检员额应按案件多寡平均配置案》《拟派送司法人员赴欧美日本实习司法实务案》《整顿司法经费预算案》，建议政府立即采取有力措施革除司法弊病。同年5月18日，法权讨论委员会将沈家彝所撰《视察直鲁等省司法事宜》条陈函送司法部，请求其就有关司法改良事项施行于全国各省。

法权讨论委员会虽然提到了正式法院设置太少，不过它所注重的还是审判厅，所拟各项措施涉及未设法院各县的并不多。

（三）筹设县司法公署

1917年司法部通电要求缓办各县司法公署。华盛顿会议后各国委员将来华考察司法，以撤废领事裁判权，设立司法公署又被提上了议事日程。

1922年2月17日，司法部致电各省长、都统、高等审判和检察厅、各区审判处，要求就紧要处所先行举办县司法公署。其理由是："县司法公署组织章程早经奉令公布在案，以预算未定，迄未进行。现在各国委员行将来华考察司法，县司法公署之组织势难再缓，兹拟就紧要处所先行举办，各该厅处所属地方应先行设置几处，需费若干，能否就地筹划，应就近体察情形与行政方面妥速筹商，限于三星期内呈复。对于该项章程如有意见，并详陈以备采择。"[②]

各地陆续呈复称，关于经费一层多在与行政方面磋商之中，大半磋商

[①] 《考查司法记》，第3~6页。
[②] 《就紧要处所先行举办县司法公署之组织电》，《司法公报》第160期，1922年3月，1922年8月，第1页。

经费尚无把握，未便办理。司法部便于 1922 年 5 月 29 日发出通知，"应俟各厅处先将经费筹有把握复齐到部再行通盘规划，另案饬遵，以归一律"。①

筹备收回法权，力求改良司法之际，京师和其他一些地方提出了筹设司法公署的方案。京师拟将大兴、宛平两县境内民刑诉讼事件完全改归地方厅管辖，其余 18 县废除承审制度，先于通县设地方厅，余均设司法公署。② 有些边远省区情形特殊，业经筹有的款，司法部准其先行举办司法公署。1922 年，甘肃、察哈尔、绥远等省区首先开始设立司法公署。③

司法公署从宣布设立开始，到真正设置，拖延了 5 年。正是借助各国委员来华考察司法，以撤废领事裁判权的东风，设置司法公署方案才得以再次启动。④ 之后，设置的司法公署越来越多，1926 年达到 45 处。⑤

司法公署成立后，有的附设于县署，如通化县 1923 年设县司法公署，公署附设县行政公署内，专办司法事宜；⑥ 怀德县的司法公署暂借县署西院办公；⑦ 临江县的司法公署附设于县署院内，占用西厢瓦房。⑧ 也有的司法公署设在县署之外，如岫岩县司法公署设在县署东南隅，添修房舍共 25 间，内分审判、检察两部。⑨ 另外有的司法公署如辽中县那样，先附设于县行政公署内，后来另修司法公署。⑩

（四）调查法权委员会对中国法律和司法的考察

按照华盛顿决议案的规定，在会议结束 3 个月之后，列强就要组织代表

---

① 《县司法公署应候另案饬办》，《司法公报》第 168 期，1922 年 8 月，第 1 页。
② 参见《筹拟京兆所属各县改良司法事宜呈并指令》，《司法公报》第 162 期，1922 年 4 月，第 43~52 页。
③ 参见《关于收回青岛法院暨筹设厅庭与县司法公署事项》，《司法部十一年份办事情形报告》（上），《司法公报》第 195 期，1924 年，第 25~26 页。
④ 一些学者认为司法公署制度并未实行。如杨鸿烈指出，1916 年也曾改设县司法公署以期代替县知事兼理司法制度，但是该制度并未实行，仍由县知事兼理司法。徐小群认为直到 1926 年，该计划仍停留在纸上。参见杨鸿烈《中国法律发达史》，中国政法大学出版社，2009，第 591 页；Xiaoqun Xu, *Trial of Modernity: Judicial Reform in Early Twentieth-century China, 1901–1937*: Stanford University Press, 2008, p. 65.
⑤ 唐仕春：《北洋时期基层司法机关的规模与分布》，《中国社会科学院近代史研究所青年学术论坛》（2012 年卷），社会科学文献出版社，2013，第 页。
⑥ 参见民国《通化县志》卷 3《政事·官署志》，第 1~12 页。
⑦ 参见民国《怀德县志》卷 6《司法》，第 63~66 页。
⑧ 参见民国《临江县志》卷 4《政治志》，第 37~39 页。
⑨ 参见民国《岫岩县志》卷 2《政治志·司法》，第 75~76 页。
⑩ 参见民国《辽中县志》第 3 编卷 15，《司法志》，第 9~10 页。

团来华考察中国法律和司法。华盛顿会议闭会未久，中国驻美公使施肇基奉北京政府命令，以中国政府翻译法律条文及采择各项备治外法权委员会参考的统计专门材料，非短促时间所能办成，用公文询问美国国务卿许士，可否将该委员会来华时期延至1923年冬。中国政府很快就得到美国国务卿复函，称各国都赞同此议。后来，法国政府以要求中国政府用金法郎交付法国庚子赔款未能如愿，遂以不批准华盛顿会议的条约，不派员赴华开治外法权委员会为要挟。到了1923年10月，美国政府照会中国驻美公使，称尚有政府未能同意，故治外法权委员会不能开会。美国政府所指的政府即法国政府。于是该委员会召集时期便被延搁。至1925年法国因北京政府变相承认其关于金法郎案的要求，批准华盛顿会议的条约。[1] 于是各国重新商定于1925年12月18日在北京组织调查法权委员会。

为迎接列强来华进行法权调查，除了之前改组法权讨论委员会外，中国政府还于1925年12月18日批准成立调查法权筹备委员会，会址借用修订法律馆原办公地点，由王宠惠担任全权代表。该委员会聘请国内司法界、外交界经验名望素著的专家为高等顾问或参议。该委员会的任务除了接待陆续抵京的列强考察代表外，更重要的是协调外交部、司法部、省县地方政府和新式司法机构之间的关系，尤其是协调应付调查法权委员会旅行团的考察相关事宜。

1925年秋，中国北方发生混战，造成交通混乱，有几个国家的委员无法按期到达北京。直到1926年1月12日才在北京南海居仁堂举行调查法权委员会开幕典礼，此时，距离华盛顿会议做出决议已过去4年之久。之后，调查法权委员会开始了对中国法律和司法为期8个月的调查。

调查法权委员会对中国法律和司法的考察主要分为两部分：一是由各国委员和随员在京开会讨论，二是由部分委员和随员组织旅行团到中国各地考察各级新式法院、监狱和看守所的实际运作情况。从1926年1月12日到9月16日共在京开会21次，其主要任务是考察中国法典、例规以及列强在中国实行治外法权而产生的各种问题。旅行团于5月10日到6月16日这一个多月时间里在中国的十多个省份参观法院、监狱、看守所及中国司法制度的实行状况。调查法权委员会在考察和开会讨论的基础上撰写了《法

---

[1] 参见曾友豪《法权委员会与收回治外法权问题》，《东方杂志》第23卷第7号，1926年4月，第5~12页。

权会议报告书》。① 该报告书列举了治外法权对中外造成的不便,并指出中国法制改良取得了不少成绩,但仍存在严重的问题,如在司法领域军人任意综揽行政、立法和司法事务,司法经费常不能保障,中央政府不能号令全国,法律与司法制度的系统受到破坏,新法律与司法制度的扩充和发达受到阻碍等。

调查法权委员会认为不能建议即时撤销治外法权。中国对此结论十分失望,正如《中国委员宣言书》所称:"近廿年来中国政府以深挚之诚意、不挠之毅力,对于中国法律、司法制度,及司法行政极力改良,中国因此切望享有治外法权各国对于即行放弃其国人所享受之治外法权一事认为适当,乃调查法权委员会以为按中国现状,未便即时为撤销之建议,中国对此殊形失望。"②

调查法权委员会最后对未来中国的法制改良还提出了四款建议。第一款为,"关于普通人民之司法事项须归法院掌管,法院须有确实之保障,不受行政机关或其他民政或军政机关不正当之干涉";第二款为,"中国政府应采纳报告书之计划,以期改良现有法律、司法及监狱之制度";第三款为,"上项所述各建议实行至相当程度以前,如主要部分业经实行,关系各国应中国政府之请求,可商议渐进撤销治外法权之办法,或分区或部分或以其他方法,可由双方协定";第四款为,"治外法权未撤销以前,关系各国政府,应参酌本报告书第一编所述各节,容纳其意见,改良现行治外法权之制度及习惯,遇有必要时,应请中国政府协助"。③ 其中前两款是建议中国政府改良法制,第四款是建议有关各国改良治外法权。

1926年9月16日,调查法权委员会召开最后一次会议。其后不到一个月,北伐军攻占了武昌等地。调查法权委员会的建议纵有可取之处,然而北京政府又何暇他顾？维持司法已经不易,司法改良只能留待他日。

结　论

北洋时期收回法权与基层司法制度改革在清末以来收回法权与中国法

---

① 李启成介绍了调查法权委员会的组织与考察过程,并分析了调查内容与结论。参见李启成《治外法权与中国司法近代化之关系——调查法权委员会个案研究》,《现代法学》2006年第4期。
② 《法权会议报告书》,第180~181页。
③ 《法权会议报告书》,第157~161页。

制改革互动的脉络中展开：既有收回法权对中国法制改革的推动，又有中国国内法制改革对收回法权的影响。

第一，清末，商约谈判初期中英双方都准备就治外法权进行磋商。中英双方都准备了治外法权方面的条款，而且中方的盛宣怀、张之洞、赫德等比较赞同马凯所提制定海上律例并成立商律衙门等条款。即使双方关于治外法权等条款都被否决，相关话题在谈判中仍时不时被牵扯进来。《中英续议通商行船条约》第12款最后由张之洞在谈判中提出来并说服马凯将其列入商约。高汉成认为中方拒绝就马凯所提出的第6款和第12款进行谈判，表明在中英谈判的初期，整顿律例以收回治外法权问题并不在清政府的考虑之内；修律启动的时候，中方根本就没有在谈判中谋求领事裁判权的收回。高汉成的这些看法过于武断，忽略了中英双方都准备商谈治外法权的事实。中国修律后英国放弃治外法权虽然由张之洞力促而列入商约，但是之前赫德、盛宣怀、张之洞、刘坤一等都考虑了修律与收回领事裁判权。尤其是张之洞称盛宣怀所拟谈判方案中修律、法制改革最为救时要策，认为马凯所提商律衙门甚好等，都说明张之洞在商约谈判过程中一直在关注中国修改律例与治外法权等问题。因此，中国修律后英国放弃治外法权不是张之洞一个人的想法，也不是张之洞有意制造的一面"政治盾牌"。[①]

《中英续议通商行船条约》第12款把列强放弃治外法权与中国的法制改革联系在一起。学者在引用这一条款时，往往强调后半部分内容，英美等列强成了主体，似乎是他们抛出了放弃治外法权的条件，此后中国司法改革仿佛是为了满足他们所提条件而收回治外法权。该条款的前半部分事实上已经说明是中国本身很想整顿本国律例，中国律例和司法完善后，外国允诺放弃治外法权，提出整顿律例的主体也是中国。是中国希望修律后外国放弃治外法权，不是外国允诺放弃治外法权诱使中国修律。从这个条款看，中国提出该款的目的在于收回治外法权，而不是侧重于修律。是中国向英国提出来该条款，其目的自然如此。陈亚平和高汉成认为"弃除领事裁判权"是中国提出的谈判要求，是近代中国社会变迁的必然选择，并不体现帝国主义的意志；领事裁判权问题始终只是晚清主持改革者推进法律变革的手段，晚清法律改革作为清末新政的一部分，也是服从和服务于

[①] 高汉成认为，张之洞提出治外法权条款，首先是为了应对商约谈判的各种批评，以便条约的顺利签订和批准；其次为了推进国内的变法改革进程；最后是为了对外宣示争取国家主权独立的愿望和要求。因此，《马凯条约》第12条是张之洞有意制造的一面"政治盾牌"。

新政这一整体政治局势的。他们的看法不无洞见。

　　第二，收回法权在一定程度上推动了中国法制改良。《中英续议通商行船条约》第 12 款不是清末启动法制改革的主要原因，但商约谈判的确影响了清末法制改革启动的一些重要环节。光绪二十八年二月初二日（1902 年 3 月 11 日）清廷令刘坤一、张之洞与袁世凯保荐修律人员。张之洞接到谕旨后，于光绪二十八年二月十三日（1902 年 3 月 22 日）致电刘坤一、袁世凯，称："不改律例，交涉直无办法。内地杂居通商，此次商约虽力驳，将来必难终阻。且此时散住内地之教士、游历寄居之洋人，已甚不少。藩篱已溃，不改律例，处处扰吾法矣。三省公举通律人员较为得力，当遵示会奏。"① 他在电报中明确把商约谈判与国内正在进行的修订律例活动联系在一起，商约谈判对国内修订律例的影响可见一斑。高汉成指出《中英续议通商行船条约》不是清末修律原因的另一个论点是 3 月 11 日第一道修律上谕和 5 月 13 日第二道上谕都没有提到领事裁判权的问题。张之洞这个电报表明，办理 3 月 11 日修律上谕过程，张之洞等人已经比较深入地考虑到了领事裁判权问题，他们推荐修律大臣的结果与 5 月 13 日上谕的出台有直接关系。因此，虽然两个上谕没有提领事裁判权，但并不意味着清政府在修律过程中没有考虑领事裁判权的问题。

　　自从有了《中英续议通商行船条约》第 12 款，"改善中国法制以利收回法权"的论调在主张推进中国司法改革的人们及其反对者那里时隐时现，甚者时至今日，治外法权早已收回，仍能感觉其逻辑力量。② 不过这种论调的侧重点经常发生改变，面对中国听众时，它的侧重点往往变成借收回法权而改革中国法制。屡屡有人打着收回法权的旗号推行法制改革或者保护法制改革的成果。

　　清末沈家本在法制改革中就多次以废除领事裁判权为旗帜来证明其改革的合理性。③ 比如光绪三十一年三月二十日（1905 年 4 月 24 日），沈家本在《删除律例内重法折》中称："方今改订商约，英、美、日、葡四国，均允中国修订法律，首先收回治外法权，实为变法自强之枢纽。"④

---

① 苑书义等主编《张之洞全集》，第 8750 页。
② 现在中国改革本国制度而向西方看齐，从而获得西方的某种认可，其逻辑与"改善中国法制以利收回法权"的逻辑非常相似。其逻辑前提是承认西方拥有话语霸权，中国以西方的标准为标准。
③ 李贵连：《沈家本评传》，南京大学出版社，2005，第 453~454 页。
④ 李贵连：《沈家本评传》，第 453 页。

1905年清廷出使日本大臣杨枢奏请留日学生讲求外国法政之学,以备修改法律,收回治外法权。他说,"现在中国唯有将法律修改……方能与各国公议,将治外法权一律收回,不受外人挟制"。①

第二次海牙保和会于1907年6月15日至10月18日在海牙开幕,共44国派代表与会。中国代表团成员全权议员陆征祥、美员福士达、驻荷公使钱恂等11人参会。会中美国议设新公断院,以中国法律未备,列为三等国;英国代表提议治外法权排除在公断之外。陆征祥等深受刺激,于光绪三十三年八月十五日,联衔电外务部,请代奏清廷速行立宪修律。外务部将此电咨送宪政编查馆、修订法律大臣参考。修订法律大臣复文称,"此次修订大旨,本为收回西人在内地审判权与警察权地步,尤为各国所注意,是非期合世界公理,不足以杜觊觎而昭信守",拟派馆员二三人分年驻荷,研究公法。②

北洋时期,巴黎和会与华盛顿会议对北洋时期最后十年间法制改革提供了动力。这期间收回法权的运动风起云涌,中国借此契机力图改善国内法制,提出了添设厅监计划,改善了法院设施,对国内司法状况进行了调查,开始筹设县司法公署。司法领域能有所改良确实离不开收回法权的推动。

第三,收回法权对中国法制改革的推动很有限。讨论《中英续议通商行船条约》第12款与清末法制改革的关系时学者们存在完全相反的看法。多数学者认为此约促成了清末修律,陈亚平和高汉成对此进行了反驳。笔者认为陈亚平和高汉成的观点大体上是正确的。正如陈亚平与高汉成注意到的那样,仅从时间就可以断定,《中英续议通商行船条约》的签订与清廷的修律决策之间没有任何直接联系。《中英续议通商行船条约》的签订在1902年9月5日,而清政府对《江楚会奏变法三折》的批示,发布修订法律谕旨,任命修订法律大臣的时间都在1902年9月5日之前,后来的事件不可能成为之前发生事件之因。与清末开始修律最密切的因素是庚子事变,而清末新政前改进领事裁判权的谋划为法律改革提供了某些资源和参考。

1914年讨论裁撤各级审判厅时,为了收回法权而保留审判厅的论调所

---

① 张晋藩:《中国百年法制大事纵览》,法律出版社,2001,第6页。
② 唐启华:《清末民初中国对"海牙保和会"之参与》,《国立政治大学历史学报》第23期,2005年5月,第45~90页。

起作用并不大。① 添设厅监计划基本上是受收回法权影响而制定的,虽没有完全搁置,但实际上根本没有大规模展开。外力对设各县司法公署推动最大,然而1922~1926年总共设立的司法公署也不过四十几处。另外,这期间还增设了一些地方厅及其分庭。总的来看,县知事兼理司法的县在减少,不过到1926年全国92%的县仍由县知事兼理司法。因此,收回法权作为一种外在的诱因多多少少能推动中国法制改良,其推动力并不够强大。

清末收回法权仅在清末法制改革原有运行轨道上略有助力。北洋时期添设厅监计划基本上是受收回法权影响而制定的,不过清末既有筹设法院计划,许世英也有推广法院计划,添设厅监计划其实也有其内在脉络。1922年筹设县司法公署更是在重新推行1916年全国司法会议的决议。由此收回法权作为一种外在的诱因更多是在中国法制改革既有轨道上助推而已,中国的法制改革大体还是在其内在脉络中运行。

第四,中国通过法制改革而收回法权取得少许成绩。中国修律活动推进了《中英续订通商航海条约》第12款的出台。商约谈判在较长的时间段里与修律活动交叉在一起。中国主持商约谈判的大员如张之洞、刘坤一等同时又主导修律活动。商约谈判与修律活动相互作用,相互影响,其中包括清末法律改革的启动对《中英续订通商航海条约》第12款出台的推动。

---

① 北洋时期也屡见以收回法权而推动司法改革之想法与举动。比如1914年讨论裁撤各级审检厅时,一些人再次拿出"改善中国法制以利收回法权"武器以求保留审检厅。《各省设厅办法案》的第4条为各省商埠地方初级各厅,已设者仍旧,未设者筹设。章宗祥提出这条的理由是,"各省商埠法院多有华洋诉讼案件,动关交涉,且与收回领事裁判权极有影响,法院似不可省"。刘邦骥认为,国家若不强大,虽将刑律再减三等而外人之犯罪者恐怕也不能受我国惩治。他指出,领事裁判权之有无在国家之强弱,不在刑律之轻重。《各省设厅办法案》第5条主张东三省已设之地方、初级各厅一律仍旧,其理由为东三省办理日俄交涉尚称得手。刘邦骥以实例加以反驳。他说:"南满铁路吉林一带近闻被某国于铁路两旁各侵占80丈不给地主分文,此等事项究竟如何解决有无方法,此系一大问题也。况今日图圉充斥、盗贼横行,治内尚且不及,遑论治外。"王印川对通商口岸设置审检各厅以利将来收回领事裁判权有与刘邦骥类似的看法。他指出,"断非设一二通商口岸之审检厅即可收回者"。参见《政治会议速记录》,"政治会议第十二次会议速记录",第1~24页。

一些通商口岸的地方审检厅在收回法权的名目下得以保存,这也不能证明收回法权对保存这些地方审检厅的确起到了很大的作用。收回法权没有保住其他一些通商口岸的地方审检厅和各个通商口岸初级审检厅就是明证。另外一些非通商口岸的地方审检厅得以保存则反证了保存地方审检厅的理由可能不是收回法权。通商口岸通常经济较为发达,需要审检厅来解决日益增加的纠纷,也有条件维持地方审检厅的运转,这可能是该地保留地方审检厅的最主要原因。所以1914年讨论裁撤各级审检厅时,为了收回法权而保留审检厅的论调所起作用并不大。

商约谈判中最棘手的一些问题如内地杂居通商等与领事裁判权有关，而西方国家要求拥有领事裁判权的一个借口是中国法律不良。张之洞等人解决问题的思路是，改律例而收回领事裁判权，进而解决谈判中遇到的那些棘手问题。商约谈判把中国改律例推向了前台，成为一件亟待办理的国家大事。

商约谈判期间，修律活动取得一定进展，它不时成为中方谈判的砝码。二月初二日（1902年3月11日），政务处奏请改定律例，设译律局。清廷据此发布了修订法律的谕旨，责成袁世凯、刘坤一、张之洞等保荐修律人选。二月二十三日（4月1日），刘坤一、张之洞、袁世凯联衔会奏保荐沈家本和伍廷芳为修律馆总纂，沈增植为帮办。四月初六日（5月13日），清廷正式任命沈家本和伍廷芳为修订法律大臣。这些事件对商约谈判中盛宣怀、张之洞等人的影响是显而易见的。1902年7月6日，马凯在"新裕"轮上与盛宣怀磋商英国人应在中国交印花税和英国人在中国内地贸易侨居问题。盛宣怀明确提出了伍廷芳将回国修律，在华英国人归中国管辖，然后允许外国人在内地侨居。张之洞等常常把改律例、收回领事裁判权、内地杂居通商等问题放在一起考虑。他作为倡导并领导法律改革的主将，借助商约谈判，推进法律改革，推动收回治外法权是再自然不过的想法。从这个脉络看，武昌纱厂谈判中张之洞等提出将治外法权列入《中英续议通商行船条约》并不那么突兀。马凯多次提出外国人到中国内地侨居的条款，也重复听到了盛宣怀和张之洞等人的上述要求，他之所以爽快同意按照张之洞的要求把治外法权列入商约不能说没有考虑盛宣怀和张之洞等人的上述逻辑，他明白治外法权是解决中国内地侨居问题的关键所在。中国法制完善，治外法权失去了存在基础，该放弃的终归要放弃，放弃了治外法权，内地侨居将有转机，这最终对英国其实也是有利的。

《辛丑条约》之后进行的商约谈判中，中国谋求将改善中国法制以收回法权列入条约，几经曲折后它被列为《中英续议通商行船条约》第12款，此后，美、日等国也允诺等中国法制完善后便放弃治外法权。巴黎和会上，巴黎和会的主席建议由未来的国联讨论中国领事裁判权等问题。华盛顿会议决定成立专门委员会对中国法律和司法状况进行考察评估而决定是否放弃治外法权。最后，调查法权委员会虽认为中国法制改良取得了一定成绩，但仍不完善，于是做出不能建议即时撤销治外法权的报告。从双边条约英、美、日等允诺中国法制完善而放弃治外法权，到国际会议对此加以讨论，从条款规定到考察实践，中国通过国内法制改革而收回法权的行动取得了一定成绩。

20世纪最初20多年里，中国在收回治外法权的道路上一步步艰难前行，成果并不突出，终究没能达到取消治外法权的目标。调查法权委员会所指出中国法制不完善之处多为不争事实，因此，直到北洋时期终结，仍不能证明改良中国法制而收回法权之路一定走不通。如果中国足够强大，或者打败各国，或者不战而屈人之兵，都可能收回法权。清末礼法之争中，张之洞等人就提出单纯修律本身并不能收回治外法权，收回法权最终要靠国家强大的实力。[1] 另外，采取革命手段也未尝不可以收回法权。因此，各国长期以来坚决不放弃治外法权的借口固然是中国法制不良，然而影响收回法权的因素却不仅仅在于中国法制本身是否已经改良。不过，在中国还没有变得足够强大，也没有采取其他手段收回法权之前，改良中国法制使外国失去一个借口，对中国收回治外法权也是一大助力。改良中国法制而谋求收回法权的努力当无可非议。

（作者单位：中国社会科学院近代史研究所）

---

[1] 李贵连：《沈家本评传》；高汉成：《晚清法律改革动因再探——以张之洞与领事裁判权问题的关系为视角》，《清史研究》2004年第4期。

编后记

2015年7月,中国社会科学院近代史研究所法律史研究群举办的"第一届近代法律史论坛暨纪念瞿同祖先生诞辰105周年学术研讨会"在北京召开,主题是"近代中国的法律与政治",本书即这次会议的论文结集。

中国社会科学院近代史研究所,是国家级专业中国近代历史研究机构,研究内容涉及中国近代的政治、军事、外交、经济、思想、文化、社会等领域,法律自然也包括在内。但是,在很长时间里,除瞿同祖先生外,总体上我们对法律史研究不多。2000年以后,一些研究人员开始涉足该领域,并呈逐渐增多之势,尤其是近年来,一批研究法律史的青年学者加盟近代史研究所,大大增强了我们在这一领域的研究力量。

如何让这些有着共同研究兴趣的同仁有更多切磋、交流的机会,不时成为本所同仁提及的话题。早在2009年前后,就有同仁提议,将本所研究法律史的相关人员组织起来,共同推进该领域研究。虽其后由于各种限制,未付实行,但很多想法已然处于探索之中。2011年12月,在第13届近代史研究所青年学术研讨会上,4位学者提交了法律史方面的论文,为此,组织者特别开设了法律史专场,这是本所法律史同仁第一次集体亮相。组建法律史研究群已呼之欲出了。2012年9月,近代史研究所民国史研究室与美国伯克利加州大学东亚研究所共同主办的"民国时期的法律、政治与社会"学术研讨会在伯克利召开,来自中国、美国、法国等国的学者,齐聚一堂,共同探究民国法律及其相关问题。在研讨会第一天的晚上,参会的本所同仁共聚一室,共话如何推进近代法律史研究。大家认为,首先,可在本所范围内组建法律史研究群,以联络同仁,待时机成熟后,可以组织学术会议、印行相关刊物的方式联系学界朋友。鉴于有此共识,会后,有志于法律史研究的本所同仁,向所领导报告了相关想法并获首肯,共同推动组建法律史研究群的工作进入实质性筹备阶段。

2013年春,时值近代史研究所进入中国社会科学院创新工程之机,在所领导的鼎力支持与相关同仁的积极努力下，法律史研究群正式组建。5月14日，法律史研究群举行第一次学术活动。这应该是法律史学界第一个以研究群为形式的学术共同体，在整个学界亦不多见。研究群现有成员10人，全部为70后、80后的青年学者，研究领域涉及近代中国的不同时期、不同政权下的法律制度、司法组织、职业群体、中外条约等主题。

法律史研究群组建后，积极开展多项学术活动，在常规的系列活动之外，还筹划举办"近代法律史论坛"。经过两年的筹备，"第一届近代法律史论坛"于2015年7月12、13日在近代史研究所举行，来自中国社会科学院、北京大学、南开大学、四川大学、山东大学、浙江大学、中山大学、上海大学、中国人民大学、中国政法大学、华东政法大学、西北政法大学等相关院校与科研机构的40多位专家学者出席了会议。这次会议既是纪念前辈大家瞿同祖先生，也是探索法律史研究的未来之路。我们认为，近年来，近代法律史研究渐成近代史学术研究的热点，新著迭出，但也存在诸多不足，如缺乏相关学科的有效对话。本次会议旨在为相关学科搭建对话与交流的平台。从参会学者的学科背景而言，有史学、法学、政治学、文学等，其中史学、法学居多。

这次会议以"近代中国的法律与政治"为主题，意在探讨政治变革在近代法律发展中的关键作用；同时，从法律角度呈现近代中国变动的多重维度：结构与主体、中央与地方、制度与习俗、本土与域外。具体而言，致力于探讨以下议题：传统法律及其近代变革、体制变革与司法建设、革命政权的司法与政制、人物与法律变革、中外法律互动，等等。可以说，本书不仅充分展示了近代法律史研究的前沿成果，也为法律史研究扩展了新领域，提供了新思路与新方法。

一次学术会议的举办，包含着很多参与者的心力与贡献，在论文结集出版之际，谨向所有与会学者和相关人员致以诚挚的谢意！近代法律史论坛，既然有了第一届，也将会有第二届、第三届……，我们衷心希望学界朋友积极参与进来，共同推动法律史研究的发展，因为学术是学者们的共业。

中国社会科学院近代史研究所法律史研究群
2016年3月

图书在版编目(CIP)数据

近代中国的法律与政治/中国社会科学院近代史研究所法律史研究群编. -- 北京：社会科学文献出版社，2016.5

(近代法律史研究)

ISBN 978-7-5097-9046-5

Ⅰ.①近… Ⅱ.①中… Ⅲ.①法制史-研究-中国-近代 Ⅳ.①D929.5

中国版本图书馆CIP数据核字（2016）第086598号

近代法律史研究　第1辑
近代中国的法律与政治

编　　者／中国社会科学院近代史研究所法律史研究群
执行主编／李在全

出 版 人／谢寿光
项目统筹／宋荣欣
责任编辑／陆　彬　宋　超

出　　版／社会科学文献出版社·近代史编辑室（010）59367256
　　　　　　地址：北京市北三环中路甲29号院华龙大厦　邮编：100029
　　　　　　网址：www.ssap.com.cn
发　　行／市场营销中心（010）59367081　59367018
印　　装／北京季蜂印刷有限公司
规　　格／开　本：787mm×1092mm　1/16
　　　　　　印　张：22.25　字　数：373千字
版　　次／2016年5月第1版　2016年5月第1次印刷
书　　号／ISBN 978-7-5097-9046-5
定　　价／89.00元

本书如有印装质量问题，请与读者服务中心（010-59367028）联系

▲ 版权所有 翻印必究